Entwicklungsbedingungen im Kontext der Eltern-Kind-Beziehung

Vaidilutė Asisi

Entwicklungsbedingungen im Kontext der Eltern-Kind-Beziehung

Chancen und Risiken in der Interaktion mit Mutter und Vater

 Springer VS

Vaidilutė Asisi
Wien, Österreich

Dissertation an der Karl-Franzens-Universität Graz „Zusammenhang zwischen psychischen Auffälligkeiten im Kleinkindalter und der Eltern-Kind-Beziehung"

Gedruckt mit Unterstützung der Karl-Franzens-Universität Graz

ISBN 978-3-658-06914-8   ISBN 978-3-658-06915-5 (eBook)
DOI 10.1007/978-3-658-06915-5

Die Deutsche Nationalbibliothek verzeichnet diese Publikation in der Deutschen Nationalbibliografie; detaillierte bibliografische Daten sind im Internet über http://dnb.d-nb.de abrufbar.

Springer VS
© Springer Fachmedien Wiesbaden 2015

Springer VS ist eine Marke von Springer DE. Springer DE ist Teil der Fachverlagsgruppe Springer Science+Business Media.
www.springer-vs.de

Dank

An dieser Stelle möchte ich all jenen Menschen danken, die mich bei meiner langjährigen Arbeit unterstützten, neue Motivation und Ermutigung zusprachen. Mein Dank gilt:

Frau Prof. Roswith Roth für die wissenschaftliche Betreuung, insbesondere für das Ermöglichen – mit Forschungsgeldern – der vertieften Literaturrecherche in der Anfangsphase meines Doktoratsstudiums; *Herrn Prof. Helmuth Huber* für seine lehrreichen Ideen während der Lehrveranstaltungen bzw. seine warmherzige Unterstützung; *Frau Univ. Prof. Marguerite Dunitz-Scheer* insbesondere für die Großzügigkeit, die Ressourcen (inkl. Video-Equipment) der Kleinkindambulanz (Pädiatrische Psychosomatik, Univ. Klinik für Kinder- und Jugendheilkunde, Graz) uneingeschränkt zu nutzen sowie Kontakt mit den PatientInnen und ihren Eltern aufzunehmen; vielen *MitarbeiterInnen der Kinderklinik*; *Kinderärzten* und *Kindergärtnerinnen, Steiermark*; *Frau Dr. Patricia Trautmann-Villalba* (Zentralinstitut für Seelische Gesundheit, Mannheim) für die Vermittlung der Beobachtungs-Methodik sowie für die freundliche Hilfe in Hinblick auf dieses Verfahren; *Frau Univ. Prof. Christa Einspieler* für die freundliche Zustimmung, die technische Ausrüstung am Institut für Physiologie (Medizinische Universität Graz) für die Kodierung der videographierten Daten nutzen zu dürfen; *Herrn DI math. Raimundas Vaitkevičius* (Vytautas Magnus Universität, Kaunas) für die lehrreiche Zusammenarbeit im Rahmen der statistischen Auswertung der umfangreichen Daten, für seine kritischen Anmerkungen, seine Ermutigung zu experimentieren sowie seine Beantwortung jeder statistischen Frage.

Mein besonderer Dank gilt allen an der Untersuchung teilnehmenden *Familien mit Kindern*.

Ich bedanke mich bei allen *meinen FreundInnen* bzw. *KollegInnen* (aus Graz, Wien, Litauen etc.) für ihr Interesse an der Arbeit und ihr mitfühlendes Verständnis. Insbesondere: *Dr. Elfriede Amtmann* für ihren Einsatz, die fachliche und freundliche Zusammenarbeit; *Mag. Yvonne Oswald* für die Mitarbeit bei der Auswertung der Videos; *Mag. Eva Adelbrecht* für eine hochqualitative, lehrreiche Redaktion des Textes; *Dr. Birgit Harb* für zahlreiche Tipps.

Ich bin *meiner gesamten Familie* zutiefst dankbar: *meinen Eltern* und *meiner Schwester* für moralische Unterstützung und Mitgefühl; insbesondere *meinem Mann* – für sein zuverlässiges und emotionales Dabeisein; meiner bereits sechsjährigen *Tochter* – von ihr lerne ich weiterhin Geduld und genieße unsere intensive Mutter-Tochter-Beziehung, sammle Erfahrungen, die mir wiederum mehr Verständnis für Familien mit kleinen Kindern schenken.

Januar, 2014   Dr. Vaidilutė Asisi

Inhalt

Tabellenverzeichnis 11
Abbildungsverzeichnis 16
Abkürzungsverzeichnis 17

1   Einleitung **19**

2   Theoretische Grundlagen – Familiensystem **25**
2.1   Determinanten des elterlichen Erziehungsverhaltens 25
    2.1.1   Psychologische Ressourcen der Elternpersönlichkeit 26
    2.1.2   Merkmale des Kindes 27
    2.1.3   Einflüsse aus dem sozialen Kontext: Stress oder
           Unterstützung 27
    2.1.4   Elternschaft als „gepuffertes System" 28
2.2   Familie als Beziehungssystem 29
    2.2.1   Definition und Kennzeichen der Familie aus
           psychologischer Sicht 29
    2.2.2   Familientheoretische Ansätze 31
    2.2.3   Familienbeziehungen. Entwicklung der frühen Eltern-
           Kind-Beziehung 32
2.3   Familien- und Interaktionsdiagnostik 46
    2.3.1   Ziele der Familiendiagnostik 46
    2.3.2   Beurteilung der Paarbeziehung bzw. der Elternschaft 48
    2.3.3   Messung der Eltern-Kind-Interaktionen 50
2.4   Merkmale des dyadischen Interaktionsverhaltens in der
    Forschungsliteratur 62
    2.4.1   Wichtigste Merkmale des elterlichen
           Interaktionsverhaltens 62
    2.4.2   Bedeutendste Merkmale des kindlichen
           Interaktionsverhaltens 65
    2.4.3   Dyadische Verhaltensmuster 66

2.5 Studienergebnisse zu Determinanten des elterlichen
Erziehungsverhaltens 67
   2.5.1 Persönlichkeitsmerkmale der Eltern 67
   2.5.2 Soziale Umgebung: Stress und soziale Unterstützung 69
   2.5.3 Die Rolle des Vaters aus der
entwicklungspsychologischen Sichtweise 73

3 Theoretische Grundlagen - Frühkindliche Entwicklung und Entwicklungsabweichungen im Beziehungskontext 77
3.1 Frühkindliche Entwicklung im Beziehungskontext 77
   3.1.1 Regulierende Funktion der Emotionen bzw.
Emotionsregulation 77
   3.1.2 Entwicklungsveränderungen 80
3.2 Ätiologie der Entwicklungspsychopathologie im Kleinkindalter 85
   3.2.1 Normale psychologische Entwicklung vs.
Entwicklungspsychopathologie 86
   3.2.2 Entwicklungsmodelle 86
   3.2.3 Risiko- und Schutzfaktoren. Risiken in der frühen Eltern-
Kind-Interaktion 89
3.3 Klassifikation und Diagnostik psychischer Störungen im
Kleinkindalter 106
   3.3.1 Probleme und Hindernisse der frühen Diagnostik 106
   3.3.2 Kategoriale vs. dimensionale Diagnostik im Kindesalter 108
   3.3.3 Klassifikationssystem für Säuglinge und Kleinkinder
(DC: 0-3) 109
   3.3.4 Störungsübergreifende psychologische Diagnostik 114
   3.3.5 Häufigste Störungsbilder in den ersten drei bis vier
Lebensjahren 116
3.4 Forschungsergebnisse zum Zusammenhang zwischen Eltern-Kind-
Beziehung und kindlicher Entwicklung 128
3.5 Therapieansätze bei frühkindlichen psychischen Störungen 135
   3.5.1 Grundsätzliche Aspekte in der Behandlung der
Regulationsproblematik 135
   3.5.2 Therapie- und Interventionsangebote 136

4 Methodischer Teil 141
4.1 Ziele, Fragestellungen und Hypothesen der Untersuchung 141
   4.1.1 Ziele der Untersuchung 141
   4.1.2 Fragestellung 142

	4.1.3	Hypothesen	146
4.2		Geplante Durchführung der Untersuchung	147
	4.2.1	Stichprobenbeschreibung	147
	4.2.2	Untersuchungsablauf und Messinstrumente	149
4.3		Datenerhebung	178
	4.3.1	Zeitrahmen	178
	4.3.2	Untersuchungsort	179
	4.3.3	Vorgehensweise	179

5 Ergebnisse der empirischen Untersuchung **183**

5.1		Tatsächlich untersuchte Stichprobe	183
5.2		Detaillierte Stichprobenbeschreibung	185
	5.2.1	Auswahl der statistischen Verfahren. Überprüfung der Voraussetzungen für die statistische Auswertung	185
	5.2.2	Soziodemographische Daten	187
	5.2.3	Anamnesedaten	193
	5.2.4	Entwicklung des an der Untersuchung teilnehmenden Kindes	194
	5.2.5	Psychische Gesundheit der Eltern	201
	5.2.6	Partnerschaftsbeziehung	202
	5.2.7	Stresserleben	202
	5.2.8	Selbsteingeschätzte Involvierung in die Kinderpflege	210
	5.2.9	Verhaltensbeobachtung	214
5.3		Ergebnisse der Hypothesenprüfung	263
	5.3.1	Einteilung von Mutter-Kind- bzw. Vater-Kind-Dyaden in bestimmte Verhaltensmuster (Hypothese 1)	263
	5.3.2	Gruppenunterschiede in der Zugehörigkeit zu den Verhaltensmustern (Hypothese 2)	268
	5.3.3	Vorhersage der Interaktionsstörungen (Hypothese 3)	269
	5.3.4	Häufigkeitsunterschiede zwischen UGr und KGr in Bezug auf die elterliche Wahrnehmung der kindlichen Problemlage (Hypothese 4)	295
	5.3.5	Zusammenfassender Vergleich der Ergebnisse der Hypothesen 1 bis 4	298

6 Zusammenfassende Interpretation und Diskussion der Ergebnisse **301**

6.1		Beschreibende Ergebnisse	303
	6.1.1	Stichprobe, soziodemographische Daten	303

6.1.2   Kindliche Variablen 303
6.1.3   Elterliche Variablen 305
6.1.4   Dyadisches Interaktionsverhalten 307
6.2 Einordnung der Ergebnisse der Hypothesenprüfung 311
6.2.1   Vergleich von Verhaltensclustern 311
6.2.2   Gruppenunterschiede (UGr vs. KGr) in Bezug auf die
         CBCL-T-Werte 316
6.2.3   Zusammenfassende Interpretation der Ergebnisse 319
6.3 Kritik, methodische Einschränkungen und weiterführende
     Fragestellungen 325
6.4 Implikationen für die klinische Praxis 328

Literatur 331

Tabellenverzeichnis

Tabelle 1. Globale Einschätzungs-Skala der Eltern-Kind-Beziehung
(PIR-GAS) (nach Hofacker et al., 1996) 61

Tabelle 2. Gegenüberstellung der diagnostischen Kategorien (Gruppen)* von
ICD-10, DSM-IV-TR und DC: 0-3 110

Tabelle 3. Klassifikation der Beziehungsstörungen der DC: 0-3
(Zero to Three, 1994) 113

Tabelle 4. Dimensionen des Scheuch-Winkler-Index, 7-stufige Abbildung
(nach Winkler, 1998) 153

Tabelle 5. Syndromskalen und übergeordnete Skalen der CBCL, Reliabilitäten
(Interne Konsistenzen, Cronbachs Alpha) der deutschen Stichprobe
(nach Elting, 2003) bzw. Originalstichprobe 155

Tabelle 6. Skalen der BSI mit Itemsanzahl; Interne Konsistenzen (Cronbachs Alpha)
der deutschen Normstichproben Erwachsener (N1) und der Studierenden
(N2), einer klinischen Gruppe (chronisch niereninsuffiziente
PatientInnen) (N3) sowie die Originalstichprobe von Derogatis (1993)
(vgl. Franke, 2000, S. 35 f.) 159

Tabelle 7. Zwei Bereiche und Subskalen des Fragebogens PSI 165

Tabelle 8. Interne Konsistenzen der Skalen (Cronbachs Alpha)
(vgl. Grimm, 2006, S. 68; Trilk, 2001, S. 75; Tröster, 1999b, S. 57;
Tröster et al., 2000, S. 55) 168

Tabelle 9. Auswertungsschema der Mutter-Kind- bzw. Vater-Kind-Interaktion im
Kleinkindalter (vgl. Mannheimer Beobachtungsskalen, T2-T4, 2003;
Trautmann-Villalba et al., 2001; 2003) 172

Tabelle 10. Häufigkeiten: Geschlecht des Kindes in Abhängigkeit von der
Gruppenzuteilung. 187

Tabelle 11. Gruppenzuordnung nach Kinderanzahl, N=60, N=51 189

Tabelle 12. Häufigkeiten der Gruppenzuordnung nach Ausbildung der Familie 190

Tabelle 13. Häufigkeiten der Gruppenzuordnung der Familie nach beruflicher
Stellung der Familie 191

Tabelle 14. Gruppenzuordnung nach Schicht-Klassen, Anzahl und Prozentsatz
in den Gruppen, N=60 192

Tabelle 15. Häufigkeiten der früheren Belastungen in der Entwicklung der Kinder,
Anzahl von Eltern (beide oder ein Elternteil) (N) und Prozentsatz, N=60 .. 195

Tabelle 16. Häufigkeitsvergleich: Meinung der Eltern in Bezug auf Vorliegen von
Problemen mit dem Kind, Häufigkeit (N) und Prozentsatz, N=60 196

11

Tabelle 17. Häufigkeiten (N) von festgestellten Störungen in der
Untersuchungsgruppe und Prozentsatz, N=23 197
Tabelle 18. Ergebnisse der Varianzanalyse mit Messwiederholung auf dem Faktor
durch Mütter und Väter eingeschätzte *Gesamtprobleme*, N=51 198
Tabelle 19. Ergebnisse der Varianzanalyse mit Messwiederholung auf den Faktoren:
durch Mütter und Väter eingeschätzte *internalisierende Auffälligkeiten*
bzw. *externalisierende Auffälligkeiten;* nach Geschlecht der
Kinder: gesamt weiblich – N=26, männlich – N=25 199
Tabelle 20. Mittelwertvergleich der Einschätzungen des kindlichen Verhaltens durch
Mütter und *Väter*. M – Mittelwert, SD – Standardabweichung, Md –
gruppierter Median; p – Signifikanzniveau (t-Test bzw. Mann-Whitney-U-
Test), z-Wert, adj p – Signifikanzniveau adjustiert. Anzahl von Müttern:
UGr – N=22, KGr – N=37 200
Tabelle 21. Ergebnisse der Varianzanalyse mit Messwiederholung auf dem Faktor
Stress allgemein (Stressbelastung der Mütter und Väter); nach Geschlecht
der Kinder (GKi): gesamt weiblich – N=26, männlich – N=25 204
Tabelle 22. Ergebnisse der Varianzanalyse mit Messwiederholung auf den
Faktoren *Stress Kindbereich* und *Elternbereich* (Belastung der Mütter und
Väter); nach Geschlecht der Kinder (GeKi): gesamt weiblich – N=26,
männlich – N=25 205
Tabelle 23. Gruppenunterschiede für je *Mutter* und *Vater* (t-Test bzw. Mann-
Whitney U-Test) in Bezug auf Stress (Summenwerte): M – Mittelwert,
SD – Standardabweichung, p – Signifikanzniveau, adj p –
Signifikanzniveau adjustiert 206
Tabelle 24. Ergebnisse der Varianzanalyse mit der Messwiederholung auf dem Faktor
Soziale Unterstützung der Mütter und Väter. N=51, nach Geschlecht der
Kinder (GeKi): gesamt weiblich – N=26, männlich – N=25 208
Tabelle 25. Personen, von denen Mütter und Väter Unterstützung bekommen,
Prozenthäufigkeiten (N – Häufigkeit) 209
Tabelle 26. Mittelwertvergleich in Bezug auf *Zufriedenheit mit der Unterstützung*:
M – Mittelwert, SD – Standardabweichung, p – Signifikanzniveau.
N - Anzahl der ProbandInnen, die die Fragen beantworteten 210
Tabelle 27. Die von den Eltern mit dem Kind verbrachte Zeit (in Stunden) am Tag
und am Wochenende (WE) bzw. nur entsprechend den Wünschen des
Kindes geschenkte Zeit, N – Häufigkeit, % - prozentueller Anteil 211
Tabelle 28. Prozentuelle Häufigkeiten für die von den Vätern mit dem Kind
verbrachte Zeit am Tag (N – Häufigkeiten) 212
Tabelle 29. Prozentueller Anteil von Müttern (N=59) und Vätern (N=52) in Bezug
auf Involviertheit. N - Anzahl der ProbandInnen, die die Fragen
beantworteten (andere missing) 213
Tabelle 30. Dimensionen und Variablen aus der Verhaltensbeobachtung 215

Tabelle 31. Gruppenunterschiede in Bezug auf die *Gestimmtheit* (Dauer, s): t-Test bzw. Mann-Whitney-U-Test. M – Mittelwert, SD – Standardabweichung, Md – gruppierter Median, p – Signifikanzniveau, adj p – Signifikanzniveau adjustiert, Z– Wert. Anzahl von MKD: UGr (N=22), KGr (N=37), VKD: UGr (N=19), KGr (N=33) 218

Tabelle 32. Gruppenunterschiede in Bezug auf die *Reaktivität* (Eventsummen): t-Test bzw. Mann-Whitney-U-Test. M – Mittelwert, SD – Standardabweichung, Md – gruppierter Median, p – Signifikanzniveau, adj p – Signifikanzniveau adjustiert, Z – Wert. Anzahl von MKD: UGr (N=22), KGr (N=37), VKD: UGr (N=19), KGr (N=33) 220

Tabelle 33. Gruppenunterschiede in Bezug auf das *Steuerungsverhalten* der Eltern (Eventsummen), t-Test. M – Mittelwert, SD – Standardabweichung, p – Signifikanzniveau, adj p – Signifikanzniveau adjustiert. Anzahl von MKD: UGr (N=22), KGr (N=37), von VKD: UGr (N=19), KGr (N=33) .. 221

Tabelle 34. Gruppenunterschiede in Bezug auf die *Angemessenheit der Steuerung* (*gewichtete Rangsummen*), t-Test, Mann-Whitney-U-Test. M – Mittelwert, SD – Standardabweichung, Md – gruppierter Median, p – Signifikanzniveau, adj p – Signifikanzniveau adjustiert. Anzahl von MKD: UGr (N=22), KGr (N=37), VKD: UGr (N=19), KGr (N=33) 222

Tabelle 35. Gruppenunterschiede in Bezug auf die *Angemessenheit der Steuerung* (*einzelne einfachen Rangsummen)*, t-Test, Mann-Whitney-U-Test. M – Mittelwert, SD – Standardabweichung, Md – gruppierter Median, p – Signifikanzniveau, z-Wert. Anzahl von MKD: UGr (N=22), KGr (N=37), VKD: UGr (N=19), KGr (N=33) 223

Tabelle 36. Gruppenunterschiede in Bezug auf die *Interaktionsstile der Mutter* (Eventsummen), Mann-Whitney-U-Test bzw. t-Test. M – Mittelwert, SD – Standardabweichung, Md – gruppierter Median, p – Signifikanzniveau, adj p – Signifikanzniveau adjustiert, z -Wert, N=59 224

Tabelle 37. Gruppenunterschiede in Bezug auf die *Interaktionsstile des Vaters* (Eventsummen), Mann-Whitney-U-Test bzw. t-Test. M – Mittelwert, SD – Standardabweichung, Md – gruppierter Median, p – Signifikanzniveau, adj p – Signifikanzniveau adjustiert, z - Wert, N=52 .. 225

Tabelle 38. Gruppenunterschiede in Bezug auf die *Interaktionsstile des Kindes mit beiden Elternteilen* (Eventsummen), Mann-Whitney-U-Test. M – Mittelwert, SD – Standardabweichung, Md – gruppierter Median, p – Signifikanzniveau, adj p – Signifikanzniveau adjustiert, z - Wert, N=51 ... 226

Tabelle 39. Geschlechtsunterschiede (des Kindes) in Bezug auf die *Angemessenheit der Steuerung*. M – Mittelwert, SD – Standardabweichung, p – Signifikanzniveau, adj p – Signifikanzniveau adjustiert. MKD: Mädchen (N=29), Jungen (N=30) sowie VKD: Mädchen (N=26), Jungen (N=26) 230

13

Tabelle 40. Geschlechtsunterschiede in Bezug auf die *Interaktionsstile* (Eventsummen) *der Mutter*: UGr (N=23), KGr (N=37) sowie *des Vaters*: UGr (N=19), KGr (N=33); Mann-Whitney-U-Test bzw. t-Test. M – Mittelwert, SD – Standardabweichung, p – Signifikanzniveau, z –Wert 232

Tabelle 41. Geschlechtsunterschiede in Bezug auf die *Interaktionsstile* (Eventsummen) *des Kindes mit der Mutter*: UGr (N=23), KGr (N=37) sowie *des Kindes mit dem Vater*: UGr (N=19), KGr (N=33); Mann-Whitney-U-Test bzw. t-Test. M – Mittelwert, SD – Standardabweichung, p – Signifikanzniveau, z –Wert 234

Tabelle 42. Die Ergebnisse der FA: *Mütterliches Interaktionsverhalten*, rotierte Komponentenmatrix, N=59 238

Tabelle 43. Die Ergebnisse der FA: *Väterliches Interaktionsverhalten*, Rotierte Komponentenmatrix, N=52 238

Tabelle 44. Ergebnisse der FA: *Kindliches Interaktionsverhalten*, rotierte Komponentenmatrix, N=51 239

Tabelle 45. Skalen für *Interaktionsstile* jedes Interaktionspartners (aus der FA), α - interne Konsistenz der Skala, Cronbach's Alpha, rit - Korrelation des Items mit dem Gesamtwert der Skala (Trennschärfe) 241

Tabelle 46. Korrelationen (Spearman's-Rho) zwischen Skalen, p – Signifikanzniveau. N=51 244

Tabelle 47. Gruppenunterschiede: Skalen für Interaktionsstile jedes/r Interaktionspartners/ In, M – Mittelwert, SD – Standardabweichung, Md – gruppierter Median, p – Signifikanzniveau, z - Wert, N=51 246

Tabelle 48. Einteilung der Familien in Extremgruppen: Prozentuelle Häufigkeiten (N - Häufigkeiten) in der KGr und UGr, N=60 251

Tabelle 49. Die Ergebnisse der FA (1) : Interaktionsverhalten aller InteraktionspartnerInnen, Variablen aus der BLR, rotierte Komponentenmatrix, N=51. 257

Tabelle 50. Die Ergebnisse der FA (2): Interaktionsverhalten aller InteraktionspartnerInnen, rotierte Komponentenmatrix, N=51. 259

Tabelle 51. Skalen für *Interaktionsverhalten* in Dyaden (aus der FA zweiter Ordnung), α - interne Konsistenz der Skala, Cronbach's Alpha, rit - Korrelation des Items mit dem Gesamtwert der Skala 261

Tabelle 52. Pearson Korrelationen (r) der Skalen aus der FA zweiter Ordnung, p – Signifikanzniveau, N=51 262

Tabelle 53. Gruppenunterschiede in Bezug auf Skalen aus der Faktorenanalyse 2. Ordnung, t-Test, M - Mittelwert, SD – Standardabweichung, p – Signifikanzniveau. UG – N=18, KGr – N=33 262

Tabelle 54. Prozentuelleuelle Häufigkeiten für die Zugehörigkeit zu Gruppen, N=60, N=51 264

Tabelle 55. Häufigkeitsvergleich: UGr vs. KGr in Zugehörigkeit zu 2 Clustern (N=51, N=60) 268

14

Tabelle 56. Korrelationen (Pearson): statistisch signifikante Korrelationen der Prädiktoren mit dem Kriterium, Interkorrelationen zwischen Prädiktoren; M – Variablen der Mütter, V – Variablen der Väter 272

Tabelle 57. Mittelwertvergleich des SÖS-Familie, der Anzahl unterschiedlicher Probleme in der Anamnese sowie der psychologischen/ familiären Variablen in den Gruppen (*„gut adaptierte Interaktionen"*, N=26, vs. *„beeinträchtigte Interaktionen & Interaktionsstörung"*, N=25): t-Test bzw. Mann-Whitney-U-Test. M – Mittelwert, SD – Standardabweichung; signifikante Unterschiede, p – Signifikanzniveau 277

Tabelle 58. Vergleich von ausgewählten Items der Fragebögen *CBCL 1½-5* und *PSI* .. 279

Tabelle 59. Ergebnisse der binären logistischen Regressionen: *einzelne Variablen als Prädiktoren*, N=50 (Ausreißerfamilie Nr. 15 entfernt) 287

Tabelle 60. Ergebnisse der binären logistischen Regressionen, *Variablenkombinationen als Prädiktoren*: mütterliche und väterliche Variablen getrennt sowie gemeinsam (im letzten Schritt), N=50 289

Tabelle 61. Gruppenunterschiede (*gut adaptierte Interaktionen* – N=25, *Risiko* – N=12 und *Interaktionsstörungen* – N=13) in Bezug auf familiäre/ Umgebungs- bzw. persönliche Variablen beider Elternteile, ANOVA (oneway). M – Mittelwert, SD – Standardabweichung; p – Signifikanzniveau, adj p – Signifikanzniveau nach α-Korrektur 292

Tabelle 62. Häufigkeitsunterschiede zwischen UGr und KGr in Bezug auf elterliche Wahrnehmung der kindlichen Problemlage (CBCL-T-Wert *Gesamtprobleme: unauffällig (1)* vs. *borderline (2) & klinisch auffällig (3)*), N=51 295

Tabelle 63. Häufigkeitsunterschiede zwischen UGr und KGr in Bezug auf elterliche Wahrnehmung der kindlichen Problemlage (CBCL-T-Wert *Externalisierende Störungen: unauffällig (1)* vs. *borderline (2) & klinisch auffällig (3)*), N=51 296

Tabelle 64. Häufigkeitsunterschiede zwischen UGr und KGr in Bezug auf elterliche Wahrnehmung der kindlichen Problemlage (CBCL-T-Wert *Internalisierende Störungen: unauffällig (1)* vs. *borderline (2) & klinisch auffällig (3)*), N=51 297

Tabelle 65. Häufigkeitsvergleich – diagnostizierte Störungen auf der Kinderklinik vs. keine Diagnose – nach mütterlicher und väterlicher Einschätzung der kindlichen Problemlage (CBCL-T-Wert *Gesamtprobleme: unauffällig (1)* vs. *borderline (2) & klinisch auffällig (3)*), N=51 297

Tabelle 66. Häufigkeitsunterschiede zwischen Gruppen mit und ohne Interaktionsproblematik in Bezug auf elterliche Wahrnehmung der kindlichen Problemlage (Interaktionsproblematik x CBCL- T-Wert Gesamtprobleme: unauffällig, borderline & klinisch auffällig), N=51 299

15

Abbildungsverzeichnis

Abbildung 1. Grundkonzept der Dissertation nach dem Modell von Belsky 21
Abbildung 2. Prozessmodell der Determinanten des elterlichen
Erziehungsverhaltens (nach Belsky, 1984) 26
Abbildung 3. Hierarchische Clusteranalyse, N=59. Dendrogramm 250
Abbildung 4. Hierarchische Clusteranalyse (N=51) mit vier Faktoren
(aus der FA 2. Ordnung) als Eingangsvariablen.
Dendrogramm 266
Abbildung 5. Häufigkeitsunterschiede in vier Verhaltensmustern, N=60 269

Abkürzungsverzeichnis

Arbeitsgruppe CBCL	Arbeitsgruppe Deutsche Child Behavior Checklist
Arbeitsgruppe KJFD	Arbeitsgruppe für Kinder-, Jugend- und Familiendiagnostik
BLR	Binäre logistische Regression
BSI	Brief Symptom Inventory
EKB	Eltern-Kind-Beziehung
EKI	Eltern-Kind-Interaktion
CBCL	Child Behavior Checklist
DC: 0-3	Diagnostic Classification of mental health and developmental disorders of infancy and early childhood
DGKJP	Deutsche Gesellschaft für Kinder und Jugendpsychiatrie
FA	Faktorenanalyse
KGr	Kontrollgruppe
MBS	Mannheimer Beobachtungsskalen
MBS-MKI &VKI-S	Mannheimer Beobachtungsskalen zur Analyse der Mutter-Kind- und Vater-Kind-Interaktion im Säuglingsalter
MBS-MKI &VKI-KKA	Mannheimer Beobachtungsskalen zur Analyse der Mutter-Kind- und Vater-Kind-Interaktion im Kleinkindalter
MKD	Mutter-Kind-Dyade
MKI	Mutter-Kind-Interaktion
NICHD	National Institute for Child Health and Development
n.s.	nicht signifikant
PIR-GAS	Parent-Infant Relationship Global Assessment Scale
PFB	Partnerschaftsfragebogen
PSI	Parenting Stress Index
SÖS	Sozioökonomischer Status
SWI	Scheuch-Winkler-Index
UGr	Untersuchungsgruppe
VA	Varianzanalyse
VA-MW	Varianzanalyse mit der Messwiederholung
VKD	Vater-Kind-Dyade
VKI	Vater-Kind-Interaktion
Zfg.	Zusammenfassung

1 Einleitung

Als klinische Psychologin bin ich in meiner Tätigkeit mit Kleinkindern oftmals mit folgenden Fragen konfrontiert: Was passiert in einer Familie mit einem verhaltensauffälligen Kind? Ist die ganze Familie betroffen oder wird die Verantwortung der Mutter allein überlassen? Welche Rolle übernimmt der Vater? Wie bewältigt er dieses Problem? Ist die Wahrnehmung der Problemlage der betroffenen Kinder durch beide Elternteile gleich oder unterscheidet sie sich wesentlich? Handelt es sich tatsächlich um „wahre" psychopathologische Symptome von Kindern bzw. um eine behandlungswürdige psychische Störung oder viel eher um eine subjektive Wahrnehmung der Mutter oder des Vaters? Selbst wenn MedizinerInnen ein Kind als „gesund" beurteilen, sind Eltern dennoch häufig mit den durch ihre Kinder entstehenden Problemen überfordert. In einer solchen Situation scheint eine psychologische Eltern-Kind-Beratung angebracht, um die Entwicklung von „scheinbaren" zu „wahren" Symptomen zu verhindern.

Diese Überlegungen haben mich zur Konzipierung der vorliegenden Arbeit bewogen. Als theoretische Fundierung habe ich Konzepte aus *Sozialisations- (Familien-)forschung* und *Entwicklungspsychopathologie* gewählt. In der *Sozialisationsforschung* wird eruiert, in welcher Weise die Erziehungs- bzw. Verhaltensstrategien der Eltern die kindliche Entwicklung beeinflussen bzw. durch welche Variablen das Erziehungsverhalten beeinflusst wird. Im Mittelpunkt der *Entwicklungspsychopathologie* stehen der Vergleich von psychischen Beeinträchtigungen mit der normalen Entwicklung sowie die Erforschung von Risiko- und Schutzfaktoren. Einerseits wird davon ausgegangen, dass die Auswirkung der kumulierten Risiken (aufgrund besonderer Abhängigkeit des Kleinkindes von der primären Betreuungsperson) durch die Qualität der frühen Eltern-Kind-Interaktion (EKI) vermittelt wird, anderseits, dass eine gelungene Interaktion die bereits vorhandenen Risiken mildern kann (Laucht, Esser & Schmidt, 2002; Scheithauer, Peterman & Niebank, 2000). Es erscheint daher als *klinisch relevant*, die Entwicklungsabweichungen der *ersten drei Lebensjahre* im familiären bzw. interaktionellen Kontext zu erfassen.

Die vorliegende Arbeit befasst sich mit der Qualität der Eltern-Kind-Beziehung und -Interaktion im Zusammenhang mit den Auffälligkeiten in der frühkindlichen Entwicklung. Die Begriffe „Beziehung" und „Interaktion" werden in der Forschung synonyme verwendet (vgl. Hofacker, Jacubeit, Malinovski & Papoušek, 1996). Eine Beziehung entwickelt sich aus zahlreichen sich wiederholenden Interaktionen in multiplen Kontexten, sie wird durch Einstellungen, Phantasien etc. der Eltern sowie durch die physischen und psychischen Ressourcen beider Beziehungspartner und durch die Einschränkungen dieser Ressourcen beeinflusst (Hofacker et al., 1996; Stern, 1977/2006). Der wichtigste Grundzug der Beziehung – als eine subjektiv erlebte Interaktionserfahrung – ist eine überdauernde Repräsentation der anderen Person (z.b. einer Betreuungsperson) (Stern, 1977/2006). In der Forschung wird die Beziehung – mehr als nur die konkret beobachtbare Interaktion in einem bestimmten Kontext – erfasst (Hofacker et al., 1996). In vorliegender Studie werden Interaktionen von Eltern mit ihren Kleinkindern nur in einem spielerischen Kontext beobachtet; des Weiteren werden aber die Ressourcen der Eltern erforscht und die psychosoziale Entwicklung des Kindes beurteilt. Ich gehe davon aus, dass die beobachtete Interaktionsqualität bereits die Qualität der Beziehung widerspiegeln kann (die interagierenden Personen haben ihre „Beziehungs-Geschichte" in Form der Repräsentation entwickelt), daher wird im Arbeitstitel der Begriff „Beziehung" verwendet.

Die *theoretische Grundlage* der vorliegenden Arbeit bildet das „*process model of the determinants of parenting*" von Belsky (1984), in dem: 1) psychologische Ressourcen von Eltern; 2) kindliche Charakteristika; 3) breitere Kontextquellen von Stress und Unterstützung (eheliche Beziehungen, soziale Netze und berufliche Erfahrungen der Eltern) als Determinanten angepasster bzw. dysfunktioneller Elternschaft gesehen werden, die durch Beeinflussung des elterlichen Erziehungsverhaltens auf die psychische Entwicklung des Kindes wirken. Familienpsychologische bzw. entwicklungspsychopathologische Betrachtungsweisen ermöglichen die Interpretation bestimmter Verhaltensweisen von Eltern gegenüber ihren Kindern, die beeinflusst werden durch Akkumulation von Stress und Unterstützung, oder durch Wechselwirkung von Risiko und protektiven Faktoren (vgl. Belsky, 2005).

Forschungskonzept. Unter Berücksichtigung des Ansatzes von Belsky (es wird kein Anspruch auf Vollständigkeit in Bezug auf die Überprüfung des komplexen Gesamtmodells erhoben) wird die Familie als System betrachtet, wobei *Mutter-Kind-* bzw. *Vater-Kind-Interaktionen* sowie die *Entwicklung des Kindes* im Vordergrund stehen und untersucht werden. Als zentrale Variable werden dyadische Eltern-Kind-Interaktionen anhand der Mannheimer Beobachtungsskalen (z.B. Dinter-Jörg, Polowczyk, Herrle, Esser, Laucht & Schmidt, 1997) erfasst. Das Konzept beruht auf der *Annahme*, dass die kindliche Entwicklung mit dem von den Eltern erlebten Stress, mit der Partnerschaftsqualität, der psychischen Gesundheit der Eltern und der Qualität der Eltern-Kind-Beziehung in engem Zusammenhang steht (s. Abbildung 1).

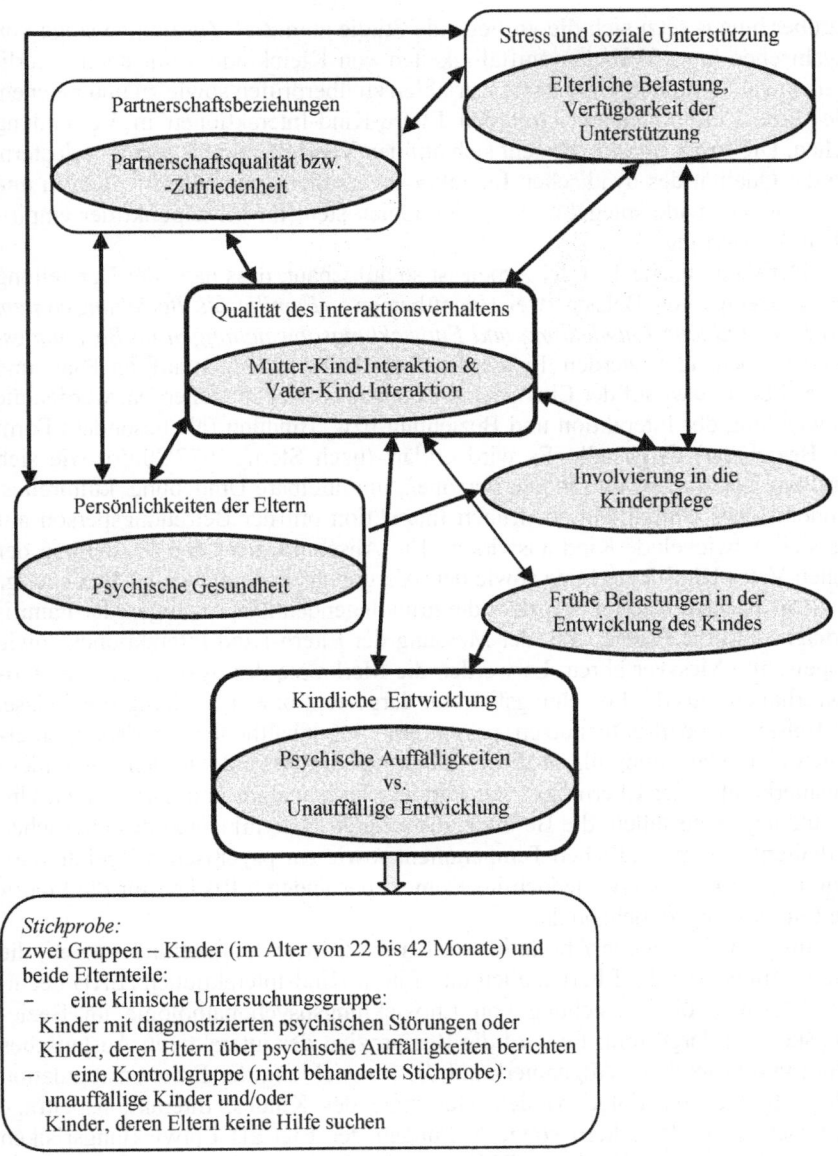

Abbildung 1. Grundkonzept der Dissertation nach dem Modell von Belsky.

Darüber hinaus setzt sich die vorliegende Studie zum *Ziel*, Zusammenhänge von psychischen bzw. Verhaltensauffälligkeiten von Kleinkindern mit deren elterlichen sowie familiären Umgebungsvariablen zu überprüfen sowie zu untersuchen, wie diese Zusammenhänge mit den Eltern-Kind-Interaktionen in Verbindung stehen. Die *Fragestellung* bezieht sich auf den Vergleich von Verhaltensclustern, die die Qualität des dyadischen Interaktionsverhaltens von Müttern, Vätern und ihrer Kindern widerspiegeln. Dieser Vergleich steht im Mittelpunkt der empirischen Auswertung.

Der theoretische Teil der Arbeit ist so aufgebaut, dass nach der Darstellung des Konzeptes von Belsky zwei Hauptthemen – *Familie als Beziehungssystem* und *Frühkindliche Entwicklung und Entwicklungsabweichungen im Beziehungskontext* – behandelt werden. Es werden Familienbeziehungen auf der Paar- und Eltern-Ebene bzw. auf der Eltern-Kind-Ebene beschrieben; außerdem werden die Entwicklung der Interaktion und Beziehung bzw. Bindung (als besondere Form der Beziehung) dargestellt. Es wird erklärt (nach Stern, 1977/2005), wie sich Einflüsse der Außenwelt (andere Personen, unmittelbare Umgebung, kulturelles, ökonomisches Umfeld) in der frühen Interaktion mit der Betreuungsperson auf das sich entwickelnde Kind auswirken. Ein Abschnitt dient der Darstellung der frühen Vater-Kind-Beziehung sowie dem Vergleich zur Mutter-Kind-Beziehung.

Das nächste Kapitel bespricht die grundlegenden Zielsetzungen der Familiendiagnostik, die Problematik der Messung der Eltern-Kind-Interaktionen sowie ausgewählte Messverfahren. Es werden die Merkmale des dyadischen Interaktionsverhaltens aus der Forschungsliteratur dargestellt bzw. Forschungsergebnisse, die Belskys Modell unterstützen, präsentiert. Aus inhaltlichen Überlegungen erschien es mir als sinnvoll, an dieser Stelle nur die Befunde zu den Persönlichkeitsmerkmalen der Eltern bzw. zur Partnerschaftsqualität und zur sozialen Unterstützung darzustellen, die Befunde zu weiteren Determinanten des elterlichen Verhaltens – zum kindlichen Temperament sowie zur psychischen Beeinträchtigung der Bezugsperson – jedoch im Kontext der anderen Risiken für die kindliche Entwicklung zu behandeln.

Im darauffolgenden Abschnitt werden die Entwicklungsveränderungen, die Anforderungen an die Eltern stellen und Eltern-Kind-Interaktionen (EKI) beeinflussen, sowie die Entstehung von Entwicklungspsychopathologie im Beziehungskontext dargestellt. Es wird die Reziprozität des interaktiven Austausches betont und besonderes Augenmerk auf die Entwicklung der Emotionsregulation gelegt. In weiterer Folge werden Merkmale des Kindes, Interaktionsbeiträge psychisch belasteter Eltern sowie Störungen der EKI als Entwicklungsrisiken bzw. die Wirkungsweise dieser Risiken in der frühen EKI genauer erklärt. Auf die genetischen bzw. biologischen Voraussetzungen des Kindes wird nicht näher

22

eingegangen (mit der Kenntnis, dass es bereits eindeutige Hinweise auf eine biologische bzw. genetische Disposition bei vielen psychischen Störungen im Vorschulalter gibt). Anschließend wird auf Probleme der frühen Diagnostik eingegangen. Ein Klassifikationssystem für Säuglinge und Kleinkinder – *Diagnostic Classification of mental health and developmental disorders of infancy and early childhood* (DC: 0-3) (Zero to Three, 1994) – wird vorgestellt, wobei die *Achse II: Klassifikation von Beziehungsstörungen* dieses Klassifikationssystems als zentraler Aspekt des Systems verstanden wird. Es werden die häufigsten Störungsbilder in den ersten 3 bis 4 Lebensjahren, die mit Beeinträchtigungen der Eltern-Kind-Interaktion einhergehen, beschrieben. Es werden die für die vorliegende Studie relevanten Befunde aus der Mannheimer Risikostudie – als Grundlage für die empirische Untersuchung – angeführt. Die Möglichkeiten der Eltern-Kleinkind-Beratung und -Psychotherapie werden zusammengefasst.

Kapitel 4 stellt die Fragestellung und Hypothesen der vorliegenden Arbeit auf der theoretischen bzw. empirischen Grundlage vor. Die allgemeine methodische Vorgangsweise wird beschrieben.

Die darauffolgenden Kapitel stellen die Ergebnisse der *empirischen Untersuchung* vor. Bei der statistischen Auswertung werden zwei Zugänge gewählt: 1) Im Abschnitt „Detaillierte Stichprobenbeschreibung" wird hauptsächlich die klinische Untersuchungsgruppe mit der Kontrollgruppe (nicht behandelte Stichprobe) verglichen. Variablenbildung (aus der Verhaltensbeobachtung) sowie Faktoren- und Reliabilitätsanalysen bzw. Extremgruppenvergleich werden als Vorbereitung für die Hypothesenprüfung vorgestellt. 2) Bei der Hypothesenprüfung werden hauptsächlich zwei bis vier Verhaltensmuster, die die Interaktionsqualität der Mutter-Kind- bzw. Vater-Kind-Dyaden von „gut adaptiert & ausgeglichen" bis „gestört" abbilden, gebildet und verglichen. Ergebnisse zur zweiten Fragestellung – Gruppenvergleich in Bezug auf die elterliche Wahrnehmung der kindlichen Problemlage – werden dargestellt. Anschließend werden alle Ergebnisse zusammenfassend verglichen.

Im abschließenden Teil der Arbeit werden die Ergebnisse zusammenfassend interpretiert, in die aktuelle Forschung eingeordnet und diskutiert. Der Diskussion folgen Kritikpunkte zur vorliegenden Studie und weiterführende Fragestellungen. Anschließend werden Implikationen (Relevanz) für die klinische Praxis überlegt.

Zusatzmaterialien zu dieser Forschungsarbeit (wie erweiterte Tabellen, Fragebögen zur Erhebung der Daten etc.) sind unter www.springer.com auf der Produktseite dieses Buches verfügbar.

Relevanz bzw. innovative Aspekte der Arbeit. Diese Arbeit sollte auf der Basis von *klinischen Daten* ein theoretisches Modell von Belsky unterstützen. Von besonderem Interesse ist die Untersuchung der Vaterrolle für die kindliche Entwicklung und für die Eltern-Kind-Beziehung. Ein besonderer Aspekt dieser Arbeit ist eine objektive Verhaltensbeobachtung – videographische Erfassung und computerunterstützte mikroanalytische Auswertung. Die in dieser Arbeit verwendeten Methoden (CBCL 1½-5, Achenbach & Rescorla, 2000, und Parenting Stress Index, Abidin, 1995; Tröster, 1999a) waren im deutschsprachigen Raum bis zum Beginn der Studie wenig angewandt, die Ergebnisse könnten zur Validierung der deutschen Fassungen einen wertvollen Beitrag leisten. Des Weiteren soll die Objektivierung der Diagnose untersucht werden: Es stellt sich die Frage, wie weit die von den Eltern berichteten Symptome der psychischen Auffälligkeiten von Kindern (die Wahrnehmung der Problemlage des Kindes) mit der klinischen Diagnose übereinstimmen.

Das vorliegende Buch stellt eine Promotionsarbeit, die im September 2012 an der Karl-Franzens-Universität Graz abgeschlossen wurde, vor. Die Ausarbeitung der Dissertation war mit enormem Aufwand verbunden. Daher fließen die neueste relevante Literatur in den theoretischen Teil sowie Forschungsergebnisse in die Studie mit ein, ohne dass Fragestellung oder Untersuchungsdesign (konzipiert im Jahr 2002) verändert werden. Insbesondere die neueste Literatur aus dem deutschsprachigen Raum zu den Störungskonzepten bzw. Therapieansätzen der frühen Regulationsstörungen findet in der vorliegenden Dissertation einen wichtigen Platz.

2 Theoretische Grundlagen – Familiensystem

2.1 Determinanten des elterlichen Erziehungsverhaltens

Nach Bronfenbrenner (1981) funktioniert die Familie als System in einem breiteren Raum – Ökosystem –, mit dem weitere Beziehungen außerhalb der Kernfamilie bezeichnet werden. Wenn man die Familie als ein System von miteinander kommunizierenden Personen betrachtet, so lassen sich unterschiedliche Subsysteme (Partner-, Eltern-Kind-System etc.) und Suprasysteme erkennen. Zu den Suprasystemen zählt man das Mikrosystem (Familie und ihre einzelnen Mitglieder), das Mesosystem (z.B. erweiterte Familie und Verwandtschaft, die Nachbarschaft), das Exosystem (z.B. Gemeindeorganisation, Schulsystem) sowie das Makrosystem (z.B. kulturelle, politische, rechtliche Orientierung einer Gesellschaft).

Basierend auf dem *Ökologischen Modell* von Bronfenbrenner und gestützt auf Daten aus der Literaturanalyse über dysfunktionale Elternschaft (kindliche Misshandlung, Vernachlässigung) konzipierte Belsky (1984) sein allgemeines theoretisches Modell der Determinanten des elterlichen Verhaltens. Das Modell (s. Abbildung 2) setzt *drei Hauptdeterminanten* für dysfunktionale bzw. gelungene Elternschaft voraus: 1) Persönlichkeitseigenschaften und psychologische Ressourcen (das Wohlbefinden) jedes Elternteiles; 2) Individuelle Eigenschaften des Kindes; 3) Einen breiteren sozialen Kontext, in welchem die Elternteil-Kind-Beziehung existiert: Dies schließt besonders eheliche Beziehung, soziale Netzwerke und arbeitsbezogene Erfahrungen der Eltern ein. Der soziale Kontext kann eine potentielle Quelle für Stress einerseits oder Unterstützung anderseits sein.

Außerdem geht dieses Modell von der Annahme aus, dass die eigene elterliche Entwicklungsgeschichte, eheliche Beziehung, soziale Netzwerke sowie die Berufstätigkeit, Auswirkung auf die individuelle Persönlichkeit und das psychologische Wohlbefinden der Eltern und darüber hinaus auf elterliches Erziehungsverhalten haben, was wiederum die Entwicklung des Kindes beeinflusst. Belsky gibt drei Schlussfolgerungen an: 1) Das elterliche Erziehungsverhalten ist multideterminiert; 2) Elterliche und kindliche Charakteristika wie auch der soziale Kontext üben nicht den gleichen Einfluss auf die Elternschaft aus; 3) Die eigene

Entwicklungsgeschichte und Persönlichkeit jedes Elternteiles wirken indirekt auf elterliches Erziehungsverhalten, indem sie den breiteren Kontext der Eltern-Kind-Beziehung (eheliche Beziehungen, soziale Netze und Arbeitserfahrungen) beeinflussen.

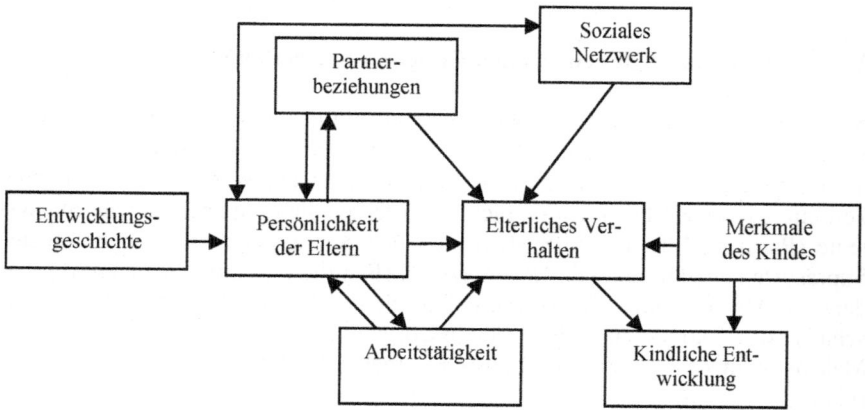

Abbildung 2. Prozessmodell der Determinanten des elterlichen Erziehungsverhaltens (nach Belsky, 1984).

2.1.1 Psychologische Ressourcen der Elternpersönlichkeit

Belsky (1984) fasst in seinem Artikel zahlreiche Studienergebnisse zusammen und schließt daraus, dass kognitive und motivationale Kompetenz sowie gesunde sozioemotionale Entwicklung des Kindes durch sensitive, aufmerksame, warme, stimulierende und nicht einschränkende Elternpflege gefördert wird. Realistische und sensitive Einstellungen der Eltern zu Fähigkeiten und Entwicklungsaufgaben der Kindern führen zu positiven Entwicklungsergebnissen, wie emotionaler Sicherheit, Verhaltensunabhängigkeit, sozialer Kompetenz und intellektuellen Leistungen.

Als entwicklungsfördernde Eigenschaften der Eltern sieht Belsky: *Persönlichkeitsreife* (die Fähigkeit, sich zurückzunehmen und die Sicht der anderen zu schätzen, empathisch und adaptationsfähig zu sein), *Alter* (wobei jugendliche Mütter z.B. weniger erwünschte Einstellungen und weniger realistische Erwartungen haben), *Persönlichkeits-Dimensionen* (wie interne Kontrollüberzeugung, hohes Selbstwertgefühl etc.), *psychische Gesundheit* (wobei psychisch belastete Erwachsene feindseliger, inkonsistenter, zurückweisender zu ihren Kindern sind), *psychologisches Wohlbefinden* und *positive Erfahrungen* in der eigenen Kindheit (psychische Gesundheit der Eltern, Beteiligung des Vaters etc.).

2.1.2 Merkmale des Kindes

Im Allgemeinen werden solche kindlichen Charakteristika berücksichtigt, die die elterliche Funktion am stärksten beeinflussen und die Erziehung erschweren (Bates, 1980). Dabei wird das Temperamentkonstrukt (Thomas & Chess, 1977; Lerner & Lerner, 1986) am häufigsten erwähnt. Grundsätzlich wird zwischen schwierigem und unkompliziertem Temperament unterschieden. Schwieriges Temperament bezeichnet eine Tendenz des Kindes, sich von neuen Situationen zurückzuziehen, sich Änderungen schwerer anzupassen sowie die Neigung zu starker Reaktivität und negativer Stimmung. Hingegen ist ein unkompliziertes Temperament durch die Anpassungsfähigkeit des Kindes an Änderungen und neue Situationen, durch eine geringere Reaktivität und positivere Stimmung gekennzeichnet. Es wird angenommen, dass ein schwieriges Temperament, besonders im Säuglingsalter, die Elternschaft erheblich erschweren kann.
Als ein weiteres Merkmal gilt die Intelligenz des Kindes.

2.1.3 Einflüsse aus dem sozialen Kontext: Stress oder Unterstützung

Aus ökologischer Perspektive hat die soziale Unterstützung allgemein einen positiven Einfluss auf psychologisches Wohlbefinden und Gesundheit und darüber hinaus auf elterliches Funktionieren, denn fehlende Unterstützung der Mutter kann zu mehr autoritärem Bestrafungsstil und zu strikter Einhaltung zahlreicher Hausregelungen führen (Zfg. Belsky, 1984).

Belsky unterscheidet drei Funktionen der Unterstützung: 1) Emotionale Unterstützung (Liebe und interpersonelle Akzeptanz, liebevolle Sorge); 2) Instrumentelle Begleitung (Informationen, Hilfe in täglicher Routine, Kinderpflege); 3) Unterstützung in sozialen Erwartungen (Übereinstimmen in ideologischer Sichtweise in Bezug darauf, was adäquates und was nicht adäquates Verhalten ist). Unterstützung kann direkt oder indirekt die Elternschaft beeinflussen: direkt, wenn Lob wegen guter Kindererziehung ausgesprochen wird, oder indirekt in Form von Liebe und Zärtlichkeit des Partners/ der Partnerin. Der Einfluss des sozialen Kontextes (eheliche Beziehung, soziale Netzwerke und arbeitsbezogene

Erfahrungen der Eltern) auf das elterliche Verhalten ist unterschiedlich gewichtet, wobei die ehelichen Beziehungen das Unterstützungssystem (positive oder negative Effekte) erster Ordnung sind.

Partnerbeziehung. Die Unterstützung durch den Partner und das positive Betrachten der Mutterschaft durch den Partner wirken sich positiv auf das mütterliche Verhalten aus. Eine hohe väterliche Beteiligung hängt mit der Frequenz der ehelichen Kommunikation zusammen, die eheliche Qualität ist einer der besten Prädiktoren für die positive Vaterschaft. Die Partnerschaftsqualität beeinflusst indirekt, durch allgemeines psychologisches Wohlbefinden, zuerst das elterliche Verhalten und darüber hinaus auch die kindliche Entwicklung. Die Ehequalität selbst ist eine Funktion der Entwicklung jeder Persönlichkeit (vgl. Belsky, 1984).

Soziale Netzwerke. Belsky (1984) weist auf das Gleichgewicht und die Passung zwischen erwarteter und tatsächlicher Unterstützung hin, wobei ein hohes Maß an Unterstützung genauso stressvoll sein kann wie zu wenig Unterstützung. Ein dichteres soziales Netz hängt mit höherem Selbstvertrauen der Mutter sowie mit einer besseren Anpassung an kindliche Bedürfnisse und dessen Fähigkeiten zusammen. Die Wirkung der sozialen Unterstützung wird ebenso durch persönliches Wohlbefinden vermittelt. Die entsprechende soziale Unterstützung kann den Selbstwert erhöhen und, als Konsequenz, die Sensitivität in der Erziehung und Eltern-Kind-Beziehung verbessern (Zfg. Belsky, 1984).

Berufstätigkeit. Die Arbeitslosigkeit der Eltern kann mit bestrafendem Verhalten gegenüber den Kindern in Zusammenhang stehen. Der Berufsstatus der Mutter kann ihr Verhalten und das Verhalten ihres Partners beeinflussen. In den Familien mit geringerem Einkommen erzeugt die mütterliche Berufstätigkeit Spannung in der Vater-Sohn-Beziehung (Wahrnehmung der Unfähigkeit des Vaters, die Familie zu versorgen). Die Zufriedenheit mit dem eigenen Berufsstatus zeigt sich in mehr positiver Emotionalität und einem geringeren Einfordern von Disziplin den Kindern gegenüber, wobei die Unzufriedenheit mit dem Berufsstatus mit mehreren Problemen in der Kindererziehung zusammenhängt (Zfg. Belsky, 1984).

2.1.4 Elternschaft als „gepuffertes System"

Belsky (1984) sieht elterliches Verhalten als „gepuffertes System". Wenn einige der Determinanten gefährdet sind, „puffern" die anderen die Einflüsse auf das elterliche Erziehungsverhalten. Die kindorientierte und wachtumsfördernde Erziehung wird am ehesten gelingen, wenn das persönliche Ressourcen-Subsystem der Eltern funktioniert und eine einfühlsame und verantwortliche Betreuung unterstützt. Wenn nur das Subsystem des Kindes intakt bleibt, wäre ein erfolgreiches elterliches Funktionieren am wenigstens zu erwarten. Aus Belskys „Pufferhypothese" folgt, dass eine reife Persönlichkeit der Eltern am besten die negativen Einflüsse der kindlichen Eigenschaften und des sozialen Kontextes mildert („puffert") und dass die Persönlichkeitsfaktoren der beiden Elternteile stärkere Vorhersagekraft für das elterliche Funktionieren haben als die kindlichen Charakteristika. Die persönlichen Ressourcen wirken instrumentell bei der Auswahl des Partners/ der Partnerin, bei der Wahl von Freundschaften, bei der Arbeitssuche sowie bei der Wahl der sozialen Unterstützung. Sie bestimmen auch die Qualität sowie die Aufrechterhaltung jeglicher Beziehungen.

Jedes von diesen Subsystemen (Elternpersönlichkeiten, kindliche Charakteristika und soziales Netzwerk) ist komplex und multifaktoriell. Eine einfache Zuschreibung des Vorhandenseins oder Fehlens von Stress oder Unterstützung ist nicht möglich, es müssen stets der Grad von Stress und das Ausmaß der Unterstützung berücksichtigt werden. Wie viel und welche persönlichen Ressourcen den Stress durch kindliche Eigenschaften ausgleichen können, bleibt unklar.

2.2 Familie als Beziehungssystem

2.2.1 Definition und Kennzeichen der Familie aus psychologischer Sicht

Aus psychologischer Sicht ist die Familie eine „enge und dauerhafte Beziehung zwischen Menschen, die auf eine nachfolgende Generation hin orientiert ist" (Hofer, 1992, S. 6) oder eine soziale Beziehungseinheit, die sich besonders durch Intimität und intergenerationelle Beziehungen auszeichnet (Petzold, 2002). Aus systemtheoretischer Sicht bezeichnet man Familien als offene, sich entwickelnde, zielorientierte und sich selbst regulierende Systeme (s. Familienprozesstheorie von Broderick, 1993). Innerhalb des Familiensystems erheben sich sehr unterschiedliche und komplexe Subsysteme von Familiensystemen, die außerdem im Zeitverlauf noch einem Wandel unterliegen (vgl. Eye & Kreppner, 1989).

Kennzeichen der Familie. Neben der Nähe (physische, geistige und emotionale Intimität) und intergenerationellen Aspekten (Eltern-, Kinder- und Großelterngeneration) sind die wichtigsten Merkmale der Familie ein gemeinschaftlicher Lebensvollzug (Schneewind, 1999), eine spezifische Bindungsqualität, durch die sich Familien von anderen Beziehungen unterscheiden (Voss, 1989), sowie ein hoher Grad an interpersoneller Involviertheit mit Liebe und Streit als wichtigste

29

Voraussetzung für die Familie als intimes Beziehungssystem (Schneewind, 1999). Familie erfüllt als intimes Beziehungssystem noch weitere Kriterien (Zfg. Schneewind, 1999): Abgrenzung und Privatheit sowie Kommunizieren und Interaktion als Austausch von verbalen und non-verbalen Botschaften – die Familienmitglieder stellen zunächst ein *Interaktionssystem* dar, das aufgrund einer gemeinsamen Beziehungsgeschichte und Involviertheit dann zu einem „intimen Beziehungssystem" wird; gemeinsames Problemlösen bei alltäglichen Herausforderungen und Konflikten; Gegenseitigkeit, wodurch neue Beziehungsmuster entstehen, wenn die alten nicht mehr fürs Problemlösen geeignet sind, sich neue Rollen entwickeln oder eine Neuorganisation der Paarbeziehung entsteht. Neben objektiven Kriterien wird auch die subjektive Sicht der Zugehörigkeit zur Familie berücksichtigt, die den Fragen nachgeht, inwiefern sich Menschen selbst als Familie definieren oder sich zu ihr zugehörig fühlen oder inwieweit sie emotionale Nähe zu anderen Mitgliedern erleben (Jungbauer, 2009). Durch eine solche flexible psychologische Familiendefinition entsteht eine Vielfältigkeit an *Familienformen* und *Beziehungskonstellationen*, die als Familie bezeichnet werden können (Petzold, 2002).

Neben anderen *Funktionen*, wie z.B. Befriedigung physischer und psychischer Bedürfnisse, Reproduktion, Kräfteerneuerung (Neidhardt, 1970), erfüllt die Familie die Funktion der Sozialisation und Erziehung, was für die kindliche Entwicklung von besonderer Bedeutung ist. Im Kontext der Familie beginnt ein individueller Entwicklungsprozess, es wird ein Fundament für die weiteren, auch außerfamiliären Beziehungen gebaut (Schneewind, 1999). Belsky, Steinberg und Draper (1991) unterscheiden zwischen zwei Typen von Sozialisationskontexten und sich daraus ergebenden Entwicklungspfaden: In einer *instabilen und stressorenreichen Familienumwelt* (geringe materielle Ressourcen, starke eheliche Konflikte, psychische Störungen) neigen Eltern zu abweisendem, insensitivem und inkonsistentem Erziehungsverhalten. Daraus resultiert bei Kindern eine unsichere Bindung, Misstrauen, sozialer Opportunismus, sowie aggressive (meist bei Jungen) und ängstlich-depressive (meist bei Mädchen) Tendenzen. Durch eine *stabile familiäre Umwelt* (angemessene materielle, soziale und psychische Ressourcen, Paar-Harmonie) wird ein unterstützendes, emotional positives, auf die Bedürfnisse des Kindes gerichtetes Elternverhalten begünstigt. Es führt bei Kindern zu sicherer Bindung, einer vertrauensvollen Haltung sich und der Welt gegenüber und zu befriedigenden sozialen Beziehungen.

2.2.2 Familientheoretische Ansätze

Die *entwicklungstheoretische Perspektive* sieht Familienverlaufsprozesse als bestimmte Phasen im Familienzyklus. Eine gesunde Entwicklung der Familie und ihrer Mitglieder erfordert eine Bewältigung der stufenabhängigen Entwicklungsaufgaben (Bodenmann, 2002; Havighurst, 1972). Für jede Phase sind typische Erwartungen, Normen und Rollen spezifisch. Damit sind gewisse Macht-, Affekt- und Kommunikationsstrukturen verbunden (Aldous, 1996). Es geschehen in diesen Phasen tiefgreifende Ereignisse (z.B. Geburt eines Kindes) (White, 1991), es entstehen dyadische und familiäre Konstellationen, unter anderen: die Eltern-Kind-Beziehung (Feldmann & Feldmann, 1975).

Aus *systemischer Sicht* wird das Familiensystem als eine besondere Gruppe von Personen, zwischen denen Beziehungen bestehen, betrachtet. Diese Beziehungen werden durch die miteinander kommunizierenden Familienmitglieder etabliert, aufrechterhalten und erkennbar gemacht (Bavelas & Segal, 1982). Man betrachtet Systemveränderungen in der Familie anhand von Phasen, Entwicklungsprozessen und den damit verbundenen Adaptationsaufgaben (vgl. Watzlawick, Weakland & Fisch, 2001). Die Übergänge im Familienzyklus sind mit mehr oder weniger tiefgreifenden Veränderungen der familiären Kommunikations- und Rollenmuster verbunden. Diese erfordern Anpassungsleistungen, die zur besseren Organisation des Familiensystems oder zu dessen Veränderung führen. Daraus ergibt sich, dass das Familiensystem kein rigides Konstrukt ist, sondern sich kontinuierlich in Veränderung befindet. Entsprechend einer neueren Familienprozesstheorie von Broderick (1993) wird die Familie als offenes, sich entwickelndes, zielorientiertes und sich selbst regulierendes System betrachtet. Die Familie als System funktioniert in einem breiteren Raum, der weitere Beziehungen außerhalb der Kernfamilie bezeichnet.

In Anknüpfung an die Konzepte der Familiensystem-, Familienentwicklungs- und Familienstresstheorie sowie der Stresspsychologie wurden moderne *integrative Modelle* der Familienentwicklung ausdifferenziert. Neben Familienstressoren wurden tägliche Widrigkeiten sowie Familien-(Bewältigungs-) Ressourcen einbezogen. Der Familienentwicklungsprozess wurde als eine Sequenz von entwicklungsbezogenen Stressoren und Ressourcen gesehen (Schneewind, 1999).

Der *stressorientierte Ansatz der Familienentwicklung* von Bodenmann (2000; 2002) betrachtet die Auswirkungen der extra- sowie intrafamiliären Stressereignisse auf die kindliche Entwicklung. *Alltagsstress* wird zum zentralen Faktor für das Verständnis von dysfunktionaler Familienentwicklung. In vielen Fällen sind primär externe Stressoren (z.B. Stressbelastungen im beruflichen Umfeld) für die negative Partnerschafts- und Familienentwicklung verantwortlich und nicht intradyadische oder intrafamiliäre Stressoren (mangelnde Passung, Temperament- oder Charaktereigenschaften, Streitneigung). Familienexterne Stressoren schaffen einen vulnerabilisierenden Kontext, welcher sich destruktiv auf die Familie auswirken kann. Auswirkungen auf das Kind können sein: mangelnde Zeit für sich, den Partner sowie die Kinder, eine niedrige Beziehungsqualität und mangelnde emotionale Verfügbarkeit (emotionale Verfügbarkeit ist eine Grundlage für die hohe Familienkohäsion), ein hoher Betreuungsaufwand und emotionale Investitionen, Sorgen um das Befinden und die Entwicklung der Kinder, anspruchsvolle Erziehungssituationen und Versagensgefühle etc. Paarkonflikte führen zu Spannungen in der ganzen Familie sowie zu einem dysfunktionalen Erziehungsstil. Stress geht mit eingeschränkten Erziehungskompetenzen einher. In Zusammenhang mit einem „schwierigen Kind" entsteht ein Teufelskreis: Stress durch inadäquates Verhalten (von Elternteil und Kind) sowie daraus Schuld- und Versagensgefühle.

Die Arbeitsgruppe um Perrez (z.B. Perrez, Berger & Wilhelm, 1998) erweiterte ebenso das Stresskonzept um familienbezogene Stressoren (Alltagswidrigkeiten, kritische Lebensereignisse und chronische Stressoren). Es werden Prozesse der Emotionsübertragung in der Familie analysiert, z.B. von Eltern auf Kinder, was die transgenerationelle Übertragung von psychischen Störungen erklären kann: beispielsweise anhand kognitiver Faktoren wie Ursachenzuschreibungen (die die Emotionsgenese beeinflussen) oder wie mangelnde Fähigkeit, Emotionen zu dechiffrieren (was für die soziale Emotionsregulation ungünstig ist).

2.2.3 Familienbeziehungen. Entwicklung der frühen Eltern-Kind-Beziehung

2.2.3.1 Definition und Eigenschaften der Beziehung

Aus psychologischer Sicht gilt das Interesse an unterschiedlichen Qualitäten des Miteinanderseins in der Familie, unabhängig von rechtlichen oder biologischen Familienzusammenhängen, der Frage, wie diese Beziehungen von einzelnen Mitgliedern erlebt, erklärt, kognitiv repräsentiert werden und wie sie sich im Verhalten und in der Interaktion zwischen den Mitgliedern manifestieren (Hofer, 1992). Familienbeziehungen stellen ein komplexes Geflecht von sich wechselseitig beeinflussenden Beziehungseinheiten wie Dyaden (z.B. Mutter-Kind- bzw. Vater-Kind-Beziehung, Paar- und Elternbeziehungen, Geschwisterziehungen), Triaden (z.B. Eltern-Kind-Beziehung), Tetraden innerhalb der Familie und intergenerationellen (z.B. Großeltern-Enkel) Beziehungen dar. Insbesondere ist die

Beziehung des Kleinkindes zu seinen primären Bezugspersonen für sein Überleben wichtig und darüber hinaus universell. Bei dieser Beziehung handelt es sich jeweils um ein bestimmtes Verhältnis von Fürsorge, Macht und sozialem Einfluss (Hofer, 1992).

Nach Hinde (1993) entsteht eine Beziehung aus einer Vielzahl von zeitlich begrenzten Interaktionen zwischen einander bekannten Personen. Jede Interaktion wird sowohl von den vorangegangenen als auch von der Erwartung zukünftiger Interaktionen beeinflusst (Hinde, 1993). Die *wichtigsten Merkmale* der Beziehung sind ihre Reziprozität oder Komplementarität, das Machtverhältnis zwischen Personen oder der Grad an Intimität. Nach Sroufe und Fleeson (1988) sind für Beziehungen folgende Punkte entscheidend: Qualität und dauerhafte Charakteristika der Interaktion, die besondere Beziehungsgeschichte und wechselseitige Beteiligung beider Teilnehmer sowie die innere Repräsentation von Beziehungen, anhand dieser sich Erfahrungen bilden und Gefühle entstehen, was wiederum erneut das Verhalten beeinflusst. Aus diesem Wissen über Beziehungen entwickeln sich Erwartungen über zukünftige Beziehungen auch außerhalb der Familie. Beziehungserfahrungen werden weitergetragen, es kommt zu einer Stabilisierung von Erwartungen (vgl. Gloger-Tippelt, 2000).

2.2.3.2   Beziehungen auf der Paar- und Elternebene

Generell wird zwischen Paar- und Elternebene unterschieden (Minuchin, 1997; Schneewind, 1999). Kindererziehung stellt neue Anforderungen an beide Ebenen. Paarbeziehungen verändern sich im Übergang zur Elternschaft, dabei sind Beziehungen zu den Herkunftsfamilien wichtig. Der Qualität der Paarbeziehung in der Familie wird eine besondere Rolle zugeschrieben.

In der Partnerschaftsentwicklung spielen Persönlichkeitsmerkmale beider Partner sowie deren Kommunikationsverhalten eine entscheidende Rolle (Kontextuelles Modell von Bradbury & Fincham, 1991). Persönlichkeitsmerkmale der einzelnen PartnerInnen wie positives Selbstwertgefühl, prosoziale Orientierung, emotionale Stabilität und Bedürfnis nach Intimität führen zu einer günstigen Prognose der Partnerschaft (Zfg. Engl, 1997; Karney & Bradbury, 1995). Bezogen auf das Kommunikationsverhalten und -erleben ist ein negatives Erleben in der Partnerschaft durch folgende Merkmale gekennzeichnet (Zfg. Halford, Kelly & Markman, 1997): ineffektive Kommunikations-, Problem- bzw. Konfliktlösungsfertigkeiten, reduziertes Ausmaß an positiven Beziehungserfahrungen im Alltag der Partner, stabile und globale wechselseitige Zuschreibung von negativen Absichten und Eigenschaften der Partner, wodurch sich die Wahrscheinlichkeit destruktiver Strategien in Konfliktsituationen erhöht, ein Vorherrschen von ungünstigen Beziehungserinnerungen bei der Rekonstruktion der gemeinsamen Beziehungsgeschichte.

Es gilt generell, dass mit zunehmender Beziehungsdauer und nach der Geburt eines oder mehrerer Kindern die Qualität der Paarbeziehung abnimmt (Cowan & Cowan, 2000). Schneewind (1999) unterscheidet zwischen Ehedauereffekt und Elternschaftseffekt. Das Kind wird eher zum „Stressor", wenn die Paarbeziehung – und zwar aus der Sicht beider Partner – schon vorher eher als ungünstig eingeschätzt wurde.

Zur Beschreibung der Fähigkeiten der Eltern, eine Erziehungspartnerschaft einzugehen, wird das psychoanalytische Konzept „Elternallianz" (Coparenting) – als Verbindung der „elterlichen Partnerschaft" und des „elterlichen Erziehungsstils" – verwendet (Belsky, Putnam & Crnic, 1996). Darunter versteht man, erzieherische Aktivitäten des anderen zu akzeptieren bzw. zu respektieren und zugleich sich selbst als ein wechselseitiges Unterstützungssystem bei der Bewältigung der Erziehungsaufgaben wahrzunehmen (Cohen & Weissman, 1984). Unstimmigkeiten auf der Elternebene sind mit geringerer Selbstkontrolle und Belastbarkeit sowie mit Verhaltensauffälligkeiten der Kinder gekoppelt. Aus einer systemischen Betrachtungsweise führen Konflikte auf der Elternebene zu einer weiteren Erosion auf der Paarebene und zur Beeinträchtigung der Elternallianz, was wiederum die Bildung von Eltern-Kind-Koalitionen hervorrufen kann.

2.2.3.3 Beziehungen auf der Eltern-Kind-Ebene

Die Geburt eines Kindes bedeutet eine grundlegende Veränderung der bisherigen Beziehungsform und der Familienrollen. Strukturell gesehen vergrößert sich die Zahl der Beziehungen innerhalb der Familie. Die zunehmende Entwicklung des Kindes, insbesondere sehr rasche und große Veränderungen im frühen Alter, führen zu einer weiteren Entwicklung der Beziehungen sowie der Betreuungsformen. Die Eltern setzen eine bewusste Regulierung des Zusammenseins durch Regeln, Sanktionen und Erklärungen (Kreppner, 2000).

Es entstehen unterschiedliche Kommunikationsmuster, die in verschiedenen Familien zwischen den Eltern untereinander und zwischen den Eltern und dem Kind unterschiedlich sind. Elterliche Zuneigung und emotionale Wärme, Engagement, klare und erklärbare Regeln, offene Kommunikation, Bereitstellung entwicklungsangemessener Anregungsbedingungen, Gewährung sich erweiternder Handlungsspielräume in der Erziehung: Dies alles führt üblicherweise zum Ergebnis, dass die Kinder selbstbewusst, emotional stabil, sozial kompetent, selbstverantwortlich und leistungsfähig werden (Schneewind, 1999). Im Sinne des systemischen Denkens entsteht ein transaktionaler Prozess (Sameroff, 1995) mit einer zirkulären Struktur (Transaktionszyklen: ein „Teufelskreis" vs. andauernde positive Beziehungen, Schneewind, 1999), die sich im Laufe der Zeit verfestigt. Emotional angepasste und sozial kompetente Kinder erleichtern es ihren Eltern, einen positiven Erziehungsstil zu praktizieren.

Konzepte der frühen sozialen Interaktion

Eine dyadische soziale Interaktion definiert sich durch einen aktiven und reziproken Austausch. Soziale Interaktion umfasst ein manifestes Verhalten eines Partners, welches an den anderen Partner in der Dyade gerichtet ist; es kann ebenso die Aspekte der Umwelt beinhalten (Baird, Haas, McCormick & Turner, 1992). Eine Eltern-Kind-Interaktion (EKI) (bzw. Interaktion des Kindes mit einer anderen primären Bezugsperson) beginnt bereits nach der Geburt, hängt vom Verhalten der beteiligten InteraktionspartnerInnen ab, unterliegt einer Entwicklung und verlangt Anpassungsleistungen von allen Beteiligten (Lohaus, Ball & Lissmann, 2008).

Papoušek und Papoušek (1987) gehen in ihrem Ansatz zur *Analyse von frühem Interaktionsverhalten von Bezugspersonen mit Kindern* von einem evolutionsbiologischen Konzept aus. Die zentrale Annahme lautet: Kindliches Verhalten reflektiert die Anpassungsleistungen des jeweiligen Kindes, ein entsprechendes Elternverhalten entwickelt sich komplementär zu den frühen Interaktionsfähigkeiten des Kindes. Elterliche Verhaltensbereitschaften basieren auf biologischen Programmen und werden weitgehend unbewusst eingesetzt, sie werden als *intuitive* elterliche Kompetenz bezeichnet. Verhaltensweisen sind beiderseits zielorientiert. Im Laufe der Entwicklung, durch Lernen und Erfahrung wird das Verhalten zwischen den InteraktionspartnerInnen besser abgestimmt, die biologische Prädisposition tritt zurück.

Es werden folgende zentralen Komponenten des intuitiven Elternprogramms im Säuglingsalter beschrieben (Papoušek & Papoušek, 1987, 2002):

–   Damit das Kind ein Ereignis als Konsequenz des eigenen Verhaltens wahrnehmen kann, müssen die Eltern eine gewisse zeitliche Kontingenz (Reaktionskontingenz – optimales Reaktionsfenster) einhalten (intuitiv, üblicherweise mit einer Reaktionslatenz unterhalb einer Sekunde). Dies erleichtert dem Kleinkind die Kontingenzwahrnehmung sowie das Erfahren von Kausalitäten (Keller, Lohaus, Völker, Cappenberg & Chasiotis, 1999).

35

- Verbales und präverbales Verhalten der Bezugsperson dient als Hilfe bei der Lautbildung und der Informationsaufnahme. Die Struktur des nonverbalen Verhaltens ähnelt einer frühen Dialogstruktur, gemeinsam mit der „Baby-Sprache" dient es der Vorbereitung der späteren verbalen Kommunikation.
- Die Herstellung und Aufrechterhaltung von Blickkontakt (sowie bestimmte Gesichtsausdrücke) ist eine Voraussetzung für positive Vokalisationen des Kleinkindes und eine dialogische Interaktion. Damit wird die nachstehend beschriebene, frühe Regulation des Säuglings unterstützt.
- Die Regulation des Wachheits- und Erregungszustandes und des Aufmerksamkeitsstatus des Kindes erleichtert seine Lernerfahrungen und damit die Informationsaufnahme und dient dem Vermeiden von Unterstimulation oder Überstimulation. Dabei ist wichtig, den Aktivierungszustand des Kindes zu erkennen, Aufmerksamkeit aufrecht zu erhalten und bei hohem Erregungsniveau Beruhigungsmaßnahmen zu setzen.

Intuitive interaktive Kompetenz dient dem frühen Aufbau von Kommunikationsstrukturen zwischen den Erwachsenen und dem Säugling und schafft die Grundlage für Bindungen und kulturelles Lernen (Kindler & Grossmann, 2008).

Keller und MitarbeiterInnen (Keller, Lohaus, Künsemüller, Abels, Voelker, Jensen et al., 2004) stellen in ihrem *theoretischen Komponentenmodell des elterlichen Verhaltens* verschiedene Dimensionen des elterlichen Interaktionsverhaltens dar. Dabei werden fünf Elternverhaltenssysteme voneinander abgegrenzt: 1) Primäre Versorgung (Sicherstellung der primären Bedürfnisse des Säuglings), 2) Körperkontakt (Ausmaß des Körperkontakts zwischen Kind und Bezugsperson), 3) Körperstimulation (Ausmaß der Förderung körperlicher Erfahrung durch Berührung und Bewegung), 4) Objektstimulation (Lenkung der Aufmerksamkeit des Kindes auf die Objektwelt), 5) face-to-face-Interaktion (Blickkontakt und direkte Interaktion zwischen Kind und Bezugsperson, verbal sowie nonverbal).

Die Elternverhaltenssysteme werden durch drei Interaktionsmechanismen moduliert: Kontingenz (prompte Reaktion), emotionale Wärme[1] (positive Emotionalität) (MacDonald, 1992) und Aufmerksamkeit (exklusiv dem Kind gegenüber versus geteilt mit anderen Personen oder Aktivitäten). Diese drei Mechanismen determinieren die Umsetzung des elterlichen Verhaltens in konkreten In-

---

[1] Das Konstrukt der emotionalen Wärme von MacDonald (1992) in der Eltern-Kind-Beziehung bedeutet, dass das Kind ein Bedürfnis nach sozialer Belohnung und darüber hinaus nach positiven Emotionen hat. Die Bezugspersonen werden als eine Quelle der positiven Stimulation gesehen. Durch positive Emotionen wird das Bedürfnis nach sozialer Belohnung befriedigt und die emotionale Beziehung des Kindes zur Bezugsperson gefördert.

teraktionssituationen. Das Ausmaß von Kontingenz, emotionaler Wärme und Aufmerksamkeit hängen von den individuellen Erfahrungen in der Herkunftsfamilie, den Eigenschaften des Kindes und den kulturellen Werten (unabhängigkeits- oder gemeinschaftsorientiert) ab. Der Interaktionsstil der Eltern hängt mit den Lernerfahrungen des Kindes zusammen. Durch ein hohes Maß an Verhaltenskontingenz lernt das Kind die Zusammenhänge zwischen eigenem Verhalten und Effekten in der sozialen Umgebung zu verstehen und so ihr Verhalten zu kontrollieren. Das Gefühl der Selbstwirksamkeit und der langfristigen Entwicklung der Autonomie werden gestärkt. Ein hohes Maß an Zuwendung und emotionaler Wärme seitens der Eltern hängt mit der Fähigkeit des Kindes, enge soziale Beziehungen zu anderen Personen aufzubauen, und damit mit Beziehungsorientiertheit und emotionaler Unabhängigkeit zusammen.

Entwicklung der frühen Mutter-Kind-Interaktion

In den ersten Lebensmonaten wird das Kind zunächst auf einer sensomotorischen Ebene mit den Interaktionsmustern einer bestimmten Bezugsperson vertraut und entwickelt anschließend eine Präferenz für diese Muster (Waters, Kondo-Ikemura, Posada & Richters, 1990). Das Elternverhalten, das durch die individuelle Entwicklungsgeschichte sowie kulturelle Normen geprägt ist, wird zunehmend durch individuelle Eigenheiten des Kindes modifiziert. So setzen z.B. sich entwickelnde Gedächtnisleistungen des Kindes voraus, dass das Kind Verbindungen über immer längere Zeiträume herstellen kann. Es verlangt nicht mehr eine prompte Reaktion der Bezugspersonen auf das kindliche Verhalten. Immer neuere Parameter des Interaktionsverhaltens gewinnen an Bedeutung. Im Laufe der Entwicklung kommt es zur Verhaltensstabilisierung, was eine gewisse Vorhersagbarkeit für alle InteraktionspartnerInnen erlaubt, während Verhaltensflexibilität eine Anpassung an neue Bedingungen bedeutet (vgl. Lohaus et al., 2008).

Eine äußerst umfassende Darstellung der *Entwicklung des Interaktionsverhaltens* sowie der *Entstehung einer Beziehung* stammt von *Daniel Stern* (1977/ 2006; 1985; 1995/1998) aus mikroanalytischen Beobachtungen der frühen Mutter-Kind-Interaktion in verschiedenen Settings (Zuhause, Labor) sowie aus der Säuglingsforschung. Ein Interaktionspaar entwickelt mit Hilfe seines spontanen Verhaltensrepertoires (angeborene Mechanismen zum Aufbau und Aufrechterhalten einer Interaktion) seinen eigenen interaktiven Stil. Aus unterschiedlichen Aktivitäten (Füttern, Wickeln, Spielen, Trennung etc.) entstehen unterschiedliche Interaktionserfahrungen, die im Laufe der Zeit integriert werden.

Einzelne Verhaltensweisen der *Bezugsperson* mit einem Säugling (z.B. überspitzte, stereotype Gesichtsausdrücke und Kopfbewegungen, Vokalisationen, längerer Blickkontakt sowie Körpernähe) werden integriert und dienen der Regulierung jedweder Interaktion. Unter *Regulieren* versteht man das Beginnen, das Aufrechterhalten und Modulieren sowie das Beenden der Interaktion und darüber hinaus das ständige Nachregeln des Aufmerksamkeits- und Erregungsniveaus und der Gefühlstimmung des Kindes. Die Ausdrucksformen *des Säuglings* (Blicken, Zuschauen und Sehen, Kopfbewegungen, Gesichtsausdruck (Lächeln, Verdruss etc.), angeborene Präferenz zum menschlichen Gesicht, zunehmendes Interesse an Objekten) werden in bestimmte Kommunikationseinheiten und weiters in organisierte Handlungen integriert. Charakteristisch ist, dass diese Einheiten innerlich determiniert sind und eine Entwicklung durchlaufen, die wenig von Lernprozessen beeinflusst ist. Sie wirken als ausschlaggebender Reiz für die Bezugsperson und sind wiederum Einheiten von größeren Sequenzen, die bestimmte motivationale Themen wie Annäherung, Lust, Vermeidung etc. bilden.

Die separaten Verhaltensweisen von beiden InteraktionspartnerInnen bilden eine *Reiz-Reaktionskette*. Das Streben nach Stimulation ist eine angeborene Tendenz des Kindes und dient zur Reifung wahrnehmungsbezogener, kognitiver und sensomotorischer Prozesse. Effektive Reizung soll Interesse und Aufmerksamkeit des Säuglings wecken und fixieren, wobei eine geringe Reizveränderung zum Erhalten des Aufmerksamkeitsniveaus dient. Die Mutter kann potentiell auch die feinste Kontrolle der Aufmerksamkeit, der Erregung und des Affekts des Kindes übernehmen, während das Kind als interaktiver Partner mitspielt.

Der (Reiz-)Bereich, in dem beide InteraktionspartnerInnen die Qualität, Quantität und zeitliche Abfolge von Reizen so regulieren müssen, dass Aufmerksamkeit, Erregung und Affekt steigen und sinken können, wird als *optimaler Bereich* definiert. Eine Interaktion funktioniert wie ein *gegenseitiges Rückmeldesystem*, um Verhalten im optimalen Bereich zu regulieren: Kommt es nach einem Stimulus der Mutter zu positiver Erregung des Säuglings, wird dies von der Mutter als positiv belohnend empfunden und motiviert sie, ähnliche Reize fortzusetzen. *Grenzüberschreitungen* (absichtlich oder infolge mütterlicher Fehlberechnung) des optimalen Bereichs in einer Spielinteraktion verlangen ein Neuanpassen des kindlichen Verhaltens, um die Situation zu vermeiden, zu korrigieren oder diese Grenzüberschreitung der Mutter zu signalisieren. Der wachsende Toleranzbereich des Kleinkindes für Reize wird ausgedehnt und erweitert. Es fordert neue interpersonelle Fertigkeiten des Kindes, mit denen es soziale Interaktionen bewältigen kann.

Eine soziale Interaktion oder Spielinteraktion hat eine begrenzte *Zeitspanne* von ein paar Sekunden bis zu vielen Minuten sowie eine gewisse *Struktur*. Die Betreuungsperson kann unterschiedliche Themen sowie Aspekte der menschlichen Kommunikation darbieten. Damit kann der Säugling immer mehr Kategorien unterschiedlicher menschlicher Verhaltensweisen besser erfassen. Aus Spielinteraktionen entsteht eine erste prototypische Betreuungs- und Zuneigungsbeziehung des Kindes zu seiner Bezugsperson.

Von der Interaktion zur Beziehung

Nach Stern (1977/2006) weist Beziehung eine ganz andere Organisation und Integration von Erfahrung auf als Interaktion. Der wichtigste Grundzug der Beziehung ist eine überdauernde Repräsentation der anderen Person, zu Beginn einer Betreuungsperson. Diese entsteht durch die Zuwendung durch die Betreuungsperson, wofür Objektpermanenz eine Voraussetzung ist. Gegen Ende des ersten Lebensjahres ist bereits ein wichtiger Schritt in Richtung der Herstellung der Beziehungen passiert. *Repräsentationen* werden als verinnerlichte Erfahrungseinheiten aus dem Zusammensein mit einer Person bezeichnet („Schemata des Zusammenseins mit einem Anderen", Stern, S. 28, 1998; vgl. Bildung von Schemata dinglicher Objekte von Piaget, 1937/1974; Innere Arbeitsmodelle von Bowlby, 1980; Repräsentationen generalisierter Ereignisse nach Bretherton, 1984; Mandler, 1983; Stern, 1989; *Repräsentanz* – als ein dauerhaftes inneres Bild vom eigenen selbst, einem bedeutungsvollen Anderen, der Beziehung und der dazu gehörenden Affekten, Klitzing, 1998). Sie bauen immer auf einer subjektiv erlebten Interaktionserfahrung auf, wobei die Interaktion real oder imaginär sein kann. Dadurch entsteht ein psychisches Modell der Erfahrung.

In einer Interaktion entsteht ein zeitlich dynamisches, interaktives Ereignis mit Anfang, Mitte und Ende (interpersonelle Prozesseinheit), das ein sensorisches, motorisches und affektives Erfahrungselement beinhaltet, da eine Repräsentation durch viele gemeinsame Aktivitäten und auch durch gemeinsame Erregungs- und Affekterfahrungen (Freude mit dem Anderem zu sein, Traurigsein etc.) entsteht. Diese Erfahrungen stellen große Netzwerke dar und haben einen gemeinsamen Faktor (die gleiche Person, einen Ort, eine Rolle etc.). Aus Interaktionserfahrungen in verschiedensten Kontexten bildet das Kleinkind ein Netz von Repräsentationen. Diese werden integriert, bis eine einheitliche Repräsentation der Betreuungsperson entsteht. Es entsteht eine „Beziehungs-Geschichte" in Form der Repräsentation. Die Beziehung wird durch eine sehr schnelle Veränderung in der Entwicklung der Fähigkeiten und Fertigkeiten des Kindes beeinflusst.

Einflüsse aus der Außenwelt durch Betreuungspersonen (Stern, 1977/2006; 1995/1998). Die frühesten Interaktionen und Beziehungen sind sehr asymmetrisch, weil der Säugling oder das Kleinkind ausschließlich mit seiner ersten Bezugsperson interagiert, die für die Steuerung der Kommunikation mit der Außenwelt (andere Personen, unmittelbare Umgebung, soziale, ökonomische, kulturelle Faktoren) verantwortlich ist. Die Einflüsse aus der Außenwelt werden durch die Betreuungsperson in die Handlungssprache übersetzt und somit in der Interaktion dem Kleinkind verständlich gemacht, d.h. diese Einflüsse sind wahrnehmungsfähig und machen eine Reaktion des Kleinkindes möglich. Zu diesem Zeitpunkt sind die Handlungen der Betreuungsperson (Distanz, Veränderung, Körperhaltung, Stimme, Tonfall, Blickwinkel, Orientierung etc.) für das Kind von besonderer Bedeutung. Diese Handlungen werden als *reale Mikroereignisse* in der Interaktion wahrgenommen.

Das Kleinkind ist prädisponiert, diese sich wiederholende Mikroereignisse wahrzunehmen. Sie sind meist nonverbal, alltäglich und konkret (z.b. Füttern, Spielen) und dauern Bruchteile einer Sekunde. Es sind Mikroregulationen des Affekt- und Aktivierungsniveaus, ein grundlegender Schritt im interaktionellen Regulationsprozess. Das Verhalten beider InteraktionspartnerInnen ist bei jedem Akt meist unbewusst motiviert (z.b. Nähe suchen, Freude) und wird ebenso unbewusst durch die Empfänger gelesen. Durch diese Motive wird die Interaktion reguliert. Für das Verhalten der primären Betreuungsperson ist die *Responsivität* für die Signale des Kindes sowie die *Reaktionskontingenz* von besonderer Bedeutung. Kontingenz kann positiv wie negativ (negative Reaktion der Betreuungsperson) sein. Für beide Arten kontingenter Reaktionen ist Sensibilität der Betreuungsperson vorausgesetzt.

Repräsentationen der Bezugsperson. Die Bezugsperson selbst bringt eigene Repräsentationen über die reale Welt (objektivierbare Ereignisse) sowie die imaginäre psychische Welt (Phantasien, Hoffnungen, Ängste, Träume, Kindheitserinnerungen, Elternvollbilder etc., vgl. Bion, 1963/1992; Fraiberg, Adelson & Shapiro, 1975; Lebovici, 1988; Stern, 1995/1998; Winnicott, 1957) in die gegenwärtige Interaktion und Beziehung mit ihrem Kind ein. Relevante *mütterliche Repräsentationen* sind: über das Kind, sich selbst als Tochter, die eigene Mutter, sich als Ehefrau etc. (diese werden durch die Geburt des Kindes radikal neu organisiert, wobei üblicherweise die Bedürfnisse und Interessen des Säuglings über den eigenen stehen), über den Partner (diese entwickeln sich komplementär zu den Repräsentation über das Kind und sind meistens in der Schwangerschaft positiver als nach der Geburt – es entsteht danach ein eher negativeres Bild vom Vater und Partner). Die mütterlichen Repräsentationen der eigenen Mutter, der

40

Charakter der aktuellen Repräsentation und die narrative Kohärenz erlauben die beste Vorhersage über die Bindungsqualität des Säuglings. Die mütterliche Repräsentation des eigenen Vaters (insbesondere der Beziehung zu ihrem Vater) erklären großteils ihre Bereitschaft, eine intensive Beziehung des Kindes zum Vater zuzulassen und damit zur Entwicklung triangulärer Strukturen beizutragen (Klitzing, 1998; Stern, 1995/1998).

Die *repräsentationale Welt des Vaters* beeinflusst ebenso die Interaktion mit dem Kind und mit dessen Mutter. Nach Stern (1995/1998) wird die repräsentationale Welt des Vaters durch die Geburt des Kindes weniger tiefgreifend erschüttert als die der Mutter. Die Reorganisierung seiner vielfältigen Repräsentationen erstreckt sich über einen längeren Zeitraum, wobei diese Verzögerung (im Vergleich zur mütterlichen Reorganisierung) eine potentielle Konfliktquelle zwischen den PartnerInnen sein kann. Der Vater muss die unterstützende Rolle übernehmen, um die Mutter-Kind-Dyade zu versorgen. Dazu sind die Repräsentationen des Vaters aus seiner individuellen und familiären Vergangenheit sowie kulturelle Leitlinien von besonderer Bedeutung.

Damit die Repräsentationen ihre Wirkung erzielen und die Interaktion beeinflussen können, müssen sie aktiviert und in konkrete Handlungen *transformiert* werden, d.h. Phantasien und Repräsentationen müssen zuerst in einzelne konkrete interaktive Verhaltensweisen (Mikroereignisse) übersetzt werden (Stern, 1995/1998). Das beobachtbare Verhalten der Bezugsperson wird dem Kind gegenüber so beeinflusst, dass das Kind dieses Verhalten wahrnehmen kann. Voraussetzung ist, dass diese Verhaltensweisen für das Kind von potentieller Bedeutung, konkret und wahrnehmbar sind.

Bindung als besondere Form der Beziehung

Die Bindungstheorie wurde als selbständige Theorie über die besondere Beziehung von Kindern zu ihren Bindungspersonen von John Bowlby (1969/1975; 1973/1976; 1980/1983) beschrieben und von Marry Ainsworth (geb. Salter) empirisch gestützt (Ainsworth & Wittig, 1969; Ainsworth, 1969; Ainsworth, Bell & Stayton, 1974; Ainsworth, Blehar, Waters & Wall, 1978). Als eine Theorie enger zwischenpersönlicher Beziehungen hat sie zunehmend eine bedeutende Position in der familienpsychologischen Forschung eingenommen.

Durch zahllose Interaktionen zwischen Kind und Betreuungspersonen, die es dem Kind ermöglichen, verlässlich positive Erwartungen an die Betreuungsperson zu entwickeln, entstehen Bindungen (Bowlby, 1969/1975). Unter Bindung versteht man eine lang andauernde, enge affektive Beziehung zu bestimmten Personen, die Schutz und Unterstützung bieten können. Das Kind sowie auch ältere Person suchen – besonders in fremden bzw. Belastungssituationen – Nähe und Unterstützung bei der Bindungsperson (Bowlby, 1995).

Bindung ist ein selbständiger biologischer Prozess, von Sexualität und dem Bedürfnis nach Nahrung unabhängig. Bindungsverhaltensweisen sind bereits im Neugeborenenalter vorhanden, überdauern bis ins Erwachsenenalter und haben eine eigene Überlebens- und Schutzfunktion (Bowlby, 1969/1975). Das Phänomen der Bindung ist in allen Kulturen universell. Das Konzept der Bindungssicherheit beruht auf einer ausgewogenen Balance zwischen Bindungs- und Explorationsverhalten. Das *Bindungsverhaltenssystem* des Säuglings (Reflexe und angeborene Verhaltensmuster wie Schreien sowie Bevorzugung sozialer Stimuli, Lächeln, später Anklammern, Nachfolgen etc.) zielt darauf ab, physische Nähe und emotional-psychische Sicherheit der Bezugsperson zu gewährleisten. Konkretes Bindungsverhalten wird nur in Alarm- und Gefahrensituationen aktiviert. Nach der Befriedigung der Nähe und des Bedürfnisses nach Geborgenheit kann das Kind sein Explorationsverhalten wieder aufnehmen. *Explorationsverhalten* ist mit Bindungsverhalten antithetisch, das Kind kann sich von der Bindungsfigur erkundend fortbewegen. Wenn jüngere Kinder zu dieser Distanzregulierung noch nicht in der Lage sind, übernimmt die Mutter die Steuerung, damit das System aufrechterhalten wird. Der explorative Teil der Bindungs-Explorations-Balance gehört ebenso zur emotionalen Sicherheit wie sicheres Bindungsverhalten und die Beruhigung des Kindes durch liebevolle Nähe; dies wird von Grossmann und Grossmann als Konzept der „Sicherheit bei der Exploration" genannt (vgl. Grossmann, Grossmann, Fremmer-Bombik, Kindler, Scheurer-Englisch, Winter & Zimmermann, 2002).

Dem Bindungsverhalten des Kleinkindes entspricht auf Seiten der Bezugsperson das *Pflegeverhalten*. Nach Bowlby ist die Mutter biologisch prädisponiert, für das Überleben der Nachkommen ein affektives Band zum Kind aufzubauen. Den Signalen des Kindes kommt dabei eine Auslösefunktion zu. Das Fürsorgesystem ist darauf ausgerichtet, durch geeignete Fürsorgeverhaltensweisen (Aufnehmen, Wiegen, Singen etc.) die Bedürfnisse des Kindes nach Nähe und Sicherheit zu befriedigen. Die Bezugsperson hat als „sichere Basis" eine besondere Bedeutung (Ainsworth, 1979). Kleinkinder müssen Sicherheit und Vertrauen zu den Eltern entwickeln, bevor sie in unbekannten Situationen explorationsbereit sind. Bindungs- und Fürsorgeerfahrungen werden in einem *inneren Arbeitsmodell* (Bowlby, 1969; 1980) gespeichert. Bretherton (1992) bezeichnet „innere Arbeitsmodelle" als affektiv getönte, mentale Vorstellungen des Kindes von sich selbst und von wichtigen Bezugspersonen, die sich aufgrund der Interaktion mit diesen Personen ergeben. Je nach Bindungserfahrungen entwickeln sich unterschiedliche mentale Repräsentationen, die auch lebenslang die Selbst- und Beziehungsentwicklung mit beeinflussen (Grossmann & Grossmann, 1991).

Interaktionsmuster zwischen Bezugsperson und Kind. Die Interaktionsmuster, die zur Bildung einer Bindung beitragen, entstehen in frühen Jahren unter familiären Bedingungen und neigen zur Stabilität (Grossmann & Grossmann, 1991). Individuelle Unterschiede im kindlichen Bindungsverhalten wurden von Ainsworth (1979; Ainsworth & Wittig, 1969) in drei Basisgruppen (Bindungsqualitäten) klassifiziert: sicher gebundene Kinder (B), unsicher-vermeidend (A) sowie unsicher-ambivalent (C) gebundene Kinder. Main und Solomon (1986) haben eine weitere Verhaltensstrategie eingeführt: D – desorganisiertes Bindungsmuster.

Sicher gebundene Kinder entwickeln ein positives Bild (*working model*) von der Welt, von sich selbst und ihren sozialen InteraktionspartnerInnen. Eine sichere Bindung ist deshalb besonders für die Entwicklung der Erkundungsfähigkeit und den Erwerb verschiedenster Fertigkeiten wichtig. *Unsicher-vermeidend gebundene Kinder* erwarten Zurückweisung, versuchen ein Leben ohne die Liebe und die Unterstützung anderer zu führen. Dieses Muster ist das Ergebnis ständiger Zurückweisung durch die Mutter, wenn sie sich trost- oder schutzsuchend an sie wandten. *Unsicher-ambivalent gebundene Kinder* sind generell unsicher, ob ihre Eltern verfügbar, responsiv oder hilfsbereit sein werden. Das Kind tendiert zu Trennungsangst und ist auch ängstlich in der Erkundung seiner Umwelt. Dieses Muster wird durch Eltern hervorgerufen, die nur in bestimmten Situationen zugänglich und hilfsbereit waren. Bei einer sicheren Bindung im Säuglingsalter findet man stets aktive Kommunikation zwischen beiden PartnerInnen auf der nonverbalen Ebene, während bei einer unsicheren Bindung die Kommunikation meist sehr eingeschränkt ist.

Als Grundlage der Prädiktion von Bindungssicherheit gilt das von Ainsworth eingeführte Konstrukt der *mütterlichen Sensitivität (Feinfühligkeit)* (Ainsworth et al., 1974; Ainsworth et al., 1978). Dieses wird durch vier Merkmale definiert: 1) Die Fähigkeit der Mutter, den Säugling immer im Wahrnehmungsfeld zu haben und seine Signale zu erkennen/ wahrzunehmen und ihm das Gefühl ihrer Verfügbarkeit zu vermitteln; 2) Die richtige Interpretation der Signale des Kleinkindes aus seiner Perspektive; 3) Die prompte Reaktion, damit das Kind in seinem Gedächtnis eine Verbindung zwischen seinem Verhalten und der mütterlichen Reaktion (als spannungsmildernden Effekt) knüpfen kann; 4) Angemessenheit der Reaktion, damit der Säugling seine Signale differenziert einzusetzen lernt (Ainsworth, 2003). Die Feinfühligkeit der Mutter wird generell als Hilfe für das Kind gesehen, eigene Gefühle zu verstehen und Verhalten zu integrieren. Hohe Feinfühligkeit steht in enger Beziehung zu vielen positiven Verhaltensweisen der Kinder und beeinflusst das Explorationsverhalten positiv (Ainsworth et al., 1978; Grossmann, Grossmann, Spangler, Suess & Unzner, 1985). Durch unterschiedliche Interaktionsqualitäten mit dem Kleinkind, durch geschlechtsspezifische Unterschiede sowie Verhaltensdiskrepanzen (z.B. Begleitung bei der Exploration, Spielinteraktionen mit dem Vater) zwischen Bezugspersonen können unterschiedliche *Bindungsqualitäten* entstehen, da Bindungsmuster die Funktion der Beziehung sind, die das Kind internalisiert hat (Grossmann & Grossmann, 1991; Grossmann et al., 2002; Lohaus et al., 2008). Damit lässt sich das Bindungskonzept ebenso gut auf die Beziehung zu anderen Bezugspersonen (Vätern, Geschwistern, Großeltern, Erzieherinnen) als der Mutter anwenden (Bowlby, 1969/1975; Grossmann et al., 2002).

Frühe Vater-Kind-Beziehung

Die Rolle des Vaters und seine Bedeutung für die frühe Entwicklung des Kindes wurden bis vor kurzem in der Forschung vernachlässigt. Mit der Veränderung der Familienrollen nahm auch die Vaterforschung zu (Seiffge-Krenke, 2001). Einige Konzepte zur Rolle des Vaters (z.B. psychoanalytische Konzepte, Abelin, 1971; 1975) wurden entworfen oder in die bestehenden Theorien zur Mutter-Kind-Beziehung integriert (z.B. Vater als Bindungsfigur, Grossmann et al., 2002).

Das Bild des Vaters in der psychoanalytischen Literatur. Die Säuglings- und Kleinkindforschung wurde zu einem erheblichen Teil durch die Psychoanalyse inspiriert (Steinhardt, Datler & Gstach, 2002). Frühe psychoanalytische Theorien berücksichtigten die Mutter als einzige Person in der Beziehung mit dem Kind (primäre Mütterlichkeit, vgl. Winnicott, 1957) und sprechen von der Mutter-Kind-Symbiose (Mahler, 1985; Mahler, Pine & Bergman, 1975/1980). Die neue psychoanalytische Literatur beschäftigt sich mit der Frage der Triangulierung (vgl. Ereky, 2002) und so mit der Rolle des Vaters als bedeutenden Dritten.

Aus den psychoanalytisch orientierten Beobachtungen schloss Abelin (1971, 1975), dass Säuglinge bereits in den ersten Lebensmonaten eine enge Beziehung zu ihren Vätern aufbauen können, und darüber hinaus, dass Väter für das Kind eine ähnliche Bedeutung wie Mütter erhalten können. In Bezug auf die Theorie von Mahler (*Loslösung und Individuation*, Mahler et al., 1975/1980) hat Ernst Abelin das Konzept der frühen Triangulierung entwickelt. Die *Triangulierung* beschreibt die Qualität der Interaktion, wobei die *inneren Repräsentanzen* der teilnehmenden Personen im Vordergrund stehen und die tatsächliche Anzahl der TeilnehmerInnen keine Rolle spielt. Somit kann trianguläre Beziehung alleine, zu zweit oder in einer Gruppe stattfinden. Entscheidend ist, ob eine andere Perspektive (d.h. außerhalb einer unmittelbaren Zweierbeziehung) eingenommen werden kann (Metzger, 2002). Während die Mutter eine sichere und (eher) symbiotische Basis darstellt, repräsentiert der Vater eine äußere, aufregende Welt. Damit haben die Beziehungen zum Vater eine ganz andere Form. Die Väter unterscheiden sich ebenso im Umgang mit ihren Säuglingen vom mütterlichen Umgang. In einer Krise zwischen Anlehnungsbedürfnis und Autonomiewunsch gegenüber der Mutter wird der Vater als vertrauter Ansprechpartner wahrgenommen, der dem Kind hilft, den Weg in die äußere (symbolisch vermittelte) Realität zu finden. Der Vater öffnet damit die Mutter-Kind-Dyade zur Triade. Die Bedeutung des Vaters wird in den ersten drei Lebensjahren in dreierlei Weise repräsentiert (vgl. Schon, 2002):

1. Der *symbolische Vater* wird als „Dritter" repräsentiert, der dem Kind von Anfang an unabhängig von der realen Anwesenheit des Vaters durch die Mutter vermittelt wird. Damit wird dem Kind eine triadische Struktur vermittelt – Triangulierung beginnt.

2. Der *reale Vater* ist ein individueller Vater, der eine bestimmte Bedeutung für das Kind hat. Es entsteht ein Beziehungsdreieck zwischen Mutter, Vater und Kind, wobei der Vater schon während der Zeit der Schwangerschaft selbst eine neue Rolle übernehmen muss. Dabei erfüllt der anwesende Vater vielfältige Rollen und Funktionen, die für die Triangulierung wichtig sind:

– *Vater als Bindungsfigur*: Der Vater als Dritter spielt eine Rolle im Umgang mit Nähe- und Distanzerlebnissen, Trennung, Konflikten, aggressiven Impulsen, usw. Unterschiedliche Erlebnisse mit unterschiedlichen Beziehungen sowie ein erträgliches Ausmaß an Frustration und Trennung sind für die Entwicklung wichtig.

– *Ausbildung der Kerngeschlechtsidentität*: Ab Mitte des zweiten Lebensjahres beginnen Kinder sich selbst zu ordnen. Sie orientieren sich an Differenzerfahrungen: männlicher Körper, Stimme, andere Art von Interaktionen. Das frühe positive sensomotorische und affektive Erleben des Vaters ist für ein sicheres und selbstverständliches Verhältnis zum eigenen und zum anderen Geschlecht wichtig.

– *Unterschiedliche Spielinteraktionen und Umgang mit Aggression*: Väter spielen eine wichtige Rolle bei der Steuerung und Modulation heftiger Affekte, was eine wichtige triangulierende Funktion ist. Im Umgang mit aggressiven Impulsen wirken Väter in zweierlei Weise: Einerseits in einer spielerisch-kämpferischen Auseinandersetzung im gemeinsamen Spiel, anderseits steht der Vater als Dritter zu Verfügung, wenn die Mutter-Kind-Beziehung aggressiv geladen und konflikthaft ist (ebenso die Mutter als außenstehende Dritte). Die Bindung an den anderen Elternteil gibt dem Kind Sicherheit.

3. Der *imaginäre Vater* bedeutet eine teils bewusste oder teils unbewusste Vorstellung des Kindes vom Vater, die mit der Realität auch wenig oder gar nicht übereinstimmen muss. Die Ausbildung der inneren Repräsentanz dauert die gesamte Entwicklung des Kindes an. Je häufiger und konkreter die Erfahrung mit dem realen Vater ist, desto mehr nähert sich das Vaterbild im Verlauf der Entwicklung an den realen Vater an.

Während die Psychoanalyse sich mit dem imaginären und symbolischen Bild des Vaters beschäftigt, wird in der empirischen Säuglings- und Kleinkindforschung das Bild des realen Vaters untersucht (Bindung, beobachtbare Interaktionen) (s. Kap. 2.5.3).

2.3 Familien- und Interaktionsdiagnostik

2.3.1 Ziele der Familiendiagnostik

Eine der grundlegenden *Zielsetzungen der Familiendiagnostik* besteht in der Abklärung der Struktur und Prozesse sowie Qualitäten der Beziehungen: Ausmaß an emotionaler Nähe und Distanz, an Macht und Einfluss sowie an Kommunikationsqualität (insbesondere Positivität und Konfliktkompetenz) (Schneewind, 2010). Es werden Interaktionen und ihre Veränderungen zwischen den Familienmitgliedern und zwischen den Subsystemen sowie die Dynamik der Familie als Gesamtsystem untersucht, wobei die Identifikation einschränkender, stereotyper oder maligner Beziehungsmuster im Mittelpunkt der Interaktionsdiagnostik steht (Stasch, Cierpka & Thomas, 2009). Es betrifft in besonderem Maße die Beurteilung der Qualität der Eltern-Kind-Beziehung im Kleinkindalter: Die Beurteilung der Eltern-Kind-Interaktion (EKI) ist ein Teil des klinischen diagnostischen Prozesses. Die Identifikation funktionaler und dysfunktionaler Interaktionsparameter ist für effektive Interventionsmaßnahmen (für den Aufbau von die kindliche Entwicklung unterstützenden Interaktionen) notwendig (Mahoney, Spiker & Boyce, 1996; Patterson, 1982).

Zahlreiche diagnostische Verfahren im Bereich Partnerschaft und Familie werden grundsätzlich wie folgt systematisiert (vgl. Gehring, 2000):

- Nach Untersuchungsmethode unterscheidet man zwischen: *Innenperspektive* (Fragebogen, projektive und gestalterische Verfahren) und *Außenperspektive* (nicht-teilnehmende Verhaltens- bzw. Interaktionsbeobachtung: makroanalytische Verfahren als globale Ratinginstrumente und mikroanalytische Verfahren) sowie *partizipativ-diskursive (teilnehmende) Perspektive* (gemeinsame Problemanalyse des Klinikers mit Familienmitgliedern, z.B. in Form einer halbstrukturierten Befragung).
- Nach Untersuchungsebene: Ebene des Individuums, mehrere Familienmitglieder (dyadische, triadische und Mehrpersonen-Ebenen), Dynamik des Gesamtsystems.

Das Drei-Ebenen-Modell – ein systemorientierter Ansatz, der zwischen verschiedenen Ebenen des Familiensystems unterscheidet – hat sich in der Familiendiagnostik bewährt und ist am besten geeignet, das Ziel der Familiendiagnostik zu erreichen (Cierpka, 2008). Die Untersuchungsmethoden können für jede Ebene ausgewählt werden. In der vorliegenden Dissertation werden dyadische Paar- sowie Eltern-Kind-Beziehungsebenen untersucht. Die diagnostischen Verfahren werden im folgenden Abschnitt dargestellt.

Zur Erfassung des *manifesten Verhaltens* der interagierenden Personen dienen üblicherweise *beobachtungsorientierte Verfahren*. Diese gelten in der Kleinkindforschung als wichtigste Datengewinnungsverfahren: Verbale Äußerungen von Säuglingen und Kleinkindern sind nicht (oder kaum) vorhanden bzw. die zu beobachtenden Verhaltensweisen sind sehr mannigfaltig und üblicherweise unverfälscht (Schölmerich, Mackowiak & Lengning, 2003; Wallbott, 2001). In der Interaktions- und Kommunikationsdynamik wird zwischen manifestem Verhalten und latenten Hintergrundeinstellungen unterschieden (vgl. Stasch et al., 2009). Während manifester Austausch zwischen Eltern und Kind im aktuellen Verhalten und in praktischen Handlungen zu beobachten ist, bilden *latente Einstellungen* der Eltern zum Kind, die elterliche psychische Verfassung sowie ihre eigenen verinnerlichten Eltern-Kind-Erfahrungen den psychosozialen Rahmen und beeinflussen den Interaktionshintergrund.

Für die vorliegende Studie wurde eine systematische Beobachtung des dyadischen Eltern-Kind-Interaktionsverhaltens mit mikroanalytischer Kodierung als zentrale Methode ausgewählt.

2.3.2 Beurteilung der Paarbeziehung bzw. der Elternschaft

Am häufigsten werden die *Selbsteinschätzungen* der Personen in den Interviews, Fragebögen bzw. standardisierten Tests verwendet. Die Selbstberichtmethoden erheben sowohl verbale als auch nonverbale Aspekte der Partnerschaft, bisweilen bieten sie auch eine Einschätzung der Wahrnehmung des eigenen Verhaltens durch den Partner/die Partnerin (*Fremdbeurteilung*) (Klann, Hahlweg & Heinrichs, 2003). Eine umfassende Übersicht über die verschiedenen Ansätze bzw. Verfahren der Familiendiagnostik ist z.B. bei Klann et al., (2003), Schneewind (2010) oder Stasch et al. (2009) zu finden. Im Rahmen der vorliegenden Arbeit werden nur ausgewählte relevante diagnostische Verfahren (Fragebögen bzw. standardisierte Tests) dargestellt.

Ein in der Forschung häufig eingesetztes Verfahren zur Erfassung der *Qualität von Partnerbeziehungen* ist das Selbstbeurteilungsinstrument *Dyadic Adjustment Scale* (DAS) von Spanier (1976) (für den deutschsprachigen Raum - *Fragebogen zur Beurteilung einer Zweier-Beziehung,* FBZ, Hank, Hahlweg & Klann, 1990). Es soll die generelle, subjektiv erlebte Qualität der Beziehung oder die Güte der Anpassung an die Partnerschaft erfassen. Anhand von 32 Aussagen werden vier partnerschaftliche Beziehungsaspekte – Dyadische Übereinstimmung, Erfüllung in der Partnerschaft, Partnerschaftlicher Zusammenhalt, Ausdruck von Gefühlen – differenziert analysiert und eine generelle Beziehungsqualität ermittelt.

Für den deutschen Sprachraum gibt es einen weiteren *Fragebogen zur Partnerschaftsdiagnostik* (FPD) von Hahlweg (1996), der drei Instrumente umfasst: *1) Partnerschaftsfragebogen* (PFB); 2) *Problemliste* (PL, für wesentliche Konfliktbereiche in der Partnerschaft); 3) Anamnestisch orientierter *Fragebogen zur Lebensgeschichte und Partnerschaft* (FLP). Der PFB (als Selbstbeurteilungsinstrument) wurde zur differenziellen Einschätzung der Ehequalität entwickelt, dieses Instrument eignet sich zur Diagnose und Therapieevaluation sowie für Forschungszwecke. Es besteht aus 30 Items, die drei Skalen – Streitverhalten, Zärtlichkeit und Gemeinsamkeit/ Kommunikation – zugeordnet sind. Zur Auswertung werden Skalensummenwerte und ein Gesamtwert gebildet.

Der *Gießen-Test* (GT, Brähler & Brähler, 1993) für die Paardiagnostik gilt als Selbstbeurteilungs- bzw. Fremdbeurteilungsinstrument. Es können die individuellen Persönlichkeitsmerkmale beider Partner (Selbstbild) sowie eine gegenseitige Einschätzung der Partner (Fremdbild) erfasst werden. Durch den Vergleich der Selbst- und Fremdbilder beider Partner ist es möglich, einen Einblick in die strukturellen Grundmuster der Beziehung zu erhalten und zentrale Partnerschaftskonflikte aufzuzeigen. Die fünf Skalen (40 Items) des Gießen-Tests – Soziale Resonanz, Dominanz, Kontrolle, Grundstimmung, Durchlässigkeit – eignen sich für die Selbst- und Fremdbeurteilung.

Der *Fragebogen zur Erfassung partnerschaftlicher Kommunikationsmuster* (FPK, Kröger, Hahlweg, Braukhaus, Fehm-Wolfsdorf, Groth & Christensen, 2000; Original: Christensen, 1987) (als Selbstbeurteilungsinstrument) soll *dyadische Kommunikationsmuster* während der Diskussion erfassen: gegenseitige konstruktive Kommunikation bzw. beeinträchtigte Kommunikation (Forderung vs. Rückzug, gegenseitige Vermeidung und Starrheit).

Manche Verfahren können neben der Paarebene auch auf den anderen Systemebenen (z.b. Eltern-Kind-Ebene oder Familienebene) eingesetzt werden. Das mehrdimensionale *Familiendiagnostische Test-System* (FDTS) (Schneewind, Beckmann & Hecht-Jackl, 1985) besteht aus 29 Fragebögen, die von 4 bis 13 Beziehungskonstrukte umfassen. Die inhaltlichen Dimensionen auf dem Ehe-Subsystem sind *Zärtlichkeit, Konflikt, Resignative Unzufriedenheit* und *Unterdrückung*. Dieser Test erlaubt es, in jeder Dyade die Eltern-Kind-Beziehungen aus verschiedenen Perspektiven (z.b. der Elternperson, des Kindes) zu erfassen. Die *elterliche Stressbelastung* in der Beziehung mit Kindern und der Erziehung von diesen wird mit Hilfe der *Parental Stress Scale* (Selbsteinschätzungsbogen) (PSS, Berry & Jones, 1995; Deutsch: Kölch & Schmid, 2008) eingeschätzt. Auf einer fünfstufigen Likertskala mit 18 Items werden positive Aspekte der Elternschaft (z.B. „Ich genieße es, Zeit mit meinem Kind/ meinen Kindern zu verbringen.") sowie negative Zuschreibungen (z.B. „Ich fühle mich meiner Verantwortung als Elternteil nicht gewachsen.") erfasst.

Das aktuelle Stressausmaß wird mit dem Fragebogen zur *Erfassung des allgemeinen Stressniveaus* (ASN) von Bodenmann (2000) erfasst. Auf einer fünfstufigen Skala wird der aktuelle Belastungsgrad in verschiedenen Bereichen (Beruf, Kinder, Herkunftsfamilie, Partnerschaft, Finanzen, Freizeit, tägliche Widrigkeiten) erhoben. Der Gesamtwert über die 21 Items bildet das subjektive Stressniveau im Alltag ab.

Zur Erfassung der elterlichen Belastung dient das Screening- und Diagnostikinstrument *Parenting Stress Index* (PSI, Abidin, 1995; Deutsch: Sarimski, 1993, und die Kurzversion von Tröster, 1999a, b). Die Gesamtskala von Abidin (1999) beinhaltet 99 Items, eine Kurzform von Tröster (1999a) besteht aus 59 Originalitems, die zwei Bereichen zugeordnet sind: Belastungen, die sich aus dem Verhalten des Kindes ergeben (Skala Kindbereich) sowie Belastungen in elterlichen Funktionsbereichen (Skala Elternbereich). Eine zusätzliche Skala – Verfügbarkeit sozialer Unterstützung – beinhaltet acht Items.

49

Der *Gesundheits- und Stressfragebogen* (GuS, Schneewind & Weiß, 1999) erfasst die Stressoren, Bewältigungsformen und Ressourcen auf vier Systemebenen – Person, Beruf, Partnerschaft und Familie.

Der *Parent-Child Caregiving Questionnaire* (Kazura, 2000) ist ein strukturiertes Interview mit Eltern und dient der Erhebung der demographischen Informationen sowie der Selbsteinschätzung der elterlichen (quantitativen) Einbeziehung in die Eltern-Kind-Beziehung. Faktoren sind hier die allgemein mit dem Kind verbrachte Zeit, die Zeit für die Befriedigung der Grundbedürfnisse des Kindes und die Zeit für die Spielinteraktionen.

Als Beispiele der *verhaltensorientierten Analyse von Beziehungen* (z.B. Dominanz, Affektivität, Kommunikation, Informationsaustausch, Konflikt, Unterstützung und Bestätigung, Markman & Notarius, 1987) in der Familiendiagnostik können folgende Verfahren erwähnt werden: *Spouse Observation Checklist* (SOC, Weiss & Perry, 1983), die partnerschaftliche Unstimmigkeiten unter natürlichen Umgebungsbedingungen registriert; *Familien-Self-Monitoring System* (FASEM, Perrez et al., 1998) als ein Quasi-Beobachtungsverfahren, das der verhaltens- und lebensnahen Erfassung von familiären Stressoren sowie deren Verarbeitung und Bewältigung dient.

2.3.3 Messung der Eltern-Kind-Interaktionen

In den folgenden Abschnitten wird ein Überblick über Methoden der wissenschaftlichen Verhaltensbeobachtung gegeben sowie auf die Problematik der Erfassung der Eltern-Kind-Interaktionen (EKI) eingegangen. Diese Betrachtung beschränkt sich auf die Beurteilung auf der dyadischen Interaktionsebene.

2.3.3.1 Verhaltensbeobachtung in der Kleinkindforschung

Zur Erhebung und Auswertung der Daten sowie zur Prüfung von Annahmen wird in dieser Studie auch eine Methode der wissenschaftlichen Verhaltensbeobachtung herangezogen (Faßnacht, 1995; Greve & Wentura, 1997). Die für die wissenschaftliche Beobachtung geeigneten Verfahren sollen die im Voraus definierten Merkmale (voneinander abgegrenzte Verhaltenskategorien) beinhalten bzw. eine statistische Prüfbarkeit der Genauigkeit und Zuverlässigkeit sowie Replizierbarkeit der Beobachtung gewährleisten (Objektivität, Validität und Reliabilität) (Bortz & Döring, 2005; Fisseni, 2004; Wallbott, 2001). Als Beobachtungsgegenstand gilt, welche Personen mit welchem Verhalten in welchem Zeitrahmen und in welcher Situation beobachtet werden (Schölmerich et al., 2003). Es werden üblicherweise folgende *Beobachtungsarten* beschrieben (vgl. Bortz & Döring, 2005; Fisseni, 2004; Schölmerich et al., 2003):

– Die *systematische* Beobachtung unterscheidet sich von der *unsystematischen* (synonym – nach Strukturierungsgrad: niedrig vs. hoch; standardisiert vs. unstandardisiert) durch einen theoretischen Bezugsrahmen sowie durch vorab festgelegte Beobachtungseinheiten, durch die Verwendung eines standardisierten Beobachtungsinstruments sowie die Standardisierung des äußeren Untersuchungsrahmens. Im Grad ihrer Strukturierung unterscheiden sich: *freie* Beobachtung (ungesteuertes Betrachten einer Situation); *halbstandardisierte* Beobachtung (als Mischform der unstandardisierten und der standardisierten Beobachtung) oder *standardisierte* Beobachtung (genauere Vorgaben zu Beobachtung, Situation, Instruktion, Protokollführung).
– *Beobachtungssituation*: natürliche (Feldbeobachtung, z.B. im häuslichen Umfeld) vs. Untersuchungsbeobachtung (im Labor).

Als Beispiele für eine *strukturierte Beobachtung*, die üblicherweise im Labor durchgeführt werden, gelten: „Fremde Situation" zur Messung des kindlichen Bindungsverhaltens (Ainsworth & Witting, 1969; Ainsworth et al., 1978), „Lausanner Spiel-zu-dritt" zur Untersuchung triadischer Beziehungen (Corboz-Warnery, Fivaz-Depeursinge, Bettens & Favez, 1993) oder „Still-Face-Situation" zur Messung des kindlichen Affekts (Tronik, Als, Adamson, Wise & Brazelton, 1978). In der *halbstrukturierten Situation ohne Spielzeug* – sowohl im Untersuchungsraum als auch zu Hause – müssen Eltern bestimmte Aufgaben (z.B. Füttern, Wickeln) erfüllen sowie auf kindliche Bedürfnisse frei reagieren (z.B. Chatoor, Menvielle, Getson & O'Donnell, 1988; Notaro & Volling, 1999; Simo, Rauh & Ziegenhain, 2000). In der *halbstrukturierten Spielbeobachtung* – zu Hause oder im klinischen Setting – werden bestimmte Spielsachen zur Verfügung gestellt oder Spielaufgaben vorgegeben (z.B. Crittenden, 2005a, b; Kazura, 2000; Simo et al., 2000). Im *freien Spiel* (unabhängig vom Setting) wird den Eltern vorgeschlagen, das Spiel mit ihrem Kind wie üblich zu gestalten und Spielzeuge nach Wunsch zu wählen (z.B. Ainsworth et al., 1974; Mahoney, 1992).
    Folgende Beispiele können zum unterschiedlichen Festhalten von Verhaltensdimensionen genannt werden: die *dichotome Antwort* auf die Frage, ob das bestimmte Verhaltensmerkmal in jedem Mikro-Zeitabschnitt aufgetreten ist (z.B. Merkmal „Gestimmtheit" in Mannheimer Beobachtungsskalen (MBS), Dinter-

Jörg et al., 1997); das *Kategoriensystem* (Dinter-Jörg et al., 1997); *Ratingskalen* (Ainsworth et al., 1979; Chatoor et al., 1988); die *geometrische Positionierung* wie Abstand, Winkel etc. zwischen Personen in einer Interaktionssituation (z.B. Corboz-Warnery et al., 1993).

Vor- und Nachteile von Beobachtungs- und Kodierungssystemen bestehen im Wesentlichen im unterschiedlichen Risiko, Objektivitäts- und Reliabilitätskriterien zu verletzen. Die Mikroanalyse liefert Daten mit höchster Objektivität und Reliabilität (Übereinstimmung von BeurteilerInnen). Mittels mikroanalytischer Verfahren werden sehr kleine Interaktionssequenzen erfasst und kodiert, darüber hinaus besteht höhere Sensitivität für Verhaltensveränderungen. Es sind aufwendigste Erhebungsverfahren im Hinblick auf Zeit, Training, Kodierung und Datenanalyse sowie technische Hilfsmittel (vgl. Baird et al., 1992). Die Vorteile eines Ratingsystems (Makroanalyse) liegen im Wesentlichen in der Ökonomie (geringer organisatorischer, technischer bzw. materieller Aufwand) und Flexibilität (Trautner, 1992). Als Nachteile gelten Subjektivität und geringere Zuverlässigkeit der Daten. Die Fehlerwahrscheinlichkeit des Beobachters ist bei Ratinginstrumenten höher als bei Kodierungssystemen: Der Beobachter muss zuerst einzelne Verhaltensweisen entdecken und anschließend klassifizieren, Schlussfolgerung ziehen sowie nach ihrer Ausprägung gewichten (Baird et al., 1992; Trautner, 1992). Dabei spielen seine Leistungen eine große Rolle und führen möglicherweise zu Beobachtungs- und Beurteilungsfehlern (Wahrnehmungs-, Interpretations-, Erinnerungsfehler) (Greve & Wentura, 1997; Schölmerich, 2003). Subtile Verhaltensveränderungen werden kaum erfasst (Baird et al., 1992). Als weitere Nachteile gelten z.B. das Fehlen einer standardisierten Referenzgröße oder das im Vorhinein unbekannte Messniveau (Faßnacht, 1995).

Um die Beobachtungsfehler zu vermeiden und die Zuverlässigkeit der Daten zu erhöhen, ist eine genaue Schulung notwendig. Mit einer BeobachterInnenübereinstimmung (Interraterreliabilität) wird überprüft, ob alle BeobachterInnen (üblicherweise zwei) das gleiche Verhalten derselben Kategorie zugeordnet und dieselbe Kodierung gegeben haben. Technische Hilfsmittel (z.B. Videoeinsatz, computergestützte Verfahren) bieten die Möglichkeit der Erhebung komplexer Verhaltensweisen, der Wiederholbarkeit und der Genauigkeit (Bortz & Döring, 2005).

2.3.3.2 Problematik der Messung der Eltern-Kind-Interaktionen

In der Diagnostik der Eltern-Kind-Beziehung handelt es sich um die Identifikation der elterlichen, kindlichen und dyadischen Verhaltensmerkmale sowie -muster, die zu einer gelingenden oder misslingenden Passung beitragen (vgl. Mahoney et al., 1996; Sameroff, 1995). Mahoney et al. (1996) unterscheiden in der klinischen Praxis drei Alternativen zur Beurteilung der Beziehungsqualität: 1) Es werden keine standardisierten Methoden verwendet, das klinische Urteil stützt sich auf fachliches Wissen und fachliche Intuition; 2) Standardisierte Verfahren werden als generelle Richtlinien, aber nicht als standardisierte Prozeduren im Diagnostikprozess eingesetzt (z.B. *Parent-Infant Relationship Global Assessment Scale* (PIR-GAS), Zero to Three, 1994); 3) Verwenden (nach einer intensiven Trainingsphase) von validen Protokollen bzw. Skalen (z.B. *Observational scale for mother-infant interaction during feeding* (M-I/TFS), Chatoor et al., 1988), was eine Reliabilitätsüberprüfung des klinischen Urteils ermöglicht. Diese Alternative eignet sich zur Erhebung zuverlässiger Daten für die klinische Forschung (auch wenn – je nach Verfahren – Reliabilitäts- und Validitätsprobleme bestehen bleiben können).

In der Forschungsliteratur zur Eltern-Kind-Beziehung und -Interaktion findet man eine Fülle von Erhebungsinstrumenten. Diese sind vor unterschiedlichen theoretischen Hintergründen entwickelt worden; dyadisches Interaktionsverhalten wird in verschiedenen Kontexten gemessen. Dadurch kommt es zu unterschiedlichen Studienergebnissen, die Vergleichbarkeit wird erschwert (Notaro & Volling, 1999). Aus diesen Gründen soll zuerst auf diese Problematik eingegangen werden.

Das Fehlen einer einheitlichen *Definition und Operationalisierung* des interaktiven Verhaltens führt möglicherweise zu widersprüchlichen Ergebnissen (vgl. Baird et al., 1992). Verschiedene *Beobachtungsmethoden und -techniken* zeichnen sich durch unterschiedliche Gütekriterien aus. Der größte Teil von Messinstrumenten ist vorerst für die *Messung des mütterlichen Verhaltens* entwickelt und erst im Nachhinein für die Messung der Vater-Kind-Interaktion angepasst und angewandt worden (vgl. Klitzing, 2002). Es wird der Frage nachgegangen (vgl. Notaro & Volling, 1999; Volling & Belsky, 1992), ob die väterlichen Variablen genauso wie die mütterlichen definiert und operationalisiert werden und ob dabei das gleiche Konstrukt gemessen wird. Es ist bereits nachgewiesen worden, dass für die Qualität der Vater-Kind-Beziehung und -Bindung andere Prädiktoren relevant sind als für die Mutter-Kind-Beziehung und -Bindung: z.B. Anzahl der elterlichen Konflikte, Einstellung zur Elternschaft, Anzahl der qualitativ unterschiedlichen Aktivitäten mit ihren Kindern, Beziehungsvielfalt,

Spielqualität (De Wolff & Ijzedorn, 1997; Grossmann et al., 2002), Persönlichkeitseigenschaften (z.B. Neurotizismus, Extraversion, Verträglichkeit) und eheliche Beziehungen (Belsky, 1996).

Von der Auswahl der zu beobachtenden *Verhaltensmerkmale*, des *Beobachtungskontextes* sowie des *Alters des Kindes* hängt möglicherweise ab, welches Verhalten von den interagierenden Personen manifestiert bzw. beobachtet und erfasst wird (vgl. Mahoney et al., 1996). Dabei spielen beispielsweise folgende Kriterien eine Rolle:

- Unterschiedliche *Anzahl* von beobachteten Verhaltensmerkmalen;
- *Operationalisierung* der zu messenden Konstrukte durch nicht dieselben Verhaltenseinheiten (vgl. Isabella, Belsky & Eye, 1989; Schölmerich & Wesels, 1998);
- *Alter des Kindes*: davon hängt ab, welche Verhaltensvariablen des Kindes und in welchem Kontext diese gemessen werden. Mit zunehmendem Alter des Kindes braucht man ein längeres Zeitintervall, um das Verhalten des Kindes und der Eltern richtig zu erfassen (Zero to Three, 1994).
- *Auswahl der Beobachtungssituation*: Nach Smith & Pederson (1988) manifestiert sich ein übliches elterliches Verhalten eher in einer Stresssituation bzw. nach dem Stress. Eltern werden herausgefordert, mit dem Stress des Kindes oder/und mit ihrem eigenen Stress umzugehen. Elterliche Interaktionen mit einem gestressten und mit einem zufriedenen Kind unterscheiden sich erheblich; in aufgabenorientierten Situationen (z.B. Fütterung, Spielaufgaben) handeln Eltern hochwahrscheinlich direktiver als im freien Spiel (Mahoney et al., 1996).
- *Grad der Strukturiertheit, Länge des Beobachtungsabschnitts bzw. alterstypischer Interaktionskontext.* Nach Empfehlung von Deutscher Gesellschaft für Sozialpädiatrie und Jugendmedizin (DGSPJ) (2007) soll die Beobachtungssituation beispielsweise folgenden Interaktionskontext beinhalten: Objektspiel, gemeinsames Spiel, Alleinspiel bei elterlicher Abgrenzung, Beruhigen, Fütterung, Pflege etc.
- *Die Länge der Beobachtung* variiert abhängig vom Studiendesign (Leyendecker, Lamb & Schölmerich, 1997): Hochstrukturierte kürzere Beobachtungsepisoden sind – mit anschließender Event- oder online-Kodierung – zum Gewinnen von zuverlässigen Daten ausreichend. Dabei sollten Beobachtungssituationen beide Kontexte – zielgerichtete Aufgaben (z.B. Wickeln, Füttern) und freies Spiel – beinhalten. Längere Beobachtungen kommen in unstrukturierten Beobachtungen vor, um möglichst verschiedene

funktionelle Interaktionskontexte zu erfassen. In den zu kurz festgelegten, nicht-strukturierten Beobachtungsepisoden würden bestimmte Verhaltensweisen gar nicht vorkommen. Nach Mahoney et al. (1996) können andererseits zu lang festgelegte Interaktionssequenzen für das Auftreten von untypischen Interaktionsmustern verantwortlich sein.

– *Wissen* darüber, dass *beobachtet* wird, bzw. Videoeinsatz: Nach einer bestimmten Zeit "vergessen" die Eltern Kameras. Bzw. zeigen Mütter, die über die Beobachtung Bescheid wissen, besseres Verhalten ihrem Kind gegenüber als üblich: mehr körperliche Nähe und verbale Äußerungen sowie häufigeres Lachen und Spielverhalten. Darüber hinaus spielen Kinder konstruktiver (Zfg. Mahoney et al., 1996).

– Eine geeignete Auswahl von *Instruktion* und *Information* für die Eltern zur Untersuchung kann die Angst der Eltern vor dem Beobachtetwerden verringern, z.B. wenn das Kind und die kindliche Entwicklung – und nicht Erziehungs- bzw. Beziehungsaspekte – in den Mittelpunkt der Information gestellt werden (Leyendecker et al., 1997).

– Der *soziokulturelle Hintergrund* sollte in der Beobachtung berücksichtigt werden (Leyendecker et al., 1997).

2.3.3.3 Ausgewählte Verfahren zur Erfassung der Eltern-Kind-Interaktion

Im Folgenden sollen einige Beispiele zur Beobachtung und Registrierung der EKI dargestellt werden. Die DGSPJ (2007) empfiehlt für weiterführende klinische Kommunikations- und Beziehungsdiagnostik folgende Verfahren (für die eine gute prognostische Validität besteht): *"still-face-Paradigma"* im ersten Halbjahr (spontanes Zwiegespräch ohne Spielzeug, Tronick et al., 1978) bzw. Ainsworth-Skalen zur Erfassung von Feinfühligkeit und Bindungsqualität (Ainsworth et al., 1974, Deutsch: Grossmann, 1977a) sowie den CARE-Index nach Crittenden (2005a; 2007; Deutsch: z.B. Oepen, Wiefel, Wollenweber & Lehmkuhl, 2001) in Bezug auf Beziehungs- und Bindungsstörungen sowie Mannheimer Beobachtungsskalen (z.B. Dinter-Jörg et al., 1997) zur Erfassung der Qualität der Eltern-Kind-Interaktion (EKI).

Zwei Verfahren – CARE-Index und Mannheimer Beobachtungsskalen (MBS) – werden im Folgenden als unterschiedliche Beurteilungs- und Kodierungsbeispiele genauer beschrieben. Während mit dem CARE-Index elterliche Feinfühligkeit und dyadisches Interaktionsverhalten auf einer Ratingskala eingeschätzt werden, gelten MBS als mikroanalytische Kodierung. Beide Verfahren

55

wurden ursprünglich für die Beurteilung des mütterlichen (und kindlichen) Interaktionsverhaltens konzipiert, mittlerweile wird damit bereits auch dyadisches Verhalten in der Vater-Kind-Interaktion untersucht. Es gibt Versionen für Säuglings- und Klein-kindalter. Eine Globale Einschätzungsskala PIR-GAS (Zero to Three, 1994; Dunitz-Scheer & Scheer, 1999; Hofacker et al., 1996), die zur Beurteilung der Beziehungsqualität in der klinischen Praxis zur Verfügung steht, wird ebenso vorgestellt. Für einen Überblick über die große Vielfalt an Instrumenten sind zwei Tabellen[2] mit ausgewählten Verfahren erstellt worden (für Kinder von der Geburt an bis ca. zu einem Alter von ca. 3 bis 4 Jahren). (S. Überblick über Verfahren im englischsprachigen Raum, Munson & Odom, 1996, Verfahren im englisch- bzw. deutschsprachigen Raum, Künster, 2007).

Der *Child-Adult Relationship Experimental Index* (CARE-Index) gilt als einer der einfachsten in der Anwendung von Verfahren zur Erfassung der spezifischen Beziehung in der Eltern-Kind-Dyade. Im Bezug auf das Alter des Kindes gibt es bereits zwei Versionen: „Infants (birth – 15 months) Coding Manual" (Crittenden, 1985-2007) und „Toddler (15 – 30 months) Coding Manual" (Crittenden, 2005a). Es werden kurze (3 bis 5 Min.) Interaktionen in einer natürlichen Spielsituation beobachtet, videographiert und ausgewertet, wobei die Kodierung durch einen geschulten Beobachter 15-20 Min. in Anspruch nimmt. Es wird elterliches sowie kindliches Verhalten erfasst. Dabei handelt es sich in einer gelungenen Interaktion um eine Situation, die von Feinfühligkeit der Eltern den kindlichen Signalen gegenüber und von einem offen zugewandten Verhalten des Kindes geprägt ist (vgl. Mosheim, Steiner, Hotter, Kemmper, Biebl & Richter, 2002).

Elterliche Sensitivität. Aus theoretischer Sicht beruht die Feinfühligkeitsdimension auf dem Feinfühligkeitskonzept von Ainsworth (Ainsworth et al., 1974), jedoch wird im Unterschied zum Ansatz von Ainsworth die Feinfühligkeit bei Claussen und Crittenden (2000) als eine intrapersonale Eigenschaft und eine Beziehungsvariable bzw. als ein entwicklungsdynamisches Konstrukt gesehen: Hier werden auch Charakteristika sowohl der Eltern als auch des Kindes (z.B. Temperamentdisposition) sowie des Kontexts berücksichtigt; mütterliche Feinfühligkeit wächst mit den Entwicklungsbedürfnissen des Kindes mit und ermöglicht ihm, die Entwicklungsaufgaben in jeder Altersstufe zu bewältigen. Nach Crittenden bedeuet die Wahrnehmung und richtige Interpretation der kindlichen Signale noch lange nicht, dass Eltern auch promt und angemessen reagieren

---

[2] Beide Tabellen (A1 und A2) sind unter www.springer.com auf der Produktseite dieses Buches verfügbar.

können: Es schaltet sich hier ein Informationsverarbeitungsprozess der Eltern dazwischen, der ihre Reaktionen beeinflüssen kann.

Neben der *Feinfühligkeitsdimension* werden auch zwei weitere Verhaltenskategorien – *Nicht-Responsivität und Kontrolle* – bewertet und darüber hinaus drei Interaktionsmuster im Verhalten der Eltern identifiziert (Claussen & Crittenden, 2000; vgl. Mosheim et al., 2002):

– *Feinfühliges Verhalten*: Der Elternteil kann die Signale des Kindes richtig wahrnehmen, einordnen und interpretieren sowie sich dem emotionalen Zustand des Kindes anpassen.
– *Kontrollierendes Verhalten*: Es kommt zwischen Verhaltensweisen des Kindes und jenen der Bezugsperson im Spiel zu keiner Übereinstimmung. Der Erwachsene greift plötzlich und unvorhersehbar in den Bereich des Kindes ein, um seine eigenen Vorstellungen und Impulse durchzusetzen.
– *Nicht-responsives Verhalten*: Der Erwachsene verhält sich beim Spiel seinem Kind gegenüber sehr passiv und scheint die Verhaltensweisen des Kindes zu ignorieren bzw. lässt sich nicht auf das Spiel mit seinem Kind ein. Dieses Verhalten zeigt sich in einem herabgesetzten affektiven Gesichtsausdruck und in wenig Affektaustausch mit dem Kind.

Kindliches Verhalten. Für das Säuglingsalter werden vier kindliche Interaktionsmuster als Entgegenkommen des Kindes in der Interaktion mit dem Elternteil erfasst:

– *Kooperationsfähigkeit*: eindeutig pro-soziales, aktiv kontaktsuchendes Verhalten; Kind ist aufgeschlossen und interessiert, seine Stimmung wird als munter, lebensfroh beschrieben.
– *Überangepasstes Verhalten*: Das Kind ist bedacht, sich den Verhaltensweisen und Anforderungen des Erwachsenen unterzuordnen. Die Interaktion wird nicht als lustvoll erlebt.
– *Schwieriges Kind*: gedrückte Stimmung, Unwohlsein; Verweigerung, mit dem Erwachsenen zu spielen, offene Ablehnung (z.B. Vermeidung des Blickkontaktes, aggressive Verhaltensweisen); Versuch, sich der Kontrolle des Erwachsenen zu entziehen.
– *Passives Kind*: unbeteiligt am Spiel bzw. an der Interaktion; ignoriert die Erwachsenen, zeigt gedämpfte Gefühle.

Für das Kleinkindalter stehen die folgenden vier Kategorien zur Verfügung: kooperatives, überangepasstes, drohendes bzw. entwaffnendes Verhalten.

Auswertung. Zur Bewertung der elterlichen Feinfühligkeit werden auf einer eindimensionalen 14-Punkte-Skala Abstufungen von feinfühlig (wechselseitiges Vergnügen, harmonische Interaktion, gemeinsame positive Affekte) bis gefährdet (klarer Mangel an Empathie, mangelhafte Qualität des Spiels, völliges Versagen, kindliche Signale wahrzunehmen, kein Spiel) herangenommen (Crittenden, 2000). Nach einer ersten allgemeinen Einschätzung der Feinfühligkeit wird das Interaktionsverhalten von Eltern und Kind anhand von sieben Ausdruckskanälen beurteilt: Gesichtsausdruck, verbaler/ vokaler Ausdruck, Position und Körperkontakt, Affekt, Rhythmus des Interaktionswechsels, Kontrolle (direkte Beeinflussung des Partners) sowie Wahl der Aktivität (Aufgabenstrukturierung). Das Verhalten wird im dyadischen Kontext beurteilt (vgl. Aschersleben & Henning, 2008).

Gütekriterien des CARE-Index und klinische Relevanz. Die Validität des CARE-Index gilt für den Altersbereich der Kinder von der Geburt an bis zum Alter von vier Jahren als bestätigt (Zfg. Künster, 2007). Die klinische Relevanz des Verfahrens zeigt sich in verschiedenen Studien (z.B. Aschersleben & Henning, 2008; Rauh, Simó & Ziegenhain, 1998; Simó et al., 2000), die gleichfalls dessen Validität bestätigen. So konnte z.B. Crittenden in mehreren Studien nachweisen, dass ein signifikanter Zusammenhang von den Mutter-Variablen (Feinfühligkeit, Kontrolle und Nicht-Feinfühligkeit) und den Kind-Variablen (Kooperativität, Überangepasstheit, schwierig und passiv) im CARE-Index mit Misshandlung bzw. Vernachlässigung der Kinder besteht (z.B. Crittenden, 1985; 1992; Zfg. Künster, 2007).

Im deutschsprachigen Raum gelten die *Mannheimer Beobachtungsskalen zur Analyse der Mutter-Kind- und Vater-Kind-Interaktion im Säuglingsalter* (MBS-MKI&VKI-S) bzw. *Kleinkindalter* (MBS-MKI&VKI-KKA) weitgehend als ein zuverlässiges und valides Instrument, das in der Risiko-Forschung bereits häufig eingesetzt wurde; in einer abgekürzten Version kann dieses Instrument aber auch der klinischen Arbeit dienen (Jörg, Dinter, Rose, Villalba-Yantorno, Esser, Schmidt & Laucht, 1994; Dinter-Jörg et al., 1997; Trautmann-Villalba, Laucht & Schmidt, 2003). Es handelt sich dabei um eine Verhaltensbeobachtung mit Videoaufnahme und darauffolgende mikroanalytische Verhaltensanalyse. Es werden 5 bis 10 Min. Interaktionen in einer halbstandardisierten Spielsituation beobachtet, videographiert und ausgewertet.

MBS-MKI-S sind im Rahmen der Mannheimer prospektiven Risikostudie nach Vorbildern von Field (1984) und Keller (Keller, Gauda & Miranda, 1980) konstruiert worden (Esser & Scheven, 1989). Mit Hilfe dieses Kategoriensystems können zwei basale Bereiche der Mutter-Säuglings-Beziehung erfasst werden: *Emotionalität der Mutter* und *Qualität der Interaktion*. Der Entwicklung der Skalen liegen theoretische Erkenntnisse über die Natur der Mutter-Kind-Interaktion und Ergebnisse der vielfältigen Untersuchungen über interaktionelles Geschehen zugrunde. Es wurde davon ausgegangen, dass nicht nur die Mutter, sondern auch das Kind die Beziehung der frühen Dyade wesentlich bestimmt, darüber hinaus gehen die Merkmale der Mutter, des Kindes sowie der Interaktion in die Interaktionsbeobachtung ein (vgl. Esser, Scheven, Petrova, Laucht & Schmidt, 1989; Keller & Schölmerich, 1987; Keller et al., 1980); dyadische Merkmale – Reziprozität und Synchronizität – können gebildet werden. Die *Mutter-Skalen* erfassen folgende Dimensionen: 1) Emotion, 2) Zärtlichkeit, 3) Lautäußerung, 4) verbale Restriktion, 5) Kongruenz/ Echtheit, 6) Variabilität, 7) Reaktivität/ Sensibilität, 8) Stimulation (adäquat oder unter-/überstimulierend). Auf der *Kind-Skala* werden folgende Dimensionen ermittelt: 1) Emotion, 2) Lautäußerungen, 3) Blickrichtung, 4) Reaktivität, 5) Interaktionsbereitschaft.

Das Kategoriensystem für *Mütter mit Zweijährigen* ist in Anlehnung an die ursprüngliche Beurteilungsskala zur Erfassung der frühen MKI im Säuglingsalter (Esser et al., 1989; ergänzt bei Jörg et al., 1994) entwickelt und zur Erfassung von dyadischen Merkmalen der Vater-Kind-Interaktion adaptiert (Dinter-Jörg et al., 1997; Trautmann-Villalba et al., 2003; Mannheimer Beobachtungsskalen (T2-T3); (T2-T4); 2003) worden. Die Vergleichbarkeit zu MBS-MKI im Säuglingsalter konnte gewährleistet werden, es war jedoch wegen der im Folgenden genannten Kriterien das Entwickeln zusätzlicher Skalen erforderlich: höhere Komplexität der Interaktion infolge des gewachsenen Verhaltensrepertoires des Kindes (wie selbständige Mobilität, symbolisches Denken, Sprache, wachsende Unabhängigkeit); Bedarf an kognitiver Anregung dem Kind gegenüber; veränderte Anforderungen an das Erziehungsverhalten der Mutter (Finden eines Ausgleichs zwischen der Unterstützung der kindlichen Autonomie und dem Grenzensetzen sowie der angemessenen Steuerung des kindlichen Verhaltes); Wechsel von einer face-to-face-Interaktion zu einer triangulären Situation (Mutter, Kind und gemeinsames Spielobjekt) (Dinter-Jörg et al., 1997).

Die endgültige Version der Mannheimer Beobachtungsskalen (MBS-MKI & VKI-KKA) (z.B. Mannheimer Beobachtungsskalen (T2-T3), (T2-T4), 2003) besteht aus einer *sekundengenauer Mikroanalyse* und *Kategorialskalen* sowie einer *Ratingskala*. Auf quantitativen Skalen werden Häufigkeit und Dauer von Gestimmtheit aller InteraktionspartnerInnen erfasst (positiv, neutral, ängstlich, negativ) und online kodiert. Bewertungen der länger andauernden Verhaltensweisen (Intervalllänge von 5 bis 30 Sek.) sind als *Eventkodierung* zu bezeichnen.

Es handelt sich dabei um Reaktivität (vokal, motorisch, mimisch, mangelnd), Interaktionsstile beider InteraktionspartnerInnen (Elternteil: z.B. Aggressivität, Abwertung, Tadel, Rigidität, kognitive Anregung; Kind: z.B. desorganisiert, motorische Unruhe, Ungeduld, eigenständig) und Steuerung des kindlichen Verhaltens durch die Eltern (supportiv, direktiv, restriktiv). Angemessenheit der Steuerung wird auf einer fünfstufigen Ratingskala (von „sehr angemessen" bis „unangemessen") beurteilt.

Die Beobachtungsskalen sind später zur Erfassung der Interaktion von Müttern und Vätern mit ihren Kindern im Vorschul- und Grundschulalter erweitert worden (Polowczyk, Trautmann-Villalba, Dinter-Jörg, Gerhold, Laucht, Schmidt & Esser, 2000; Trautmann-Villalba, Gerhold, Polowczyk, Dinter-Jörg, Laucht, Esser & Schmidt, 2001). MBS-MKI & VKI-KKA – als für die vorliegende Dissertation gewählte Methode – werden in Kapitel 4.2.2.6 genauer dargestellt.

Gütekriterien der MBS-MKI-KKA. Die MBS weisen aufgrund der entsprechenden Konstruktion der Skalen (z.B. es wird nur ein Merkmal je Intervall beobachtet und kodiert), aufgrund der differenzierten mikro- und makroanalytischen Auswertung von Verhalten für jede(n) InteraktionspartnerIn sowie durch den Einsatz der Videoanalyse sehr hohe *Objektivität* auf.

Interrater-Reliabilitäten. Zwischen den geübten Beurteilern besteht sehr hohe Übereinstimmung (N=354 Mutter-Kind-Paare, Kappa-Koeffizienten für 16 Dyaden berechnet): Die Kappa-Koeffizienten der sekundengenau erfassten Merkmale reichen von κ = .89 bis .96; für die in Intervallen erfassten Merkmale von κ= .80 bis 1.0 (Dinter-Jörg et al., 1997). Die berechneten Kappa-Koeffizienten für die Vater-Kind-Skalen belegen ebenso eine hohe Übereinstimmung zwischen den Ratern (10 % von N=97 Vater-Kind-Paare überprüft: für sekundengenaue online-Kodierung – Gestimmtheit κ= .91 und für die in den Intervallen erfassten Merkmale liegt Kappa zwischen .77 und 1.0) (Trautmann-Villalba et al., 2003).

Validität. Die Ergebnisse zur Validität der ursprünglichen MBS sind als gut und zufriedenstellend zu bezeichnen (vgl. Esser et al., 1989; Jörg et al., 1994): Die Validität der Skalen MBS-MKI-S wurde über die Korrelation mit einer quantifizierten Verhaltensmessung (r von .30 bis .88), die Korrelation mit einer Globaleinschätzung des Mutterverhaltens durch den Interviewer (r von .30 bis .65) und durch die Replikation bekannter Forschungsergebnisse (Esser, Scheven et al., 1989) belegt. Die Validität der Skalen für das Kleinkindalter wurde durch den Vergleich mit bekannten Forschungsergebnissen unterstützt. Als Determinanten der MKI im Kleinkindalter gelten folgende Bedingungen: das Geschlecht des Kindes und die psychosozialen Risikofaktoren; die organischen Risiken haben keinen bedeutsamen Einfluss (Dinter-Jörg et al., 1997).

Zur Beurteilung der Beziehungsqualität in der klinischen Praxis steht *Parent-Infant Relationship Global Assessment Scale (PIR-GAS)* (s. Tab. 1) als Teil der diagnostischen Klassifikation im Säuglings- und Kleinkindalter zur Verfügung (Zero to Three, 1994; Hofacker et al., 1996).

Tabelle 1. Globale Einschätzungs-Skala der Eltern-Kind-Beziehung (PIR-GAS) (nach Hofacker et al., 1996).

Beurteilung	Beziehungsqualität
90. Gut adaptiert (well adapted)	Keinerlei die Beziehung beeinträchtigende Konflikte, für beide Partner entwicklungsfördernd, mit positiven Erfahrungen verbunden
80. Ausgeglichen (adaptiert – adapted)	Überwiegend reziproke, beidseitig mit positiven Erfahrungen verbundene Interaktionen, keine Beeinträchtigung der Entwicklung beider Partner
70. Etwas unausgewogen (belastet – perturbed)	Beziehung vorübergehend belastet, insgesamt nicht wesentlich eingeschränkte Funktionsbereiche der Beziehung
60. Stark aus dem Gleichgewicht (deutlich belastet – significantly perturbed)	Deutliche, aber zeitlich begrenzte Belastung der Beziehung in einem oder zwei Funktionsbereichen, die von beiden PartnerInnen noch bewältigt werden können. Beziehung noch adäquat für die beidseitige Entwicklung
50. Deutlich gestresst (beeinträchtigt – distressed)	Erhebliche Beziehungsbelastung mit Einschränkung der Flexibilität und der adaptiven Qualitäten der Beziehung
40. Dysfunktional (deutlich beeinträchtigt – disturbed)	Beziehungsmuster durch andauernde Belastung dysfunktional mit erheblicher Gefährdung der Beziehungsentwicklung
30. Gestört (disordered)	Maladaptive, rigide, konfliktreiche oder dem kindlichen Entwicklungsstand nicht angemessene Interaktionsmuster
20. Schwer gestört (erheblich gestört – severely disordered)	Erheblicher Anteil täglicher Interaktionen beeinträchtigt durch maladaptive, rigide, fixierte Interaktionsmuster
10. Massiv und extrem beeinträchtigt (schwerst gestört – grossly impaired)	Überwiegender Anteil täglicher Interaktionen schwer gestört, Säugling in physischer Gefahr (Vernachlässigung, Misshandlung)

PIR-GAS erlaubt die Bestimmung des Ausprägungsgrades der vorliegenden Beziehungsqualität.

Einen theoretischen Hintergrund für die Skala bildet eine qualitative Beziehungsbeurteilung und Klassifikation von Anders (1989), die wechselseitige Zusammenhänge von kindlichen Störungszeichen und Beeinträchtigung der Eltern-Kind-Beziehung berücksichtigt. Dabei werden drei Schweregrade der Beeinträchtigung unterschieden: „relationship perturbation", „relationship disturbance" und „relationship disorder". In der PIR-GAS wurde diese dreistufige Kodierung in eine 9-Punkte-Skala weiter ausdifferenziert (Zero to Three, 1994; Hofacker et al., 1996). Es erfolgt eine globale klinische Einschätzung der Eltern-Kind-Beziehung, die wichtige beziehungsübergreifende Aspekte wie Funktionalität, Flexibilität und Adaptabilität der Mutter-(Vater)-Kind-Beziehung erfasst. Die Beurteilungen reichen von gut adaptiert (Skalenwer 90) bis stark beeinträchtigt (10). Erst dann wird eine Beziehungsdiagnose gestellt, wenn eine Dyade massiv, dauerhaft und schädigend belastet wird – dies gilt für eine Beurteilung unter 40 (zwischen 70 und 40 ist die Beeinträchtigung nicht schwerwiegend genug).

2.4 Merkmale des dyadischen Interaktionsverhaltens in der Forschungsliteratur

Im Folgenden werden *beobachtbare Verhaltensformen* jedes einzelnen Mitglieds des Eltern-Kind-Paares, die zur Qualität der Interaktion beitragen, sowie Komponenten *gefühlsmäßigen Ausdrucks*, die sich auf das Paar sowie die/den jeweilige(n) Interaktionspartner/-in beziehen (Zero to Three, 1994), dargestellt.

2.4.1 *Wichtigste Merkmale des elterlichen Interaktionsverhaltens*

Nach Zeanah (1993) stehen drei Konstrukte des elterlichen Verhaltens – Responsivität, Direktivität und Affekt – in kausalem Zusammenhang mit psychosozialer Entwicklung des Kindes. Ähnliche Hauptkategorien des elterlichen Interaktionsverhaltens stellten sich anhand der Metaanalyse von De Wollf und Ijzendoorn (1997) heraus: Sensitivität (in Anlehnung an die Definition von Ainsworth et al., 1974), Reaktionskontingenz (Promptheit und Häufigkeit der Reaktion auf kindliche Signale), Qualität und Quantität des physischen Kontaktes sowie Kooperation (Vorhandensein oder Fehlen von intrusiven und störenden Eingriffen).

Responsivität und *Feinfühligkeit.* Als zwei zentrale Bestandteile des mütterlichen Verhaltens gelten *Sensitivität* (Feinfühligkeit) bezüglich kindlicher Signale und Bedürfnisse und *Reaktivität* (auch als Responsivität, Angemessenheit, Kontingenz oder Konsistenz bezeichnet) (z.B. Keller et al., 1980; Miranda,

1983), die die sozial-emotionale und kognitive Entwicklung eines Kindes wesentlich beeinflussen (Ainsworth, 1979; Isabella et all., 1989). Diese zwei Begriffe hängen eng zusammen und werden gemeinsam erfasst (Esser & Scheven, 1989). Als *responsive Kontingenz* wird bezeichnet, wenn ein Elternteil sein Verhalten innerhalb einer Sekunde, aus Rücksicht auf Aufmerksamkeitsfokus, emotionalen Zustand oder manifestes Verhalten des Kindes, beginnt, unterbricht oder wechselt (Baird et al., 1992). Mangelnde Reaktivität der Mutter kann darauf hinweisen, dass das Verhalten der Mutter inkonsistent und damit dem Kind nicht erklärbar und beeinflussbar erscheint (Papoušek & Papoušek, 1982); es ist auch von Bedeutung, ob und in welcher Weise das Kind auf die Mutter reagiert.

Feinfühligkeit der Bezugsperson ist eines der bestuntersuchten Konstrukte in Bezug auf die Qualität der Mutter-(bereits auch Vater)-Kind-Beziehung. Als wichtigste Eigenschaften einer feinfühligen Person gelten: gutes Einfühlungsvermögen und Aufmerksamkeit; adäquate Wahrnehmung der Situation; Fähigkeit, subtile Hinweise, Gefühle und Bedürfnisse ihrer Kinder zu erkennen und zu deuten; die Welt aus der Sicht des Kindes sehen zu können; Erreichbarkeit und Zugänglichkeit dem Kind gegenüber; Anpassen des eigenen Verhaltens an Bedürfnisse des Kindes, Kooperation; positiver Affekt; Akzeptanz der kindlichen Interaktionsbereitschaft (z.B. das Kind anschauen, positiv adäquat vokalisieren, berühren, auf den Arm nehmen, halten); Akzeptanz und Respekt der Individualität des Kindes (einschließlich Temperament) (vs. Ablehnung); der Einfallsreichtum; reibungsloser und zeitlich gut abgestimmter Verlauf der Interaktion (Ainsworth et al., 1974; Ainsworth, 2003; Feldmann, 2000; Grossmann & Grossmann, 2004; Notaro & Volling, 1999; Smith & Pederson, 1988).

Im spielerischen Umgang mit den Kindern wird zwischen *lenkender Feinfühligkeit* (aktives Verhalten der Mutter, ohne die Bedürfnisse des Kindes außer Acht zu lassen) und *gewährender Feinfühligkeit* (die Mutter lässt das Kind die Situation lenken und bietet ihm dabei Unterstützung bei seiner Tätigkeit an) unterschieden (Grossmann, 1984). Auch wird die Feinfühligkeit beim Unterstützen des Bindungs- und Explorationsbedürfnisses des Kindes differenziert betrachtet: Feinfühlige elterliche Reaktionen sind solche, die bei Verunsicherung des Kindes in der Exploration Ermutigung und Anleitung geben. Während die Feinfühligkeit der Mutter am meisten zur Beruhigung wirksam ist, zeigt die väterliche eher im Bereich des kindlichen Explorationsverhaltens ihre Stärke (vgl. Grossmann et al., 2002; das Konzept bzw. Kennzeichen der Spielfeinfühligkeit s. Grossmann & Grossmann, 2004).

Der Wahrnehmung und der richtigen Interpretation der Signale des Kindes folgt nicht selbstverständlich eine angemessene und prompte Reaktion der Eltern. Darüber hinaus werden zwei weitere Merkmale unterschieden: *Nicht-*

responsives Verhalten – Nicht-Wahrnehmung oder falsche Interpretation der kindlichen Signale – sowie *Kontrolle* – responsives, aber eingreifendes und störendes Verhalten (Claussen & Crittenden, 2000).

Direktivität wird als Bestreben der Eltern definiert, das Tempo, den Inhalt und/oder die Art des kindlichen Verhaltens zu bestimmen (Baird et al., 1992). Der Einfluss elterlicher Direktivität auf die kindliche Entwicklung wird in der Forschungsliteratur gegenteilig interpretiert (Zfg. Baird et al., 1992). Darüber hinaus werden in Bezug auf Direktivität zwei Komponenten unterschieden (Baird et al., 1992): *Struktur* oder *Unterstützung* (gemeinsames Auftreten von Direktivität mit der Beteiligung des Kindes), die dem Kind ermöglicht, mehr Information zu gewinnen und ein höheres Spielniveau zu erreichen; sowie *Intrusion* (*intrusiveness*) – eingreifendes Verhalten und Kontrolle (vgl. Claussen & Crittenden, 2000), was zur Unterbrechung des Aufmerksamkeitsfokus, zu negativem Verhalten oder zu sozialer Distanziertheit seitens des Kindes führt, das Explorationsverhalten des Kindes einschränkt und entwicklungshemmend wirkt (Baird et al., 1992). In Mannheimer Beobachtungsskalen (z.B. Dinter-Jörg et al. 1997) wird in ähnlicher Weise zwischen *restriktiver* und *direktiver Steuerung* unterschieden.

Der *Affekt* der Bezugsperson (positiver vs. unruhiger/ angespannter oder negativer, gereizter, wütender, feindlicher (Zero to Three, 1994) wird üblicherweise durch Mimik bzw. Lächeln operationalisiert: positive Mimik, wie (zumindest minimales) Lächeln, klarer Ausdruck der Freude vs. negative Mimik, z.B. Ausdruck des Ärgers, Stress. Ausdrucksvolle Mimik sowie eine lebendige Vokalisation der Mutter (emotionale Beteiligung nach Clark & Seifer, 1983) drücken ihre positiven Gefühle dem Kind gegenüber aus, dienen dem Erwecken und der Aufrechterhaltung seiner Aufmerksamkeit und evozieren positive Gefühle beim Kind (Cohn & Tronick, 1989; vgl. Esser & Scheven, 1989).

Mimik wird generell als wesentliches Interaktionsmerkmal beschrieben. Der mimische Ausdruck der Mutter (neutraler und positiver Gesichtsausdruck, Spielgesicht mit weit geöffneten Augen, mit Lächeln) gilt als ein Zeichen ihrer Interaktionsbereitschaft oder dient dem Anregen zur Interaktion (Clark & Seifer, 1983).

Des Weiteren werden auch folgende Merkmale berücksichtigt: Echtheit der Involvierung oder der Sorge, Vorhersagbarkeit und die Qualität des Strukturierens (Zero to Three, 1994); Unter-stützung (Ausmaß unterstützender Handlungen), positive Einstellung zum Kind (Ausmaß des positiven und negativen Ausdrucks dem Kind gegenüber), kognitive Anregung bzw. Stimula-tion (Ausmaß und Anzahl aller Interaktionen dem Kind gegenüber) (De Wollf & Ijzendoorn, 1997) sowie Variabilität der Stimulation (als einer der wichtigsten Faktoren in

64

harmonischen Interaktionsmustern; Field, 1980). Clark und Seifer (1983) interpretieren Variabilität des mütterlichen Verhaltens als ihre hohe Motivationsbereitschaft zur Interaktion sowie ihre Fähigkeit, das Kind über längere Zeit zu beschäftigen. Als Gegenteil bezeichnet Rigidität das Beharren des Elternteils auf eigene Ideen – ohne Rücksicht auf das Kind. Körperposition und -bewegungen (wie Nähe, Berührungen, entwicklungsadäquates Halten des Kindes) werden als Angemessenheit des elterlichen Verhaltens interpretiert (Keller et al., 1980). Die Körperhal-tung, das Blickverhalten und der Gesichtsausdruck gelten auch als kommunikative Aspekte in der EKI – als Austausch von verbalen und nonverbalen Signalen, die auch Einstellungen oder persönliche Reaktionen der Eltern widerspiegeln. Das Kind bekommt eine Rückmeldung über sein Verhalten und kann daraus das eigene Handeln anpassen (Grossmann, 1977b). Durch Lob oder Tadel in der Rückmeldung z.B. können die Erwachsenen Einfluss auf das Lernverhalten des Kindes ausüben (Trudewind, Unzner & Schneider, 1997).

2.4.2 Bedeutendste Merkmale des kindlichen Interaktionsverhaltens

Wie auch die elterlichen Parameter beeinflussen ebenso die kindlichen Parameter die Interaktion und die Beziehung. Dazu gehören insbesondere Irritierbarkeit und andere Dimensionen des kindlichen Temperaments (Boom & Hoeksma, 1994; Seifer, Schiller, Sameroff, Resnick & Riordan, 1996).

Die *Reaktivität des Kindes* wird bei der Beurteilung der Rolle des Kindes im Interaktionsprozess als bedeutendes Maß gesehen: Kindliche Reaktivität gibt der Bezugsperson ein wichtiges Feedback für ihr eigenes Verhalten und vermittelt ihr das Gefühl, mit ihrem Kind im sozialen Kontakt zu stehen; sie beeinflusst überdies ihre Gefühle von Bindung und Kompetenz sowie die Häufigkeit ihrer Versuche, reaktives Kindverhalten auszulösen (vgl. Keller et al., 1980). Unter Reaktivität sind nach Goldberg (1977) deutliche Reaktionen mit kurzer Latenz gemeint. Ein responsives Kind erleichtert der Bezugsperson, seine Reaktionen zu „lesen" und vorherzusagen, wobei die „Lesbarkeit" der kindlichen Signale (Goldberg, 1977) durch die „Klarheit der kindlichen Signale" operationalisiert wird (*Infant Signal Clarity*, Yoder, 1987; vgl. auch Baird et al., 1992; Esser & Scheven, 1989). Ein *deutliches Signal* des Kindes in der Interaktion wird als jedes manifeste Verhalten definiert, welches dem Beobachter erlaubt, Veränderungen im Aufmerksamkeitsfokus und/oder in Bezug auf den emotionalen Zustand des Kindes zu erkennen (Baird et al., 1992). Reaktivität wird auch als Temperamentsmerkmal oder Informationsverarbeitungskapazität gesehen und wird durch Verhaltensmerkmale (je nach Alter) erfasst: z.B. Lächeln, Vokalisation, Bewegungen (Zfg. Esser & Scheven, 1989); oder durch Temperaments-merkmale im Sinne von Thomas und Chess (1977).

Kindliche *Vokalisation* bildet eine Grundlage für elterliches Bindungsver-halten, da diese die Bedürfnisse und den Zustand des Kindes ausdrückt (Keller & Schölmerich, 1987). Häufigere positive Vokalisation bedeutet mehr elterliches Feedback und vokale Stimulation. Kindliche Vokalisation kann auch einen kommunikativen sowie affektiven Charakter besitzen. Der *emotionale Zustand* des Kindes wird durch unterschiedliche Merkmale wie Gesichtsausdruck (z.B. zartes Lächeln bis Lachen), verbale Äußerungen (Vokalisation/ Tonfall) und nonverbale Signale (Körperbewegungen) erfasst. Im Säuglingsalter gilt die *Sta-bilität des Zustandes* und der *Aufmerksamkeitsregulation* als eine Voraus-setzung für Interaktion (Zfg. Esser & Scheven (1989); Aufrechterhalten von Wachsamkeit, Blickfokus, positiver Affekt sowie positive Vokalisation werden ebenso als Zeichen der Interaktionsbereitschaft interpretiert (Feldman & Green-baum, 1997; Feldmann, 2000). Kindliches *Bindungsverhalten* wird durch Lä-cheln, Anschmiegen, Schreien, Festklammern, Zur-Mutter-Krabbeln etc. opera-tionalisiert (Ainsworth & Wittig, 1969).

Kinder können auch negative Verhaltensformen in der Interaktion aufzei-gen: Ablehnen, Vermeiden, Angespanntheit, Lethargie, Gleichgültigkeit und Trotz etc. (Zero to Three, 1994).

2.4.3 Dyadische Verhaltensmuster

Der Großteil des kindlichen bzw. elterlichen Verhaltens wird nur im dyadischen Kontext erfasst (Aschersleben & Henning, 2008; Baird et al. 1992; Mahoney et al., 1996). Die Aussagekraft von Merkmalen des kindlichen, elterlichen und dyadischen Verhaltens liegt nicht in der Häufigkeit ihres Auftretens, sondern in ihrem dyadischen Profil: gemeinsames Auftreten und zeitliche Manifestation, gemeinsame Wiederholung und Veränderung (Baird et al., 1992). Für die Beur-teilung des Ausdrucks und der Verhaltenweisen ist deren Funktion für die Inter-aktion entscheidend: Ein Lächeln der Mutter z.B. kann Ausdruck ihrer Feinfüh-ligkeit sein, wenn es kongruent mit der Situation und dem Affekt des Kindes ist; anderseits kann es auch Ausdruck ihrer Kontrolle sein, wenn es dem Empfinden des Kindes entgegengesetzt ist (Aschersleben & Henning, 2008). Als weiteres, bereits erwähntes Beispiel: Sich wiederholende elterliche Direktivität in Verbin-dung mit Responsivität und kindlicher Beteiligung drückt elterliche Unterstüt-zung aus; eine Kombination von hohem Niveau elterlicher Direktivität und Eindringlichkeit und niedriger Beteiligung des Kindes kann aber als intrusives Verhalten der Eltern interpretiert werden (Baird et al., 1992).

Gegenseitiger Blickkontakt gilt als eine notwendige Voraussetzung für Interaktion: Er drückt gegenseitige Aufmerksamkeit und Interesse aus und dient der Aufrechterhaltung der Interaktion (Keller & Schölmerich, 1987; Stern, 1977/ 2006). Ebenso als dyadische Merkmale gelten: Gegenseitiger Austausch von positiven Gefühlen, Berührungen, Vokalisationen und Lächeln bzw. ausdrucksvolle Mimik der Mutter (Bowlby, 1969; Keller & Schölmerich, 1987; Stern, 1977/2000); *thematische Kontinuität* (theme continuity) – Fortsetzen des gemeinsamen Themas in den nachfolgenden Interaktionssequenzen (Baird et al., 1992).

Darüber hinaus können die folgenden dyadischen Maße der Mutter-Kind-Interaktion gebildet werden: Reziprozität/ Gegenseitigkeit (Ausmaß positiver Interaktionen mit gemeinsamer Ausrichtung und positivem Affekt) und Synchronizität/ Verhaltenssynchronie (Ausmaß reziproker Beziehungen zwischen InteraktionspartnerInnen) (Belsky, Taylor & Rovine, 1984; Cohn & Tronick, 1989; De Wolff & Ijzendoorn, 1997; Isabella et al., 1989; Jörg et al., 1994).

2.5 Studienergebnisse zu Determinanten des elterlichen Erziehungsverhaltens

Das Model von Belsky diente als konzeptuelle Basis für zahlreiche Untersuchungen im Bereich der psychologischen Forschung. In diesem Abschnitt werden Studienergebnisse zusammengefasst, die das Modell unterstützen. Dabei werden nur Befunde zu Persönlichkeitsmerkmalen der Eltern, Partnerschaftsqualität und sozialer Unterstützung im Zusammenhang mit der elterlichen Erziehungskompetenz und der kindlichen Entwicklung dargestellt. Die Befunde zu weiteren Determinanten des elterlichen Verhaltens findet man mit den anderen Entwicklungsrisiken in Kapitel 3.2.3.

2.5.1 *Persönlichkeitsmerkmale der Eltern*

Wie bereits von Belsky (1984) beschrieben, prägen Persönlichkeitsmerkmale der Eltern ihr Erziehungsverhalten am stärksten und beeinflussen dadurch die kindliche Entwicklung (Belsky & Barends, 2002). Es stellte sich heraus, dass die Persönlichkeitseigenschaften weitgehend höhere Vorhersagekraft haben als Bindungsbeziehungen, unabhängig von der mütterlichen Bindungsqualität; negative

Persönlichkeitseigenschaften wie Feindseligkeit und Ängstlichkeit sowie die anderen Facetten von Neurotizismus zeigen im Vergleich zur Depressivität einen größeren Effekt auf den täglichen Ärger der Eltern und darüber hinaus auf die Beziehung zu den Kindern. Belsky und Barends (2002) kommen in der Zusammenfassung der Studienergebnisse zum Schluss, dass die Entwicklung des Kindes jedes Alters am günstigsten verläuft, wenn dessen Eltern folgende Eigenschaften besitzen: psychologische Gesundheit und Reife, die geringste Ausprägung im Neurotizismus (allgemeine negative Emotionalität) und die höchste in der Extraversion (Umfang und Intensität der sozialen Kontakte) sowie Verträglichkeit (Mitgefühl in Gedanken, Emotionen und Verhalten), hohe Offenheit in Bezug auf Erfahrungen (Freude mit neuen Erfahrungen, viele Interessen), Gewissenhaftigkeit (gute Organisiertheit, hohe Standards für sich), hohes Selbstwertgefühl und internale Kontrollüberzeugungen (Ausmaß der Fähigeit, das eigene Leben zu kontrollieren, wird als notwendige Voraussetzung für psychische Gesundheit gesehen).

Das Modell von Belsky (1984) wurde in vielen Studien getestet bzw. auch erweitert. Z.B. in der Studie von Bakel und Riksen-Walraven (2002) wurden die Intelligenz und Bildungsstatus der Eltern (neben Persönlichkeit und Bindungssicherheit) als Determinanten der Elternschaft einbezogen. An einer Stichprobe von Eltern (meistens Müttern) mit den 15 Monate alten Kindern wurde festgestellt, dass das Persönlichkeitsmerkmal ego-resiliency (allgemeine Fähigkeit einer Person zur flexiblen und ressourcenreichen Anpassung an internale und externale Stressoren, Block & Block, 1980) und der Bildungsstatus der Eltern, die Unterstützung des Partners/der Partnerin sowie soziale Ängstlichkeit des Kindes (als Temperamenteigenschaft) mit der Qualität des beobachteten elterlichen Interaktionsverhaltens assoziiert waren. Belskys Annahme (1984), dass die persönlichen Resourcen der Eltern die Elternschaft am stärksten beeinflussen, wurde empirisch nicht bestätigt: Die Stärken der beiden anderen Subsysteme (des Kindes oder des Kontextes) konnten die Qualität des elterlichen Verhaltens puffern.

Nach Crnic und Acevedo (1995) (im vgl. zu Belsky, 1984) hängt von elterlichen Faktoren (wie Persönlichkeitsmerkmale, Selbstwert, Stimmung, Überzeugungen), von kindlichen Charakteristika (Geschlecht, Alter, Entwicklungsstufe, Temperament) sowie von Faktoren des Familiensystems (Partnerschaftsqualität, soziale Unterstützung, Einkommen) ab, wie die Eltern den mit der Elternschaft in Verbindung stehenden Stress empfinden. Mütter mit positiven Persönlichkeitsmerkmalen können Stress generell vermeiden oder mit der gegebenen Belastung effektiv umgehen, während die negativen Persönlichkeitsmerkmale mit erhöhtem Stress assoziiert werden (Belsky, Crnic & Woodworth, 1995). Mulsow, Caldera, Pursley, Reifman und Huston (2002) konnten den höchsten prädiktiven Wert (quer- und längsschnittlich) der Persönlichkeit der Mutter für mütterlichen (Erziehungs-)Stress in einer prospektiven Studie (bis zum 3. Lebensjahr des Kindes) nachweisen. Positive Persönlichkeitsmerkmale reduzierten die Tendenz der Mutter zu chronischem Stress. Mangelnde allgemeine soziale Unterstützung war ein stärkerer Prädiktor für Stress der Mutter als es die Partnerschaftsbeziehungen waren. Ein schwieriges Temperament des Kindes konnte zwischen dem 24. und 36. Monat (wie auch im 1. Lebensmonat) mütterlichen Stress vorhersagen.

2.5.2 Soziale Umgebung: Stress und soziale Unterstützung

Bodenmann (2000) berichtet, dass über die Hälfte der untersuchten Paare Stress im Zusammenhang mit Kindererziehung (z.B. durch Ungehorsam) wahrnahmen, wobei dieser Stress als mittelmäßig (ein Drittel der Frauen und die Hälfte der Männer) und als stark belastend (ca. 13 % der Frauen und Männer) empfunden wurde. Über 60 % der Paare (Männer und Frauen ähnlich stark) erlebten Stress im Zusammenhang mit der Partnerschaft, die meisten Paare erlebten jedoch ihre Belastungen im Zusammenhang mit Beruf und täglichen Widrigkeiten. Die Einschätzung des Stresses war meist unabhängig von der Bildung der Paare. Paare mit Kindern im Vorschulalter berichteten am häufigsten von Stress im Zusammenhang mit Differenzen bezüglich der Kindererziehung, der Zeitplanung, des Haushaltes sowie der Freizeitaktivitäten (Bodenmann, 2000); als Belastungen im Zusammenhang mit partnerschaftsinternen Stressoren galten Kritik, Vorwürfe und verbale Kränkungen durch den Partner, sowie nach Laux und Schütz (1995) Enttäuschung und Selbstkritik.

Stress bei Paaren mit Kindern. Die Geburt eines Kindes bringt Veränderungen in die Familie, die mit erhöhten Anforderungen und Stress, insbesondere für die Mütter, verbunden sind (vgl. Bodenmann, 2000). Mütterlicher Stress wird als stärkster Umwelteinfluss auf das Wohlbefinden des Kindes betrachtet (Crnic & Acevedo, 1995). Mütter verbringen mehr Zeit mit ihren Kindern als Väter, ein Teil dieser Zeit wird mit dem „elterlichen Ärger" assoziiert; mütterlicher Stress hängt stärker als väterlicher mit dem Ausmaß der verfügbaren sozialen Unterstützung (insbesondere für die Obhut der Kinder) zusammen (Belsky et a., 1995).

Besonders belastet sind jene Eltern, deren Kinder Verhaltensprobleme (wie Aggression, oppositionelles Verhalten, Aufmerksamkeitsdefizit-/Hyperaktivitätsstörung) aufweisen. Das elterliche Stressniveau korreliert dabei mit dem Ausmaß kindlicher Verhaltensprobleme (Podolski & Nigg, 2001). Die Eltern leiden oft unter erhöhtem Stress in ihrer Elternrolle, unter negativer Befindlichkeit, niedrigem Selbstwertgefühl oder unter psychischen Problemen, zeichnen sich durch konfliktreiche Partnerschaften, erhöhte Negativität in der Eltern-Kind-Beziehung, unangemessene Erziehungsstrategien und negative elterliche Kognitionen im Bezug auf die Elternrolle aus (vgl. Crnic & Low, 2002).

Die Ergebnisse der Wiener Längsschnittstudie zeigten, dass allgemein die Paare (auch „emanzipierte Mütter") Kinder als eine Belastung erlebten, die Qualität der Partnerschaft signifikant abnahm, das Streitverhalten signifikant zunahm. Auch das Engagement der Väter war drei Jahre nach der Geburt des Kindes geringer geworden, die Anpassungsprobleme wurden durch Rückzugsverhalten gelöst (Zfg. Rollett, 2000; Rollett & Werneck, 1994).

Partnerbeziehungen und elterliches Verhalten. Harmonie in der Partnerschaft, gegenseitiges Vertrauen und Unterstützung hängen mit guter Eltern-Kind-Beziehung und kindlicher Anpassung zusammen (Gable et al., 1994; Zeanah, Boris & Larrieu, 1997). Positive Interaktion zwischen den Partnern (gemeinsame Freude, Zuneigung, Komplimente) wird mit positivem und verantwortungsvollem Erziehungsverhalten verknüpft (vgl. Belsky & Volling, 1987).

Nach Cowan & Cowan (2000) sinkt mit dem Stress der Versorgung und Verarbeitung der neuen Situation die Ehezufriedenheit der Partner. Unzufriedene Paare erleben mehr Stress (z.b. Wolf, 1987); unglücklich verheiratete Mütter verhalten sich ihren Kindern gegenüber autoritär und weniger autoritativ (vgl. Cowan & Cowan, 2000). Nach der Geburt des Kindes nimmt die Partnerschaftsqualität ab, auch wenn moderierende Variablen (wie die Qualität der Paarbeziehung vor der Geburt, Persönlichkeitseigenschaften beider Partner, das Temperament des Kindes etc.; s. z.B. Belsky & Rovine, 1990) diese negative Entwicklung relativieren können (s. z.B. Wallace & Gotlib, 1990). Die Abnahme dieser Negativität in der Paarbeziehung fängt erst ein Jahr nach der Geburt des Kindes an (Gable et al., 1994). Allerdings findet sich dieser "Erholungseffekt" nicht bei allen Familien (Belsky & Rovine, 1990).

In den Familien mit abnehmender ehelicher Qualität wurde gehäuft aversives Verhalten bei Eltern und Kindern beobachtet (Belsky, Youngblade, Rovine & Volling, 1991). Inhalt, Häufigkeit und Intensität, Konflikt- bzw. Konfliktlösungsstil in den Paarkonflikten gelten als wichtige Variablen der Verhaltensregulation des Kindes (Fincham, 1998; Grych & Fincham, 1990). Dauerhafte Paarkonflikte führen (in konfliktreichen und physisch gewalttätigen Familien) zu erhöhten psychophysiologischen Stressreaktionen bei Kindern (Cummings, 1994) sowie (insbesondere im Falle von offenen Konflikten bzw. Streit) zu Auffällig-

keiten in der Entwicklung (Cummings & Davies, 2002). Ungünstige Kommuni-
kationsformen, Ablehnung, Feindseligkeit, harte Kritik und Gleichgültigkeit sowie mangelnde Unterstützung in den Familienbeziehungen (Duggal, Carlson,
Sroufe & Egeland, 2001) bzw. Ärger und Rückzug des Vaters als Konfliktlö-
sungsstrategie (Katz & Gottman, 1993) werden mit internalisierenden Symptomen bei Kindern bzw. Jugendlichen assoziiert. Ein feindseliger Konfliktlösungsstil beider Eltern hängt mit externalisierenden Auffälligkeiten des Kindes zusammen (Katz & Gottman, 1993). Ärger in der Partnerschaft kann den Rückzug
eines Elternteils aus der Beziehung mit den Kindern verursachen, was Kinder als
Ablehnung empfinden können (Lindahl & Malik, 1999). Möglicherweise erzeugt
Rückzug aus Partnerschaftskonflikten ein feindliches und intrusives Erziehungsverhalten (Katz & Woodin, 2002; Lindahl & Malik, 1999).

Aus der familiensystemischen Perspektive sollte eine dynamische Natur der
Interaktionen innerhalb eines Familiensystems berücksichtigt werden: Partner-
System und Eltern-System bzw. beide Subsysteme – Mutter-Kind und Vater-
Kind – beeinflussen sich gegenseitig, das Verhalten eines Elternteiles wirkt auf
das des anderen (Cox & Paley, 1997; Minuchin, 1985). Nach Belsky et al. (1991)
wird das Verhalten beider Elternteile durch die sinkende Qualität der Partnerschaft in unterschiedlicher Weise beeinflusst (ein geschlechtsspezifischer Effekt): eine engere Mutter-Kind-Beziehung oder eine verschlechterte Vater-Kind-
Beziehung. Bei Vätern findet man im Vergleich zu Müttern eher einen stärkeren
negativen Zusammenhang zwischen der Partnerschaftsqualität und dem Ausmaß
bzw. der Qualität seines Engagements in der Fürsorge für das Kind sowie in der
Beziehung mit dem Kind (Coiro & Emery, 1998; Doherti, Kouneski & Erickson,
1998). Väter ziehen sich aktiv bei Partnerschaftsproblemen aus der Erziehung
bzw. Beziehung zurück, oder Mütter tendieren dazu, den Vater von Kindern
fernzuhalten (Beitel & Parke, 1998). In manchen problematischen Partnerschaften werden kompensatorische Mechanismen wirksam: Z.B. pflegen Eltern (insb.
Mütter) vermehrt ein feinfühliges und involviertes Verhalten gegenüber ihren
Kindern (Cox & Paley, 1997).

In der Familienforschung wird ein Konstrukt namens „Elternallianz" (Coparenting) untersucht (s. Kap. 2.2.3.2). Darin spielen individuelle Eigenschaften
der Eltern (emotionales Befinden, Depression, Überzeugungen, Einstellungen,
Erziehung, Stressbewältigung), das kindliche Temperament sowie die Partnerschaftsqualität (Intimität und Kommunikationsstil) und die mehr oder weniger
erfolgreiche Anpassung des Paares bzw. jedes Elternteiles an die Elternschaft
bzw. der Umgang mit dem damit verbundenen Stress eine Rolle (Belsky et al.,
1996; Cowan & Cowan, 2000; Schneewind, 1999). Autoritätsbezogenes, res-
pektvolles Elternverhalten (emotionale Wärme und Akzeptanz in Kombination

mit angemessener Kontrolle bzw. mit klaren und konsequenten Grenzen) fördert eine prosoziale Orientierung, Zielstrebigkeit des Kindes und positive Beziehungen mit Gleichaltrigen vom Vorschul- bis zum Jugendalter (NICHD, 2002). Ein negativer emotionaler Zustand der Eltern (depressiv, hochirritabel, verärgert) ist mit ihrem aversiven Verhalten (wenig feinfühlig und responsiv, grob) im Umgang mit ihren Kleinkindern assoziiert (NICHD, 1999). Ein rauher elterlicher Erziehungsstil bzw. mangelnde elterliche Wärme (Liebe, Zuneigung, Fürsorge, Geborgenheit) sowie mangelnde Kontrolle (z.b. klare Regeln, Grenzsetzungen, Strukturen) stehen mit einer ungünstigen kindlichen Entwicklung in Zusammenhang (Überblick Schneewind, 1999).

Kummulation des elterlichen Stresses bei mangelnden Bewältigungskompetenzen führt zu negativer Kommunikation und Beziehung zwischen Eltern untereinander und zwischen Eltern und Kind (z. B. Bodenmann, 2000): Gestresste Eltern fallen durch verminderte positive Interaktionen mit dem Kind sowie durch ungünstiges Erziehungsverhalten (harte Disziplin oder Inkonsistenz) auf (s. z.B. Bodenmann, 2003; Cummings & Davies, 2002; Grych & Fincham, 1990). Elterliches Interaktionsverhalten wird als Vermittlungsvariable zwischen dem familiären Umfeld (Partnerkonflikte bzw. psychische Probleme der Eltern) und der Verhaltensregulation von Kindern gesehen (Cummings, 1994; Cummings & Davies, 2002; Dodge, Pettit & Bates, 1994). Familienrisiken wirken sich auch direkt auf kindliches Verhalten aus: Konflikte zwischen den Eltern werden von Kindern als eine ängstigende oder bedrohliche, verwirrende Umgebung wahrgenommen (Margolin, 1998). Nach Laucht, Esser und Schmidt (1998a, b) stellt eine chronisch disharmonische Partnerschaft indirekt ein erhöhtes Risiko für psychische Störungen der Kinder dar – z.B. über geringe Verfügbarkeit von Ressourcen (Nahrung, Wohnung, medizinische Versorgung) und über den ungünstigen Lebensstil (beengte Wohnverhältnisse, Qualität der Nachbarschaft).

Soziale Unterstützung. Soziale Unterstützung umfasst die Unterstützung durch vertraute Personen wie den Partner/ die Partnerin, Angehörige, FreundInnen und Bekannte im emotionalen und praktischen Bereich (z.B. Bodenmann, 2000). Der Zufriedenheit mit dieser Unterstützung wird eine besondere Bedeutung zugeschrieben (Belsky, 1984). Die Unterstützung in der Partnerschaft bei der Bewältigung individueller sowie gemeinsamer Stressereignisse (unter anderem auch im Zusammenhang mit der Erziehung und dem kindlichem Verhalten) – als dyadisches Coping – stellt eine Grundvoraussetzung der Partnerschaftszufriedenheit dar (Bodenmann, 2000). Nach Cutrona (1996) wird der Partner/ die Partnerin im Falle von Problemsituationen als erste(r) um Hilfe gefragt. Diejenigen Männer, die ihren Stress häufig der Partnerin kommunizieren und dyadisch bewältigen, haben eine starke soziale Orientierung und greifen auch häufiger auf ihr soziales Netzwerk zurück (Bodenmann, 2000).

Es besteht ein Zusamenhang zwischen sozialer Unterstützung der Eltern und (externalisierenden) Verhaltensauffälligkeiten der Kinder: Eltern von auffälligen Kindern verfügen über geringere Erziehungskompetenzen und eine niedrigere emotionale wie instrumentelle Unterstützung (Mash & Johnston, 1990).

Eine Art der Unterstützung für die Mütter stellt das *Engagement der Väter* in der Kindererziehung dar. Nach Barrows (1999) spielt der Vater in zweierlei Hinsicht eine wichtige Rolle: direkt in der Vater-Kleinkind-Dyade und etwas weniger direkt als Teil des elterlichen Paares. In der Beziehung mit beiden Elternteilen lernen Kinder zwei verschiedene Verhaltensstile kennen. Der finanzielle Beitrag des Vaters beeinflusst durch die ökonomische Struktur der Familie ebenso auf indirekte Weise die kindliche Entwicklung. Positives väterliches Engagement in der Kinderpflege hängt mit ehelicher Zufriedenheit beider Partner zusammen (vgl. Demo & Cox, 2000). Nach Levy-Schiff (1994) war ein unterstützendes väterliches Verhalten in der Kinderpflege ein starker Prädiktor für eheliche Zufriedenheit beider Partner. Es besteht jedoch eine Diskrepanz zwischen der von Vätern vor der Geburt gewünschten und der dann tatsächlich stattfindenden Beteiligung in der Kinderbetreuung (Fthenakis & Minsel, 2002; Werneck, 1998). In der Studie von Kazura (2000) wurde die selbsteingeschätzte Zeit (Zeit allgemein, Zeit für die Pflege bzw. für das Spielen) zwischen Müttern und Vätern verglichen, wobei Väter signifikant geringere Werte bekamen. Nach Pleck (1997) variiert die Beteiligung der Väter – Engagement und Verfügbarkeit – von ca. 2 Stunden am Tag unter der Woche bis 6.5 Stunden am Wochenende; nach Cabrera, Tamis-LeMonda, Bradley, Hofferth und Lamb (2000) umfasst die von Vätern an den Wochenenden verbrachte Zeit mit ihren Kindern ca. 87% der Zeit, die die Mütter mit ihren Kindern an den Wochenenden verbrachten. Während „traditionelle Väter" durch ein hohes Engagement am Wochenende ihre geringere Verfügbarkeit während des Tages unter der Woche zu kompensieren versuchten, waren Väter in Karenz in hohem Ausmaß in die Kinderbetreuung (z.B. Füttern, Pflegen, Spielen oder Trösten) involviert und verbrachten mehr Zeit mit ihren Kindern (vgl. Mosheim et al., 2002).

2.5.3 Die Rolle des Vaters aus der entwicklungspsychologischen Sichtweise

In neueren Modellen der Elternschaft wird der Vater als Co-Elternteil bezeichnet; die Einbeziehung des Vaters in die Verantwortung für Kleinkinder ist im Laufe der Zeit größer geworden (Cabrera et al., 2000; Fitzgerald, Mann & Barrat, 1999). Nach Petzhold (1994) hängt, ob und in welchem Maß sich Väter in der Beziehung mit ihren Kindern engagieren, von verschiedenen Bedingungen ab:

> „Väter sind dann eher bereit, sich an der Betreuung ihrer Kleinkinder zu beteiligen, wenn sie noch relativ jung sind, einer höheren Sozialschicht angehören, in Großstädten wohnen, und wenn es sich um das erste oder zweite Kind handelt" (S. 62).

Kazura (2000) unterscheidet zwei Forschungsrichtungen zur Rolle des Vaters: 1) Vergleich zwischen Interaktionen von Müttern und Vätern. Die Mutter wird als erste Betreuungs- und Bindungsperson und der Vater als Familienversorger und Unterstützer der Partnerin betrachtet; 2) Die Rolle des Vaters als Spielkameraden und die Auseinandersetzung mit folgenden Fragen: die Bedeutung der Vaterrolle als Spielkamerad im Vergleich mit der als Bindungsfigur bzw. wie Spielinteraktionen zur Entstehung von Bindung beitragen (z.b. Belsky, 1984; Lamb, 1989). Enge emotionale Beziehungen zwischen Vater und Kind entstehen in der Form des gemeinsamen Spielens oder gemeinsamer Unternehmungen (Parke & Stearns, 1993).

Engagement des Vaters ist ein mehrdimensionales Konzept (z.b. Cabrera et al., 2000) und beinhaltet zumindest folgende globale Aspekte: a) Die zeitliche Verfügbarkeit des Vaters für Interaktionen mit dem Kind: die Anwesenheit des Vaters beim Kind, ohne Rücksicht auf aktuelle Interaktionen zwischen Vater und Kind (Lamb, Pleck, Charnov & Levine, 1985); b) Die Dauer der tatsächlichen gemeinsamen Aktivitäten mit dem Kind: direkter Kontakt mit dem Kind, Pflege und gemeinsame Interaktionen mit dem Kind; c) Verantwortung des Vaters für Aktivitäten wie Suche nach KinderärztInnen, Übernahme der Pflege des erkrankten Kindes, Entscheidung für eine Betreuungseinrichtung, Beschäftigung mit dem Kind nach der Schule, Kontrolle des kindlichen Verhaltens etc. (Lamb, 2000). Weiterhin wird auch jene Zeit, während der sich der Vater mental mit seinem Kind beschäftigt, berücksichtigt (Palkowitz, 1997) sowie die Qualität der gemeinsam verbrachten Zeit und die Bandbreite verschiedener Aktivitäten oder Beziehungsaspekte (Pleck, 1997). Qualitative Charakteristika wie Wärme, Affekt, Sensitivität und Teilnahme an verschiedenen kindlichen Aktivitäten sind die unbestreitbar wichtigen Aspekte des Vater-Engagements (Lamb, 2000).

Verhaltensunterschiede zwischen Männern und Frauen im Umgang mit ihren Kindern. Obwohl sich Väter immer mehr in Bereichen, die traditionell eher Domäne der Mutter waren, beteiligen, dupliziert der Vater die Rolle der Mutter nicht, sondern ergänzt diese eher (Petzold, 1994). Trotz gleichen biopsychologischen Grundlagen, auf Bedürfnisse von Kleinkindern reagieren zu können, bleiben geschlechtsspezifische Verhaltensunterschiede erhalten (Kazura, 2000). Die Väter unterscheiden sich erheblich von den Müttern in den *Aktivitäten* und im *Interaktionsstil* mit ihren Kindern: Mütter versorgen und pflegen die Kinder, Väter spielen mit ihren Kindern (Fitzgerald et al. 1999; Fthenakis 1988; Keller & Chasiotis, 1991). Väter zeigen durchschnittlich eine viel stärkere Neigung, ihr Kind bei gemeinsamen, eher taktilen (bzw. wilden, heftigen, bewegten, körperbetonten) Aktivitäten physisch stark anzuregen und seine Fähigkeiten wie auch sein Selbstvertrauen stark herauszufordern, während mütterliches Spiel ruhiger, empathischer, geduldiger und ausdauernder ist bzw. Mütter viel mehr zu Verbalisierung tendieren (vgl. z.B. Cabrera et al., 2000; Grossmann et al., 2002; Kazura, 2000; Keller & Chasiotis 1991). Studien zu *intuitiven Kompetenzen* des Vaters zeigen kulturübergreifend große Ähnlichkeiten zwischen mütterlicher und väterlicher Feinfühligkeit (vgl. Papoušek & Papoušek, 1987), während Lamb (2002) jene Studien zitiert, die über vergleichbar geringere Feinfühligkeit des Vaters berichten. Die Menge an Zeit, die Väter mit ihren Kindern verbringen, bleibt deutlich geringer als die der Mütter. Mütter allgemein (kulturunabhängig) spielen noch immer die dominante Rolle in der Erziehung (Fitzgerald et al., 1999; Kazura, 2000; Keller & Chasiotis, 1991). Kazura (2000) gibt drei Gründe für die geringere Beteiligung der Männer in der Beziehung mit ihren Kindern an: 1) Sozialisationsbedingt (in der Gesellschaft allgemein und in jeder Herkunftsfamilie): Sogar jene Partner, die traditionelle Geschlechterrollen vermeiden wollen, kehren in einer Stresssituation (z.B. nach der Geburt des Kindes) in diese geschlechtsspezifischen Rollen zurück. Anderen Meinungen zufolge sind Väter biologisch prädisponiert, die Kinder anders zu behandeln. Diese Prädisposition wird durch soziale Einflüsse verstärkt; 2) Fehlen der klar definierten, sich verändernden Vaterrolle; 3) Die Mutter selbst kann zum Hindernis für die Einbeziehung des Vaters in die Erziehung werden (De Luccie, 1994). Als erste Bezugsperson übernimmt sie die Entscheidung, wie und wann die "Anderen" Zugang zu ihren Kindern haben können. Mögliche Erklärungen dafür können Schuldgefühle, Angst vor Kontrollverlust in der Erziehung sowie Angst vor Veränderung der Machtdynamik in der Familie sein. Andererseits unterstützen Mütter die Vater-Kind-Beziehung, wenn sie ihren Partner und seine aktive Einbeziehung schätzen.

Der Einfluss der Einbeziehung des Vaters auf die Entwicklung des Kindes. Väterliche *emotionale Investition* in die Vater-Kind-Beziehung, Bindung mit dem Kind und dessen Versorgung sind mit dem Wohlbefinden, der kognitiven Entwicklung und der sozialen Kompetenz des Kindes verbunden (Amato & Rivera, 1999; Grossmann et all., 2002; Yogmann, Kindlon & Earls, 1995). Die Väter spielen ebenso eine wichtige Rolle in der Entwicklung der Regulation und Kontrolle von Emotionen (Überblick Cabrera et al., 2000; Gottmann, Katz & Hooven, 1997) bzw. der Verhaltensanpassung des Kindes (Kindler, Grossmann & Zimmermann, 2002). Kinder können zu Vätern auch eine andere Bindungsqualität entwickeln als zu Mutter, wobei Unterstützung bei der Exploration für die Vater-Kind-Bindung von besonderer Bedeutung ist (Bowlby, 1969; Grossmann et al., 2002).

Väter spielen im Vergleich zu den Müttern die größere Rolle für die *Identifikation* der Geschlechterrolle von Kindern. Wenn die Mütter dazu neigen, mit ihren Kindern geschlechtsneutral umzugehen, interagieren Väter unterschiedlich mit Söhnen und mit Töchtern (Fitzgerald et al., 1999; Keller & Chasiotis, 1991).

3 Theoretische Grundlagen - Frühkindliche Entwicklung und Entwicklungsabweichungen im Beziehungskontext

3.1 Frühkindliche Entwicklung im Beziehungskontext

Die zentralen Entwicklungsaspekte der ersten drei Lebensahre sind: die Fähigkeit zur sozialen Gegenseitigkeit, die Internalisierung von sozialen Erwartungen, Regeln bzw. moralischen Standarts, Entstehung von Empathie und prosozialen Verhaltensweisen etc. (Klitzing, 1998). Diese Stärken entwickeln sich nur in der Beziehung des Kindes mit seinen wichtigsten Bezugspersonen. Eine Interaktion sowie eine Beziehung werden von beiden InteraktionspartnerInnen aktiv mitgestaltet und unterliegen einer ständigen Entwicklung. Einerseits bringt die Bezugsperson vor allem ihre intuitiven Kompetenzen sowie sich entwickelnde Fähigkeiten im Umgang mit dem Kind in die Beziehung ein, anderseits hängt die Gestaltung der Interaktion von diversen angeborenen Eigenschaften des Kindes sowie seiner Entwicklung (Entwicklungsinhalten und -tempo) ab (Sarimski & Papoušek, 2000). Die Entwicklung des Kindes in den ersten Lebensjahren ist durch besonders rasche und komplexe qualitative und quantitative Veränderungen sowie durch sensible Phasen gekennzeichnet. Da jeder Entwicklungssprung qualitativ neue soziale, affektive, motorische und kognitive Fähigkeiten des Kleinkindes mit sich bringt (Sameroff, 1995), wird die Interaktion mit der Bezugsperson jedes Mal neu organisiert (Stern, 1995/1998). Somit entstehen auch Veränderungen im Erziehungsverhalten der Eltern (Lerner, 1996).

In den folgenden Abschnitten sollen die Veränderungen in der Entwicklung des Kindes, die den Interaktionsverlauf beeinflussen, dargestellt werden.

3.1.1 Regulierende Funktion der Emotionen bzw. Emotionsregulation

Die sich entwickelnden kognitiven, motorischen, emotionalen, motivationalen, kommunikativen und sozialen Fähigkeiten des Kindes und die intuitiven elterlichen Kompetenzen stellen komplementäre Systeme dar, da der Säugling bei der Bewältigung seiner Anpassungsaufgaben und seiner Verhaltensorganisation auf die Unterstützung der Bezugspersonen angewiesen ist (Sarimski & Papoušek, 2000). Angeborene motivationale Kräfte des Kindes (z.B. Bindungsmotivation, Erregung, Autonomie) dienen der Verhaltensanpassung. Emotionen haben dabei eine kommunikative und verhaltensregulierende Funktion (Campos, Barrett, Lamb, Goldsmith & Sternberg, 1983). Vor der Sprachentwicklung ist der Emotionsausdruck ein wirksames Kommunikationsmittel (Petermann, Kusch & Niebank, 1998). Emotionen dienen der Steuerung sozialer Interaktionen. Ein emotionaler Ausdruck des Kindes löst ein interaktives soziales Verhalten aus. Der Erwachsene kann aufgrund des Ausdrucks des Kindes die eigene Stimulation ändern. Positive Emotionen dienen z.B. der Herstellung, dem Fortsetzen einer Stimulation und sozialer Interaktion. Der Ausdruck von negativen Emotionen beim Kind löst ebenso komplementäres elterliches Verhalten aus: z.B. das Fortsetzen (durch Aufnehmen, Trösten) oder den Abbruch einer Interaktion; explizite Verbote (Schölmerich, 2003). Das affektive Verhalten von Kleinkindern wird auch direkt durch den emotionalen Ausdruck der Bezugsperson beeinflusst. Auf den Gefühlsausduck anderer Personen (menschliche Stimme oder Geschrei von anderen Babys) wird mit kongruenten Gefühlen geantwortet. In vergleichbarer Weise – durch emotionales Anstecken (Bühler & Hetzer, 1928) – reagieren Säuglinge im ersten Lebensjahr auch auf den Ausdruck von Freude, Ärger und Trauer (z.B. Cummings, Zahn-Waxler & Radke-Yarrow, 1981; Papoušek & Papoušek, 1979; Sodian, 1995). Damit kann die Übertragung von affektiven Zuständen in Beziehungen erklärt werden. Z.B. ein gestörtes emotionales Klima in der Familie führt möglicherweise zu emotionaler Fehlanpassung (zu einem vermehrten Ausdruck von Ärger bei Kleinkindern) (Cummings et al., 1981).

Am Anfang übernimmt die Betreuungsperson die Regulationsfunktion in einer sozialen Beziehung, man spricht von einer externen Emotionsregulation. Darunter versteht man Prozesse, die emotionale Reaktionen auslösen, erhalten oder verändern. Durch das Verhalten der Bezugsperson kann der emotionale Zustand des Kindes verändert oder beibehalten werden (doppelte Regulationsfunktion). Diese elterlichen Reaktionen führen zur Entwicklung der interaktionellen Kompetenz des Kindes. Erst mit sich wiederholender Interaktionserfahrung, durch Internalisierung von zunächst externer Regulation, beginnt die Entwicklung der eigenen Regulation (vgl. Schölmerich, 2003).

Die Fähigkeit zur emotionalen Regulation ist ihrerseits von biologischen Voraussetzungen, Reifungs- und kognitiven Prozessen abhängig. Wenn diese Prozesse beeinträchtigt oder noch nicht entwickelt sind, ist die Regulation eingeschränkt, unabhängig von Einflüssen durch Betreuungspersonen (vgl. Thompson, 1990). Regulationsfähigkeiten entwickeln sich sehr individuell und üben einen großen Einfluss beim Aufbau von Interaktion und Beziehung aus. Zur Fehlregulation führen einerseits die psychobiologischen Voraussetzungen des Säuglings wie Reaktivität und Irritabilität, Empfindlichkeit für Frustration (vgl. Schölmerich, 2003), und anderseits eine geringe Sensitivität sowie leichte Erschöpfbarkeit seitens der Mutter (Papoušek & Papoušek, 1987; Stern, 1995). Darüber hinaus wird bei der emotionalen Regulation eine biologisch determinierte Reaktivität des Kindes nicht mehr als relativ stabile Disposition gesehen, sondern in einer Wechselwirkung mit moderierenden Variablen, wie der Emotionsregulation durch die soziale Umgebung (primäre Bezugspersonen) (z.B. Papoušek, 1999). D.h. von der unmittelbaren sozialen Umgebung der Kinder hängt ab, wie sie lernen, ihre Emotionen zu regulieren und Verhalten zu organisieren. Bezugspersonen reagieren vorhersagbar und interpretierbar auf Emotionsäußerungen ihrer Kinder. Sie versuchen negative Affekte der Kinder abzuschwächen und positive zu betonen. Im Laufe der Entwicklung setzen Bezugspersonen bewusst verschiedene Regulationsmechanismen für die Emotionskontrolle – wie selektive Verstärkung, Vorbilder emotionalen Verhaltens, Förderung der Imitation, Gespräch und verbale Instruktionen, Ermutigung – ein (Caplan, 1993).

Durch das Auftreten verschiedener Emotionen kann etwas über die Entwicklung von bestimmten Motiven bzw. Motivsystemen erfahren werden (Bischof-Köhler, 1998). Jede Motivation gewinnt im Laufe der Entwicklung eine andere Bedeutung, relevant bleiben die universellen Grundthemen und Motivationen in der Interaktion – Vertrauen, Bindung, Abhängigkeit, Sicherheit, Selbständigkeit, Kontrolle, Autonomie, Individuation und Selbstregulation – jedoch während des gesamten Lebens (Stern, 1977/2006). Bindung als eigenständige Motivation sichert das Überleben (Bowlby, 1973). Bischof (1993; Bischof-Köhler, 1998) unterscheidet folgende Motivationssysteme, die das Verhalten des Kindes regulieren: Das Sicherheitssystem (Bedarf nach Nähe) reguliert die (physische sowie psychische) Distanz zum Vertrauten und das Erregungssystem das Verhalten gegenüber fremden Reizen, wobei die Interaktion mit anderen Personen am wichtigsten ist. Das Autonomiesystem (Selbstempfinden: z.B. Macht, Freiheit, Geltung, Kompetenz) hängt eng mit den Sicherheits- und Erregungssystemen zusammen. MacDonald (1992) fügt diesen Systemen noch das Belohnungssystem (auf Seite des Kindes) und komplementär dazu das Wärmesystem (auf Seite der Eltern; s. Kap. 2.2.3.3) hinzu. Das Bedürfnis nach Stimulation geht mit dem Bedürfnis nach positiven Emotionen einher, wobei die Bezugspersonen als Quelle positiver Stimulation gesehen werden. Durch positive Emotionen wird das Bedürfnis nach sozialer Belohnung befriedigt und damit die emotionale Beziehung des Kindes zur Bezugsperson gefördert.

3.1.2 Entwicklungsveränderungen

Einige Autoren bezeichnen drei große sensitive Perioden in der frühen Entwicklung: 2. bis 3. Monat, 7. bis 9. Monat und 18. bis 20. Monat (z.B. Zeanah et al., 1997). Stern (1977/2006; 1985) beschreibt die interaktiven Aufgaben in bestimmten Entwicklungsphasen und fasst die wichtigsten Verhaltensveränderungen in einzelnen Entwicklungsbereichen des Kleinkindes sowie die interaktiven Aufgaben innerhalb der ersten zwei Monate, 2 bis 7 Monate, 7 bis 18 Monate und 18 - 36 Monate (Einteilung nach Zeanah et al., 1997) zusammen. Dabei wird die Entwicklung der Motive und der Emotionsregulation besonders beachtet.

Die ersten zwei Monate. Das Interesse an Personen und Objekten ist von Geburt an zu beobachten (Keller & Gauda, 1987). Bereits Neugeborene suchen aktiv Reize, die Betreuungsperson ist die Quelle für positive aber auch für negative Reizung (Stern, 1977/2006). Die präintentionale Kommunikation beginnt bereits unmittelbar nach der Geburt (Papoušek & Papoušek, 2003). Dem Kind ist die Wirkung seines Verhaltens nicht bewusst, obwohl es systematische Effekte auf Seiten der Bezugsperson hervorruft (Petermann et al., 1998). Die individuellen Unterschiede in der physiologischen Ausstattung hinsichtlich der emotionalen Reaktivität, wie Auslösbarkeit, Intensität und Abklingdauer der emotionalen Zustände, sind bereits im Neugeborenenalter zu beobachten (Thompson, 1990). Es fordert die Fähigkeiten der Bezugsperson, die Signale des Säuglings zu verstehen und angemessen zu beantworten. Die wichtigsten interaktiven Aufgaben eines Neugeborenen in den ersten Monaten betreffen die Regulation der Trink-, Schlaf-, Wachheits- und Aktivitätszyklen, um das physiologische Gleichgewicht trotz wechselnder Umweltreize aufrechtzuerhalten; die meisten sozialen Interaktionen begleiten diese Aktivitäten (Stern, 1977/2006). Die Hilfe seitens der Bezugsperson wäre, eine passende Umgebung mit angemessener Reizzufuhr oder -abschirmung zu schaffen (Papoušek, 1999; Zeanah et al., 1997).

Zwei bis sieben Monate. Nachdem der Säugling sein physiologisches Gleichgewicht kontrollieren kann, beginnt er sehr differenzierte affektive und expressive Reaktionsformen zu zeigen. Wesentlich in der Interaktion sind die Aufmerksamkeitssteuerung und ein gemeinsamer affektiver Zustand (vgl. Zeanah et al. 1997). Die sozialen und affektiven Verhaltensweisen, wie Blickkontrolle, responsives Lächeln und Vokalisierung, reifen heran und dienen der Regulation der face-to-face-Interaktion (Stern, 1977/2006).

Mit etwa 2 Monaten beginnt eine Verbindung zwischen Emotionen (z.B. Freude über den Anblick des Gesichts) und Emotionsausdruck (soziales Lächeln) zu entstehen (Zeanah et al., 1997). Die Empfänglichkeit für emotionale Äußerungen ist am besten beim Phänomen der Gefühlsansteckung zu beobachten (z.B. Bischoff-Köhler, 1998). Den gemeinsamen Affektzuständen folgen eine gemeinsame Aufmerksamkeit und gemeinsames wechselseitiges Beobachten in der sozialen Interaktion (Petermann et al., 1998). Zwischen dem 3. und 6. Monat beginnen Säuglinge, Menschen von Dingen, und ab dem 4. Lebensmonat, Fremde von Vertrauten zu unterscheiden, dadurch wird das Lächeln selektiv (Petermann et al., 1998). Soziales Lächeln gibt Auskunft über den Beginn der Bindung an die primäre Betreuungsperson (Bowlby, 1969). Säuglinge versuchen, Erwachsene in einen synchronen und reziproken sozialen Austausch zu involvieren (Zeanah et al., 1997). In diesem Alter können beide Personen beinahe das gleiche Maß an Kontrolle ausüben und die gleiche Entschlossenheit zur Initiation, Aufrechterhaltung, Modulation, Beendigung oder Vermeidung des Blickkontaktes mitbringen. Eine wechselseitige Regulation der sozialen Interaktion hat begonnen (Stern, 1977/2006).

Sieben bis achtzehn Monate. In den ersten fünfeinhalb bis neun Monaten entstehen beim *gemeinsamen Spiel mit Gegenständen* neue Interaktionen zwischen der Mutter (auch anderen Bezugspersonen) und dem Kind. Dieses Spiel wird durch eine angemessene Hand-Augen- und Hand-zu-Hand-Koordination des Kindes und durch sein Interesse an unbelebten Dingen möglich (Stern, 1985). Das intentionale Sozialverhalten (die Aufmerksamkeit an der Blickrichtung anderer auszurichten und die Aufmerksamkeit des Interaktionspartners/ der Interaktionspartnerin auf ein Objekt oder Ereignis zu lenken (Petermann et al., 1998) wird zum wichtigsten Austauschprozess. Mutter, Kind und Objekt bilden eine Triade (Stern, 1977/2006).

Weitere große Veränderungen sind im Beginn gezielter *Bindung* sowie *Loslösung* (Emde, 1980) und in der Entdeckung der Intersubjektivität und der damit verbundenen sozialen Bezugnahme (*social referencing*) zu finden (Trevarthen, 1977). Das Erregungssystem wird erst jetzt voll funktionsfähig, zuvor wäre die Bindung und das Vertrautwerden mit der Bezugsperson gefährdet (Bischoff-Köhler, 1998). Neben der Bindungsmotivation entwickelt sich rasch Autonomie. Die Entwicklung der motorischen Funktionen erlaubt dem Kind, sich aktiv zu wehren und sich durchzusetzen. In Zusammenhang mit der Entwicklung von Autonomie ist auch jene von Kompetenzgefühl zu beobachten. Damit verändert sich das soziale Verhalten des Kindes und verlangt Flexibilität der Betreuungsperson (Bischof-Köhler, 1998).

Zwischen dem 8. und dem 12. Lebensmonat macht *Intersubjektivität* (Stern, 1985; 1995; Trevarthen, 1977) möglich, eigene Gefühle und Wünsche mit anderen zu teilen und subjektive Erfahrungen der anderen zu erkennen. Hinweise auf Intersubjektivität sind die gemeinsame Affektabstimmung, die gemeinsame Ausrichtung der Aufmerksamkeit sowie das Lesen der Intentionen anderer und die Übernahme der intentionalen Haltung (s. z.B. Stern, 1985; 1995). Es hängt auch mit einem anderen Phänomen – dem social referencing – zusammen (Stern, 1985; Trevarthen, 1977). Dies setzt voraus, dass Kinder von der Mimik ihres Interaktionspartners/ ihrer Interaktionspartnerin auf dieser Mimik zugrunde liegende Emotionen schließen können. Der Gesichtsausdruck des Erwachsenen gilt als Bewertung einer bestimmten Situation und wird zum Hinweis für eigenes Verhalten (s. z.B. Petermann et al., 1998). Soziale Bezugnahme hilft Kleinkindern, ihr Nähebedürfnis zu Bezugspersonen zu regulieren (durch Blickaustausch, sich Nähern) und emotionale Verunsicherung zu beseitigen. Emotionale Ausdrücke werden von Kindern instrumentell eingesetzt, der affektive Austausch wird mit den InteraktionspartnerInnen abgestimmt. Säuglinge können in dieser Zeit ziemlich widerstandsfähig gegenüber Frustration sein. Darüber hinaus sind Eltern zunehmend in der Lage, die Affektzustände ihrer Kinder zu beeinflussen und ihr Verhalten zu steuern (Zeanah et al., 1997).

Unabhängigkeit von der räumlichen Nähe zur Bezugsperson schafft einen beginnenden Übergang von einer non-verbalen zu einer intentionalen *verbalen Kommunikation* (vgl. Petermann et al., 1998).

Eine der wichtigsten *kognitiven Leistungen* in der Phase zwischen dem 15. und dem 18. Lebensmonat ist die Entwicklung der *Vorstellungstätigkeit* (Bischoff-Köhler, 1998). Die Fähigkeit, ähnlich erlebte Situationen oder komplexe Ereignisse wiederzuerkennen (Petermann et al., 1998), sowie die bereits im 1. Lebensjahr vorhandene Erinnerung (Bischof-Köhler, 1998) schaffen eine Grundlage für die Entwicklung der Repräsentationen. Das Kind bildet abstrakte Repräsentationen seiner Umwelt sowie der Bezugspersonen, was als eine Voraussetzung für die Entwicklung von Beziehungen gilt (Stern, 1977/2006).

Diese oben beschriebenen Entwicklungsveränderungen werden im Laufe des zweiten und dritten Lebensjahres verfeinert, aber das erste Auftreten der Veränderungen ermöglicht dem Kind bereits qualitativ unterschiedliche soziale Erfahrungen (Stern, 1985).

Eineinhalb bis zwei bzw. drei Jahre. Der letzte Übergang im Kleinkindalter geschieht im Alter von ca. 18 bis 20 – 24 Monaten. Das *Erlernen der Sprache* sowie die *gestiegene Mobilität* und die *körperlichen Fähigkeiten* des Kindes zeichnen die Interaktionen dieser Periode aus (Stern, 1995). Sie steht für den Beginn der Sozialisierung (Zeanah et al., 1997). Mit der sich entwickelnden Mobilität steigt die Notwendigkeit, Grenzen zu setzen (Stern, 1995). Die Sprache bildet eine Triade zwischen dem Säugling, der Mutter und dem Wort (ähnlich wie beim Spiel mit Gegenständen) und macht Interaktion lebendiger (Zeanah et al., 1997). Die Sprache wird im sprachlichen Dialog sowie im sozialen Kontext gebraucht (Petermann et al., 1998).

Die wichtigste Voraussetzung für die weitere interaktionelle Entwicklung ist die Entstehung der *sozialen Kognition*, einer Leistung, die es ermöglicht, die psychische Verfassung anderer zu verstehen (Bischof-Köhler, 1998). Diese hängt mit dem Verständnis des *eigenen Selbst* (Bischof-Köhler, 1994) wie auch mit der *Vorstellungstätigkeit* zusammen. Mit der Vorstellungstätigkeit entwickelt sich Selbstreflexion durch Verdinglichung eigener psychischer Inhalte wie Gedanken und Wünsche (Bischof-Köhler, 1998).

Eine der wichtigsten Konsequenzen des Ich-Bewusstseins ist die Entwicklung der *Empathie* (ca. 18. Monat), der Erfahrung, die Gefühlslage bzw. die Intention einer anderen Person mitzuempfinden und zu verstehen (Bischof-Köhler, 1998). Es ist ein emotionaler Erkenntnismechanismus, ohne in andere hineindenken zu können (dies ist in etwa im Alter von 4 Jahren möglich). Der andere wird zum potenziellen Auslöser einer (synchronen) *sozialen Identifikation*. Trotz der Teilhabe bleibt das Gefühl aber auf den anderen bezogen, es kommt zu keiner emotionalen Fusion. Der Mechanismus der synchronen Identifikation ist nicht nur die Basis für das Verständnis psychischer Zustände bei anderen, er ist auch die Voraussetzung für Nachahmung bzw. Lernen durch Beobachtung. Die weitere Entwicklung der Empathiefähigkeit (prosoziale – Besorgnis, Mitgefühl – sowie sozial-negative – Schadenfreude, Neid, Aggression mit Schädigungsabsicht – motivationale Konsequenzen) hängt von der Sozialisation und insbesondere von der mütterlichen Einfühlsamkeit und ihrem Erziehungsstil ab (Bischof-Köhler, 1998).

Die im 2. Lebensjahr zunehmende Selbständigkeit des Kindes stellt massive Herausforderungen an die Betreuungspersonen. Am Anfang können Kinder ziemlich ausgeglichen sein, aber gesteigerter *Autonomieanspruch* geht mit gesteigerter Abhängigkeit einher (Bischof-Köhler, 1998): Autonomiebestreben führt zu (psychischer) Distanz zur Bezugsperson, was wiederum Trennungsangst verursacht. Mit der Entwicklung der Vorstellungstätigkeit und Selbstobjektivierung tritt erneut die Ängstlichkeit und Fremdenfurcht auf. Das Kleinkind wird sehr verletzlich, seine Erregungstoleranz geht zurück, sein Sicherheits- und Anlehnungsbedürfnis wird sehr stark aktiviert. In diesem Alter wäre Autonomie noch dysfunktional, Kinder sind noch sehr auf Geborgenheit angewiesen. Die Kombination von Autonomieanspruch einerseits und noch oft zu geringe Kompetenzen andererseits führt zu Frustration (Ärger, Aggression, Wut). Mit dem Selbst-Empfinden hängen Erfolgserlebnis, Kompetenz, Entwicklung des Wollens und Geltungsmotivation zusammen. Ein interner Konflikt ist da: die Entwicklung des Wollens, ohne zu wissen, was man will. Mehrere aktivierte Motive (Lust auf mehrere Tätigkeiten) führen zu Handlungsblockaden. Das Kind ist noch nicht in der Lage, sich von seinen Motiven willentlich zu distanzieren. Durch jegliche Intervention durch Erwachsene neigen Kinder zum Trotz. Mit dem Autonomieanspruch hängt auch das *Machtmotiv* zusammen: Kinder versuchen Grenzen zu erweitern, zeigen Ungehorsamkeit. Diese mehr oder weniger ausgeprägten Beunruhigungen im kindlichen Verhalten führen zur „Trotzphase", Interaktionen mit Betreuungspersonen werden konfliktgeladener (Bischof-Köhler, 1998).

Kleinkinder fangen um das 2. Lebensjahr an, die Ursachen von Emotionen zu verstehen (vgl. Izard & Harris, 1995). Zweijährige verfügen über bereits verschiedene Strategien bei der Emotionsregulation wie das Sich-selbst-Streicheln, das Suchen von Nähe zur Bezugsperson. Neue Gesichtsausdrücke zur Regulierung negativer Affekte sind zu beobachten (Lippen beißen, aufeinanderpressen, falsche Emotionen vorspielen). Die höheren kognitiven Schemata fangen an, eine Rolle zu spielen: symbolisch, spielerisch oder verbal damit umgehen, entweder die Aufmerksamkeit vom Reiz wegführen oder vermehrt sich auf den Reiz konzentrieren, gelernte Ursache-Wirkungszusammenhänge, intensiveres Objektspiel, Neuinterpretation, Selbstermutigung, verbale Äußerungen (Grolnick, Bridges & Connel, 1996). Sprache spielt eine besondere Funktion bei der Kontrolle von Verhalten und Emotionen (vgl. Greenberg, Kusche & Speltz, 1991). Die eigenen Gefühle werden stärker bewusst, man kann eigene sowie fremde emotionale Zustände anderen mitteilen (ca. ab dem 18. Lebensmonat). Sprache kann zwischen Absicht und Handlung vermitteln, der „innere Monolog" hilft der Selbstregulation. Emotionen (vergangene und zukünftige) werden nicht nur beschrieben, sondern der emotionale Ausdruck wird darüber hinaus reguliert (Izard & Harris, 1995). Auch Eltern können mit Hilfe der Sprache die emotionalen Äußerungen des Kindes regulieren und sozial akzeptables Verhalten vermitteln. Das Wertesystem der Betreuungsperson spielt die bedeutendste Rolle bei der Entwicklung selbstbewertender Emotionen (Bischof-Köhler, 1998).

Symbolisches Spielverhalten entfaltet sich ca. zwischen dem 18. und dem 22. Lebensmonat, eine Abstraktion der materiellen Welt, die nur in einem sozialen Kontext möglich ist (Petermann et al., 1998). Es entwickelt sich ein echtes interaktives Spiel, gleichzeitig entsteht auch ein erhöhtes Interesse an Gleichaltrigen (Bischof-Köhler, 1998).

Gegen Ende des 2. Lebensjahres tritt eine Beruhigung im Verhalten des Kindes ein, das Kind wird emotional ausgeglichener, zur Bezugsperson wird eine gewisse Distanz gefunden. Ausmaß und Häufigkeit des Ausdrucksverhaltens verringern sich zwar nicht im dritten Jahr, doch das Verhalten selbst wird gedämpfter (Bischof-Köhler, 1998).

Nach dem dritten Lebensjahr. Die bedeutendste qualitative Veränderung nach dem 3. Jahr, die für kompetentes und emotional angemessenes Verhalten der Kinder benötigt wird, ist das Entstehen der *„Theorie of mind"* (Premack & Woodruff, 1978). Dies bezeichnet das Begreifen und Erkennen mentaler Zustände wie Gedanken, Überzeugungen, Wünsche, Motive, Intentionen und Erwartungen. Wichtig ist der Hinweis, dass die „theorie of mind" gerade im 4. Lebensjahr in der sozialen Kognition beim Erkennen falscher Meinungen bei anderen und bei sich selbst, beim Erkennen von Bedürfnissen anderer, bei Täuschung, Perspektivenübernahme, Unterscheidung von Wirklichkeit und Schein sowie Zeitvergegenwärtigung eine Rolle zu spielen beginnt (Bischof-Köhler, 1998). Auch eigene Bewusstseinsvorgänge werden der Reflexion zugänglich, und das bringt auch tiefgreifende Veränderungen in der Verhaltensorganisation mit sich. Mit der Veränderung des Zeitverständnisses (mit 3,5-4 Jahren) können sich Kinder die Zeitachse vorstellen und Handlungen kompetent planen. Die gleichzeitig aktivierten (oder vorgestellten) interferierenden Motive können zeitlich in einer Reihenfolge organisiert und die zukünftigen Bedürfnisse antizipiert werden. Diese Fähigkeit stellt zunehmend eine Hilfe für die Selbstkontrolle von Vierjährigen sowie für ihre Zukunftsplanung dar.

Das Motivationssystem *Sicherheit/ Bindung vs. Trennung* bleibt aktiv, gewinnt aber eine andere Qualität. Dreijährige reagieren auf Trennung weniger verstört: Dieses Verhalten ist meist unabhängig von der Bindungsqualität und hängt mit anderen Faktoren zusammen (Hedervari, 1995), wie mit dem Zeitverständnis und dem Bewusstsein eigener Kompetenzen.

Aufgrund der neu entwickelten kognitiven und motivationalen Kompetenzen von Dreijährigen empfinden Betreuungspersonen üblicherweise die Kommunikation als leichter. Zwischen dem 3. und dem 5. Lebensjahr ist wieder eine Beziehungskrise zu erwarten, mit der Entwicklung der Geschlechtspermanenz fühlt sich das Kind dem gleichgeschlechtlichen Elternteil näher (Bischof-Köhler, 1998).

3.2 Ätiologie der Entwicklungspsychopathologie im Kleinkindalter

Nach der Darstellung der wichtigsten Entwicklungsveränderungen (Entwicklungsinhalte) im Beziehungskontext sollen nun jene Mechanismen erklärt werden, die zum normalen sowie auffälligen Verhalten führen.

3.2.1 Normale psychologische Entwicklung vs. Entwicklungspsychopathologie

Aus entwicklungspsychopathologischer Sicht (ein interdisziplinärer Ansatz, der sich mit der Suche nach der Entstehung, den Ursachen und dem Verlauf eines abweichenden Verhaltens im Kindesalter sowie mit dem Vergleich mit der normalen Entwicklung beschäftigt) werden psychopathologische Symptome unter dynamischen Gesichtspunkten der Entwicklung und Anpassung betrachtet (Resch, 2004). Während *normale Entwicklung* als Reihe miteinander verwobener sozio-emotionaler, kognitiver und repräsentationaler Kompetenzen gesehen wird, kann die *Fehlentwicklung* als ein Mangel an Integration dieser Kompetenzen, die für die Anpassung zu einem bestimmten Entwicklungszeitpunkt notwendig sind, verstanden werden (Cicchetti & Schneider-Rosen, 1986). Jede Abweichung oder Pathologie in der Entwicklung wird als Störung, Verformung oder Fehlentwicklung normaler Funktionen gesehen (Cicchetti & Cohen, 1995).

In der Entwicklungspsychopathologie werden Mechanismen und Prozesse erforscht, wie gewisse Risikofaktoren zu einer psychischen Störung führen oder wie es trotz ungünstiger Einflüsse zur kompetenten Anpassung kommt (Cicchetti, 1999; Rutter, 1988). Ein Erkunden von möglichen Problemen in der frühen Kindheit erlaubt, Vorläufer für spätere Beeinträchtigungen zu erkennen sowie Entscheidungen zu treffen, in welcher Entwicklungsphase diese zu erheben sind (Achenbach, 1990).

3.2.2 Entwicklungsmodelle

Gegenwärtig existiert noch keine einzelne Theorie, die eine normale und abweichende Entwicklung gleichermaßen erklären könnte (Niebank, Petermann & Scheithauer, 2000). Unterschiedliche Erklärungsansätze und Teilmodelle der Entwicklungspsychopathologie befassen sich mit Annahmen über die Wechselwirkungen zwischen Mensch und Umwelt sowie dem Zusammenwirken beider Aspekte im Zeitverlauf (Petermann et al., 1998).

Systemisch orientierte Entwicklungstheorien betrachten die psychologische Entwicklung als einen Prozess qualitativer Neuorganisationen innerhalb eines Systems bzw. zwischen verschiedenen Systemen (Ford & Lerner, 1992). Veränderungen auf einer Ebene der Organisation (z.B. kognitive Entwicklung) sind reziprok mit Veränderungen auf den anderen Ebenen (z.B. Verhalten der Eltern) verknüpft. So beeinflusst einerseits das elterliche Erziehungsverhalten die Entwicklung des Kindes, anderseits prägen Persönlichkeitsfaktoren des Kindes und seine kognitive Entwicklung dessen Identität und beeinflussen darüber hinaus das elterliche Verhalten und das familiäre Klima (Lerner, 1996). Dieser Ansatz betont die aktive Rolle des Individuums in der Entwicklung. Dynamische Person-Umwelt-Interaktionen stellen die Quelle sowohl für positive als auch für negative Veränderungen und Entwicklungen dar (Lerner, 1996). Der Entwicklungsverlauf wird durch nicht-lineare zyklische Modelle beschrieben.

Verschiedene Individuum-Umwelt-Modelle ergeben sich aus der Wechselwirkung eines passiven vs. aktiven Kindes mit einer passiven vs. aktiven Umwelt. Mehrere theoretische Erklärungsmodelle wurden zu Dispositionsmodellen, Umwelt- und Interaktivenmodellen bzw. Transaktionsmodellen zusammengefasst (Überblick s. Petermann et al., 1998). In der vorliegenden Arbeit werden ein interaktives Goodness-of-fit-Modell von Thomas und Chess (1977; Lerner & Kauffman, 1985), ein Transaktionsmodell von Sameroff (1995) sowie Entwicklung als Anpassung von Sroufe (1997) erklärt, die alle in der Forschung der kindlichen Psychopathologie eine breite Anwendung finden.

In ihrem *Goodness-of-fit-Modell* erklären Thomas und Chess (1977), dass Störungen stets dann auftreten, wenn das Kind und seine Umwelt nicht zueinander passen. Wenn also das Kind den Anforderungen der Umwelt nicht genügt oder wenn die Umweltanforderungen nicht auf die Besonderheiten des Kindes zugeschnitten sind. Ein Kind entwickelt sich dann am besten, wenn eine Übereinstimmung zwischen seinem Temperament und seiner Motivation einerseits und den Erwartungen, Anforderungen und Möglichkeiten der Umwelt andererseits besteht. Lerner & Kauffman (1985) haben das Modell erweitert und dem Kind eine aktivere Rolle zugeschrieben. Kinder mit ihrer eigenen körperlichen Erscheinung sowie ihrem Phänotyp stiften eine soziale Umwelt, die wiederum die kindliche Entwicklung wesentlich mitbestimmt. Eine gelungene Passung ist nicht a priori gegeben, es ist ein kontinuierlicher Prozess. Die Eltern müssen sich immer wieder auf das sich entwickelnde Kind einstellen. Das Goodness-of-fit-Modell erklärt im Gegensatz zu anderen Modellen die Psychopathologie am Beispiel der Vulnerabilität. Bestimmte Merkmale des vulnerablen Kindes erhöhen die Wahrscheinlichkeit für eine negative Entwicklung. In einer positiven Umwelt werden die Risikomerkmale nicht wirksam und das Kind erscheint angepasst. Im Laufe der Zeit kann es aber in einer positiven Umwelt zu Veränderungen kommen, sodass risikobehaftete Merkmale wirksam werden. Es ist möglich, dass selbst eine lang andauernde positive Umwelt nicht in der Lage ist, die Risiken zu transformieren.

Im *Zürcher Fit-Konzept* (Largo & Benz-Castellano, 2004) wird das Goodness-of-fit-Modell erweitert: Neben Temperament und Motivation wird das ganze Kind mit seinen wichtigsten Bedürfnissen und Eigenheiten einbezogen. Nach diesem Modell sind die drei wichtigsten Bereiche: Geborgenheit, die das Kind von seinen Bezugspersonen erhält, soziale Akzeptanz, die das Kind unter Gleichaltrigen und Erwachsenen erfährt, sowie die Erwartungen, die das Kind bezüglich Entwicklung und Leistungsfähigkeit hat. Das Konzept impliziert einen kindorientierten Umgang in der Erziehung.

Transaktionsmodelle (Aktives-Kind-Aktive-Umwelt) berücksichtigen auch die zeitliche Komponente der wechselseitigen Beeinflussung von Kind- und Umweltfaktoren. Vom Blickpunkt der Entwicklungsperspektive aus ist Verhalten nicht einfach Interaktion zwischen Genen und Umwelt, sondern eine Wechselwirkung zwischen Genen, Umwelt und Verhaltensentwicklung bis zum gegenwärtigen Zeitpunkt, wobei die vorangegangene Entwicklung auf die spätere wirkt (Petermann et al., 1998). Das Transaktionsmodell von Sameroff (1995) (das nach Zeanah et al. (1997) frühe Entwicklungsprozesse am besten erklären kann) geht von der Annahme aus, dass elterliches Verhalten das Verhalten des Kindes beeinflusst und von diesem beeinflusst wurde und wird; dass alle an einer Interaktion beteiligten Faktoren sich gegenseitig beeinflussen und dadurch transformiert werden. Wenn ein Merkmal eines Kindes und seine Umwelt zu einem bestimmten Zeitpunkt miteinander interagieren und sie dadurch zu einem neuen Merkmal und zu einer „anderen Umwelt" transformiert werden, ist es wahrscheinlich, dass auch das ursprüngliche Merkmal und die ursprüngliche Umwelt bereits Ergebnis einer vorausgegangenen Transformation waren. Die Neuorganisation verhaltensbezogener und biologischer Systeme beruht auf genetischen, konstitutionellen, neurobiologischen, biochemischen, behavioralen, psychischen, umweltbedingten oder sozialen Variablen, die über dynamische Transaktionen miteinander verbunden sind (Sameroff, 1995).

Positive Anpassung vs. Fehlanpassung. Normale und beeinträchtigte Entwicklung lassen sich als Ergebnis unterschiedlicher Formen der Anpassung des Individuums definieren (Sroufe & Rutter, 1984). Sroufe (1989) sowie Cicchetti, Toth und Bush (1988) formulierten spezifische Entwicklungsthematiken für bestimmte Altersstufen. Diese spiegeln sich in typischen dominanten Verhaltenstendenzen wider bzw. stellen alterstypische Anpassungsleistungen einer Altersstufe dar. Die früheren Entwicklungsthematiken werden in neuere Thematiken und aktuelle Entwicklungsanforderungen integriert, wobei die aktuellen Themen das Verhalten zu dominieren beginnen und die alten dennoch nicht an Bedeutung verlieren. Die erfolgreiche Lösung einer Entwicklungsthematik geht mit Kompetenzen einher, fördert die erfolgreiche Lösung der nächsten Thematik und beeinflusst somit die Kontinuität von Anpassung oder auch Fehlanpassung im Entwicklungsverlauf (z.B. Sroufe & Rutter, 1984). Nach entwicklungspsychologischen Kriterien kann man für jede Altersstufe Fehlanpassungen erkennen und beurteilen (vgl. Scheithauer et al., 2000).

3.2.3   Risiko- und Schutzfaktoren. Risiken in der frühen Eltern-Kind-Interaktion

Die Pränatalzeit und die ersten drei Lebensjahre stellen einen besonders vulnerablen Lebensabschnitt dar. Bereits in den ersten Lebenstagen ist eine Kind-Umwelt-Interaktion ein subtiler reziproker Prozess, der von beiden Beteiligten – Kind und Bezugsperson – aktiv gestaltet wird. Ungünstige familiäre und persönliche Merkmale beeinflussen die psychische Entwicklung des Kindes und erhöhen die Wahrscheinlichkeit für eine spätere psychische Störung (Rutter, 1988). Diese Merkmale werden als Risikofaktoren und Vulnerabilität oder als destabilisierende Bedingungen bezeichnet. Dem gegenüber stehen risikomildernde Faktoren (Schutzfaktoren) bzw. Widerstandsfähigkeit (Resilienz) (Scheithauer & Petermann, 1999).

3.2.3.1   Risikofaktoren und Vulnerabilität

Garmezy (1983) definiert Risikofaktoren als mögliche Bedingungen, die bei einer Gruppe von Individuen die Wahrscheinlichkeit des Auftretens einer Störung im Vergleich zu einer unbelasteten Kontrollgruppe erhöhen. Man unterscheidet zwei Gruppen von Risikofaktoren, die sich aus sehr heterogenen Variablen zusammensetzen (Pellegrini, 1990; Rutter, 1988):

– Biologische (genetische Dispositionen, chronische Krankheiten bzw. körperliche Gesundheit, eine niedrige Intelligenz, hohe Ablenkbarkeit oder ein schwieriges Temperament) oder psychologische Merkmale des Individuums (ungünstiger Lebensstil und Copingstrategien, Entwicklungserfahrungen, geringe Bemühungen). Sie werden als Vulnerabilität (internale Bedingungen) bezeichnet. Aufgrund dessen lässt sich erklären, wie stark die Entwicklung eines Kindes ungünstig beeinflusst werden kann: Je höher die Vulnerabilität, desto stärker können die Risikofaktoren wirken und je früher das Kind in der Entwicklung destabilisiert wurde, desto höher wird die Vulnerabilität.

− Jene Bedingungen, die psychosoziale Merkmale der Umwelt betreffen (distale Bedingungen: sozioökonomische Faktoren wie Armut, ungünstige Wohngebiete, Zugehörigkeit zu Randgruppen), Beziehungen und Eigenschaften von Bezugspersonen (besonders Aggression und Gewalt in der Familie oder psychische Auffälligkeiten der Eltern werden meistens *als Stressoren* bezeichnet.

Während manche Risiken nicht veränderbar (fixe Marker) sind (z.B. das Geschlecht des Kindes, die Ausbildung der Eltern), können die variablen Faktoren (z.B. diskrete Lebensereignisse, die kontinuierliche Qualität der Eltern-Kind-Bindung) sich verändern oder wären durch Interventionsmaßnahmen zu verändern (Kraemer, Kazdin, Offord, Kessler, Jensen & Kupfer, 1997; Scheithauer & Petermann, 1999).

Als Risiko für die Entwicklung innerhalb der ersten *drei Lebensjahre* gelten nach Zeanah et al. (1997) insbesondere folgende Faktoren: biologische Faktoren wie prä-, peri- und postnatale Faktoren (Frühgeburt, Geburtskomplikationen, Erkrankungen des Säuglings, niedriges Geburtsgewicht etc.); Risiken innerhalb der Eltern-Kind-Interaktion (unsichere oder desorganisierte Bindung, negatives Erziehungsverhalten der Mutter, psychische Störungen der Eltern); familiäre und soziale Faktoren (Elternkonflikte, Uneinigkeiten, inkonsequentes oder vorwiegend strafendes Erziehungsverhalten, Gewalt und Misshandlung in der Familie, sehr junges Elternalter, niedriger sozioökonomischer Status).

Rutter (1990) erklärt Wirkungsmechanismen von Risikofaktoren: Eine Risikobelastung bedingt Entwicklung nicht per se, es hängt von einer Interaktion und einem Zusammenwirken von Risikofaktoren (Umwelt) und Personenmerkmalen (Vulnerabilität) ab.

− Kumulation oder additive Wirkung von Risiken: Ein erhöhtes Risiko besteht durch das gleichzeitige Auftreten mehrerer Faktoren (DeGangi, Breinbauer, Roosevelt, Porges & Greespan, 2000; Laucht et al., 1998a). Die Anzahl risikoerhöhender Faktoren ist viel eher entscheidend als die Art und Spezifität eines Risikofaktors. Die Auswirkung verschiedener Risiken wird in multiplen Risikoindizes (z.B. Rutter & Quinton, 1977) zusammengefasst.
− Zeitliches Zusammenwirken von Risikofaktoren und frühen Entwicklungsrisiken: Frühe ungünstige Umwelteinflüsse verstärken additiv oder durch Chronifizierung die Wirkung der späteren Einflüsse (Laucht, Esser, Schmidt, Ihle, Marcus, Stöhr & Weindrich, 1996).

- Abfolge im Auftreten risikoerhöhender Bedingungen und deren Wechselwirkung: Prä- und perinatale Komplikationen führen zu neuropsychologi-
  schen Schädigungen, die sich in einem schwierigen Temperament, Beeinträchtigungen kognitiver Fertigkeiten und Entwicklungsverzögerungen äußern. Eine ungünstige Eltern-Kind-Interaktion kann oppositionelles Verhalten provozieren, was sich wiederum auf das spätere Verhalten der Eltern und
  des Kindes (z.B. Aggression) auswirkt (vgl. z.B. Scheithauer & Petermann,
  1999).
- Kontext verschiedener Altersabschnitte: Mit steigendem Alter des Kindes
  werden z.b. familiäre Einflüsse geringer, der außerfamiliäre Kontext gewinnt an Bedeutung.
- Phasen erhöhter Vulnerabilität im Entwicklungsverlauf: Entwicklungsschü-
  be in den ersten Lebensjahren und Übergänge (Transitionen) wie körperliche
  Reife, Einschulung oder Pubertät gehen mit erhöhtem Risiko einher (Scheithauer & Petermann, 1999).

Es sind keine spezifischen Risikofaktoren für bestimmte psychische Störungen
nachzuweisen. So stellt eine Depression der Mutter nicht nur ein Risiko zur Entwicklung einer depressiven Störung beim Kind dar, sondern führt unspezifisch
zu unsicherer Bindung, zu Interaktionsproblemen oder zur Beeinträchtigung der
kognitiven Entwicklung (Zeanah et al., 1997). Ab dem Alter von 2 Jahren erklären psychosoziale Risikofaktoren die Entstehung und den Verlauf von psychischen Problemen des Kindes am ehesten, wobei die wichtigste Rolle der Qualität
der Mutter-Kind-Beziehung zufällt (Laucht et al., 1996).

3.2.3.2 Schutzfaktoren und Resilienz

Da nicht alle Personen mit erhöhtem Risiko psychische Störungen ausbilden,
muss es bestimmte Faktoren geben, die die Wirkung risikoerhöhender Faktoren
abpuffern. Diese werden als *Resilienz* (Widerstandsfähigkeit) und *Schutzfaktoren*
bezeichnet (Garmezy, 1983; Rutter, 1990). Resilienz beschreibt die Fähigkeit
einer Person, relativ unbeschadet mit den Folgen belastender Lebensumstände
umzugehen und Bewältigungskompetenzen zu entwickeln sowie dabei interne
und externe Ressourcen erfolgreich zu nutzen (Laucht, Esser & Schmidt, 1997;
Scheithauer & Petermann, 1999). Man betrachtet zwei Arten protektiver gesund-
heitsfördernder Einflüsse:

91

- *Resilienzfaktoren* oder *personale Ressourcen* auf Seiten des Kindes, die aus biologischen (positive Temperamenteigenschaften, überdurchschnittliche Intelligenz, weibliches Geschlecht, erstgeborenes Kind) und psychologischen Bedingungen (positives Selbstkonzept und Selbstwirksamkeitsüberzeugung, positives Sozialverhalten, aktives Bewältigungsverhalten) zusammengesetzt sind (Rutter, 1990).

- *Schutzfaktoren* auf Seiten der Betreuungsumwelt des Kindes oder *soziale Ressourcen*, die innerhalb der Familie wirken: stabile emotionale Beziehung zu einer Bezugsperson oder das Vorhandensein einer Vertrauensperson (Großeltern, Geschwister, Lehrer etc.); offenes, unterstützendes Erziehungsklima; familiärer Zusammenhalt; Modelle positiven Bewältigungsverhaltens; außerhalb der Familie ein gutes externes Unterstützungssystem, positive Freundschaftsbeziehungen, positive Schulerfahrungen (Werner & Smith, 1982).

Resilienz ist kein stabiles Persönlichkeitsmerkmal, es variiert über die Zeit und verschiedene Situationen hinweg (Rutter, 1990).

3.2.3.3 Verhältnis von Risiko- und Schutzfaktoren

Zeanah et al. (1997) sehen im Verhältnis von Risiko- und Schutzfaktoren diese als eine Kontinuumsvariable, je nachdem, welcher Pol des Kontinuums betrachtet wird. So kann z.b. eine Qualität der Bindung als Schutzfaktor, die andere aber als Risikofaktor wirken. Nach Rutter (1990) dürfen Schutzeffekte nicht als Nichtvorhandensein oder geringere Ausprägung von Risikofaktoren oder als Gegenteil der Risikofaktoren betrachtet werden. Risikomildernde Faktoren müssen dabei zeitlich vor den risikoerhöhenden Faktoren erscheinen, um deren Wirkung moderieren zu können (Laucht et al., 1997; Rutter, 1990). Aus systemischer Sicht werden Risiko- und/oder Schutzfaktoren im Laufe der Zeit zu Bestandteilen von Vulnerabilität oder Resilienz (Oerter, Hagen, Röper & Noam, 1999).

In den folgenden Kapiteln werden die Störungen der Eltern-Kind-Interaktion als Entwicklungsrisiken bzw. Merkmale des Kindes und der Bezugsperson und deren Wirkungsmechanismen in der Eltern-Kind-Interaktion genauer erklärt.

3.2.3.4 Wirkungsweise der Risiken in der frühen Eltern-Kind-Interaktion und Eltern-Kind-Beziehung

Nach Resch (2004) entstehen psychische Störungen in der frühen Kindheit über drei, nicht immer voneinander abhängigen, Mechanismen: 1) Angeborene Störungen (z.B. Autismus), die zu massiven Beeinträchtigungen der Mutter-Kind-Interaktion führen; 2) Traumata im frühen Kindesalter; 3) Störungen der MKI in ihrer Feinabstimmung durch kindliche, elterliche und situative Faktoren. Der letztgenannte Mechanismus wird als häufigster gesehen, wobei zu diesem Mechanismus beitragende Faktoren alltägliche Krisen, eine Summation kleiner Missverständnisse, immer wieder überschießende Reaktionen bei Kindern oder Bezugspersonen, stetig wirksame Verkennung kindlicher Gefühle, Unachtsamkeit und Aufeinander-nicht-richtig-reagieren-Können sein können (Resch, 2004).

Insbesondere in den *ersten drei Lebensjahren* (inklusive der Pränatalzeit) stellt eine besondere Abhängigkeit von den primären Betreuungspersonen sowohl einen Unterstützungs- als auch einen Risikofaktor für die kindliche Entwicklung dar (Scheithauer et al., 2000). Es sollen aber die Störungen der Kind-Umwelt-Interaktion (z.B. bei psychischen Störungen der Eltern oder Entwicklungsstörungen des Kindes) nicht als unbeeinflussbarer Kreislauf verstanden werden, da die protektiven Faktoren (z.B. gute kognitive Fähigkeiten und Intelligenz, günstiges Temperament, befriedigende Kommunikation, Unterstützung der Mutter durch eine weitere kompetente Bezugsperson) die Manifestation einer Erkrankung mildern oder verhindern können (vgl. Scheithauer et al. 2000).

Merkmale des Kindes

Die konstitutionellen Faktoren des Kindes zeigen ihre Wirkung in der Eltern-Kind-Interaktion und beeinflussen die Beziehung und darüber hinaus das elterliche Verhalten. Eine Beziehung sowie das Erziehungsverhalten der Eltern werden durch *Entwicklungsauffälligkeiten* und *Verhaltensprobleme* des Säuglings oder Kleinkindes belastet. Die meist untersuchten Risiken auf der Seite des Kindes, die die Eltern-Kind-Interaktion bzw. -Beziehung beeinträchtigen, sind „schwieriges" Temperament, unsichere Bindungsqualität, Selbstregulationsprobleme bzw. Regulationsstörungen, massive Entwicklungsretardierungen, tiefgreifende Entwicklungsstörungen, epileptische Anfälle etc. Schwieriges Temperament und unsichere Bindungsqualität werden im Folgenden dargestellt.

Schwieriges Temperament als Entwicklungsrisiko. Von kindlichen Merkmalen, die die Eltern-Kind-Interaktion und -Beziehung negativ beeinflussen, wird am häufigsten das schwierige Temperament beschrieben. Das „schwierige" Temperament umfasst Extremausprägungen in folgenden Bereichen: Irregularität physiologischer Funktionen, Vermeidung unbekannter Situationen, überwiegend negative Stimmungslage, hohe Reaktionsintensität und geringe Selbstregulation sowie langsames Anpassungsvermögen an Veränderungen (Papoušek, 2009a; Zentner, 2000).

Die Merkmale des Temperamentes (konstitutionelle Unterschiede in Aktivität, Reaktivität und Selbstregulation, die schon sehr früh in der Entwicklung zu beobachten, zeitlich relativ stabil sind und einen engen Bezug zu physiologischen Mechanismen haben; Buss & Plomin, 1984; Rothbart & Bates, 1998; Zentner, 2000) sind genetisch bedingt oder werden unter dem Einfluss prä- oder perinataler Risikofaktoren erworben (Wurmser, 2007). Temperamentsdimensionen werden generell auf Unterschiede in der Balance zwischen aktivierenden und hemmenden Systemen (Rothbart, Derryberry & Posner, 1994) sowie auf Missverhältnisse zwischen Erregbarkeit der behavioralen und physiologischen Systeme auf der einen Seite und Regulationsprozessen zur Erregungsmodulation auf der anderen (Papoušek, 2004) zurückgeführt. Dies wird z.B. im Modell der basalen adaptiven Verhaltensregulation des Säuglings von Hanus Papoušek (Papoušek & Papoušek, 1979) oder im Modell des Verhaltensinhibitionssystems und des Verhaltensaktivationssystems von Gray (1982) erklärt (vgl. Papoušek, 2004).

Zu Beginn der systematischen *Temperamentforschung* im Säuglings- und Kleinkindalter entwickelten Thomas und Chess (1977) inhaltsanalytisch neun Temperamentsdimensionen (z.B. Schüchternheit/ Gehemmtheit, negative Emotionalität, Anpassungsfähigkeit etc.), die später drei Temperamentstypen zugeordnet wurden: einfaches Kind, schwieriges Kind (10% von Kinder) und langsam auftauendes Kind. Auch nach neuerer Einteilung geht man weiterhin tendenziell von drei Typen aus, die jedoch andere Bezeichnungen als bei Thomas und Chess (1977) tragen: *impulsiv-unbeherrschte* (hochaktiv, impulsiv, zeigen eine geringe Frustrationstoleranz und neigen zu starkem Widerstand gegenüber dem Kontrollversuch anderer), *gehemmt-überkontrollierte* (sozial gehemmt und ängstlich) und *ich-starke* Kinder (gekennzeichnet durch Extraversion, Verträglichkeit und Belastbarkeit) (Zentner, 2000). Erst ab dem Alter von 2 bis 3 Jahren weisen die meisten Temperamentsmerkmale die höchste Stabilität auf (Asendorpf, 1994; Caspi & Silva, 1995; Pedlow, Sanson, Prior & Oberklaid, 1993).

Bindungserfahrung als Risiko- oder Schutzfaktor. Bindungserfahrung als Risiko-oder Schutzfaktor (als eine generelle Kompetenzentwicklung im Lebenslauf) wirkt in zweierlei Weise: durch internale Arbeitsmodelle und durch Bindungsqualität.

Ein *internales Arbeitsmodell* seiner selbst als liebenswert, akzeptiert und effektiv beim Auslösen von angemessenen Reaktionen bei den Betreuungspersonen (Main, 1995) führt zu einem positiven Selbstbild und steuert die Bewältigungsfähigkeit im Umgang mit belastenden Situationen, darüber hinaus schafft es eine Basis für die Entwicklung einer „resilienten Persönlichkeit".

Die *Bindungsqualität,* die sich zwischen dem 6. Lebensmonat und dem 3. Lebensjahr stabilisiert, schafft die Basis einer emotionalen Organisation. Eine sichere Bindung wird als protektiver Faktor oder Resilienz für die weitere kindliche Entwicklung gesehen, während eine unsichere Bindungsorganisation hingegen als Vulnerabilität (Bowlby, 1988) für spätere psychischen Auffälligkeiten betrachtet wird, die wiederum unter Mitwirken anderer psychosozialer Belastungsfaktoren manifest werden (Lyons-Ruth, 1998). Die Kombination von unsicher-vermeidender Bindungsqualität und zusätzlicher Desorganisation wird als Vulnerabilität für aggressives Verhalten gesehen. Klinisch relevant sind die bei misshandelten Kindern gehäuft anzutreffenden desorganisierten Bindungsmuster (Lyons-Ruth, Melnick & Bronfman, 2002). Unter Bindungsstörungen wird verstanden, dass die Bindungs-Explorations-Balance stärker gestört ist und entweder keine Bindung aufgebaut wird oder keine feste Bindungsperson ausgewählt wurde (Zimmermann, 2001).

Merkmale der Bezugsperson

Ein weiteres Risiko für die Eltern-Kind-Interaktion und darüber hinaus für die kindliche Entwicklung stellt die psychische Belastung sowie bestimmte Persönlichkeitsmerkmale oder Verhaltensweisen eines Elternteils oder beider Elternteile dar. In den klinischen Studien konzentrieren sich die empirischen Belege auf den Zusammenhang zwischen elterlichem Erziehungsverhalten und Störungen der psychischen Gesundheit der Eltern, während in der nicht-klinischen bzw. nicht-therapeutischen Forschung auf die einzelnen Persönlichkeitsmerkmale in Zusammenhang mit dem Erziehungsverhalten eingegangen wird (z.B. Belsky & Barends, 2002). Eine disharmonische Persönlichkeitsstruktur (z.B. im Falle einer Depression oder neurotischer Eigenschaften) manifestiert sich in jeder sozialen Interaktion inklusive der Eltern-Kind-Beziehung und beeinflusst direkt sowie indirekt elterliches Erziehungsverhalten. Die stabilen persönlichen Eigenschaften sowie auch die eheliche Qualität sind bereits vor der Geburt des ersten Kindes als individuelle Ressourcen für die Gestaltung der familiären Umgebung wichtig (Belsky & Barends, 2002; Heinicke, 1984).

3.2.3.5 Mechanismen des Zusammenhangs zwischen Persönlichkeit und Verhalten der Eltern sowie Wechselwirkung mit Eigenschaften und Entwicklung der Kinder

Die folgenden Abschnitte dienen der Erklärung der Wirkungsweise und des Zusammenhangs zwischen Persönlichkeit bzw. Verhalten der Eltern und Eigenschaften bzw. Entwicklung der Kinder in der Eltern-Kind-Interaktion sowie der Erklärung der Interaktionsstörungen als Entwicklungsrisiko.

Zusammenhang zwischen Persönlichkeit und elterlichem Verhalten

Als Mediatoren für die Verbindung zwischen Persönlichkeit und Elternschaft sowie kindlicher Entwicklung werden unter anderen folgende Faktoren gesehen: Beeinträchtigung der intuitiven interaktiven Kompetenzen der Eltern, Zuschreibungsstil sowie Stimmungs- und Emotionsübertragung, darunter pathologische oder dysfunktionale Affektspiegelung, vermehrter Ausdruck der negativen Emotionen und geringe Regulation, negative Verhaltensstrategien und wechselseitige negative Verstärkung (der negativen Emotionen bzw. des aversiven Verhaltens) in der Interaktion.

Nach Papoušek (2004) können die *elterlichen intuitiven interaktiven Kompetenzen* bereits in der Beziehung mit dem Säugling durch bedeutsame psychische sowie biographische Faktoren beeinträchtigt werden. Zu psychodynamischen Faktoren, die die Wahrnehmung, Aufmerksamkeit und emotionale Verfügbarkeit in Bezug auf das reale Kind verhindern, zählen: Stress und Überforderung, Absorption durch intensive Affekte oder Konflikte, tiefgreifende Ängste um das Überleben und Gedeihen des Kleinkindes, unbewältigte Auseinandersetzungen (z.B. mit der Behinderung des Kindes, mit dem Verlust einer nahen Person, mit der Traumatisierung in der eigenen Kindheit), ungelöste Abhängigkeits-Autonomie-Konflikte, Depression, psychotische Störungen. Fehlende Fähigkeiten der Betreuungsperson zum Wahrnehmen und Erkennen, Entschlüsseln und Interpretieren von Bedürfnissen des Kindes sowie Reagieren darauf führen zu Interaktionsschwierigkeiten (Papoušek, 2004).

Ein *dysfunktionaler Zuschreibungsstil* der Eltern vergrößert die Wahrscheinlichkeit eines schwierigen Verhaltens des Kindes: Interpretieren Eltern z.B. kindliches Jammern als Ausdruck von Müdigkeit, agieren sie viel feinfühliger, als wenn sie glauben, das Kind versuche sie zu manipulieren (Belsky & Barends, 2002). Es wird angenommen, dass z.b. neurotische Eltern eher dazu neigen, ihren Kindern negative Intentionen zuzuschreiben. Diese Bedeutungszuschreibung sowie die Überschätzung des Grades der Absichtlichkeit tragen zu einem großen Anteil zur Ausformung des kindlichen Selbstkonzeptes bei (Dornes, 1998).

Nach Belsky (2002) sind die Zuschreibungen selbst mit Emotionen verbunden, und *Emotionen* in der Mediation von Persönlichkeit auf Elternschaft spielen eine große Rolle: Neurotizismus wird als negative Affektivität, Extraversion als positiver Affekt bezeichnet. So kann die mütterliche Neigung zu Ärger (Zorn, Wut) führen, ihre Reizbarkeit und Nervosität (als Neurotizismuswert) die harte Bestrafung ihrer Kinder begünstigen (Engfer & Schneewind, 1982; ähnliche Ergebnisse sind zu finden bei Belsky et al., 1995).

Fonagy, Gergely, Jurist und Target (2002) erklären den Mechanismus *dysfunktionaler Affektspiegelung* durch die elterliche Persönlichkeit in der Interaktion in zweierlei Weise: 1) Wenn sich etwa kindliche emotionale Äußerungen auf die Bezugsperson übertragen (z.b. die kindliche Angst macht der Mutter Angst oder Zorn des Kindes macht die Mutter wütend). Der emotionale Dialog wird unterbrochen, die überforderte Person steht nicht mehr als Sicherheit vermittelnde Bindungsperson zur Verfügung; 2) Wenn der kindliche Gefühlszustand fehlwahrgenommen und eine andere Emotion gespiegelt wird. Dadurch erfährt das Kind eine unangemessene Rückmeldung über sich, es entsteht eine Inkongruenz zwischen dem inneren Erleben und der reflexiven Interpretation durch die Betreuungsperson (vgl. Resch, 2004).

Nach dem Konzept von Dix (1991) beeinflussen Emotionen (insbesondere der Ausdruck von Ärger) der Eltern indirekt zuerst ihr eigenes Verhalten und darüber hinaus die kindliche Entwicklung in dreierlei Weise: 1) Ärger kann die Motivation der Eltern beeinflussen: Z.B. intensives oder chronisches Ärgergefühl in der Beziehung mit dem Kind kann dazu beitragen, dass ein Elternteil intrusiv wird oder sich aus dieser Beziehung zurückzieht; dass dieser Elternteil unfähig wird, sein eigenes Verhalten oder das Verhalten des Kindes zu kontrollieren; 2) Ärger kann die Wahrnehmung und Kognition der Eltern beeinflussen und die Tendenz erhöhen, das Kind bzw. dessen Verhalten negativ zu sehen. Darüber hinaus können Erziehungskonflikte nicht mehr rational diskutiert bzw. positive Problemlösestrategien entwickelt werden, eine positive Kontrolle des kindlichen Verhaltens fehlt, Restriktivität nimmt zu; 3) Ärger der Eltern kann in der Kommunikation durch Kindern nachgemacht werden, während Kinder Schwierigkeiten haben, diesen (im affektiven Umfeld überwiegenden) Ärger zu bewältigen (Denham, Workman, Cole, Weissbrod, Kendziora & Zahn-Wachsler, 2000).

Neben negativen Emotionen im Erziehungsverhalten wird *aversives Verhalten* als Prädiktor für Verhaltensstörungen von Kindern gesehen (Denham et al., 2000). Nach Pattersons Konzept „coercive cycle" (Patterson, 1982) versuchen beide – Elternteil und Kind – in einem Zwangskreislauf gegenseitig mit Hilfe von eigenem Ärger den Ärger des Interaktionspartners/ der Interaktionspartnerin zu unterbinden. Kind und Eltern lernen – durch einen Prozess wechselseitiger negativer Verstärkung in der Interaktion – sich gegenseitig unter Druck zu setzen und das Verhalten des anderen zu erzwingen. Das Kind verhält sich seinen Eltern gegenüber solange aversiv (z.b. durch Trotzen), bis die Eltern ihre Anforderungen an das Kind aufgeben. Umgekehrt neigen die Eltern dazu, solange zu drohen oder zu strafen, bis das Kind nachgibt (vgl. Trautmann-Villalba et al., 2001).

Bei negativer Stimmung handelt es sich nicht nur um die direkt dem Kind entgegengerichteten negativen Emotionen: Gegenseitige Feindseligkeit der Eltern in der Partnerschaft sensibilisiert das Kind und beeinflusst seine emotionale Sicherheit in negativer Weise (z.B. Cummings & Davies, 2002). Individuelle Unterschiede im Erziehungsverhalten der Eltern werden auch dadurch erklärt, dass ein Elternteil auch als Partner in andere Beziehungen involviert ist und durch diese beeinflusst wird (Belsky, 1993). Positive wie auch negative Emotionen, die in einer Beziehung entstehen, werden auf andere Beziehungen übertragen. Damit kann erklärt werden, dass diese Emotionalität elterliches Verhalten (und die Eltern-Kind-Beziehung) beeinflusst (Goldberg, Clarke-Stewart, Rice & Dellis, 2002). Die Fähigkeit, Emotionen zu regulieren, und das allgemeine harmonische oder disharmonische Klima in der Elternbeziehung werden den Kindern weitergegeben (Belsky et al., 1995).

Die Art des Zusammenhangs zwischen kindlichen Merkmalen und psychischer Entwicklung. Interaktionseffekte mit dem elterlichen Erziehungsstil

Kinder mit unterschiedlichen Ausgangsmerkmalen (Geschlecht, Temperament, Entwicklungsparameter) sind nicht in der gleichen Weise von frühkindlichen Entwicklungsumständen betroffen, unabhängig davon, ob es sich hier nun um die mütterliche Feinfühligkeit oder um andere Variablen des frühkindlichen Umfeldes handelt (vgl. Belsky, 1997). Nur ein Teil der Kinder mit schwierigem Temperament entwickelt chronische Verhaltensstörungen. Dabei ist es wichtig, die Rolle der Sozialisation zu berücksichtigen.

Nach Zentner (2000) besteht ein Zusammenhang von Temperament und psychischer Entwicklung in zweierlei Weise: *direkte Beziehungen* zwischen Temperament und anderen Persönlichkeitsmerkmalen, die psychische Störung begünstigen können, sowie Interaktionseffekte mit der Umwelt. Zur direkten Beziehung können folgende Beispiele gebracht werden: Hohe Reaktivität wird mit Angstsymptomatik assoziiert (Kagan, Snidman, Zentner & Peterson, 1999); „schwieriges Temperament" wird mit überwiegend externalisierenden Auffälligkeiten verbunden (Caspi, 2000; Oberklaid, Sanson, Pedlow & Prior, 1993); starke Gehemmtheit – mit späteren internalisierenden Störungen (Kagan et al., 1999).

In der *Wechselwirkung mit der Umwelt* ist nicht ein schwieriges Temperament alleine für die weitere Entwicklung verantwortlich, sondern auch die Passung („goodness-of-fit") zwischen Temperament und Umwelt ist entscheidend (Thomas & Chess, 1977). Es wird davon ausgegangen, dass die Reaktion der Eltern auf die Temperamenteigenschaften des Kindes (zu einem bestimmten Ausmaß) vom vorherrschenden Überzeugungssystem der Eltern abhängt: d.h., welche Bedeutung das kindliche Verhalten für die Eltern hat. Wenn das tatsächliche Verhalten nicht dem erwarteten entspricht, könnte es mehr Probleme in der Eltern-Kind-Interaktion und in der Erziehung geben. Wichtig ist die Passung zwischen der Persönlichkeit der Eltern und der des Kindes.

Es wird zwischen drei Arten der *Wechselwirkung zwischen Temperament und der Umwelt* (Interaktionseffekte) unterschieden, die zu bestimmten psychischen Auffälligkeiten führen können (vgl. Zentner, 2000): 1) Reaktive Wechselwirkungen (Individuen mit unterschiedlichem Temperament erleben die Umwelt ganz anders (z.B. gefährlicher) und reagieren unterschiedlich darauf); 2) Evokative Wechselwirkungen (die individuellen Temperamenteigenschaften eines Kindes (z.B. Schreibabys) lösen bestimmte Reaktionen (wie feindlich-intrusiv oder zurückgezogen) der Betreuungspersonen aus; sowie 3) Proaktive Wechselwirkungen (die Kinder suchen aktiv bestimmte Umwelten aus, die mit ihrem Temperament übereinstimmen, z.B. sehr lebendige Kinder suchen Tätigkeiten, bei denen sie die Verletzungsgefahr systematisch unterschätzen).

Interaktionseffekte mit dem elterlichen Erziehungsstil werden so erklärt, dass die Umwelteinflüsse in Beziehung zur Entwicklung psychischer Probleme stehen, jedoch nur für Kinder mit bestimmten Temperamentsdispositionen; oder umgekehrt: Das Temperament kann einen Einfluss auf die Entwicklung bestimmter psychischer Störungen nur unter bestimmten Umweltbedingungen ausüben (Plomin & Daniels, 1984; Zentner, 2000). Das negativ veränderte Erziehungsverhalten verstärkt im Laufe der Zeit die Verhaltensprobleme des Kindes, so dass sich ein Teufelskreis von problematischem Verhalten auf Seiten des Kindes und negativen Reaktionen seitens der Eltern entwickelt (Thomas, Chess & Birch, 1968). Anhand des Transaktionszirkels (Sameroff, 1995) werden (obwohl keine Ursachen-Wirkungsmechanismen möglich sind) elterliche Unzufriedenheit, Verunsicherung oder auch Hilflosigkeit als Reaktion auf ein zunehmend „problematisches" Kind erklärt. Bestehende Verhaltensprobleme des Kindes, wie erhöhte Irritierbarkeit und Konzentrationsschwäche, verstärken und provozieren wiederum unangemessenes elterliches Verhalten.

In einer Wechselwirkung zwischen Temperaments- und Erziehungsstilfaktoren wird ein Temperamentssyndrom „resistance to control" – Impulsivität und Widerstand gegenüber Einfluss von Eltern – beschrieben (Bates, Pettit, Dodge & Ridge, 1998). Der gleiche Erziehungsstil (Ausmaß der restriktiven Kontrolle wie rasches Eingreifen, relativ häufiges Zurechtweisen des Kindes oder Bestrafen) in Kombination mit unterschiedlichem Temperament führt geradezu zu entgegengesetzten Auswirkungen (Bates et al., 1998). Werden die Schwierigkeiten des Kindes durch reaktiv-feinfühliges Verhalten der Eltern sowie ihre Zuneigung, emotionale Wärme sowie klare und erklärbare Regeln kompensiert, begünstigt dies die sich zunehmend entwickelnde soziale Kompetenz, das Selbstbewusstsein und die Leistungsfähigkeit des Kindes (vgl. Erziehungsstil- und Familienforschung, Schneewind, 1999). Die kindlichen Parameter – vor allem Irritierbarkeit und andere Dimensionen des kindlichen Temperaments – beeinflüssen ebenso die Entwicklung des Bindungsverhaltens (Boom & Hoeksma, 1994; Seifer et al., 1996).

Die oben beschriebenen Mechanismen erklären den Zusammenhang zwischen den Persönlichkeitsmerkmalen der Eltern und elterlichem Erziehungs- und Interaktionsverhalten. In den nächsten Abschnitten soll gezeigt werden, wie die durch elterliche psychische Belastung verursachten dysfunktionalen Interaktionsmuster zur Beeinträchtigung der kindlichen Entwicklung beitragen.

Wirkmechanismen des Zusammenhangs zwischen psychischen Störungen der Eltern und kindlicher Psychopathologie

Im Zusammenhang mit psychischen Störungen der Mutter und der kindlichen Psychopathologie wird zwischen direkter und indirekter Auswirkung unterschieden (Herpertz-Dahlmann & Remschmidt, 2000; Remschmidt & Mattejat, 1994; Wüthrich, Mattejat & Remschmidt, 1997). Als *direkte* Auswirkungen können Vernachlässigung, Misshandlungen bis hin zur Kindstötung auftreten (z.B. im Falle einer Psychose). Bei depressiven Erkrankungen der Mutter beeinträchtigt die Störung des Affektes ihr Einfühlungsvermögen. Als *indirekte* Auswirkungen gelten: z.B. Eheprobleme und Disharmonie; zusätzliches Störungsrisiko beim Lebenspartner etc.

Es wird angenommen, dass der Transmission der väterlichen Psychopathologie auf die kindliche Entwicklung die gleichen basalen Wirkmechanismen zugrunde liegen wie im Falle der mütterlichen Transmission (Laucht, 2003). Nach Laucht (2003) bleiben die Spezifität des väterlichen Beitrags und ein mögliches Zusammenwirken mit mütterlichen Variablen sowie Umstände, unter welchen die gleichen oder verschiedenen mütterlichen und väterlichen Faktoren wirken, ungeklärt.

Die folgenden wesentlichen Wirkmechanismen sind in der Forschungsliteratur beschrieben (Überblick Herpertz-Dahlmann & Remschmidt, 2000): 1) Genetische Transmission (unipolare gegenüber bipolaren Störungen, die ein höheres genetisches Risiko beinhalten; 2) Elterliche Erziehungsbeteiligung und Kompetenz (Übernahme der elterlichen Funktionen und Verfügbarkeit); 3) Familiäre Stressfaktoren; 4) Dyadische Interaktion zwischen Elternteil und Kind, in der die individuellen Merkmale des Elternteils die Entwicklung des Kindes beeinflussen (z.B. „depressiver" Interaktionsstil der Mutter (Field, 1992), wobei auch reziproke und transaktionale Mechanismen in der Dyade berücksichtigt werden.

Ergebnisse bisheriger Forschung zeigen, dass sich eine psychische Störung der Mutter (als primäre Bezugsperson) stärker auf die Entwicklung des Kindes auswirkt als eine Störung des Vaters (Überblick Herpertz-Dahlmann & Remschmidt, 2000). Zahlreiche Verhaltensweisen, Persönlichkeitsmerkmale und psychische Auffälligkeiten des Vaters erhöhen signifikant das Risiko für eine psychische Beeinträchtigung ihrer Kinder (Literaturüberblick Laucht, 2003). Die Rolle des Vaters bei der Entstehung kindlicher psychischer Störungen blieb bisher weniger untersucht als die der Mutter (Laucht, 2003; Phares, 1996). Andere Studien (Überblick Laucht, 2003) kamen zum Ergebnis, dass die Zusammenhänge zwischen Störungen der kindlichen Entwicklung und Auffälligkeiten der Mutter-Kind- Beziehung bzw. Vater-Kind-Beziehung annähernd vergleichbar sind.

Bei unterschiedlichen psychischen Erkrankungen der Eltern gibt es in der Interaktion mit den Kindern keine krankheitsspezifischen Muster, wobei die Kinder entsprechende Anpassungsstrategien entwickeln; die Interaktion kann aber auch unbeeinträchtigt bleiben (Deneke & Lüders, 2003). Am Beispiel der Auswirkung depressiver Symptomatik der Mütter auf die Mutter-Kind-Interaktion werden im Folgenden Mechanismen und Prozesse erklärt, wie sich bestimmte elterliche Interaktionsmerkmale und diesen entsprechende Anpassungsstrategien der Kinder schon sehr früh zu dysfunktionalen Interaktionsmustern verfestigen und als Vorläufer späterer Psychopathologie eingeordnet werden können.

101

Pathologische Interaktionsbeiträge der Eltern können durch eine psychische Erkrankung, ungünstige Persönlichkeitseigenschaften sowie schwere psychosoziale oder körperliche Belastungen zustande kommen. Die Interaktionen können durch feindselige, ängstliche, falsche positive Affekte gefärbt sowie durch affektiven Rückzug oder impulshafte Übergriffe geprägt werden (Deneke & Lüders, 2003). Es können folgende fehlangepasste Muster in der Interaktion unterschieden werden: Regulierungsfehlschläge mit Unterstimulation, Überstimulation sowie paradoxe Stimulation (Deneke & Lüders, 2003; Stern, 1995).

Regulierungsfehlschläge und Unterstimulation (emotionale Unerreichbarkeit) entstehen, wenn die Bezugsperson über mangelnde Responsivität verfügt: Sie kann die kindlichen Signale nicht oder nur verzögert wahrnehmen, darauf nicht reagieren oder so verzögert reagieren, dass die Reaktion vom Säugling nicht mehr als Antwort auf die eigene Aktion erlebt wird (Crittenden, 1999; Papoušek & Papoušek, 1987). Beeinträchtigungen, die zu Unterstimulation führen, können im Falle von Depression, Schizophrenie (Negativsymptomatik), Suchterkrankungen, geistiger Behinderung, schweren körperlichen und psychischen Erschöpfungszuständen, neurotischen Eigenschaften, Ängsten oder Hemmungen der Betreuungsperson entstehen (Deneke & Lüders, 2003; Stern, 1995). Unter diesen kausalen Faktoren ist die Auswirkung depressiver Symptomatik der Mütter auf die Mutter-Kind-Interaktion in der Fachliteratur am besten beschrieben.

Nach Stern (1995) bleibt durch neurotische Charaktereigenschaften die Spontaneität der Bezugsperson üblicherweise gehemmt. Durch zwangsläufige Beschäftigung mit den eigenen Gedanken, die keinen Zusammenhang mit dem Kind und der aktuellen Interaktion haben, kann Interaktion nicht in Gang gesetzt werden, auch wenn das Verhaltensrepertoire der Betreuungsperson latent vorhanden ist. Hemmungen können in gewissen Spielmodalitäten auftreten: z.B. Körperkontakt wird vermieden und Interaktion beendet, sobald es zu intensiv für die Betreuungsperson wird.

Depressive Symptomatik der Mütter wirkt sich deutlich auf die Mutter-Kind-Interaktion aus (Deneke & Lüders, 2003): Reizbarkeit oder Unglücklichsein, Verlangsamung oder Agitation, sozialer Rückzug oder Störung der Selbstakzeptanz, verbunden mit dem Gefühl, mütterliche Funktionen nicht angemessen wahrnehmen zu können. Nach Stern (1995) kann eine deprimierte Mutter keine (positiven) Affekte beim Säugling erzeugen, auch wenn pflegerisches Verhalten weiter ausgeübt werden kann. Die Synchronisation des mütterlichen und kindlichen Verhaltens in der Mutter-Kind-Beziehung ist gering (Field, 1992). Negative

Verhaltensmuster werden häufiger in der Interaktion geteilt als sogenannte positive, sodass negatives Verhalten geradezu einen „ansteckenden" Effekt hat. Bereits Neugeborene imitieren Mimik und Stimme ihrer Mütter. Nach Deneke & Lüders (2003) hängt es vom Geschlecht, Temperament und der Selbstregulationsfähigkeit des Kindes ab, ob sich seine weiteren Verhaltensweisen zu unruhigen, dysregulierten Reaktionen oder zu einer passiv-defensiven Haltung entwickeln. Des Weiteren sind die noch gebliebenen Zuwendungsmöglichkeiten der Mutter oder anderer naher Personen entscheidend für die Sicherstellung empathischer Zuwendung und damit für die Kompensation fehlender Aufmerksamkeit. Im dysregulierten Zustand sind Kinder unfähig, ihre Aufmerksamkeit zu fokussieren und stimulierende Umweltreize aufzunehmen. In einer zurückgezogenen Haltung ist die Aufmerksamkeit mehr nach innen als nach außen gerichtet und mit der Selbstregulation beschäftigt. Darüber hinaus sind Kinder emotional unerreichbarer Eltern psychisch depriviert, es drohen möglicherweise Entwicklungsverzögerungen.

Auf ähnliche Weise erklärt Stern (1995) die Entstehungsmechanismen eines abweichenden Verhaltens durch das sich wiederholende und chronische subjektive Erleben des Säuglings einer depressiven Mutter (wobei die Depression auch latent verlaufen kann) als Prozess der zunehmenden, meist partiellen, Distanzierung. Es hängt von der Form und Ausprägung sowie der Dauer und dem Zeitpunkt des Beginns einer Depression ab, ob der Säugling eine nicht depressive Mutter erlebt hat, um seine Erwartungen bilden zu können. Diese subjektiven Erfahrungen tragen zum Aufbau der repräsentationellen Welt des Säuglings bei.

Regulierungsfehlschläge und Überstimulation können bei agitierter Depression, Manie, bei Angststörungen, teilweise bei Borderline-Persönlichkeitsstörungen und schizophrenen Erkrankungen beobachtet werden (Deneke & Lüders, 2003). Stern (1995) unterscheidet zwischen dem steuernden-intrusiven Verhalten und der Unempfindlichkeit der Betreuungsperson, die zu Überstimulation und erhöhter Reizempfindlichkeit des Kindes führen.

Als steuerndes und intrusives Verhalten der Betreuungsperson wird ein Einmischen in die selbstregulierenden Verhaltensmechanismen des Kleinkindes (Stern, 1995; als Kontrolle nach Crittenden, 1999) bezeichnet: Das Kind wird dauernd zu Reaktionen herausgefordert. Responsivität seitens der Betreuungsperson besteht möglicherweise, aber es wird (bewusst oder unbewusst; Clausen & Crittenden, 2000) falsch reagiert. Die Betreuungsperson reagiert nicht auf die ersten Anzeichen kindlicher Unzufriedenheit, sondern eskaliert im Verhalten (z.B. in der Intensität) und lässt damit dem Kind keine Zeit zum Nachregulieren. Das Kind zeigt daraufhin z.B. folgende Reaktionen: vom Blickabwenden bei leichterer Unzufriedenheit bis zu extremeren regulierenden Verhaltensweisen (Resignation, Abbruch von Reaktionen). Der Affekt des Kindes verschiebt sich zum ernsten oder unglücklichen Grimassieren, es erscheinen stärkere Anzeichen von Unbehagen.

Nach Deneke und Lüders (2003) antworten Säuglinge, wenn die Überstimulation nicht aggressiv getönt ist, mit Passivität und Abwendung. Dies wird von der Mutter meist als Ablehnung ihrer Bemühungen interpretiert, worauf sie weiter mit stärkerer Stimulation reagiert. Je nach Intensität des vorhandenen aggressiven Affektes reagieren Säuglinge mit „schwierigem" Verhalten wie Protest, körperlicher Abwehr oder Erstarrung. Kleinkinder reagieren in ähnlicher aber etwas differenzierterer Weise, z.B. mit erzwungener Unterordnung auf der einen oder offener Aggression bzw. Machtkämpfen auf der anderen Seite (Deneke & Lüders, 2003).

Im Falle der Unempfindlichkeit der Betreuungsperson (Stern, 1995) entgehen der Betreuungsperson die interpersonalen Hinweis-Reize des Kleinkindes und seine Selbstregulierungsversuche. Das Kind entwickelt „Anpassungstechniken" als Coping-Reaktionen: Starren durch das Gesicht der Betreuungsperson hindurch oder knapp an ihm vorbei (durch verminderte visuelle Aufmerksamkeit können innere Erregungs- oder Affektzustände des Kindes nicht mehr beeinflusst werden); Schlaff- oder Schlappwerden oder eine andere Hemmung der Motilität. Im Laufe der Entwicklung ist eine Besserung aufgrund zunehmender Reife, im Sinne von einem besseren Verkraften von mehr Stimulation oder einer Senkung des mütterlichen Stimulationsniveaus, möglich.

Die Regulierungsfehlschläge als paradoxe Stimulation (Stern, 1995) zeichnen sich durch selektive adäquate Stimulation erst nach bestimmten Ereignissen (z.B. nachdem das Kind Unglück oder Schmerzen erfahren hat, die Freude folgt erst einem unmittelbar vorhergehenden Unlustgefühl) oder Fehlen des echten emotionalen Kontaktes aus, was bedeutet, dass enorm viel Zeit, Energie und Feingefühl zum anderen investiert werden, bei gleichzeitigem Vermeiden eines vollen Kontaktes mit sowie einem völligen Sich-Lösen von ihm. Das bringt ein Dilemma – Zuwendung vs. Trennung und Engagement vs. Loslösung – mit sich.

Die oben beschriebenen Muster sind altersabhängig und bilden verschiedene Kombinationen. Bestimmte Verhaltenstendenzen der Eltern (z.B. verdeckte Aggression) werden nicht sofort sichtbar. Kinder reagieren meist nicht auf die Inhalte, aber auf nonverbal mitgeteilte beunruhigende Affekte (Deneke & Lüders, 2003).

3.2.3.6 Interaktionsstörungen als Entwicklungsrisiko

Aufgrund der relativen Unreife des Säuglings und des Kleinkindes sollte die Betreuungsperson fehlgeschlagene kindliche Anpassungsversuche kompensieren. Eine sichere Eltern-Kind-Beziehung kann auch große Belastungen kompensieren und als Schutzfaktor für die kindliche Entwicklung wirken; eine chronisch gestörte Interaktion mit der primären Bezugsperson stellt einen Risikofaktor für die psychische Entwicklung des Kindes dar (Sarimski & Papoušek, 2000). Im Falle von Interaktionsproblemen steht immer die Dyade im Mittelpunkt, auch wenn ein ursprüngliches Fehlverhalten von einem bestimmten Interaktionspartner ausgegangen ist (Stern, 1995). Genauere Analysen zeigen, dass die Interaktionsproblematik eines Partners fast immer auch von subtilen Auffälligkeiten oder Beziehungsschwierigkeiten des anderen Partners begleitet wird (Scheithauer et al., 2000).

Zu Beginn der Störung entsteht eine Dysbalance in der Emotionalität der Dyade, die mit leichter Irritierbarkeit beginnt und negativ erlebt wird. Wenn viele negative Erlebnisse kumulieren, kippt die Grundstimmung in Richtung einer negativen Emotionalität. Wenn die zusätzlichen Belastungen (z.B. belastende Partnerschaft, Stress, Mangel an Unterstützung) dazu Kommen, wird die Beziehung auf Dauer negativ belastet (Dunitz & Scheer, 1997).

Die Störung der sozialen Kommunikation und Beziehung zeigt sich auf Seiten des Kindes dann in seiner Unzugänglichkeit, Passivität, Vermeidung oder Überreiztheit. In der dyadischen Interaktion fehlen harmonische, aufeinander abgestimmte Sequenzen, während eine nichtpathologische Interaktion häufig sehr subtil und variantenreich ist (Stern, 1995). Von Seiten der Eltern gehen übersowie unterregulierende oder inadäquate Abstimmungsmuster miteinander einher. Die Eltern reagieren entweder nicht angemessen auf die Signale und die Interaktionsbereitschaft oder Nicht-Bereitschaft des Kindes, oder das dyadische Verhalten zeichnet sich durch dramatischere Brüche oder Diskontinuitäten aus, ist stimulationsarm, stereotypisch oder unangepasst, indem die Signale des Kindes verzerrt wahrgenommen oder falsch interpretiert werden, es fehlt eine zeitliche Kontingenz auf ein vorangegangenes Verhalten des Kindes (verzögert durch die Reflexion, Entscheidung, Hemmung oder Hemmungsüberwindung) (Papoušek, 1996; Stern, 1995). Sensibilität, Responsivität und Kontingenz können aktivitätsspezifisch sein: z.B. übersensibel oder übertrieben responsiv auf die physiologischen Bedürfnisse und Forderungen, aber relativ nicht-responsiv gegenüber den sozial-affektiven Ansprüchen des Säuglings (Stern, 1995).

Nach Stern (1995) kann eine fehlgeschlagene Interaktion nur eine eine gewisse Zeit lang andauernde (Fehl-) Anpassung sein (wenn andere Risiken ausgeschlossen sind), oder aber der Anfang eines zur Fehlanpassung führenden Musters. Wenn eine solche Erfahrung des Kindes negativ und dauerhaft ist, wird ein bestimmtes Verhaltensmuster generalisiert. Es stellt sich die Frage, inwiefern die sekundäre Betreuungsperson die Effekte umleiten oder dieses Muster (z.B. entstanden mit der Mutter) unterbrechen kann. Durch diese dysfunktionalen Entwicklungen des Beziehungssystems können die normalen Entwicklungsaufgaben schwer bewältigt werden, was zu Interaktionsstörungen oder bestimmten Störungsbildern führt (z.b. Regulationsstörungen in der frühen Kindheit) (Papoušek, 1999).

3.3 Klassifikation und Diagnostik psychischer Störungen im Kleinkindalter

In den ersten Lebensjahren eines Kindes gibt es eine große interindividuelle Variabilität in Bezug auf Geschwindigkeit und Verlauf von psychologischen und Entwicklungsprozessen. Diese Prozesse sind störanfällig, frühe Störungen können schwerwiegende Folgen für die weitere Entwicklung des Kindes haben. Für das Erkennen von Frühindikatoren für psychische Störungen und für eine zuverlässige Bestimmung ist die Erfassung von familiären Beziehungsmustern wichtig. Das Ausmaß, in dem das soziale Bezugsfeld berücksichtigt wird, hängt vor allem vom Alter des Kindes ab (Petermann, 2008). Die Unterscheidung zwischen „normalem" und „problematischem" Verhalten (Entwicklungsabweichung) oder das Vorliegen einer psychischen Störung (Erscheinungsform und Ausprägungsgrad) hängt ebenso von der Altersstufe und dem sozialen Umfeld des Kindes ab.

Das macht eine differenzierte, d.h. dem Entwicklungsstand sowie der Problemlage des Kindes und der psychosozialen Situation der Familie angemessene, Diagnosestellung notwendig (Petermann, 2008). Aus entwicklungspsychopathologischer Sicht ist eine dynamische Klassifikation psychischer Störungen am besten geeignet, weil sie zu mehreren Zeitpunkten gewonnene Eindrücke über Veränderungen zusammenfasst.

3.3.1 Probleme und Hindernisse der frühen Diagnostik

Die Unsicherheit der Differenzierung zwischen krank und gesund erschwert die klinische Psychodiagnostik von Kleinkindern (Klitzing, 1999), wobei auch in der klinischen Kinderpsychologie generell kein einheitlicher Störungsbegriff existiert (Döpfner, 2008). Eine Definition von psychischen Störungen hängt von ei-

ner theoretischen Orientierung und von dem zugrunde liegenden Entwicklungs-
und Störungsmodell sowie vom normativen Bezugssystem ab (Döpfner, 2008).
Psychische Störungen im Säuglingsalter werden dabei als Entwicklungsabweichungen verstanden, wobei diese bereits von Geburt an durch genetische und soziale Risiken vorliegen können und deren Interaktionen und Transaktionen vor-
gezeichnet sein können (Kusch, 1995). Erst über die aktive Auseinandersetzung
des Kindes mit seiner sozialen Umwelt entstehen abweichende Interaktionsmuster. Diese werden als notwendige Voraussetzung für die Entwicklung einer über-
dauernden psychischen Störung gesehen. Ob eine Entwicklungsabweichung eine
Störung darstellt, kann nach Wolke (2008) anhand folgender Kriterien beantwor-
tet werden: Ist der Entwicklungsverlauf für die Eltern oder das Kind belastend
(funktionseinschränkend)? Gibt es Risikofaktoren für Entwicklungsabweichungen? Ist diese Abweichung selbst ein Risikofaktor für spätere Störungen oder hat
sie nachteilige Folgen?

Die Diagnosestellung psychischer Auffälligkeiten und Störungen in den ersten Lebensjahren kann durch folgende Faktoren erschwert werden (z.B. Klitzing,
1999; Wolke, 2008):

- der Entwicklungsaspekt: Manche Verhaltensweisen von Kleinkindern werden in gewissen Ausprägungen als normal gesehen, z.B. Trennungsangst
  oder Trotzreaktionen. Was bis zu einem gegebenen Punkt als eine normale
  Entwicklung erscheint, kann wenig später schon als problematisch, störend
  oder pathologisch klassifiziert werden; bzw. hohes Entwicklungstempo und
  hohe Variabilität und geringe Stabilität der Entwicklung.
- Die Situationsbedingtheit und interaktioneller Kontext des Verhaltens: Bestimmte Auffälligkeiten treten nur in bestimmten Situationen oder gegenüber bestimmten Personen auf. Verschiedene Quellen sind zur Beurteilung
  notwendig. Es besteht eine erhebliche individuelle und familiäre Varianz
  sowie verschiedene Akzeptanz- und Toleranzgrenzen in Bezug auf kindliches Verhalten.
- Die Krankheitswahrnehmung und Artikulation eines Leidensdrucks ist bei
  Kleinkindern meistens nicht gegeben. Die Auffälligkeiten im Säuglings- und
  Kleinkindalter können oft nur durch die Wahrnehmung der Bezugspersonen
  beurteilt werden.
- Geringe Aussagekraft von Diagnosen in diesem Zeitraum, stark ausgeprägte
  Komorbiditätsrate, unzureichende Spezifität bestimmter Verhaltensweisen.
- Ein weiteres methodisches Problem stellt die Schwierigkeit dar, intrapsychi-
  sche und interpersonale Probleme in den ersten Jahren voneinander zu tren-

nen. Das macht eine Beurteilung von Interaktionen und elterlichen Repräsentanzen unerlässlich.

Einige psychosoziale Probleme im Kleinkindalter erfüllen zwar nicht die spezifischen Kriterien einer psychischen Störung, eine Intervention wäre jedoch erforderlich oder wünschenswert. Die Entwicklungsprognose hängt von den Ressourcen des Kindes, vom Entwicklungsstand, von den Fördermöglichkeiten der sozialen Umgebung und vom sozialen Kontext ab (Petermann, 2008).

3.3.2 Kategoriale vs. dimensionale Diagnostik im Kindesalter

Gegenwärtig lassen sich in der Klassifikation psychischer Störungen im Wesentlichen zwei Ansätze unterscheiden (Döpfner & Lehmkul, 1997; Döpfner, 2008): eine kategoriale Klassifikation und eine dimensionale Klassifikation.

Anhand einer *dimensionalen Klassifikation* versucht man, relativ stabile psychische Merkmale zu erfassen, die in ihrer Intensität kontinuierlich variieren können (Döpfner, 2008). Dieser Ansatz beschreibt psychische Auffälligkeiten anhand von mehreren empirisch gewonnenen Dimensionen; Auffälligkeiten werden nicht Kategorien zugewiesen. Fast alle dimensionalen Klassifikationen basieren auf Fragebogenverfahren zur Erfassung psychischer Auffälligkeiten. Eines der am breitesten international eingesetzten, dimensionalen Klassifikationssysteme ist das „Achenbach System of Empirically Based Assessment" (ASEBA; Achenbach & Rescorla, 2000), das auf den per Fragebögen erfassten Urteilen von Eltern, LehrerInnen und Jugendlichen basiert. Es liegt eine Version für Verhaltensauffälligkeiten für Eineinhalb- bis Fünfjährige vor.

Die *kategoriale Klassifikation* beinhaltet sich gegenseitig weitgehend ausschließende Kategorien, dabei werden psychische Störungen als diskrete, klar voneinander abgrenzbare und unterscheidbare Krankheits- oder Störungseinheiten beschrieben (Döpfner, 2008). Die großen Klassifikationssysteme zur Erfassung von psychischen Störungen im Erwachsenen- sowie im Kindes- und Jugendalter sind: die *Internationale Klassifikation Psychischer Störungen der Weltgesundheitsorganisation* (ICD-10, zehnte Version; Deutsch: Dilling, Mombour, Schmidt & Schulte-Markwort, 2006) und das *Diagnostische und Statistische Manual Psychischer Störungen* (DSM-IV-TR, vierte revidierte Version) der American Psychiatric Association (Deutsch: Saß, Wittchen & Zaudig, 2003).

Ein nach ICD-10 geringfügig modifiziertes, Multiaxiales Klassifikationsschema für psychiatrische Erkrankungen im Kindes- und Jugendalter (MAS, Remschmidt, Schmidt & Poustka, 2006) berücksichtigt den Entwicklungsaspekt und psychosoziale Umstände. Ein Klassifikationssystem für Säuglinge und Kleinkinder, *Diagnostic Classification of Mental Health and Developmental Disorders of Infancy and Early Childhood* (DC: 0-3), von der bereits eine revidierte Version vorliegt, wurde vor dem Hintergrund des DSM-IV entwickelt (Zero to Three, 1994; 2005; deutsche Übersetzung: Dunitz-Scheer & Scheer, 1999).

In der ICD-10 sind die psychischen Störungen, die typischerweise im Kindes- und Jugendalter beginnen, unter F7 (Intelligenzminderung), F8 (Entwicklungsstörungen) und F9 (Verhaltens- und emotionale Störungen mit Beginn in der Kindheit und Jugend) zusammengefasst. DSM-IV-TR fasst die „Störungen, die gewöhnlich zuerst im Kleinkindalter, in der Kindheit oder Adoleszenz diagnostiziert werden", zusammen.

Derzeit ist der Kodierungsmodus anhand eines Internationalen Klassifikationssystems in österreichischen Gesundheitseinrichtungen und Krankenkassen (sowie in anderen europäischen Ländern) gesetzlich verankert, auch wenn ein Großteil der Störungen, die im Säuglings- und Kleinkindalter auftreten, in beiden Klassifikationssystemen (ICD-10 und DSM-IV-TR) nicht erfasst ist. In wissenschaftlichen Studien sind alle drei Klassifikationssysteme zur Kodierung psychischer Störungen zu finden.

3.3.3 Klassifikationssystem für Säuglinge und Kleinkinder (DC: 0-3)

Für viele Störungsbilder im frühen Alter sind die Symptome und Kriterien von ICD-10 und DSM-IV TR unzureichend definiert. Um diesen Forderungen gerecht zu werden, wurde vom National Center of Clinical Infant Programs die Klassifikation DC: 0-3 entwickelt. Es werden Verhaltensauffälligkeiten und psychische Störungen der frühen Jahre erfasst, um den optimalen Zeitpunkt für angemessene therapeutische Maßnahmen, die bis zum dritten Lebensjahr meistens erfolgreich sind, zu sichern.

Diverse Studien zeigten, dass psychische Störungen und Verhaltensauffälligkeiten im frühen Alter anhand der Klassifikation DC: 0-3 zuverlässiger erfasst wurden als anhand von ICD-10 (Wiefel, Oepen, Wollenweber, Lenz, Eggers & Lehmkuhl, 2004; Skoovgaard, Houmann, Landorph & Christiansen, 2004). Als Kritik für die DC: 0-3 galt: nicht ausreichend klare Formulierung mancher Kategorien sowie die unzureichend gesicherte Reliabilität und Validität für die Störungskategorien (s. z.B. Überblick von Dunst, Storck & Snyder, 2006; Evangelista & McLellan, 2004).

Tabelle 2. Gegenüberstellung der diagnostischen Kategorien (Gruppen)* von ICD-10, DSM-IV-TR und DC: 0-3.

ICD-10		DSM-IV-TR	
F43.1	Posttraumatische Belastungs-störung	309.81	Posttraumatische Belastungs-störung
F43.2	Anpassungsstörungen		
F84	Tiefgreifende Entwicklungs-störungen	299	Tiefgreifende Entwicklungs-störungen
F84.0	Frühkindlicher Autismus	299.00	Autistische Störung
F9	Verhaltens- und emotionale Störungen mit Beginn in der Kindheit und Jugend		Störungen der Aufmerksamkeit, Aktivität und Sozialverhaltens
F90	Hyperkinetische Störungen		Aufmerksamkeitsdefizit-/Hyperaktivitätsstörungen
F91	Störungen des Sozialverhaltens	312.8	Störung des Sozialverhaltens
F92	Kombinierte Störung des Sozialverhaltens und der Emotionen		
F93	Emotionale Störungen des Kindesalters		
F93.0	Emotionale Störung mit Trennungsangst des Kindesalters		
F93.2	Störung mit sozialer Ängstlichkeit des Kindesalters		
F94	Störungen der sozialen Funktionen mit Beginn in Kindheit		
F94.1	Reaktive Bindungsstörung des Kindesalters	313.89	Reaktive Bindungsstörung im Säuglingsalter oder in der frühen Kindheit
F98.2	Fütterstörung im frühen Kindesalter	307.57	Fütterstörung im Säuglings- und Kleinkindalter

* In der Tabelle sind die häufigsten Diagnosen im Säuglings- und Kleinkindalter zusammengefasst

Fortsetzung Tabelle 2. Gegenüberstellung der diagnostischen Kategorien (Gruppen)* von ICD-10, DSM-IV-TR und DC: 0-3.

ICD-10	DSM-IV	DC: 0-3	
F43.1	309.81	100	Die posttraumatische Stressstörung
F43.2		300	Anpassungsstörung
F84	299	700	Störungen der Bezogenheit und der Kommunikation
F84.0	299.00		
F9		400	Regulationsstörungen
			401 Hypersensitiv
			402 Unterreaktiv
F90		403	Regulationsstörungen: Motorisch desorganisiert, impulsiv
F91	312.8		
F92			
F93		200	Affektstörungen
		202	Stimmungsstörung: Verlängerte Trauer/ Gramreaktion
		203	Stimmungsstörung: Depression im Säuglingsalter und in der frühen Kindheit
		204	Gemischte Störung des emotionalen Ausdrucks
		205	Geschlechtsidentitätsstörung der frühen Kindheit
F93.0			
F93.2		201	Angststörungen im Säuglings- und Kleinkindalter
F94			
F94.1	313.89	206	Reaktive Bindungsstörung/ Deprivation/ Vernachlässigung in der frühen Kindheit
F98.2	307.57	600	Essverhaltensstörung
		500	Schlafverhaltensstörung

Der Aufbau von fünf Achsen der DC: 0-3 ist zu den Achsen der DSM-IV-TR kompatibel: Achse I: Primäre Diagnosen, Achse II: Klassifikation der Beziehungsstörungen, Achse III: Medizinische Probleme, Entwicklungsstörungen und Krankheiten, Achse IV: Psychosoziale Belastungssituation, Achse V: Funktionell-emotionales Entwicklungsniveau.

Die primären Diagnosen der DC: 0-3 bzw. die Gegenüberstellung der diagnostischen Kategorien von ICD-10, DSM-IV-R und DC: 0-3 (Achse I) sind in vorangehender Tabelle 2 zu finden.

Achse I: Primäre Diagnosen. Die zentralen Entwicklungsstörungen mit Beginn in den ersten drei Lebensjahren umfassen Störungen der sensorischen oder Verhaltensregulation (Abweichungen in der neurophysiologischen, psychomotorischen, emotionalen und Verhaltensregulation) (s. Kap. 3.3.5); Affektstörungen, Vernachlässigung oder Misshandlung (reaktive oder disinhibitive Bindungsstörung oder Vernachlässigungs-/ Misshandlungsstörung) sowie Störungen der Beziehungsbildung und Kommunikation (tiefgreifende Entwicklungsstörungen).

Achse II: Klassifikation von Beziehungsstörungen wird als zentraler Aspekt der DC: 0-3 verstanden. Auf dieser Achse wird die Art der Beziehung in verschiedene Untergruppen eingeordnet. Diese Achse sollte nur dazu verwendet werden, um signifikante Beziehungsschwierigkeiten zu diagnostizieren. Die zu beobachtbaren milderen und kurzfristigen Muster, die mit Stress in Zusammenhang stehen, werden nicht als Störungen kodiert.

Zum Erstellen einer Beziehungsdiagnose müssen drei Aspekte der Beziehung berücksichtigt werden: beobachtbare Verhaltensqualitäten jedes/jeder einzelnen Interaktionspartners/In, Art und Weise des gefühlsmäßigen Ausdruckes einer der jeweiligen interagierenden Person sowie des Paares sowie das Ausmaß der gefühlsmäßigen Verbundenheit (z.B. elterliche Einstellung zu dem Kind sowie die Wahrnehmung des Kindes, d.h. die Bedeutung des kindlichen Verhaltens für die Eltern. Störende oder negative Erfahrungen können zu gestörter Wahrnehmung und Missinterpretation der kindlichen Signale führen) (Zero to Three, 1994/1999). Eine zusätzliche Skala PIR-GAS (s. Kap. 2.3.3.3) erlaubt die Bestimmung des Ausprägungsgrades der vorliegenden Beziehungsqualität.

Die Schwierigkeiten in der Beziehung werden nach ihrer Intensität, Häufigkeit und Dauer als „vorübergehende Störung", „Störung" oder „fixierte Störung" klassifiziert. Es werden sechs Beziehungsarten bzw. -störungen mit deskriptiven Kriterien vorgestellt (s. Tab. 3):

Tabelle 3. Klassifikation der Beziehungsstörungen der DC: 0-3 (Zero to Three, 1994).

Achse II
901. Überinvolviert
902. Unterinvolviert
903. Ängstlich-gespannt
904. Zornig-feindselig
905. Gemischte Beziehungsstörung
906. Missbrauchende Beziehung
906. a. Verbal missbrauchend
906. b. Körperlich missbrauchend
906. c. Sexuell missbrauchend

1) Überinvolvierte Beziehung (übermäßige körperliche und/oder seelische Verbundenheit); 2) Unterinvolvierte Beziehung (sporadische oder mangelnde echte Verbundenheit mit dem Kind, was sich oft in mangelnder Sorge oder geringer Qualität der Pflege widerspiegelt); 3) Ängstlich-gespannte Beziehung (gespannte und eingeschränkte Interaktionen, geringe Freude und Gegenseitigkeit); 4) Zornig-feindselige Beziehung (lieblose, bösartige, unvorhersehbare Eltern-Kind-Interaktion, wobei es noch oft an emotionaler Wechselseitigkeit mangelt); 5) Gemischte Beziehung ist ein Komplex gestörter Beziehungen, eine Kombination der oben beschriebenen Merkmale, kein einheitliches Beziehungsmuster lässt sich als vorherrschend definieren; 6) Missbrauchende Beziehung, die unterteilt wird in: verbal missbrauchend (beinhaltet stark missbrauchende Gefühle, unklare Grenzen und Überkontrolle); körperlich missbrauchend (das Kleinkind wird körperlich verletzt, bis zu extremen Formen der Bestrafung); sexuell missbrauchende Beziehung (es fehlt die Beachtung körperlicher Grenzen des Kindes, es besteht eine unangemessene und sexualisierte Zudringlichkeit). Wegen Schwere und Hartnäckigkeit missbräuchlicher Verhaltensweisen reicht bereits ein Kriterium der Verhaltensqualität dieser Interaktionen aus, um diese Diagnose zu stellen (Dunitz-Scheer & Scheer, 1999).

Achse III: Medizinische Probleme, Entwicklungsstörungen und Krankheiten. Auf dieser Achse werden alle organischen, medizinischen und neurologischen Symptome, sprachliche oder sensorische Probleme, welche in anerkannten diagnostischen Klassifikationssystemen (DSM-IV-TR, ICD-10) benannt werden, kodiert und als koexistentes Problem gesehen.

Achse IV: Psychosoziale Belastungssituation. Auf dieser Achse wird der Einfluss von psychosozialem Stress auf die Entwicklung des Kleinkindes eingetragen. Mit Hilfe des Stressindex wird die Stressquelle (direkt, z.B. ein Krankenhausaufenthalt des Kindes, indirekt, z.B. eine Erkrankung des Elternteils) unter Berücksichtigung des Entwicklungsstandes des Kleinkindes identifiziert. Ebenso wird die Kapazität der Erwachsenen als protektive Faktoren eingeschätzt. *Achse V:* Funktionell-emotionales Entwicklungsniveau. Diese Achse bestimmt komplexe kognitive und emotionale kindliche Fähigkeiten im interaktionellen Kontext. Auf sieben Stufen wird eingeschätzt, wie ein Kleinkind affektive, interaktive, kommunikative, kognitive, motorische und sensorische Erfahrungen integriert und organisiert.

3.3.4 Störungsübergreifende psychologische Diagnostik

Störungsübergreifende klinisch-psychologische Diagnostik hat nach Papoušek (2009b) ein zweifaches Ziel: 1) die individuelle Problematik des Kindes im Kontext der Entwicklung und der primären Bindungsbeziehungen zu erfassen sowie Ansatzpunkte für gezielte Interventionen zu erkennen, 2) Ausganswerte für die Therapie- und Verlaufsevaluation zu gewinnen. Sie umfasst üblicherweise das Anamnesegespräch, standardisierte Interviews, den Einsatz von Verhaltensprotokollen, Tagebüchern sowie standardisierten Testverfahren bzw. Verhaltens- und Interaktionsbeobachtung. Beim Vorhandensein von somatischen Problemen soll eine medizinische Untersuchung erfolgen, oder die psychologische Diagnostik folgt einer bereits stattgefundenen medizinischen Untersuchung.

Die Anamnese wird üblicherweise im Beisein des Kindes und möglichst beider Elternteile erhoben. Es handelt sich dabei um folgende Bereiche (Papoušek, 2009b): das aktuelle Problemverhalten (auslösende/ aufrechterhaltende Bedingungen, Kontext, Auswirkungen) und die Vorgeschichte der Problematik (Beginn und Verlauf, Bewältigung früherer Entwicklungs-aufgaben); Stärken des Kindes, Paarbeziehung und familiäre sowie soziale Ressourcen; Qualitäten der Eltern-Kind-Beziehung; somatische und psychosoziale Belastungen von Kind und Eltern; mögliche kritische Belastungen der elterlichen Beziehungsvorgeschichte; Erkennen von Frühzeichen von oder Gefährdung zur Vernachlässigung oder Misshandlung; Erkunden subjektiver Belastungen, Gefühle und Bewältigungsstrategien der Eltern.

Anhand von durch die Bezugspersonen mehrtägig geführten *Verhaltensprotokollen* bzw. *Tagebücher* werden Informationen über Dauer, Häufigkeit und tageszeitliche Verteilung von Schreien, Quengeln, Schlafen und Nahrungsaufnahme gewonnen (Papoušek, 2009b).

Ein international am breitesten eingesetztes diagnostisches *Testverfahren* ist die *Child Behavior Checklist* (CBCL/2-3 bzw. CBCL/1½-5) von Achenbach

114

(Achenbach, 1992; Achenbach & Rescorla, 2000), für die eine deutsche Version von der Arbeitsgruppe für Kinder-, Jugend- und Familiendiagnostik (KJFD) (Arbeitsgruppe Deutsche Child Behavior Checklist, 1993; 2000) vorliegt. CBCL/ 1½-5 wird – als das für die vorliegende Studie verwendetes Verfahren – in Kapitel 4.2.2.2 genauer vorgestellt.

Als *Interviewinstrument* eignet sich für die Forschung sowie für die klinische Diagnostik das hochstrukturierte *Mannheimer Elterninterview* (MEI, Esser, Blanz, Geisel & Laucht, 1989) zum Erfassen von Störungen der sozial-emotionalen Entwicklung des Kindes in Form von emotionalen Auffälligkeiten und Verhaltensauffälligkeiten. Es liegt auch eine altersadaptierte Version für das Kleinkind- und Vorschulalter vor, mit dem psychische Auffälligkeiten des Kindes aufgrund elterlicher Auskünfte beurteilt werden. Es wird eine Anzahl von emotionalen und Verhaltensproblemen hinsichtlich Erscheinungsform, Häufigkeit, Dauer, Intensität und funktioneller Beeinträchtigung in standardisierter Form erfragt. Hiernach werden kontinuierliche Maße gebildet, indem die erfassten Symptome je nach Erhebungszeitpunkt zu einem Index aufsummiert werden. Zur Bestimmung diagnosespezifischer Symptomsummen (die ab dem Alter von zwei Jahren möglich ist) werden jeweils diejenigen Auffälligkeiten aufsummiert, die für die Diagnosegruppen *externalisierende Störungen* (Impulsivität, Hyperaktivität, Ablenkbarkeit, oppositionelles Verhalten, Wutanfälle, Aggressivität, Destruktivität und Distanzlosigkeit) und *internalisierende Störungen* (phobische Angst, soziale Ängste, allgemeine Ängstlichkeit, depressive Verstimmung sowie Ess- und Schlafstörungen) kennzeichnend sind.

Verhaltensbeobachtung und videogestützte Interaktionsanalysen. Nach Papoušek (2009b) wird das kindliche Verhalten in der Untersuchungssituation und in der Interaktion mit seinen Eltern beobachtet, um die selbstregulatorischen Fähigkeiten sowie Verhaltensauffälligkeiten des Kindes einzuschätzen. Es wird dabei auf folgende kindliche Verhaltensmerkmale geachtet: Reaktionen auf neue Reize (z.B. Spielzeug, Personen) und auf Einschränkungen (z.B. beim Wickeln) wie Erregbarkeit und Reaktivität; Aktivitätsniveau, Selbstberuhigungs- und Kommunikationsverhalten; Initiativen, Ausdauer und Ablenkbarkeit bei Exploration und Spiel; emotionale Grundbefindlichkeit.

Bei der Einschätzung der *Eltern-Kind-Interaktion* und *Beziehungsqualität* sollten Kontexte ausgesucht werden, in denen sich Verhaltensprobleme des Kindes manifestieren, z.B. im Säuglingsalter (bereits während der Untersuchung): Beruhigtwerden während des Schreiens, das Zum-Schlafen-Begleiten oder Stillen/ Füttern, spielerische soziale Interaktionen. Das Verhalten älterer Säuglinge und Kleinkinder kann im spontanen gemeinsamen Spiel mit den Eltern, während der Unterhaltung eines oder beider Elternteile mit den Fachleuten, beim sich

Verabschieden etc. beobachtet werden. Für die klinische Kommunikations- und Beziehungsdiagnostik hat sich der Einsatz von Videoaufnahmen bewährt. Die Videosequenzen geben Aufschluss über Verhaltensprobleme sowie über die Qualität von Kommunikation und emotionaler Bezogenheit (z.B. Papoušek, 2009b).

3.3.5 Häufigste Störungsbilder in den ersten drei bis vier Lebensjahren

Die häufigste Problematik im Säuglingsalter stellen *Störungen der sensorischen Regulation oder Verhaltensregulation* (exzessives Schreien, Schlafstörungen, Fütterungsstörungen) dar (Thomas, 1998; Wolke, 2008). Frühkindliche Regulationsprobleme (insbesondere im Säuglingsalter) werden als vorübergehende Störungen der frühen Verhaltensregulation betrachtet: Schlaf-Wach-Organisation, Nahrungsaufnahme, affektive Erregung (häufig in Zusammenhang mit einem schwierigen Temperament) (Hofacker et al., 1996; Holtmann, Becker, Laucht & Schmidt, 2004). Während die Entwicklung isolierter Störungen, insbesondere bei ausreichenden Ressourcen von Kind und/oder Eltern, insgesamt eine günstige Prognose hat, sind die Säuglinge mit multiplen Regulationsstörungen einem erhöhten Risiko ausgesetzt (Papoušek, 2004). Dysphorische und häufig irritierbare Säuglinge mit der zusätzlichen Symptomatik von Schlaf- oder Fütterproblemen zeichnen sich durch mehr externalisierende und internalisierende Auffälligkeiten bis ins Schulalter aus (Holtmann et al., 2004; Papoušek, 2004).

Das zweite und das dritte Lebensjahr werden als eine (Übergangs-) Altersphase bezeichnet, in der noch weiterbestehende Regulationsschwierigkeiten (Schlaf-, Fütterstörungen) vorkommen können, aber auch Verhaltensauffälligkeiten als Frühformen der späteren klassischen kinder- und jugendpsychiatrischen Syndrome (komplexere emotionale Äußerungen wie Trotz und Ungehorsamkeit, Aggressivität oder Ängste, Anklammern oder Weinerlichkeit des Kleinkindes sowie Impulsivität oder übermäßige Aktivität) manifest werden und für Eltern eine große Belastung darstellen (Möhler & Resch, 2004; Thomas, 1998). Diese Auffälligkeiten werden unter Störungen der emotionalen Verhaltensregulation zusammengefasst (Papoušek & Hofacker, 2004). Die weiteren Gründe, eine fachliche Hilfe im frühen Alter zu suchen, sind auch Entwicklungsverzögerungen oder empfundene „Passungsschwierigkeiten" zwischen dem Temperament des Kindes und den Erwartungen der Eltern in Bezug auf die kindliche Entwicklung und das Verhalten (Thomas, 1998).

Anderseits können spätere Regulationsstörungen im Kleinkindalter in *externalisierende* und *internalisierende Verhaltensauffälligkeiten* eingeteilt wer-

116

den. Internalisierende Symptome (wie Neigung zu mutistischen oder phobischen Reaktionen oder zu übertriebener Trennungsangst) können vor allem im dritten Lebensjahr als Vorläufer manifester Angststörungen im späteren Kindesalter gesehen werden (Möhler & Resch, 2004). Als externalisierende Symptome im Kleinkindalter gelten nach dem 2. Lebensjahr ausgeprägte Expansivität (bis dahin wären aus entwicklungspsychologischer Sicht Verhaltensweisen wie Zerstören von Gegenständen, Schlagen, Beißen, Werfen, Weglaufen oder Schreien als altersspezifisch normal gesehen), erhöhte Reagibilität gegenüber Einschränkungen und Frustrationen sowie Impulsivität (Möhler & Resch, 2004). In epidemiologischen Studien (bezogen auf die frühe Kindheit: 2. bis 5. Lebensjahr) wird eine Aufteilung in drei Hauptgruppen von Störungen herangezogen: *Verhaltensauffälligkeiten* (oppositionelles, aggressives Verhalten, Symptome der Aufmerksamkeitsdefizit-/Hyperaktivitätsstörung bzw. des hyperkinetischen Syndroms), *Emotionale Auffälligkeiten* (Trennungsängste, objekt- und situationsgebundene Ängste, kindliche Depression) und *Umschriebene Auffälligkeiten* (z.B. Schlafsowie Essstörungen, Stereotypien (vgl. Laucht, 2008).

Probleme der frühen Verhaltensregulation gehen häufig mit Beeinträchtigungen der Mutter-Kind- sowie Vater-Kind-Interaktion einher (Holtmann et al., 2004; Keren, Feldman & Tyano, 2001). Das Vorliegen disharmonischer Interaktion erhöht das Risiko einer ungünstigeren Entwicklungsprognose. Die Auswirkung der kumulierten Risiken wird durch die Qualität der frühen Mutter-Kind-Interaktion vermittelt und verändert, wodurch prognostisch besonders ungünstige Konstellationen entstehen können (Laucht et al., 2000b; 2002b). Der Grad der Beziehungsbelastung nimmt bei Beeinträchtigung mehrerer Regulationsbereiche zu (Papoušek, 2004).

Die häufigsten Störungsbilder werden unter Berücksichtigung der Beziehungsqualität in den nächsten Abschnitten näher dargestellt.

3.3.5.1 Frühkindliche Regulationsstörung mit exzessivem Schreien

Manifestationsformen. Kernsymptome bei betroffenen Kindern sind nach Papoušek und Hofacker (1995) unstillbares Schreien ohne erkennbaren Grund und lange Phasen unerklärlicher motorischer Unruhe, körperliche Anspannung, Unzufriedenheit und Quengeln, Irritabilität und sensorische Übererregbarkeit mit auffallender Empfänglichkeit für visuelle Reize, aber paradoxerweise auch Suche nach erneuter Stimulation. Exzessiv schreiende Babys zeigen sich als hyperreagibel, haben große Schwierigkeiten, sich trösten zu lassen, sich zu beruhigen und die Wahrnehmung von Außenreizen abzuschalten, unabhängig von liebevollen Bemühungen der Mütter. Sie finden nicht zu einem regelmäßigen Schlaf-Wach-Rhythmus und schlafen zu wenig. Eine Unreife der Verhaltensregulation wird offensichtlich: Exzessiv schreiende Säuglinge zeigen große Probleme in ihrer Selbstregulation. Die Verhaltensprobleme sind meistens von der Tageszeit abhängig (Übermüdung und Schreien in den späteren Nachmittags- und Abendstunden).

Für die *Definition des exzessiven Schreiens* und die Abgrenzung vom normalen Schreien im Alter von sechs Wochen gilt eine Dreier-Regel von Wessel, Cobb, Jacson, Haris & Detwiller (1954): Irritabilität, Quengeln oder Schreien von mehr als drei Stunden am Tag, an mehr als drei Tagen in der Woche und seit mehr als drei Wochen. Diese Regel wird in wissenschaftlichen Studien angewandt, wobei für die klinische Diagnostik ein umfassenderes Erscheinungsbild mit Auffälligkeiten auf kindlicher, elterlicher und interaktioneller Ebene herangezogen wird.

Hält das Schreiproblem in ausgeprägter Form über drei Monate hinaus an, wird dies als *persistierendes exzessives Schreien* bezeichnet (Papoušek & Hofacker, 1995) und soll vom Schreien in den ersten Monaten abgegrenzt werden. Persistierendes exzessives Schreien gewinnt neue Qualitäten und kann in manchen Situationen instrumentell wirken. Das Persistieren des Schreiens hängt von kindlichen Merkmalen (z.b. schwieriges Temperament) und elterlichen Faktoren (z.B. Depression, geringe Ressourcen, kumulative psychosoziale Belastungen) ab und zeigt sich in dysfunktionalen Interaktionsmustern. Darüber hinaus ist das Risiko für eine langfristige Belastung der Eltern-Kind-Beziehung besonders hoch.

Die *Prävalenz* von exzessivem Schreien variiert in Abhängigkeit von Begriffsdefinition und Methodik von 16 bis 29 % (Überblick Ziegler, Wollwerth de Chuquisengo & Papoušek, 2004) bzw. sogar von 3 bis 40 % (Überblick Wurmser, 2009). Es gibt keinen Geschlechts- oder Erstgeboreneneffekt, jedoch eine Häufung unter Geschwistern; Mütter von Erstgeborenen suchen häufiger Hilfe; das Alter der Mutter, die elterliche Bildung und der sozioökonomische Status üben meist keinen Einfluss aus. (Zfg. Ziegler et al., 2004).

Mit exzessivem Schreien gehen meistens auch andere Belastungen (z.B. Schlaf-, Fütterungsstörungen) einher (Hofacker et al., 1996).

Persistenz. Bei 8 % persistiert die Schreiproblematik über den dritten Lebensmonat hinaus (bis 40 % der exzessiv schreienden Säuglinge) (epidemiologischen Erhebung in Deutschland, vgl. Wurmser, 2009). Exzessives Schreien, wenn es über die ersten drei Lebensmonate hinaus anhält, begünstigt die Entwicklung dauerhafter Verhaltensstörungen. Aus prospektiven Studien ergibt sich, dass bei ehemaligen Schreibabys gehäuft Schlafstörungen, Wutanfälle und Interaktionsschwierigkeiten im Alter von 3 Jahren zu finden sind (vgl. Sarimski & Papoušek, 2000). In der klinischen Praxis vorgestellte Kindergartenkinder mit extraversiven und überaktiven Verhaltensstörungen werden retrospektiv als Schreibabys beschrieben (Sarimski & Papoušek, 2000).

Prädiktoren und Langzeitprognose. Exzessives Schreien und Hyperreagibilität einerseits und ein Mangel an Tröstbarkeit, Selbstberuhigung und Einschlaffähigkeit andererseits werden als Ausdruck eines gestörten Gleichgewichts zwischen erregenden und hemmenden Prozessen interpretiert (Zfg. Ziegler et al., 2004). Unter den Hypothesen, welche Mechanismen zugrunde liegen, zählen Temperamentsmerkmale, genetisch bedingte oder prä- und perinatal erworbene konstitutionelle Risikofaktoren, wobei eine multiple Belastung das höchste Risiko für die weitere Entwicklung darstellt. Als Teil der komplexen Bedingungsfaktoren können auch pädiatrische und neuropädiatrische Störungen oder Erkrankungen vorliegen (Zfg. Ziegler et al., 2004). Die primäre Bezugsperson hat eine regulatorische Unterstützung bei der frühkindlichen Selbstregulation, insbesondere bei selbstregulatorischen Schwierigkeiten.

Belastung der Eltern-Kind-Interaktion. Die Beruhigungsstrategien und Einschlafhilfen der Eltern (Herumtragen, meist in wechselnden Positionen, Schaukeln, langes Stillen, Herumfahren) erscheinen meist nicht wirksam und dysfunktional. Vermehrte Stimulation auf das Schreien und motorische Unruhe erlaubt dem bereits übermüdeten Kind nicht, zur Ruhe zu kommen. Darüber hinaus erhalten diese Kinder zu wenig Gelegenheit, ihre Selbstregulationsfähigkeiten zu üben (Papoušek, 1996).

Als elterliche Belastungen von exzessiv schreienden Säuglingen gelten hochgradige Erschöpfung, Anspannung, Überforderung, Depressivität, angespannte Paarbeziehung etc. Die Mütter erleben Gefühle der Verzweiflung, Hilflosigkeit, Ablehnung (durch kindliche Reaktionen wie z.B. Wegdrücken von der Betreuungsperson), Ohnmacht sowie Aggression und Wut dem Kind gegenüber, was für sie selbsterschreckend und erschütternd ist und sich auf das Selbstwertgefühl auswirkt (Papoušek & Hofacker, 1995).

Interaktionsanalysen und Beobachtungen zeigen, dass sich die Responsivität von Müttern exzessiv schreiender Säuglinge und Kontrollkinder nicht unterscheidet und eine gut abgestimmte, intuitiv gesteuerte Kommunikation möglich ist. Die Beruhigung ihrer Kinder misslingt dennoch (Hofacker et al., 1996; Papoušek, 1996). Es fehlen die für die Kompensation der Belastung notwendigen Interaktionsmuster.

3.3.5.2 Schlafstörungen

Ausgeprägte Schlafschwierigkeiten nach dem 6. Monat stellen eine krankheitswertige Beeinträchtigung dar, wobei zwischen organischen und nichtorganischen Schlafstörungen unterschieden wird (Wurmser, 2009). Eine Schlafstörung kann ebenso ein aus der Säuglingszeit persistierendes Symptom sein. Im Alter von 2 bis 3 Jahren handelt es sich dabei um ein erlerntes Verhalten oder um die mangelnde Fähigkeit des Kindes, allein (wieder-)einzuschlafen (Möhler & Resch, 2004). Schlafstörungen sind das weitaus häufigste Störungsbild der frühen Kindheit, das Auswirkungen auf das Familienleben, die Paarbeziehung und die entstehende Eltern-Kind-Beziehung hat.

Manifestationsformen und Definition. Das Erscheinungsbild von Schlafstörungen im Säuglings- und Kleinkindalter ist sehr vielfältig, je nach Alter des Kindes, unspezifisch in Bezug auf die Entstehungsbedingungen, Auswirkungen und langfristigen Folgen (Papoušek, 2002). Schlafstörungen äußern sich in der Schwierigkeit der Kinder, ohne Hilfe der Eltern einzuschlafen sowie im wiederholten Aufwachen in der Nacht mit signalisierendem Schreien, Quengeln, Rufen nach den Eltern, Holen der Eltern oder Kommen ins Elternbett, in verkürzter Schlafzeit und höheren Schwankungen in der Schlafdauer (Papoušek, 2002; Schieche, Rupprecht & Papoušek, 2004). Ab dem 3. Lebensjahr versuchen Kinder die Bettroutine zu verweigern, fordern erneut Aufmerksamkeit, versuchen Grenzen auszutesten, es kommen Ängste und Alpträume dazu (Wurmser, 2009). Zum Erscheinungsbild gehört auch eine beeinträchtigte Befindlichkeit am Tag und am Abend (Schieche et al., 2004; Wurmser, 2009).

Da die Kinder ihre Eltern brauchen, kann es zu sekundären Schlafproblemen der Eltern kommen. Die elterlichen Reaktionen gehören damit zum klinischen Erscheinungsbild, wobei es sich meist um aufwändige und oft bizarre Unterstützungshilfen sowie unangemessene Einschlafrituale oder inadäquate Grenzsetzungen handelt (Fegert, Schulz, Bergmann, Tacke, Bergmann & Wahn, 1997; Papoušek, 2002; Schieche et al., 2004; Wurmser, 2009). Schlafstörungen gehen mit dysfunktionalen Interaktionsmustern im Zusammenhang mit dem Einschlafen einher (Papoušek, 2002).

Es liegt derzeit keine allgemein gültige Definition von Schlafstörungen im Säuglings- und Kleinkindalter vor. Dies wird durch die hohe individuelle Variabilität und die raschen altersabhängigen Veränderungen des Schlafverhaltens sowie durch die individuelle Toleranz der Betreuungspersonen erschwert (Schieche et al., 2004). Man unterscheidet zwischen Einschlaf- und Durchschlafstörung (Möhler & Resch, 2004), und diese müssen in mindestens fünf Nächten pro Woche vorliegen und mehr als drei Monate bestehen, um als solche eingeordnet zu werden (Minde et al., 1993; vgl. Schieche et al., 2004). Die Dauer des Gesamtschlafs, die Anzahl elterlicher Einschlafhilfen sowie die Wachbefindlichkeit des Kindes tagsüber müssen bei der Beurteilung einbezogen werden (Schieche et al., 2004).

Prävalenz und Persistenz. Die frühkindlichen Schlafstörungen sind mit einer geschätzten Prävalenz von 10 bis 30 % sehr häufig (Wurmser, 2009), wobei die Prävalenzraten je nach verwendeten Diagnosekriterien stark schwanken: zwischen 15 bis 20 bzw. 25 % (Zfg. Schieche et al., 2004; Wolke, 1999) in den ersten zwei Lebensjahren; 7 bis 13 % im Kindergartenalter (Fegert et al., 1997; Wolke, 1999). Nach epidemiologischen Studien von Fegert et al. (1997) wecken etwa 40 % der Kinder im Alter von 6 bis 36 Monaten ihre Eltern regelmäßig einmal pro Nacht, die Hälfte davon mehrmals pro Nacht. Schlafstörungen sind häufiger und dauern länger an, wenn die Säuglinge länger gestillt wurden oder mit den Eltern gemeinsam im Zimmer oder im Bett schlafen (Fegert et al., 1997; Wolke, 1999).

Die Persistenz von Schlafstörungen im frühen Alter ist hoch: mindestens 30 % der Kinder, die mit fünf Monaten regelmäßig aufwachen, tun dies auch noch mit 20 Monaten oder drei Jahren (Sarimski & Papoušek, 2000). Ohne Intervention können Störungen bis ins vierte Lebensjahr persistieren (Möhler & Resch, 2004). Anhand anderer Studien persistiert die Schlafproblematik bis ins Vorschul- (ca. 12 %) und Schulalter, folgt Schreiproblemen im Säuglingsalter und ist mit der Gefahr von internalisierenden und externalisierenden Verhaltensproblemen im Vorschulalter verbunden (Lam, Hiscock & Wake, 2003).

Komorbidität. Die wichtigsten mit Schlafstörungen assoziierten Störungen im Alter zwischen 7 und 24 Monaten sind: dysphorische Unruhe/Spielunlust, exzessives Klammern, exzessives Trotzen, aggressiv-oppositionelles Verhalten und Fütterstörungen (Schieche et al., 2004). Zwei Drittel der Kinder, die in der zweiten Hälfte des ersten Lebensjahres mit Schlaf-störungen vorgestellt wurden, wurden von ihren Eltern retrospektiv als sehr irritierbare Säuglinge geschildert (Hofacker & Papoušek, 1998). Anhand der Münchner Daten beginnen die Schlafstörungen mit exzessivem Schreien und Problemen der Schlaf-Wach-Regulation (in 77% der Fälle) bereits in den ersten drei Lebensmonaten (Schieche et al., 2004).

Prädiktoren und Langzeitprognose. Prädiktoren von frühen Schlafstörungen sind wenig untersucht (Wurmser, 2009). Eine depressive Symptomatik der Mutter konnte eher als Folge denn als Ursache der kindlichen Schlafstörungen festgestellt werden (Lam et al., 2003). Ein erhöhtes Risiko bezüglich des Entwickelns einer Schlafstörung stellen psychiatrische Erkrankungen des Kindes (z.B.

Aktivitäts- und Aufmerksamkeitsstörung, Angststörung, Depression) dar (Zfg. Wurmser, 2009).

Kurzfristige sowie langfristige Folgen sind Auswirkungen auf die körperliche Gesundheit, das Sozialverhalten, das Aufmerksamkeits- und Konzentrationsvermögen, die schulischen Leistungen und insbesondere auf die höheren kognitiven Funktionen wie geistige Flexibilität, Abstraktion etc. (Zfg. Wurmser, 2009). Ebenso gibt es eine Auswirkung auf das Familiensystem (z.b. Unzufriedenheit der Mutter über die Kooperation des Partners) (Lam et al., 2003).

Beeinträchtigung der Eltern-Kind-Interaktion. Nur die Hälfte der Eltern fühlt sich durch das nächtliche Aufwachen ihres Kindes gestört (Fegert et al., 1997). Die subjektive Belastung steigt mit der Persistenz der Schlafstörung. Ob eine Schlafstörungen zur Belastung der Eltern wird, hängt von den zusätzlichen psychosozialen Risiken und der Toleranz sowie den Bewältigungskräften der Eltern ab. Weitere Elterliche Belastungsfaktoren sind enge Wohnverhältnisse, depressive Erschöpfung und Enttäuschung der Mutter sowie unzureichende Unterstützung durch den Partner (Sarimski & Papoušek, 2000).

Mütter schlafgestörter Kinder zeigen sich überfordert und depressiv, zweifeln an ihrer eigenen Kompetenz und haben weniger Zuversicht in ihre Fähigkeiten, die Belastungen zu bewältigen (Sarimski, 1993b). Sie haben mehr Probleme, Grenzen zu setzen, und fühlen sich auch tagsüber unsicher und hilflos im Umgang mit dem Kind (Morrell, 1999). Bei ängstlicher oder depressiver Persönlichkeitsstruktur oder eigenen frühen Verlusterfahrungen der Mutter können diese negativen Wechselwirkungen zu einer schweren Störung der Mutter-Kind-Beziehung führen (vgl. Sarimski & Papoušek, 2000; Stoleru, Nottelmann, Belmont & Ronsaville, 1997).

Ähnlich wie beim exzessiven Schreien bestehen entwicklungspsychopathologische Zusammenhänge zwischen Schlafproblemen der Kinder und der mütterlichen Selbstsicherheit (Sarimski & Papoušek, 2000). Schlafstörungen stellen nur einen Teil einer komplexeren Symptomatik in der Eltern-Kind-Interaktion dar. Ein anklammerndes und tyrannisches Verhalten des Kindes kann durch unzureichende oder unklare elterliche Grenzsetzung oder durch elterliche Ängste und Depression bedingt werden. Ebenso können Schlafstörungen bereits Teil einer allgemeinen Angststörung mit erhöhter Trennungsempfindlichkeit und Angstdisposition sein (Möhler & Resch, 2004).

3.3.5.3 Fütterstörungen

Manifestationsformen und Definition. Aus entwicklungsorientierter Sicht sind vorübergehende Probleme beim Füttern als normale Anpassung zu sehen. Eine Fütterstörung ist durch anhaltende Nahrungsvermeidung im Säuglingsalter und durch Nahrungsverweigerung, Rumination/ Erbrechen, wählerisches Essen nach dem ersten Lebensjahr oder von den Eltern als provokativ empfundenes oder grob altersunangemessenes Essverhalten gekennzeichnet. Objektiviert wird die Störung durch folgende Kriterien: Die Mahlzeiten dauern länger als 45 Minuten bzw. zwischen den Mahlzeiten liegen weniger als zwei Stunden. Eine Fütterstörung kann von einer Gedeihstörung begleitet werden (Möhler & Resch, 2004; Wurmser, 2009).

Zu den Manifestationsformen einer Fütterstörung gehören dysfunktionale Interaktionsmuster: Eltern üben durch massive Angst vor Mangelernährung z.B. Druck beim Füttern aus und verstärken so die Abwehr des Kindes (Möhler & Resch, 2004). Um eine Fütterstörung von häufigen Essproblemen im frühen Kindesalter abzugrenzen, wird darüber hinaus erst dann eine Störung festgestellt, wenn sie mit einer kontinuierlich unzureichenden Nahrungsaufnahme (Gewichtsverlust oder ausbleibende Gewichtszunahme) einhergeht bzw. wenn sie zu einer erheblichen Konfliktbelastung der Familie führt (Laucht, 2008). Chatoor, Getson, Menvielle, Brasseaux, O'Donnel, Rivera und Mrazek (1997) beschreiben mindestens drei Gruppen von Fütterstörungen: homöostatische Fütterstörungen, Fütterstörungen mit Problemen der Bindung und „infantile Anorexien". Schwere Interaktionsstörungen wurden bei Kindern mit Fütterstörungen und Problemen der Bindung bestätigt (vgl. Wiefel et al., 2004).

Prävalenz und Persistenz. Bei 25 % aller Kinder werden Fütterprobleme angenommen, schwere persistierende Fütterstörungen wurden in der normalen Population mit einer Prävalenz von 3 bis 4 bzw. 10 % gefunden (vgl. Lindberg, Bohlin & Hagekull, 1991; Wolke, 1999); die Daten variieren je nach Definition, Methoden der Datengewinnung und Altersgruppe (vgl. Wurmser, 2009).

Für die Angabe der Persistenz liegen wenige Daten vor. Nach Hagekull, Bohlin und Rydell, (1997) weisen 48 % der Kinder in einer nicht klinischen Stichprobe im Alter von 2 Monaten auch mit 2 Jahren weiterhin Essprobleme auf, wobei 14 % der ursprünglich unauffälligen Kinder ausgeprägte Fütterprobleme entwickelten. Von der mütterlichen Sensibilität in der Interaktionsgestaltung hängt es signifikant ab, ob aus einer frühen Fütterschwierigkeit eine andauernde Essstörung entsteht (Hagekull et al., 1997). Durch das Drängen zum Essen kann oppositionelles Verhalten verstärkt werden (vgl. Sarimski & Papoušek, 2000).

Prädiktoren und Langzeitprognose. Nach Wolke (2000) spielen soziodemographische Faktoren (Schichtzugehörigkeit, Geschlecht des Kindes, Geschwisteranzahl oder -position) bei der Vorhersage von Fütterproblemen keine Rolle. In einer Prospektivstudie von Hagekull et al. (1997) konnte gezeigt werden, dass ein schwieriges Temperament des Kindes in Zusammenhang mit mangelnder Feinfühligkeit der Mutter eine ausgeprägte Essverweigerung vorhersagen kann. Schwere und chronifizierte Fütterstörungen können das Gedeihen des Kindes beeinträchtigen, die Mutter-Kind-Interaktion belasten und zu körperlichen Erkrankungen, sozialen Beeinträchtigungen und Verhaltensauffälligkeiten führen (Wolke, 2000).

Belastung der Eltern-Kind-Interaktion. Kinder mit Essproblemen werden von ihren Müttern als unausgeglichener und leichter irritierbar geschildert. Beim Füttern und Spielen reagieren die Mütter weniger sensitiv auf Signale und Bedürfnisse der Kinder und zeigen mehr direktive Steuerung (Lindberg, Bohlin, Hagekull & Palmerus 1996). Die Mütter sind rigider, äußern sich negativ über das Kind, zeigen geringe Bereitschaft für die Bedürfnisse des Kindes, weisen größere emotionale Distanz auf und zeigen weniger Freude an der Elternrolle (Coolbear & Benoit, 1999). Dies kann zu tiefgreifenden Störungen der mütterlichen Rollenidentität führen. Durch intrusives Füttern mütterlicherseits und Ablehnungs- und Verweigerungsverhalten des Kindes entstehen Interaktionsstörungen mit Leidensdruck für beide Beteiligten. Hochgradige Konflikte und dauerhafte Fütterprobleme können zu einer generellen Beziehungsbelastung führen, wenn das Gedeihen des Kindes gefährdet ist und Bewältigungskräfte überfordert sind, sowie zu genereller oppositioneller Problematik (Möhler & Resch, 2004).

3.3.5.4 Störungen der emotionalen Verhaltensregulation im Kleinkindalter

Im Folgenden werden die häufigsten Störungen der frühkindlichen Verhaltensregulation beschrieben.

Emotionale Auffälligkeiten bzw. internalisierende Störungen

Manifestationsformen. Exzessives Klammern (Papoušek & Hofacker, 2004) manifestiert sich als häufiges (vermeintliches) Verlangen nach Körperkontakt, heftiges Anklammern an die Bezugsperson (Verlangen nach der Brust) und ängstliches, aber forderndes Schreien. Dieses Bindungsverhalten dient der Regulation der Langweile, Spielunlust und dem Verlangen nach Aufmerksamkeit. In einer

Eltern-Kind-Interaktion wirken die Eltern als unsicher-ambivalent dem kindlichen Kontaktverlangen gegenüber. Sie zeigen hohe, aber dysfunktionale Responsivität, Doppelbotschaften, Zärtlichkeit parallel mit Anspannung, wachsenden Ärger in Abwechslung mit fürsorglicher Zuwendung und Zurückweisung. Die Kapazität der Eltern erreicht – durch das permanente Einfordern von Aufmerksamkeit – Grenzen. Es fällt den Eltern schwer, die momentanen tatsächlichen Bedürfnisse des Kindes zu verstehen, sich vom Kind abzugrenzen und eigenen Bedürfnissen (sowie Paarbedürfnissen) nachzugehen. Darüber hinaus können die Bezugspersonen die altersangemessene Fähigkeit des Kindes, sich in Exploration und Spiel zu beruhigen und zu regulieren, nicht unterstützen.

Exzessive Ängstlichkeit und soziale Gehemmtheit zeigt sich in extrem langer und altersunangemessener Hemmung der Explorations- und Spielbereitschaft sowie in der Kontaktbereitschaft des Kindes in fremder Umgebung und/oder mit fremden Personen. Das Kind sucht (z.B. in fremder Umgebung) Schutz und Versteck bei Bezugspersonen, kann zu weinen beginnen, wobei auch eine generelle Ängstlichkeit bestehen kann (Papoušek & Hofacker, 2004).

Exzessive Trennungsangst. Trennungsangst, als alterstypisches Verhaltensmuster in der zweiten Hälfte des 1. Lebensjahres (wie vermehrter Sichtkontakt mit der Bezugsperson, Weinen, wenn diese aus dem Sichtfeld verschwindet) kann bei besonders ängstlichen Kindern bzw. überfürsorglichen Eltern bis ins 2. oder 3. Lebensjahr aufrechterhalten werden. Eine kurze Trennung von der Mutter kann zu massiven altersunangemessenen Trennungsreaktionen führen (exzessives Klammern, Schreien). Mütterliches Verhalten zeichnet sich durch Verunsicherung, Schuldgefühle, Ambivalenz sowie durch Meiden der Trennungssituationen aus. Dies führt in weiterer Folge zu Frustration, Resignation, Konflikten (Papoušek & Hofacker, 2004)

Objekt- und situationsgebundene Ängste entstehen mit fortschreitender Differenzierung kognitiver Funktionen. Zweijährige fürchten sich vor konkreten Objekten (z.B. Tieren), mit ca. 3 Jahren beginnen Ängste vor imaginären Gefahren (Fantasiegestalten und Dunkelheit) im Vordergrund zu stehen. Eine Störung kann festgestellt werden, wenn diese Ängste mit deutlichen sozialen Einschränkungen einhergehen (starkes Vermeidungsverhalten, unkontrollierbare Furchtreaktionen) (Laucht, 2008).

Verhaltensauffälligkeiten bzw. externalisierende Störungen

Manifestationsformen. Als *exzessives Trotzverhalten* (Papoušek & Hofacker, 2004) werden kontextunangemessene, extrem intensive, lang andauernde und häufige Wutanfälle in frustrationsauslösenden Situationen beschrieben. Heftige affektive Erregung drückt sich durch wütendes Schreien, Sich-auf-den-Boden-Werfen, durch autoaggressive (z.b. sich schlagen) und aggressive (z.b. Sachen herumwerfen, Bezugspersonen schlagen) Reaktionen aus. Ärger und Durchsetzungsverhalten wird instrumentell eingesetzt, um eigene Ziele zu erreichen. In der Eltern-Kind-Interaktion zeichnen sich Eltern durch Unsicherheit, unklare Grenzen und Regeln, mangelnde Konsequenzen und Nachgiebigkeit dem Kind gegenüber aus. In Wutsituationen ist elterliches Verhalten meist dysfunktional. Nachgeben, Zuwendung, Argumentieren, Trösten etc. kann die Erregung des Kindes weiter eskalieren lassen. Andererseits kann das Trotzen zu Eskalation von Ärger und Einsetzen von Drohungen oder Strafen führen.

Aggressiv-oppositionelles Verhalten. Im Falle eines oppositionellen Verhaltens verweigert das Kind mit Ignorieren oder Trotzanfällen gezielt das Einhalten von Grenzen und Regeln. Es versucht, provokativ Aufmerksamkeit zu gewinnen, Grenzen auszutesten oder Bezugspersonen zu ärgern. Elterliches Verhalten und Erziehungsstil sind inkonsequent – zwischen Gewährenlassen und überschießender Kontrolle (Papoušek & Hofacker, 2004). Problematische Formen eines oppositionellen Verhaltens beherrschen die Alltagskontakte zu den Bezugspersonen, sie werden durch restriktive Erziehungsmaßnahmen verstärkt und auf andere soziale Kontexte generalisiert (Laucht, 2008).

Aggressives Verhalten (z.B. Objekten gegenüber) kann gemeinsam mit provokativem Verhalten und Trotzanfällen einhergehen und wird meist in Beziehungen mit Geschwistern oder Gleichaltrigen beobachtet, aber auch im engen Kontakt mit den Eltern. Im Laufe der Entwicklung können verschiedene Arten körperlicher Aggressivität sowie verbale Aggressionen beobachtet werden. Kinder mit einer erhöhten Aggressivität werden häufig von Gleichaltrigen abgelehnt, was wiederum zu geringeren sozialen Kompetenzen führt.

Symptome der *Aufmerksamkeitsdefizit-/Hyperaktivitätsstörung* (ADHS) bzw. eines *Hyperkinetischen Syndroms* (HKS) treten häufig gemeinsam mit aggressiven und oppositionellen Verhaltensproblemen auf. Als Symptome gelten: verstärkte motorische Unruhe, vermehrte Impulsivität (abruptes Abbrechen von Handlungen, rasche Interessenszuwendung oder -verlust), erhöhte Ablenkbarkeit, Verminderung der Stresstoleranz, was sich in verschiedenen Kontexten zeigt (Laucht, 2008).

Prävalenz. Internationale epidemiologische Studien geben beinahe gleiche Prävalenzraten von ca. 12 % von Verhaltensauffälligkeiten bei 2½- und 3-jährigen Kindern an (Achenbach, 1992; Achenbach & Rescorla, 2000). Bei der Unterscheidung des Ausprägungsgrades ergaben sich 7 % deutlich bis ausgeprägt auffällige und 15 % leicht auffällige dreijährige Kinder (Fegert, 1996). Andere Studien kommen zu ähnlichen Ergebnissen und geben eine mittlere Prävalenzrate von 16 % bei Vorschulkinder an (Campbell, 1995; Überblick über internationale Studien von Kuschel, 2001).

Bei Verwendung standardisierter Interviewverfahren in neueren Untersuchungen (von Zwei- bis Fünfjährigen) lag die mittlere Gesamtprävalenz bei 19 % (Egger & Angold, 2006). In einer deutschen Risikokinderstudie (Laucht, 2002) lag die Gesamtrate von Verhaltensauffälligkeiten bei 19 %, wobei signifikante Geschlechtsunterschiede (bei den Jungen wesentlich höher) vorlagen. Auch andere Studien bestätigen die geschlechtsspezifischen Unterschiede (z.b. die Daten der Münchener Sprechstunde, Hofacker & Papoušek, 1998).

Verhaltensstörungen überwiegen in der Altersgruppe der Zwei- bis Fünfjährigen gegenüber emotionalen Störungen (generalisierte Ängstlichkeit – 0,5-6,5 %, Trennungsangst – 0-5 %), wobei als häufigste Störungen oppositionelle Störungen (4-17 %) und ADHS (2-6 %) benannt werden (Egger & Angold, 2006).

Persistenz. Es ist klinisch relevant, dass die Stabilität des ängstlichen Rückzugsverhaltens gegenüber neuen Reizen (Objekten und Personen) sowie eine entsprechend hohe Reagibilität, herabgesetzte Explorationsneigung und soziale Ängstlichkeit vom Kleinkindalter bis in die Vorschulzeit reichen (Kagan et al., 1999). Die Verhaltensauffälligkeiten persistieren bis zum Schulalter: 60 % der Kinder, die im Alter von 2 bis 3 Jahren als verhaltensauffällig eingeschätzt wurden, wurden auch im späteren Kindesalter (von 2 bis 4 und bis 8 Jahre) weiterhin als verhaltensauffällig bezeichnet (Campbell, 1995; Laucht, 2002). Verhaltensstörungen weisen eine höhere Stabilität als emotionale Auffälligkeiten auf (vgl. Laucht, 2008), wobei bei Jungen wesentlich ungünstigere Prognosen bestehen (Campbell, 1995; Laucht, 2002).

Komorbidität. Nach Papoušek und Hofacker (2004) treten exzessives Klammern, Trotzen und aggressiv-oppositionelles Verhalten sehr häufig in Assoziation mit Schlafstörungen und auch häufig mit Fütterstörungen und dysphorischer Unruhe auf. Nach klinischer Erfahrung der Autoren geht diesen Störungen in ca. 75 % der Fälle ein exzessives Schreien in den ersten drei Monaten voraus, begleitet von dysfunktionalen Interaktionserfahrungen. Die meisten der beschriebenen emotionalen Auffälligkeiten und Verhaltensauffälligkeiten besitzen eine hohe Komorbidität mit Störungen der Sprachentwicklung (Laucht, 2008).

3.4 Forschungsergebnisse zum Zusammenhang zwischen Eltern-Kind-Beziehung und kindlicher Entwicklung

In diesem Abschnitt werden vor allem die Befunde der Mannheimer Risikokinderforschung angeführt. Im Rahmen der Mannheimer Forschung wurden unter anderen auch folgende, für die vorliegende Dissertation relevante, Themen untersucht: Auswirkung eines gegebenen psychosozialen Risikos auf die Mutter-Kind-Interaktion (MKI) und Vater-Kind-Interaktion (VKI); Beschreibung spezifischer Verhaltensmuster in der Interaktion; Bedeutung der Qualität und Folgen von Störungen der frühen Interaktion für die Kindesentwicklung; protektive Funktion einer gelungenen MKI; geschlechtsspezifische Unterschiede im Interaktionsverhalten. Es wurde besonderes Augenmerk auf die genaue Erfassung der Qualität der Eltern-Kind-Interaktion gelegt (s. z.B. Dinter-Jörg et al., 1997; Trautmann-Villalba et al., 2003). Gestörte und ungestörte Merkmalsträger wurden in Hinblick auf die Entwicklungsparameter des Kindes verglichen (Esser, Dinter, Jörg, Rose, Villalba, Laucht & Schmidt, 1993). Als Risikobelastung wurden die bei der Geburt vorhandenen Risiken erfasst und ein kummulativer Risikoindex je organische und psychosoziale Belastung gebildet (Esser et al., 1993). Emotionale Probleme und Verhaltensprobleme des Kleinkindes wurden anhand der Auskünfte der Hauptbezugsperson im Mannheimer Elterninterview (Esser, Blanz et al., 1989) erfasst.

Auswirkung des psychosozialen Risikos auf Mutter-Kind-Interaktion und kindliche Entwicklung. Sowohl die biologischen als auch die psychosozialen Faktoren spielen eine wichtige Rolle in der Pathogenese von Verhaltensstörungen, wobei der Einfluss der psychosozialen Faktoren eher belegt ist (Zfg. Trautmann-Villalba et al., 2001). Ab dem Alter von 2 Jahren besitzt eine bestimmte Konstellation von psychosozialen Risikofaktoren – unter denen die wichtigste Rolle der Qualität der MKI zufällt – den höchsten Erklärungswert für die Entstehung und den Verlauf von psychischen Problemen des Kindes (Laucht et al., 1996). Im Bezug auf das Vorliegen eines psychosozialen Risikos wurde eine negative Wechselseitigkeit von Müttern und ihren zweijährigen Kindern im Interaktionsgeschehen festgestellt (Dinter-Jörg et al., 1997).

Die moderierende Rolle der frühen Beziehung bei der Vermittlung von Risikoeffekten für die Entwicklung von Risikokindern wurde bestätigt (Laucht et al., 2002). Die z.B. von Laucht et al. (2000b) oder auch von Trautmann-Villalba et al. (2001) zusammengefassten Ergebnisse internationalen Studien belegen die nachteilige Wirkung folgender familiärer Variablen auf die MKI und auf das Entstehen von Verhaltensabweichungen: Armutsbedingungen, niedriges Bildungsniveau und Einkommen, niedrige soziale Schicht der Mutter, kinderreiche Familie, elterliche psychische Auffälligkeiten, antisoziales Verhalten, hyperkinetische Symptomatik der Eltern in ihrer eigenen Kindheit, Familienstress, disharmonische Partnerbeziehung, Scheidung, Herkunft aus zerrütteten familiären Verhältnissen.

Beschreibung spezifischer Verhaltensmerkmale und Verhaltensmuster von Mutter und Kind. In der frühen MKI finden sich typische Verhaltensmuster für ablehnende und vernachlässigende[3] Mütter (weniger variabel und echt, weniger Babysprache und sprachliche Äußerungen, weniger Lächeln, weniger zärtlich und mehr restriktiv, vermehrt negative Äußerungen über das Kind; weniger reaktiv, weniger stimulierend), während keine Besonderheiten im Interaktionsverhalten der betroffenen Kinder zu finden sind (Esser et al., 1993).

Das Interaktionsverhalten von Müttern und ihren zweijährigen Kindern aus den Hochrisikodyaden ist durch negative Wechselseitigkeit gekennzeichnet. Die Mütter zeichnen sich durch insgesamt unangemessenes Steuerungsverhalten, Restriktivität und negative Reaktivität aus. Sie leisten weniger Hilfestellung und Unterstützung, fördern ihre Kinder weniger kognitiv. Die Kinder sind häufiger negativ gestimmt, reagieren häufiger negativ auf ihre Mutter. In der Interaktion zeigen zweijährige Kinder zudem verstärkt entweder aggressives (provokatives und oppositionelles) Verhalten bei eher hilflosen Müttern (ihnen fehlen adäquate Bewälti-gungsstrategien im Umgang mit einem schwierigen Kind) oder überangepasstes Verhalten bei Müttern mit aggressiven Tendenzen (wie Abwertung) (Dinter-Jörg et al., 1997).

Ähnliche Interaktionsauffälligkeiten werden bereits im Vorschulalter beobachtet: verminderte Reaktivität und häufige negative Reaktionen aufseiten des Kindes (mit externalisierenden Auffälligkeiten) sowie hohe Restriktivität und vermehrte Negativität aufseiten der Mutter (Polowczyk et al., 2000). Spezifische Interaktionsmuster für die Aufrechterhaltung externalisierender Störungen (hyperkinetischer Störungen bzw. Störungen des Sozialverhaltens) wurden im Grundschulalter nachgewiesen (Trautmann-Villalba et al., 2001). Die Mütter auffälliger Kinder sind restriktiver, abwertender und weniger angemessen in ihrem Steuerungsverhalten, zeichnen sich häufiger durch Ungeduld aus als Mütter unauffälliger Kinder. Hyperkinetische Kinder verhalten sich in der Interaktion

---

[3] *Ablehnung* ist als strenges Erziehungsverhalten, wenig Körperkontakt und Zärtlichkeit, wenig Freude im Umgang mit dem Kind, häufige Kritik am Kind und übermäßige Betonung der Belastung durch das Kind definiert; *Vernachlässigung* ist als mangelnde und inadäquate Anregung, mangelnde Aufsicht, mangelnde Pflege und Missachtung der Gesundheit des Kindes definiert; beide Klassifikationen sind als Determinanten der frühen Mutter-Kind-Beziehung gesehen (Esser et al., 1993).

mit ihren Müttern abwertender, impulsiver, sie sind unaufmerksam und können sich weniger gut durchsetzen, jedoch zeigen sie sich weniger hilflos als unauffällige Kinder. Kinder mit gestörtem Sozialverhalten verhalten sich abwertender, aggressiver, impulsiver, provokativer, können sich seltener durchsetzen, sind weniger aufmerksam und reaktiv, leisten mehr Widerstand als unauffällige Kinder. Es zeigt sich eine wechselseitige negative Verstärkung im Verhalten beider InteraktionspartnerInnen: Die Mütter reagieren aversiv auf das impulsive Verhalten des Kindes, um dieses (selten erfolgreich) zu unterbinden, was zu einer Zunahme hyperkinetischer Symptome bei impulsiven Kindern führt. Die Kinder verhalten sich – durch die Einschränkung überfordert – weiter impulsiv und zeigen mehr Widerstand. Ein ähnliches Phänomen ist auch in der Mutter-Kind-Interaktion von Kindern mit gestörtem Sozialverhalten zu beobachten (Trautmann-Villalba et al., 2001).

Diese Ergebnisse stimmen mit den Befunden früherer Studienergebnisse überein: Mütter von hyperkinetischen Kinder zeichnen sich durch Direktivität, Eingreifen ins Interaktionsgeschehen; geringe Sensibilität gegenüber den Bedürfnissen der Kinder, Missbilligung und Ablehnung, fehlende(s) Unterstützung und Loben aus. Impulsive Kinder zeichnen sich durch Negativität im Kontakt mit ihren Müttern, Aggressivität, Destruktivität, Trotz sowie mangelnde Reaktivität aus (Zfg. Trautmann-Villalba et al., 2001; Vorschullter, Grundschulalter).

Es werden auch spezifische Verhaltensmuster in der Interaktion von Säuglingen und Kleinkindern mit ihren an Depression erkrankten Müttern beschrieben. Diese Mütter verhalten sich im Kontakt mit ihren Kindern häufiger passiv, wenig entscheidungsfähig und engagiert, zeigen wenig Interesse und weniger Toleranz bzw. emotionale Beteiligung (sind wenig warmherzig und einfühlsam) dem Kind gegenüber und äußern mehr negative Gefühle und Feindseligkeit, üben mehr Kritik (Field, 1992; Field, Healy, Goldstein & Guthertz, 1990). Sie sprechen ihre Kinder weniger an und fördern somit ihre Artikulationsfähigkeit weniger (Cox, Puckering, Pound & Mills, 1987). Kinder zeigen in der Interaktion mit ihrer depressiv verstimmten Mutter vermehrt Rückzugs- und Vermeidungstendenzen (Cohn & Tronick, 1989) bzw. zeichnen sich durch folgende Verhaltensmerkmale aus: niedrigeres Aktivitätsniveau, hohe Irritierbarkeit und eine verminderte Reaktionsfähigkeit auf soziale Stimuli bereits im Neugeborenen- bzw. Säuglingsalter (Field, 1992). Junge Kinder sind besonders für Stimmungsschwankungen oder Verstimmungen ihrer Mütter empfänglich. Während Kinder gesunder Mütter auf einen „depressiven" Gesichtsausdruck verwundert, argwöhnisch oder weinerlich reagieren, scheinen Kinder von an Depression erkrankten Müttern an diesen Gesichtsausdruck gewöhnt zu sein. Das Verhalten des Kindes (z.B. weniger reaktiv) wird auch auf nicht-depressive Personen „generalisiert". Durch eine Rückkoppelung fangen auch „neutrale" Personen an, diesen Kindern gegenüber weniger Engagement zu zeigen (Field, 1992).

Chatoor, Schaefer, Dickson und Egan (1984) haben dyadische Verhaltensmuster von Mutter und Kind mit Essstörung in einer Fütterungssituation beschrieben. Diese – adaptive vs. nicht-adaptive – Verhaltensmuster umfassen einen gefühlsmäßigen Ausdruck (mutterseits: z.B. gleichgültig, depressiv, ängstlich, agitiert; kinderseits: z.B. zurückgezogen, „überwach"), interaktive Verhaltensmerkmale beider InteraktionspartnerInnen (der Mutter: verbringt zu wenig Zeit mit dem Kind, kann keine reziproke Interaktion aufbauen; des Kindes: vermeidet Blickkontakt, vokalisiert nicht, versteift sich beim Hochheben) bzw. das Fütterungsverhalten der Mutter (mechanische Fütterung, körperliche Distanz, geringe Sensibilität für Bedürfnisse des Kindes) und das Essverhalten des Kindes (erbricht, zeigt kein Interesse am Essen, lässt sich von anderen Bezugspersonen gut füttern).

Zusammenhänge zwischen frühen Auffälligkeiten der Kinder und der Qualität der Mutter-Kind-Interaktion bzw. der Entwicklung des Kindes. Die frühe Interaktion von Müttern mit ihren irritablen Säuglingen (vermehrtes Schrei- und Unruheverhalten) ist beeinträchtigt (Herrle, Laucht, Esser, Dinter-Jörg & Schmidt, 1999). Im Vordergrund stehen dabei Merkmale des Interaktionsverhaltens der Kinder (weniger reaktiv und aufmerksam, vermehrt ausgeprägte negative Mimik). Auf Seiten der Mutter finden sich hingegen nur geringfügige Abweichungen im Umgang mit ihrem Säugling. Synchrone dyadische Interaktionsverläufe sowie erfolgreiche Elicits (interaktionsanstoßende Verhalten) kommen in diesen Dyaden (trotz der Bemühungen der Mütter) seltener vor. Eine erhöhte Irritabilität im Säuglingsalter ist mit diversen Beeinträchtigungen der kindlichen Entwicklung (bzw. mit Verhaltensauffälligkeiten) verknüpft, die bis ins Vorschulalter bestehen bleiben (Herrle et al., 1999).

Hofacker et al. (1996) beobachten ebenso, dass die Hälfte der exzessiv schreienden Babys in ihrer Interaktionsbereitschaft eingeschränkt sind, während ihre Mütter in einer Spielsituation (aber nicht beim Versuch zu beruhigen) bemerkenswerte intuitive Kompetenz zur Beziehungsgestaltung zeigen. Diese Mütter empfinden die Beziehung als sehr belastend: Sie nehmen ihre Kinder als wesentlich schwieriger und schlechter vorhersagbar wahr, sich selbst als wesentlich deprimierter, erschöpfter, frustrierter oder ängstlich-überfürsorglicher; sie haben weniger Vertrauen in ihre erzieherischen Tätigkeiten.

Eine Reihe von Untersuchungen verbindet Negativität bzw. schwieriges Verhalten des Kindes mit geringerem unterstützendem Elternverhalten (Goldberg et al., 2002; McBride, Schoppe & Rane, 2002), während positive Emotionalität des Kindes mit feinfühligem und responsivem Verhalten der Eltern assoziiert wird (McBride et al., 2002). Auffälligkeiten der MKI sind mit den externalisierenden Verhaltensschwierigkeiten der Kinder verbunden (Überblick Trautmann-Villalba et al., 2001).

Prädiktive Bedeutung der Interaktionsqualität für die Entwicklung des Kindes. Störungen der frühen MKI führen zu gravierenden Entwicklungsrückständen. Während ungünstige kindliche Verhaltensmerkmale eher für Entwicklungsrückstände im kognitiven Bereich verantwortlich sind, erweisen sich Auffälligkeiten des mütterlichen Interaktionsverhaltens (mangelnd: Babysprache, Lächeln, Stimulation, Zärtlichkeit, Kongruenz, Reaktivität, Variabilität) mit den Säuglingen für sozial-emotionale Störungen des Kindes (signifikant höhere Symptomanzahl) im Alter von 2 bis 4.5 Jahren als bedeutender (Laucht et al., 1993).

Die Längsschnittstudie von Denham et al. (2000) zeigt, dass zwei Aspekte des mütterlichen und väterlichen Verhaltens – negative Emotionen (Ärger und Feindseligkeit, negatives Familienklima) sowie Fehlen von positiven Emotionen und aversives Verhalten (negative EKI, mangelnde Unterstützung, autoritäre und einschränkende Erziehungsstile) – eine konstitutionell bedingte, ungünstige Prädisposition des Kindes verschlimmern. In der Interaktion mit 4 bis 5 Jahre alten Kindern beobachteter Ärger bzw. die selbstberichtete Feindseligkeit der Eltern gelten unter anderem als Prädiktoren für spätere externalisierende Auffälligkeiten der vulnerablen Kinder. Gering modulierte negative Emotionen der Eltern gehen mit exzessiven Verboten, Anschreien und physischer Disziplin einher, die Schwierigkeiten der Kinder verschärfen sich dadurch; hierbei sind externalisierende Störungen selbst mit starken negativen Emotionen und Schwierigkeiten, diese Emotionen zu regulieren, verbunden. Internalisierende Störungen in der Kindheit hängen mit ungünstigen elterlichen Interaktionsvariablen – Ablehnung, mangelnde Wärme und Unterstützung – zusammen (Zfg. Denham et al., 2000).

Eltern-Kind-Interaktion als protektiver oder kompensatorischer Faktor in der kindlichen Entwicklung. Eine besonders gelungene frühe MKI kann bei 3 Monate alten Kindern mit hohem organischem Risiko sowie mit sich bereits manifestierenden neuropsychiatrischen Auffälligkeiten die Wahrscheinlichkeit für Entwicklungsstörungen (bis 2 Jahre) mindern. Durch einfühlsames und responsives mütterliches Verhalten in der frühen Interaktion kann der entwicklungshemmende Einfluss psychosozialer Risiken auf die sozial-emotionale Entwicklung des Kindes im Alter von 4 Jahren kompensiert werden (signifikant weniger Symptome ermittelt) (Laucht et al., 1998a).

Die Schutzfunktion einer unterstützenden und responsiven Betreuung wird auch in anderen Risikostudien beschrieben (Zfg. Laucht et al., 1998a). Konstruktives Verhalten beider Elternteile (z.B. Antizipation und Anerkennen der Sichtweise des Kindes, angemessene respekt-volle Kontrolle, responsive Unterstützung, Struktur, Beschaffung und Unterstützung der Organisation und Struktur, Verzicht auf restriktive Erziehungsmethoden) sowie eine positive affektive Umgebung (Fehlen von Ärger und Feindlichkeit, gering ausgeprägter negativer und stark ausgeprägter positiver Affekt) können die Wahrscheinlichkeit von Verhaltensproblemen bei vulnerablen Kindern verringern sowie zur Verbesserung des kindlichen Verhaltens beitragen (Denham et al., 2000; Zahn-Waxler, Iannotti, Cummings & Denham, 1990). Die Eltern, die ihre eigene Frustration in der Interaktion mit dem Kind gut bewältigen können, sind eher in der Lage – wenn das Kind ein unerwünschtes Verhalten zeigt – Gefühle des Kindes anzuerkennen, Verhandlungen mit ihm zu führen, rationale und kreative Lösungen in schwierigen Situationen zu finden sowie ein gewisses Maß an Autonomie zuzulassen; darüber hinaus können sie ihrem „schwierigen Kind" beibringen, wie es mit seinen Gefühlen und Verhaltensweisen umgehen kann (Denham et al., 2000).

Einen interessanten Zusammenhang beschreiben Lohaus und MitarbeiterInnen (Lohaus, Völker, Keller, Cappenberg & Chasiotis, 1998). Die Interaktionsqualität von Müttern (durch Blickkontaktdauer und globale Sensitivität operationalisiert) im Umgang mit ihren 3 Monate alten Säuglingen ist mit den von Müttern berichteten kindlichen Problemen (häufigeres Weinen, erhöhte Dauer, Intensität und Erkrankungshäufigkeit) sowie einer höheren Anzahl an wahrgenommenen Schwierigkeiten mit dem Kind verbunden. Die mütterliche Sensitivität (intraindividuell relativ stabiles Merkmal) ist mit einer erhöhten Aufmerksamkeit für die kindbezogene Problemlage verknüpft. Die AutorInnen interpretieren diese Ergebnisse dahingehend, dass sensitive Mütter vorrangig auf die Signale des Kindes fokussieren und dazu neigen, alltägliche Schwierigkeiten aufgrund einer niedrigeren Problemwahrnehmungsschwelle als stressvoll zu erleben.

Unterschiede im elterlichen Verhalten zwischen Interaktionen mit der Tochter und dem Sohn. Besonderheiten im väterlichen Interaktionsverhalten. Im Säuglingsalter finden sich nur geringe Unterschiede zwischen der Beziehung von Müttern zu ihren Töchtern und jener zu ihren Söhnen (Esser et al., 1993). Die MKI im Kleinkindalter ist in einigen Bereichen durch das Geschlecht des Kindes – zugunsten der Mädchen – mitbestimmend. Gegenüber ihren Töchtern zeigen Mütter weniger restriktives und inkonsequentes Steuerungsverhalten und reagieren zudem seltener negativ auf ihre Töchter. Mädchen zeigen generell mehr interaktives Spielverhalten, sie reagieren häufiger positiv und seltener negativ als

133

die Jungen auf ihre Mütter, übersehen seltener an sie gerichtete Interaktionsangebote der Mutter und zeichnen sich insgesamt durch eine höhere Aufmerksamkeit aus (Dinter-Jörg et al., 1997). In der Studie von Campbell, March, Pierce, Ewing und Szumowski (1991) wird berichtet, dass Mütter von auffälligen Jungen stärker negativ, ungeduldig und kontrollierend in den alltäglichen Erziehungssituationen sind als Mütter der Kontrollgruppe.

Aus der Interaktionsbeobachtung von Kleinkindern mit ihren Vätern können ebenso geschlechtsspezifische Unterschiede abgelesen werden (Trautmann-Villalba et al., 2003): Die Interaktionsqualität zwischen den Vätern und ihren *auffälligen* Töchtern erscheint als nachteilig (Väter waren den Mädchen gegenüber deutlich restriktiver als den Jungen gegenüber), während die Vater-Sohn-Beziehung unbeeinträchtigt bleibt und sich keine Geschlechtsunterschiede im Umgang mit unauffälligen Zweijährigen ergeben. Die Qualität des Interaktionsverhaltens zwischen Vätern und Kindern im Alter von 2 Jahren – insbesondere vom Vater (mangelnde Supportivität) und weniger vom Kind – hat eine prädiktive Bedeutung für Verhaltensauffälligkeiten der Kinder im Alter von 2, 4½ und 8 Jahren, ist jedoch nur für Mädchen signifikant (Trautmann-Villalba et al., 2003).

Die Interaktionsbereitschaft des Vaters hängt von Merkmalen des Kindes ab: Väter aus verschiedenen Kulturen zeigen eine größere Bereitschaft, sich mehr mit ihren Söhnen zu engagieren (Tamis-LeMonda & Cabrera, 1999). Die Feinfühligkeit des Vaters (in Karenz) ist durch Geschlecht und Alter des Kindes mitbestimmt: Je älter die Kinder (2 Jahre und älter), desto feinfühliger gestalten Väter die Interaktion; in der Interaktion mit den Töchtern werden Väter als feinfühliger eingestuft als mit den Söhnen (Mosheim et al., 2002). Die kindliche Entwicklung hängt von der Affektivität des Kindes und vom sozialen Status des Vaters ab (Parke, 1996).

Weiterhin verursachen die durch das Kind wahrgenommenen Belastungen (z.B. Behinderungen, chronische Krankheit oder Verhaltensauffälligkeiten) bei einem Teil der Väter einen Rückzug oder eine emotional negativ gefärbte Beziehung zu ihrem Kind (Kindler & Grossmann, 2008; Phares, 1996). Grych und Clark (1999) berichten, dass Väter in der Interaktion mit ihren verhaltensauffälligen Kindern weniger positiv sind als Väter mit unauffälligen Kindern. Im Spiel zeigen Väter gegenüber einem „schwierigen" Sohn mehr Akzeptanz als gegenüber einer „schwierigen" Tochter (Zfg. Trautmann-Villalba et al., 2003).

Nach Meinung der Mannheimer Autoren verfügen Jungen eher über schlechtere Entwicklungsparameter, unter Mädchen ist das Risiko der Entwicklung einer Verhaltensstörung reduziert (z.B. Dinter-Jörg et al., 1997, Laucht et al., 1993). In der Studie von Denham et al. (2000) finden sich im Gegenteil dazu nur geringe Unterschiede im beobachteten proaktiven Erziehungsverhalten beider Elternteile gegenüber Mädchen und Jungen im Alter von 4-5 Jahren und dessen Einfluss auf das kindliche Verhalten 2 und 4 Jahre später. Der Zusammenhang zwischen negativer Emotionalität, restriktiver und wenig supportiver Steuerung der Eltern und externalisierenden Störungen von Kindern ist bei Störungen der Mutter-Kind-Beziehung stärker ausgeprägt als bei Störungen der Vater-Kind-Beziehung.

3.5 Therapieansätze bei frühkindlichen psychischen Störungen

In diesem Kapitel werden Behandlungsansätze für Regulationsstörungen, die die häufigste Problematik im frühen Alter darstellen, beschrieben.

3.5.1 Grundsätzliche Aspekte in der Behandlung der Regulationsproblematik

In der Behandlung von Regulationsstörungen im Säuglings- und Kleinkindalter gelten allgemeine grundsätzliche Prinzipien (Hofacker, Lehmkuhl, Resch, Papoušek, Barth & Jacubeit, 2007; Ziegler et al., 2004):

– Verstehen von Regulationsstörungen als Interaktions- und Beziehungsstörungen;
– Ermöglichen eines stützenden und wertschätzenden therapeutischen Umfeldes ohne Schuldzuweisung, um das Zulassen und die Artikulation elterlicher Gefühle bis zu latenten Vernachlässigungs- und Misshandlungsimpulsen zu ermöglichen;
– Einbeziehung des Vaters (oder einer anderen bedeutsamen Bezugsperson) in die Behandlung;
– Unterstützung der intuitiven elterlichen Kompetenzen und Nutzen von Ressourcen im Umgang mit dem Kind;
– Identifikation und Verminderung vorhandener psychosozialer Belastungen.

Ein wichtiger Schritt in der Arbeit mit belasteten Familien besteht darin, beide Eltern mit ihren Ängsten, Schuldgefühlen, ihrer Verzweiflung und ihren Aggressionen ernst zu nehmen. Darüber hinaus ist das Ziel der Intervention – neben der Behandlung der Regulationsproblematik – auch die Entlastung der Eltern und die Unterstützung einer positiven Eltern-Kind-Beziehung.

3.5.2 Therapie- und Interventionsangebote

Therapiesetting

Eine Behandlung von Regulationsstörungen als Interaktions- und Beziehungsstörungen erfolgt für Eltern und Kind in gemeinsamen Interaktionssitzungen. Ein therapeutisches Gespräch wird in Anwesenheit des Kindes oder bei einem gemeinsamen Spiel mit dem Kind im Umfang von 50 bis 90 Minuten, ein- bis zweimal pro Woche empfohlen. Die Sitzungen sollten zeitlich flexibel, den kindlichen Bedürfnissen (tageszyklischer Wechsel, Schlaf-Wach-Rhythmus) und seiner Zustandsbefindlichkeit angepasst, gestaltet werden (Papoušek, 2009a). Wenn die Störung mehrere Regulations- und Interaktionsbereiche umfasst, das Kind behindert ist oder sich durch ausgeprägte Temperamentschwierigkeiten auszeichnet, können zusätzliche Therapien angeboten werden: z.b. Ergotherapie oder Heil- und Sonderpädagogik. Bei vorhandenen Risikokonstellationen (z.b. Frühgeborenen, psychische Krankheit der Eltern, Gefährdung für das Kind oder die Eltern-Kind-Beziehung etc.) werden regelmäßige Wiedervorstellungen als Präventionsmaßnahmen vorgesehen (Hofacker et al., 2007). Wenn die psychodynamischen Probleme eines Elternteils deutlich über den Beziehungskontext zum Kind hinausgehen oder bei einer Psychopathologie eines Elternteils ist neben der interaktionszentrierten Behandlung eine externe Einzelpsychotherapie indiziert. Die mit einer (latenten, unterdrückten) Paarproblematik oder mit schweren Paarkonflikten einhergehenden Störungen des Kleinkindes werden mit beiden Elternteilen bearbeitet, oder es wird eine externe Paar- bzw. Familientherapie angeboten (Hofacker et al., 2007).

Interventionsangebote

Meistens ist eine *ambulante Behandlung oder Therapie* ausreichend. Es wird zwischen entwicklungspsychologisch orientierter bzw. interaktionszentrierter Beratung und Eltern-Säuglings- bzw. Eltern-Kleinkind-Psychotherapie unterschieden (Hofacker et al., 2007).

Bei maximal drei Monate bestehenden und auf einen Regulationsbereich beschränkten Störungen, ohne relevante Beziehungsbeeinträchtigung, reicht eine Beratung von ein bis fünf (Hofacker et al., 2007) oder z.B. zur Stärkung familiärer Ressourcen bei Fütterstörungen –drei bis zehn Sitzungen (Hofacker, Papoušek & Wurmser, 2004). Es handelt sich zu Beginn um eine Entwicklungsberatung, die an phasenspezifischen Entwicklungsaufgaben des Kindes und Erziehungsaufgaben der Eltern orientiert ist. Es werden Entwicklungskrisen (bzw. Erziehungskrisen), die Kinder gemeinsam mit ihren Eltern bewältigen müssen, identifiziert. Dabei werden auch aktuell beobachtbare Stärken und Schwierigkeiten des Kindes aufgegriffen und Informationen über (Selbst-) Regulationsfähigkeiten und entwicklungspsychologische Aspekte (z.B. Schlaf-Wach-Regulation, Nahrungsaufnahme, Nähe-Distanz-, Bindungs-Explorations-, Abhängigkeits-Autonomie-Balance) gegeben. Einen weiteren Schwerpunkt bilden die Aufklärung und Vorbereitung der Eltern auf die jeweils anstehenden und vorhersagbaren Entwicklungsaufgaben, sowie die Aufklärung über entwicklungsbedingte Faktoren, die bei der Entstehung von Auffälligkeiten beteiligt sind. Möhler und Resch (2004) messen dem Vermitteln wichtiger Entwicklungsgrundsätze an Eltern von Kindern mit emotionalen und Verhaltensschwierigkeiten große Bedeutung bei. Für Eltern erleichternd wirkt die Erklärung, dass viele Kleinkinder nur eine kurze Aufmerksamkeitsspanne und eine große Impulsivität besitzen, selbst wenn sie später nicht hyperaktiv werden. Im Vordergrund einer darauf folgenden *Kommunikationsberatung* stehen das gegenseitige Verstehen von Eltern und Säugling bzw. Kleinkind und das Vermitteln ihrer Bedürfnisse in alltäglichen interaktionellen Kontexten. Es wird besprochen, welche Bedürfnisse der Säugling mit seinem Quengeln und Schreien zum Ausdruck bringt (z.b. Schmerz, Langweile oder Müdigkeit). Damit werden die intuitiven elterlichen Kompetenzen und die (möglicherweise ursprünglich verzerrte) Wahrnehmung der Eltern im Umgang mit dem Kind unterstützt. Eine Hilfestellung wird bereits in der Sitzung durch Reizabschirmung, Abdunkeln, Hilfe zum Einschlafen (auf dem Arm, in der Tragetasche etc.) geschafft (vgl. Barth, 1998; Ziegler et al., 2004).

Bestehen die Störungen im Kleinkindalter, wird der Frage nachgegangen, was das Kind mit seinem Verhalten (z.B. Trotz und Toben, aggressive Handlungen, Machtkonflikte) der Betreuungsperson mittteilen will (z.B. Signalisieren von Autonomie) oder welche unmissverständlichen Botschaften zur Vermittlung von Sicherheit und Geborgenheit von den Eltern gegeben werden können (Barth, 1998; Papoušek, 2002). Bei isolierten emotionalen und Verhaltensschwierigkeiten (z.B. Trotzen, frühe Formen aggressiven Verhaltens oder Ängste durch aktuelle Lebensereignisse) ist eine einfache (möglichst videogestützte) Kommunikationsanleitung als eine wirksame Entlastung der Eltern und der Eltern-Kind-Beziehung vollkommen ausreichend (Papoušek & Hofacker, 2004).

Da die Selbststeuerungsfähigkeiten auch bei dreijährigen Kindern noch eingeschränkt sind, konzentrieren sich die Behandlungsansätze von Verhaltens- und emotionalen Auffälligkeiten, neben der Familie auch auf andere soziale Umgebungen des Kindes wie Krippe oder Kindergarten (z.B. durch kindzentrierte Interventionen zur Verbesserung der Spielfähigkeit). Dabei stehen verhaltensorientierte Elterntrainingsverfahren bei oppositionellem, hyperaktivem und aggressivem Verhalten im Vorschulalter zu Verfügung, um die Interaktion zwischen Eltern und Kind direkt zu beeinflussen, zum Aufbau einer positiven Eltern-Kind-Beziehung, zu effektiver Anwendung positiver Verstärkung und zum geplanten Einsatz negativer Konsequenzen. Zur Behandlung kindlicher Ängste im frühen Alter wäre „teilnehmendes" Modellernen angemessen (Laucht, 2008).

Eltern-Säuglings- bzw. Eltern-Kleinkind-Psychotherapie wird in folgenden Fällen angeboten: bei längerdauernden Regulationsstörungen, die auf andere Interaktionskontexte übergreifen; bei offensichtlich dysfunktionalen, maladaptiven Interaktionsmustern; bei deutlichen Belastungen der Eltern-Kind-Beziehung – wenn die elterliche Wahrnehmung und Interpretation des kindlichen Verhaltens deutlich beeinträchtigt oder verzerrt ist bzw. die Eltern-Kind-Beziehung manifest gestört ist (z.b. aufgrund psychischer Belastung des Elternteils) (Hofacker et al., 2004; Stern, 1995/1998).

Es können unterschiedliche Methoden gewählt werden: tiefenpsychologische bzw. dynamische (Zugang auf einer Repräsentationsebene), verhaltenstherapeutische (orientiert sich an aktuellen Interaktionen), bindungsorientierte (Bindungsgeschichte des Elternteils) oder systemische Methode. Die Psychotherapie orientiert sich entwicklungspsychologisch an einer Symptombesserung, an einer Besserung der Interaktionsstörungen, der allgemeinen Reduktion von multiplen elterlichen psychosozialen Belastungen (inkl. psychischen Erkrankungen eines Elternteils) und fokussiert auf dysfunktionale Interaktionsmuster zwischen Eltern und Kind. Es werden Gefühle, Erinnerungen, Phantasien und Konflikte („Gespenster im Kinderzimmer", Fraiberg et al., 1975; Hofacker et al., 2004) bearbeitet, die in der Interaktion mit dem Kind aktiviert werden und die Beziehung beeinträchtigen. In schwerwiegenden Fällen wird auf die Biographie der Eltern, traumatische Erfahrungen, Verluste, ungelöste transgenerationelle Beziehungskonflikte etc. eingegangen (Hofacker et al., 2007).

Hofacker et al. (2007) nennen folgende Indikationen für die *teilstationäre* Aufnahme des Kindes mit der Bezugsperson: z. B. mangelnder Erfolg beim Umsetzen von ambulant ausgearbeiteten Interventionen, Notwendigkeit der akuten Entlastung der Bezugsperson am Tag, schwere Einschränkungen des elterlichen Verhaltensrepertoires im Umgang mit dem Kind (z.B. im Falle einer psychischen Erkrankung), schwere organische bzw. konstitutionelle Belastungen des Kindes, schwer steuerbares aggressiv-oppositionelles Verhalten des Kindes, Notwendigkeit und Möglichkeit (im Falle der Schlaf- bzw. Fütterstörungen), die Interaktionen im Laufe des Tages zu beobachten und therapeutisch zu besprechen sowie den somatischen Zustand zu überwachen.

Stationäre Therapie ist indiziert bei (Hofacker et al., 2007): z.B. Bedrohung des körperlichen oder seelischen Wohls des Kindes (z.b. schwere Psychopathologie der Mutter, Gedeih-störungen des Kindes), schwerer Erschöpfung der Mutter mit mangelnder Unterstützung, schwerwiegender Einschränkung der mütterlichen intuitiven Kompetenzen und Beziehungsstörung (z.b. im Falle mütterlicher psychischer Erkrankung), psychosozial schwerwiegenden Umständen, die eine ambulante Intervention behindern und die vollständige Herauslösung von Mutter und Kind aus dem familiären Kontext erfordern, Notwendigkeit einer multidisziplinären Therapie bei organischen Erkrankungen bzw. konstitutionellen Eigenschaften des Kindes in Kombination mit Beziehungsstörungen.

Die Ansatzpunkte störungsspezifischer Entwicklungs- und Kommunikationsberatung sind z.B. bei Barth (1998; 2004), Chatoor et al. (2001), Hofacker et al. (2004), Hofacker et al. (2007), Schieche et al. (2004), Wolke (1999), Ziegler et al. (2004) zu finden.

4   Methodischer Teil

Im Folgenden werden das Ziel der Untersuchung, die Fragestellungen und Hypothesen auf der theoretischen bzw. empirischen Grundlage formuliert. In den darauf folgenden Abschnitten wird der allgemeine methodische Rahmen beschrieben, in dem der empirische Teil der Studie durchgeführt wurde. Dies beinhaltet die Beschreibung der vorgesehenen Stichprobe und des Ortes der Untersuchung, die Darstellung der Messinstrumente und des Ablaufes der Untersuchung.

4.1   Ziele, Fragestellungen und Hypothesen der Untersuchung

4.1.1   Ziele der Untersuchung

Die vorliegende Studie befasst sich mit der Qualität der Eltern-Kind-Interaktion und -Beziehung im Zusammenhang mit Auffälligkeiten in der frühkindlichen Entwicklung. Der Qualität der frühen Eltern-Kind-Beziehung wird in der Kleinkindforschung eine moderierende Rolle bei der Vermittlung von Risikoeffekten für die kindliche Entwicklung zugeschrieben (z.B. Laucht et al., 2002). Ausgehend von der entwicklungspsychopathologischen Perspektive und in Anlehnung an das theoretische Modell von Belsky (1984) wird die Eltern-Kind-Interaktion (EKI) in den Mittelpunkt der Arbeit gestellt. Darüber hinaus hat die vorliegende Studie das Ziel, Zusammenhänge zwischen psychischen Auffälligkeiten bzw. Verhaltensauffälligkeiten von Kleinkindern und deren elterlichen sowie familiären Umgebungsvariablen zu testen und zu überprüfen, wie diese Zusammenhänge mit der EKI in Verbindung stehen. Es handelt sich hierbei um einen Vergleich der unterschiedlichen Qualitäten der Eltern-Kind-Interaktion und nicht nur um einen Vergleich verschiedener Parameter zwischen Untersuchungsgruppe (UGr) und unbehandelten Kontrollgruppe (KGr) (Definition der Gruppen s. Kap. 3.2.1).

4.1.2 Fragestellung

Fragestellung 1. Vergleich von dyadischen Verhaltensmustern

1.1.Bilden von Verhaltensmustern aus den Dimensionen des Interaktionsverhaltens. In Kapitel 2.4 wurde erörtet, dass Beziehungsqualität durch drei Aspekte beurteilt wird: beobachtbare Verhaltensqualitäten sowie gefühlsmäßiger Ausdruck jedes Partners/ jeder Partnerin und des Paares sowie das Ausmaß der gefühlsmäßigen Verbundenheit (z.B. elterliche Einstellung und die Wahrnehmung des Kindes) (Zero to Three, 1994). Der Ausprägungsgrad der vorliegenden Beziehungsqualität (von „gut adaptiert" bis „gestört") kann anhand von Globaleinschätzungskala PIR-GAS bestimmt werden (Hofacker et al., 1996; Zero to Three, 1994).

Als wichtigste Merkmale des elterlichen Interaktionsverhaltens, die in kausalem Zusammenhang mit Kompetenzen des Kindes stehen, gelten in der Forschungsliteratur folgende Konstrukte: Sensitivität und Responsivität, Direktivität (Unterstützung vs. Intrusion) und Affekt; Reaktionskontingenz, Qualität und Quantität des physischen Kontaktes sowie Kooperation (z.B. De Wolff & Ijzendoorn, 1997). Als bedeutendste Merkmale des kindlichen Verhaltens erwiesen sich Dimensionen des kindlichen Temperaments, z.b. Irritierbarkeit (Boom & Hoeksma, 1994; Seifer et al., 1996) und Reaktivität (z.B. Keller et al., 1980). Als dyadische Maße in der Interaktion gelten unter anderen die Reziprozität und die Verhaltenssynchronie (z.B. De Wolff & Ijzendoorn, 1997; Jörg et al., 1994). In den empirischen Studien (z.B. Chatoor et al., 1984; Denham et al., 2000; Dinter-Jörg et al., 1997; Esser et al., 1993; Trautmann-Villalba et al., 2001) konnten spezifische Verhaltensmerkmale und Verhaltensmuster von Müttern (weniger von Vätern) beschrieben werden, die die Qualität der Interaktion negativ beeinflussen bzw. für die Entstehung oder Aufrechterhaltung der psychischen Störungen bzw. Verhaltensstörungen verantwortlich sind. Negative Emotionalität und aversives Verhalten der Eltern sind zwei Aspekte ihres negativen Beziehungsverhaltens (s. z.B. Denham et al., 2000).

Hiernach lassen sich folgende *Annahmen* ableiten:

Es lassen sich dyadische reziproke Verhaltensmerkmale (Variablen sowie Variablenkombinationen) von Kindern mit ihren Eltern identifizieren, die die Interaktionsqualität widerspiegeln. Es wird erwartet, dass sich aus den Dimensionen des dyadischen Interaktionsverhaltens bestimmte Verhaltensmuster bilden lassen, wobei diese Verhaltensmuster die Interaktionsqualität von „gut adaptiert" bis „gestört" widerspiegeln.

1.2.Zusammenhang zwischen der Qualität der Eltern-Kind-Beziehung und der psychosozialen Entwicklung des Kindes. In Kapitel 3.2.3 wurde beschrieben, dass einerseits eine chronisch gestörte Interaktion mit der primären Bezugsperson das Risiko einer ungünstigen Entwicklungsprognose des Kindes erhöht (z.B. Sarimski & Papoušek, 2000). Anderseits können dysfunktionale Entwicklungen in der Beziehung (die eine große Belastung für die Eltern darstellen) zu Interaktionsstörungen und/oder zu bestimmten Störungsbildern (z.B. Regulations- (Schlaf-, Fütter-)störungen, Verhaltensauffälligkeiten, Affektstörungen, s. Kap. 3.3.5) führen (Thomas, 1998; Zero to Three, 1994). Bei Beeinträchtigung mehrerer Regulationsbereiche nimmt die Beziehungsbelastung zu (Hofacker et al., 1996). Die Beziehungsstörungen können auch isoliert – ohne primäre Diagnose des Kindes – festgestellt werden (Zero to Three, 1994).

Ergebnisse empirischer Untersuchungen (s. Kap. 3.4) bestätigten den Zusammenhang zwischen einer Beeinträchtigung der MKI (bzw. VKI) und Verhaltensstörungen der Kinder (s. z.B. Denham et al., 2000; Trautmann-Villalba et al., 2001), wobei Auffälligkeiten des mütterlichen Interaktionsverhaltens sich für sozial-emotionale Störungen des Kindes als bedeutender erwiesen als die des Kindes (s. z.B. Esser et al., 1993; Laucht et al., 1996). Konstruktives und responsives Verhalten der Eltern kann die Wahrscheinlichkeit von Verhaltensproblemen eines Kindes (mit bereits vorhandenen Risiken) verringern (s. z.B. Denham et al., 2000).

Darüber hinaus gehe ich davon aus, dass die in der Literatur beschriebenen Störungen auch bei den Kindern der UGr diagnostiziert werden; bzw., dass sich diese Eltern-Kind-Dyaden eher durch dysfunktionelles Interaktionsverhalten auszeichnen werden. Die beobachtbaren Schwierigkeiten im Interaktionsgeschehen werden entweder als vorübergehende Anpassung ("etwas unausgewogene" Interaktion) oder als verfestigte Interaktionsstörung beurteilt.

Folgende *Annahme* lässt sich dabei ableiten:

Die gebildeten dyadischen Verhaltensmuster (die gut adaptierte Interaktionen bzw. beeinträchtigte Interaktionen abbilden) stehen mit der psychosozialen Entwicklung des Kindes (unauffällige Entwicklung vs. psychische Auffälligkeiten bzw. Verhaltensauffälligkeiten) im Zusammenhang. Es bestehen Häufigkeitsunterschiede zwischen Familien aus der Kontrollgruppe und der Untersuchungsgruppe in ihrer Zugehörigkeit zu diesen Verhaltensmustern.

1.3. Vorhersage der Interaktionsstörungen. Des Weiteren wird folgende Frage gestellt: Unterscheiden sich Familien mit den identifizierten Verhaltensmustern in Bezug auf kindliche, elterliche und familiäre Faktoren voneinander? Die vorhandenen Forschungsergebnisse belegen Zusammenhänge von persönlichen und familiären Variablen mit der Interaktionsqualität.

Es wurde berichtet, dass die frühen Auffälligkeiten in der Entwicklung des Kindes hohe Komorbidität mit den anderen Störungen der Verhaltensregulation zeigen (z.B. Hofacker et al., 1996) und bis ins Vorschul- und Schulalter persistierten (s. Kap. 3.3.5) (z.B. Dinter-Jörg et al., 1997; Herrle et al., 1999; Sarimski & Papoušek, 2000; Wurmser et al., 2009). Eltern, die wegen Schlafstörungen oder Verhaltensstörungen ihrer Kleinkinder fachliche Hilfe suchten, berichteten retrospektiv über Regulationsschwierigkeiten im Säuglingsalter (Hofacker & Papoušek, 1998; Sarimski & Papoušek, 2000).

Die aktuellen Verhaltensauffälligkeiten der Kleinkinder können durch die Bezugspersonen bzw. durch eingeschulte DiagnostikerInnen eingeschätzt werden. Die Wahrnehmung der El-tern in Bezug auf die kindliche Problemlage hängt von deren Einstellungen, Überzeugungssystemen sowie von deren eigener psychischer Verfassung ab und wird durch Schwierigkeiten des kindlichen Verhaltens beeinflusst (z.B. Döpfner, 2002; Hofacker et al., 1996). Mütter der regulationsgestörten Kinder empfinden mehr Belastung und Schwierigkeiten durch ihre Kinder, nehmen sich selbst als wesentlich erschöpfter wahr und haben weniger Vertrauen in ihre erzieherischen Tätigkeiten als Mütter unauffälliger Kinder (Hofacker et al., 1996). Lohaus et al. (1998) haben interessanterweise berichtet, dass sensitive Mütter (bzw. Mütter sicher gebundener Kinder) die Probleme ihrer Kinder mit höherer Tendenz wahrnahmen (niedrige Problemwahrnehmungsschwelle), als diejenigen, die als wenig sensitiv eingestuft wurden. Die Mütter schätzen das Verhalten ihrer Kinder im Vergleich zu den Vätern als auffälliger ein (z.B. Mash & Johnston, 1990). (S. Kap. 3.3.5 und 3.4).

Einflüsse aus dem sozialen Kontext wirken als Stress oder Unterstützung (Belsky, 1984). Psychische Probleme oder ein negativer emotionaler Zustand der Eltern (z.B. Belsky & Barends, 2002; Deneke & Lüders, 2003; Herpertz-Dahlmann & Remschmidt, 2000; NICHD, 1999; Stern, 1995) wie auch Paarkonflikte und Unzufriedenheit (z.B. Belsky et al., 1991, Fincham, 1998; Katz & Woodin, 2002), sowie Kummulation des elterlichen Stresses (z.B. Bodenmann, 2003; Cummings & Davies, 2002; Grych & Fincham, 1990) führen zu einer verminderten Qualität der Eltern-Kind-Interaktion, zu einem ungünstigen Erziehungsverhalten und nehmen dadurch Einfluss auf das psychische Wohlbefinden des Kindes (z.B. Cummings, 1994). Elternpaare nehmen Stress unter anderem im Zusammenhang mit der Kindererziehung (z.B. Ungehorsam), der Partnerschaft etc. wahr (vgl. Bodenmann, 2000). Besonders belastet fühlen sich Eltern von verhaltensauffälligen Kindern (z.B. Crnic & Low, 2002; Podolski & Nigg, 2001).

Wie in Kapitel 2.5 gezeigt wurde, hängt die Partnerschaftsqualität mit der sozialen Unterstützung (durch PartnerIn, Freunde, Bekannte etc.) sowie der Zufriedenheit mit dieser Unterstützung zusammen (z.B. Belsky, 1984; Bodenmann, 2000). Eine Art von Unterstützung für die Mütter stellt das Engagement der Väter in der Kindererziehung dar, wobei generell gesprochen Väter weniger Zeit mit Kindern verbringen als Mütter bzw. am häufigsten in spielerische Aktivitäten involviert sind (Kazura, 2000).

Als Risiko für die Entwicklung innerhalb der ersten drei Lebensjahre gilt unter anderem ein niedriger sozioökonomischer Status der Familie (z.B. Zeanah et al., 1997; s. Kap. 3.2.3), ein sehr junges Alter der Mutter oder auch eine hohe Kinderanzahl (z.B. Laucht et al., 2000).

Aus den angeführten Ergebnissen wird die nächste *Annahme* abgeleitet:

Die Interaktionsstörungen lassen sich aus folgenden Faktoren vorhersagen: aus den soziodemographischen Variablen, aus frühen Belastungen in der Entwicklung des Kindes und der wahrgenommenen aktuellen Problemlage von Kindern durch die Eltern sowie aus psychologischen Variablen und Umgebungsvariablen (Partnerschaftsqualität, psychische Gesundheit der Eltern, elterlicher Stress (der aus dem niedrigen persönlichen Wohlbefinden und aus der Beziehung mit dem Kind resultiert), Verfügbarkeit sozialer Unterstützung, Zufriedenheit mit der Unterstützung und Involvierung der Elternteile in die Kinderbetreuung).

Unterschiede im mütterlichen und väterlichen Verhalten zwischen Interaktionen mit der Tochter und dem Sohn, wie in der Forschungsliteratur beschrieben (s. Kap. 3.4), werden in der vorliegenden Studie überprüft.

Fragestellung 2.
Gruppenvergleich in Bezug auf die elterliche Wahrnehmung der kindlichen Problemlage. Des Weiteren sollte überprüft werden, ob die Eltern der Untersuchungsgruppe sich in Bezug auf das aus der Wahrnehmung der kindlichen Problemlage stammende Urteil CBCL-T-Werte klinisch auffällig vs. nicht auffällig von den Eltern der Kontrollgruppe unterscheiden; ob die Einschätzung des kindlichen Verhaltens durch die Eltern der UGr mit der Feststellung der Fachleute als „klinisch auffällig" übereinstimmt.

Zusätzliche Fragestellung: Lassen sich aus den Ergebnissen der Untersuchung Ideen für eine Verbesserung der Eltern-Kind-Beziehung im Rahmen der psychologischen Behandlung bzw. Beratung für Familien ableiten?

4.1.3 Hypothesen

Im Folgenden werden eine allgemeine Hypothese und die daraus formulierten einzelnen Hypothesen sowie die geplante statistische Auswertung vorgestellt.

Allgemeine Hypothese: Es lassen sich dyadische Verhaltensmerkmale (Variablen sowie Variablenkombinationen) identifizieren, die mit der psychosozialen Entwicklung und den Kompetenzen eines Kindes in Zusammenhang stehen und eine gut adaptierte Interaktion von einer gestörten unterscheiden. Die Dimensionen des Interaktionsverhaltens in Mutter-Kind- und Vater-Kind-Dyaden bilden bestimmte Verhaltensmuster (2 bis max. 4 Cluster), wobei sich diese Muster in Bezug auf kindliche, elterliche und familiäre Variablen unterscheiden.

Hypothese 1. Mutter-Kind- sowie Vater-Kind-Dyaden lassen sich anhand von Dimensionen des Interaktionsverhaltens von Eltern und Kindern in bestimmte Verhaltensmuster (Cluster) einteilen, wobei erwartet wird, dass diese Cluster die Qualität der Mutter-Kind- und Vater-Kind-Interaktionen von „gut adaptiert" bis „gestört" abbilden.

    Statistische Auswertung: Hierarchische Clusteranalyse – Einteilung von Familien (Mutter-Kind- bzw. Vater-Kind-Dyaden) in verschiedene Verhaltensmuster (n = max. 4).

    Vorbereitung für die Clusteranalyse: a) Grenzgruppenvergleich, explorative binäre logistische Regression für die Auswahl der besten Prädiktorvariablen (Merkmale des Interaktionsverhaltens); b) Faktorenanalyse: mit Prädiktorvariablen mit der besten Vorhersagekraft. Eingehende Variablen für Clusteranalyse: 3 bis 4 Faktoren aus der Faktorenanalyse.

Hypothese 2. Es gibt Häufigkeitsunterschiede zwischen Familien aus der KGr und der UGr in ihrer Zugehörigkeit zu Clustern, wobei erwartet wird, dass die Häufigkeit von Familien aus der KGr im Cluster „gut adaptierte Interaktionen" höher und die Häufigkeit von Familien aus der UGr im Cluster „gestörte Interaktionen" höher sein wird.

    Statistische Auswertung: Mehrdimensionales Chi-Quadrat.

Hypothese 3. Die Interaktionsstörungen (Verhaltensmuster: „keine Interaktionsstörungen" vs. „Interaktionsstörungen") lassen sich aus soziodemographischen Variablen, aus Anamnesedaten über frühere Belastungen in der Entwicklung des Kindes und aus der wahrgenommenen Problemlage von Kindern durch die Eltern sowie aus psychologischen Variablen und Umgebungsvariablen (Partner-

schaftsqualität, psychische Gesundheit der Eltern, elterlicher Stress und Verfügbarkeit sozialer Unterstützung, Zufriedenheit mit der Unterstützung, Involvierung der Elternteilen in die Kinderbetreuung) vorhersagen.
Statistische Auswertung: Binäre logistische Regressionsanalyse.

Hypothese 4. Es gibt Häufigkeitsunterschiede zwischen Familien aus der UGr
(Eltern, die einen hohen Leidensdruck wegen kindlicher Probleme haben und
Hilfe suchen) und der KGr (nicht behandelte Stichprobe) in Bezug auf die (aus
der elterlichen Wahrnehmung der kindlichen Problemlage stammenden) CBCL-
T-Werte (klinisch auffällig vs. nicht auffällig), wobei erwartet wird, dass die
Häufigkeit der Familien, deren Kinder anhand des CBCL-T-Wertes (≥ 64) als
klinisch auffällig bezeichnet werden, in der UGr höher sein wird.
Statistische Auswertung: Chi-Quadrat.

Außerdem wird anhand des Chi-Quadrates verglichen, ob der aus der Einschätzung des kindlichen Verhaltens durch die Eltern der PatientInnengruppe
stammende CBCL-T-Wert mit der Beurteilung der Fachleute der Kinderklinik
als „klinisch auffällig" übereinstimmt.

4.2 Geplante Durchführung der Untersuchung

Im Folgenden wird der allgemeine methodische Rahmen beschrieben.

4.2.1 Stichprobenbeschreibung

Um die Ziele der vorliegenden Arbeit zu erreichen, waren als TeilnehmerInnen
Familien mit zwei- bis dreijährigen Kindern und beiden Elternteilen – die zwei
Gruppen zugeordnet (je ca. N=40) werden – vorgesehen:

– Eine *PatientInnen-* oder *klinische Untersuchungsgruppe* (UGr) bilden diejenigen Familien, die wegen psychischer Auffälligkeiten oder Verhaltensauffälligkeiten ihrer Kinder Hilfe (an der Universitätskinderklinik Graz) suchen. Wenn für das Kind keine Diagnose gestellt wird, sind wichtige Kriterien hilfesuchendes elterliches Verhalten, die Wahrnehmung der Eltern sowie die Sorge um das Kind.
– Der *Kontrollgruppe* (KGr) gehören psychisch unauffällige bzw. verhaltens-
   unauffällige Kinder mit deren Eltern und/oder Kinder, deren Eltern bis zur

Untersuchungszeit über keine Auffälligkeiten berichtet und keine Hilfe gesucht haben.

Die TeilnehmerInnen der KGr sind nach Alter und Geschlecht des Kindes und nach soziodemographischem Status der Familie (Ausbildung, Beruf, Einkommen) der klinischen UGr parallelisiert. Folgende Kriterien wurden zur Auswahl der gesamten Stichprobe festgelegt:

a) deutschsprachige Familie;
b) das Kind hat keine angeborenen Stoffwechselerkrankungen, keine Sinnesbehinderungen oder Chromosomenanomalien, keine körperliche und geistige Behinderung und keine organischen Krankheiten; außerdem sind extrem Frühgeborene (<36 SSW Woche) und Zwillinge als ProbandInnen ausgeschlossen;
c) beide Elternteile bei der Untersuchung anwesend. Die Daten jener Familien, deren beide Elternteile in einem Haushalt leben, aber nur ein Elternteil zur Untersuchung kommt, werden aus den weiteren Auswertungen ausgeschlossen. Die Daten von Alleinerziehenden können in einzelnen Berechnungen verwendet werden.

Kinder im Alter zwischen 2 und 3 Jahren sind als Zielgruppe gewählt worden: Das interaktionsdiagnostische Beobachtungs- und Auswertungsverfahren (Mannheimer Beobachtungsskalen für Kleinkindalter) wurde für Zweijährige konzipiert; eine spielerische Aufgabe für die Interaktionsdiagnostik ist für dieses Alter angemessen. Das Verhalten der Kinder verändert sich rapid auf unterschiedlichen Entwicklungsstufen, auch andere Entwicklungsaufgaben müssen mit Unterstützung der Eltern bewältigt werden. Ein wachsendes Verhaltensrepertoire des Kindes (z.B. symbolisches Denken, Sprache, wachsende Unabhängigkeit) stellt veränderte Anforderungen an das elterliche Erziehungsverhalten; darüber hinaus wird mit zunehmendem Alter die Interaktion immer komplexer und dadurch möglicherweise andere Beobachtungssituation benötigt, um das Verhalten des Kindes und der Eltern richtig zu erfassen (vgl. Dinter-Jörg et al., 1997; Zero to Three, 1994).

Problematik der Gruppenzuordnung. Es bestand nur eine bedingte Möglichkeit, die Untersuchungspersonen im Voraus in die KGr vs. UGr einzuteilen.

– Auch jene Familien, die sich freiwillig zur Teilnahme an der Studie melden (KGr), aber in den letzten 6 Monaten Hilfe suchten (unabhängig von der Einrichtung), werden der UGr zugeordnet. *Hilfesuchendes Verhalten* der Eltern wegen oben beschriebener Probleme des Kindes ist ein Kriterium für die Zuteilung der Familien zur klinischen UGr.

– In der KGr bleiben die Familien, die *keine Hilfe* gesucht haben, auch wenn im Voraus nicht bekannt ist, ob die oben beschriebenen Probleme der Kinder bestehen oder nicht.

Bei der Stichprobe handelt es sich daher um eine (aufgrund der Ausschlusskriterien) vorselektierte und eine anfallende Stichprobe, da die ProbandInnen-Familien nicht nach Zufallsprinzip gezogen werden. Die Teilnahme an der Studie ist (nach Möglichkeit) an eine Einverständniserklärung der Eltern gebunden, die besagt, dass die Videoaufnahmen für wissenschaftliche und Schulungszwecke verwendet werden dürfen.

4.2.2 Untersuchungsablauf und Messinstrumente

Die Untersuchung wurde in zwei Teile eingeteilt: 1) Die Eltern wurden gebeten, eine Fragebogen-Batterie auszufüllen, wobei jeder Elternteil die gleiche Version separat ausfüllte; 2) Die dyadischen Familieninteraktionen wurden in einer halbstandardisierten Spielsituation (je 10 Minuten für Mutter-Kind- und Vater-Kind-Dyade) per Video aufgezeichnet.

Die diagnostischen Verfahren für die vorliegende Studie können drei Bereichen zugeordnet werden:

I. Diagnostik von psychischen bzw. Verhaltensstörungen im Kleinkindalter: Die Störungen werden in der Ambulanz für Psychosomatik und auf der Station für Pädiatrische Psychosomatik und Psychotherapie anhand der drei anerkannten Klassifikationssysteme ICD-10 (Dilling et al., 2006), DSM-IV-TR (Saß et al., 2003) oder DC: 0-3 (Zero to Three, 1994) kodiert.

II. Fragebogen-Batterie: Anamnestische Daten und Testverfahren. Das Fragebogenmanual[4] für jeden Elternteil umfasst folgende Bereiche und beinhaltet folgende Messinstrumente:
1. Soziodemographische Daten: Strukturierter Anamnesebogen.
2. Kindliche Entwicklung:

---

[4] Das gesamte Fragebogenmanual ist unter www.springer.com auf der Produktseite dieses Buches verfügbar (Anhang B).

- Frühere Belastungen in der Entwicklung des Kindes: Strukturierter Anamnesebogen;
- Einschätzung der kindlichen Problemlage durch die Eltern: Child Behavior Checklist (CBCL 1½-5 , Achenbach & Rescorla, 2000).
3. Psychische Gesundheit der Eltern: Brief Symptom Inventory (BSI) (Derogatis, 1977; Franke, 2000).
4. Partnerschaftsbeziehung: Partnerschaftsfragebogen (PFB) (Hahlweg, 1996).
5. Stress und soziale Unterstützung:
- Selbsteinschätzung des erlebten Stresses und Verfügbarkeit der Unterstützung: Parenting Stress Index (PSI) (Abidin, 1995, Tröster, 1999a);
- Selbsteingeschätzte Unterstützung und Zufriedenheit mit der Unterstützung: Strukturierter Fragebogen;
- Selbsteingeschätzte Involvierung in die Kinderpflege: Strukturierter Fragebogen.

III. Die interaktionellen Aspekte der Eltern-Kind-Beziehung werden anhand der Mannheimer Beobachtungsskalen mit mikroanalytischer Verhaltensanalyse (Dinter-Jörg et al., 1997) erfasst.

In folgenden Abschnitten werden die Messinstrumente (Operationalisierung einzelner Parameter, Gütekriterien) näher dargestellt.

4.2.2.1 Soziodemographische Daten

Die soziodemographischen Daten wurden im strukturierten Anamnesebogen, der für diese Studie konzipiert wurde, erhoben. Für einen Teil der Fragen mussten die ProbandInnen nur eine ausgewählte Antwortkategorie ankreuzen, einzelne Fragen sind offen formuliert.

Anamnesedaten

Persönliche Daten jedes Elternteils:

- Geschlecht, Alter (in Jahren);
- Nationalität;

- Ausbildung (höchster Schulabschluss), erlernter Beruf und aktueller Arbeitsstatus sowie Einkommen der Mutter/des Vaters (bzw. Familieneinkommen, in Euro);
- Dauer der Partnerschaft, Familienstand;
- Wohnverhältnisse inkl. Zimmeranzahl, Anzahl der Personen im Haushalt.

Die Daten der Kinder:

- Kinderanzahl im Familienverband, Geschwisteranzahl;
- Auffälligkeiten und Behandlung bzw. Behandlungserfolg der Geschwister.

Die Daten des in der Untersuchung teilnehmenden Kindes:

- Name und Geschlecht des Kindes;
- Geburtsdatum (es wird das Alter des Kindes in Monaten berechnet);
- Stellung in der Geschwisterreihe;
- Betreuung (bzw. Betreuungseinrichtung) des Kindes;
- Schwangerschafts- und frühkindliche Anamnese:
- Schwangerschaftswunsch der Mutter/ des Vaters, Dauer und Beschwerden während der Schwangerschaft, Geburtsgewicht;
- frühere organische Belastungen, Krankheiten, Hospitalisation des Kindes.

Die Variablen des Schichtindex: Einkommen, Beruf und Ausbildung

Der durchschnittliche sozioökonomische Status wurde anhand eines aggregierten Index nach Scheuch-Winkler (Winkler, 1998) berechnet. Drei Dimensionen – Einkommen, Stellung im Beruf sowie die Schul- und Berufsbildung – erfassen am besten die Wirkungen des sozialen Umfeldes auf Krankheiten und Risikofaktoren (Jöckel, Babitsch, Bellach, Bloomfield, Hoffmeyer-Zlotnik, Winkler & Wolf, 1997; Winkler, 1998, Winkler & Stolzenberg, 1999). Es wird davon ausgegangen, dass diese Variablen in ihrer Kombination die Erklärungskraft erhöhen (Winkler, 1998). Bei der Operationalisierung dieser Merkmale wurden die Empfehlungen der Deutschen Arbeitsgemeinschaft für Epidemiologie und die Gliederung der Internationalen Standardklassifikation der Berufe (Ö-ISCO-1988) (Statistik Austria, 1992a, b) zugrunde gelegt (Jöckel et al., 1997).

Diese drei Dimensionen wurden zuerst für jeden Elternteil erhoben und daraus eine Maßzahl für die Familie errechnet sowie ein aggregierter Scheuch-Winkler-Index (SWI) (Winkler, 1998) gebildet.

„Der Schicht-Index wird als ungewichteter, mehrdimensionaler additiver Index konstruiert, wobei die drei eingehenden Variablen über die gleiche Kategorienzahl in kontinuierlicher Zahlenfolge verfügen. Die Zahlen werden bei der Index-Berechnung als metrisch interpretiert" (S. 70, Winkler, 1998).

Belege für die Güte des SWI finden sich bei Winkler & Stolzenberg (1999).

In Tabelle 4 sind die eingehenden Variablen und Kategorien (je 7-stufige empirische Verteilung) zu finden. Je höher die Bildung, der Berufsrang und das Einkommen, umso höherer der vergebene Punktewert (max. 7 Punkte pro Variable).

Die Variable *Bildung* wurde aus zwei Ursprungsvariablen konstruiert: „höchster erreichter Schulabschluss" und „Berufs-/ Hochschulausbildung". Die halboffenen Antworten der ProbandInnen (der höchste Schulabschluss und die Art der Schule sowie Studieneinrichtung) sind auf einer 7-stufigen Skala abgebildet.

Jede Kategorie der Variable *Berufliche Stellung* umfasst eine Berufsgruppe. Diese sieben hierarchisierten Gruppen beruflicher Stellung sind so gebildet, dass „zwischen ihnen größtmögliche Abstände bestehen und innerhalb der Gruppe ein geringstmöglicher Range besteht" (S. 71, Winkler, 1998). Die Antworten der Befragten (Beruf, derzeitige Arbeitstätigkeit und der Grund für eine allfällige Nichterwerbstätigkeit) werden auf der 7-stufigen Skala abgebildet.

Für die Bildung der Variable *Einkommen* (in €) wurde das monatliche Nettoeinkommen jedes Elternteils (inklusiv Kindergeld, Honorar etc.) herangezogen. Um den Verweigereranteil zu reduzieren, wurde die Auskunft über das Familieneinkommen im Fragebogen zweistufig abgefragt: zuerst kategorisiert durch Ankreuzen des eigenen Einkommens und danach durch offene Beantwortung des gesamten Familieneinkommens (Jöckel et al., 1997). Da keine Daten zur Einkommensklassifikation zur Untersuchungszeit nach dem Einführen der Euro-Währung und keine Daten zur Einkommensklassifikation in Österreich vorliegen, wurde entschieden, DM in Euro umzurechnen. Die Klassenbreite wird dementsprechend mit 500 € festgelegt und das Einkommen der Familie wird auf einer 7-stufigen Skala kodiert.

Tabelle 4. Dimensionen des Scheuch-Winkler-Index, 7-stufige Abbildung (nach Winkler, 1998).

P	Bildung	Beruf	Einkommen, Euro
1	Kein Schulabschluss, keine Ausbildung	Ungelernte Arbeiter, sonstige (Studenten, Zivildiener)	bis 500
2	Volks-, Hauptschule ohne Ausbildung	Angelernte Arbeiter, gelernte und Facharbeiter, selbstständige Landwirte	500-1000
3	Mittlere Reife ohne Ausbildung	Beamte einfacher Dienst, Vorarbeiter und Kolonnenführer, Meister und Poliere, mithelfende Angehörige, Angestellte mit einfacher Tätigkeit	1000-1500
4	Volks-, Hauptschule mit Lehre, Berufsschule	Beamte mittlerer Dienst, Industrie- und Werkmeister, Angestellte mit qualifizierter Tätigkeit	1500-2000
5	Volks-, Hauptschule mit Fachschule, höhere Berufsschule	Selbstständige mit kleinen Betrieben (mit max. 9 Angestellten)	2000-2500
6	Matura ohne Ausbildung oder mit Lehre, oder mit Fachschule	Beamte gehobener Dienst, Angestellte mit hochqualifizierter Tätigkeit oder Leitungsfunktion, freie Berufe und selbstständige Akademiker	2500-3000
7	Matura und Hochschul- sowie Universitätsausbildung	Beamte höherer Dienst, Angestellte mit Führungsaufgaben, Selbstständige mit mind. 10 Angestellten	3000 und mehr

Abkürzung. P – Stufe, Punktenwert

Um von einer weniger männerzentrierten Einordnungsweise auszugehen, wurde entschieden, einen Familien-Status-Index so zu bilden, dass der höhere Score jeder Eingangsvariable (der Mutter oder des Vaters) dem Haushalt zugewiesen wird (Jöckel et al., 1997; Lampert, Schenk & Stolzenberg, 2002). Die Summe der Punktewerte der Eingangsvariablen ergibt den Index-Wert. Ein fehlender Wert kann durch Bilden des arithmetischen Mittels der beiden anderen Werte ersetzt werden. Der Index kann die Werte zwischen 3 und 21 Punkten erreichen. Im letzten Schritt können die Index-Werte zu Klassen/Schichten zusammengefasst werden: 3 bis 8 Punkte – Unterschicht, 9 bis 14 Punkte – Mittelschicht und 15 bis 21 Punkte – Oberschicht.

Maßzahl. Es wird bei der statistischen Auswertung entschieden, ob eine Variable der Schichtzugehörigkeit (Unter-, Mittel- oder Oberschicht) oder eine (quasi-) metrische Variable (3 bis 21 Punkte) verwendet wird. Verzichtet man auf das Schichtenmodell, kann man „fließende Übergänge" zwischen und innerhalb von Klassen besser berücksichtigen, was für die kleine Stichprobe sinnvoller wäre (Jöckel et al., 1997).

4.2.2.2 Kindliche Entwicklung

Die Wahrnehmung der Eltern die kindliche Entwicklung betreffend wurde in zweierlei Weise erfasst: Retrospektiv wurden die früheren Auffälligkeiten des Kindes im Anamnesebogen erfragt, und die aktuelle Problemlage wurde mit dem Ausfüllen der CBCL 1½-5 eingeschätzt.

Frühere Auffälligkeiten in der Entwicklung des Kindes

Von den Eltern wurden dichotome Antworten (ja/nein) über frühere Belastungen in der Entwicklung des Kindes im ersten Teil des strukturierten Anamnesebogens angekreuzt.

Folgende *frühere Auffälligkeiten* des Kindes wurden erfragt: Schreibaby, Schlafprobleme, Essprobleme, ausgeprägtes Trotzverhalten, Wutausbrüche, Aggression, Ungehorsam, Überaktivität, übermäßige Traurigkeit, Überängstlichkeit, übermäßige Abhängigkeit, Beziehungsschwierigkeiten, Entwicklungsprobleme, Erziehungsprobleme, andere nicht erwähnte Probleme (offene Antwort).

Dazu wurde nach dem damaligen Alter des Kindes und der Dauer der Probleme (in Monaten) gefragt. Ebenso wurde gebeten, über frühere Behandlungen, die Behandlungsdauer und Behandlungserfolge zu berichten. Es wurde die Frage gestellt, ob sich die Mutter/ der Vater Sorgen wegen der Auffälligkeiten sowie wegen der Beziehungs- und/oder Entwicklungsprobleme des Kindes machen.

Zwei Summen wurden aus allen Problemen – die aus den Antworten von Mutter und Vater generiert wurden – berechnet. Als *Maßzahl* für die statistische Auswertung gilt: Summe aus allen Problemen, über die entweder ein Elternteil oder beide Elternteile berichten (0 bis 15).

154

Einschätzung der kindlichen Problemlage durch die Eltern

Zur Erfassung der problematischen Verhaltensweisen und Einzelsymptome des Kindes dient die *Child Behavior Checklist* (CBCL). Es handelt sich dabei um einen Elternfragebogen, der von Achenbach konzipiert (CBCL/2-3, 1992) und modifiziert (CBCL 1½-5, Achenbach & Rescorla, 2000) wurde, und der von der Arbeitsgruppe Deutsche CBCL (2000) bereits übersetzt wurde. Das Verfahren dient der Erfassung von psychischen und emotionalen Auffälligkeiten von Klein- und Vorschulkindern im Alter von 1½ bis 5 Jahren.

Das Verhalten der Kinder wurde durch beide Elternteile getrennt voneinander eingeschätzt.

Aufbau des Fragebogens

Die deutsche Fassung der CBCL 1½-5 umfasst 99 Problem-Items und ein Item, das nach nicht erwähnten Problemen fragt. Drei weitere Fragen sind frei zu beantworten. Aus den 100 Items werden faktorenanalytisch sieben empirische Problem-(Syndrom)skalen gebildet (s. Tab. 5).

Tabelle 5. Syndromskalen und übergeordnete Skalen der CBCL, Reliabilitäten (Interne Konsistenzen, Cronbachs Alpha) der deutschen Stichprobe (nach Elting, 2003) bzw. Originalstichprobe.

Syndromskala/ Skalen	Itemanzahl	Deutsche Stichprobe (Elting, 2003)	Originalstichprobe (Achenbach & Rescorla, 2000)
Externalisierende Störungen	24		
1. Aufmerksamkeitsprobleme	5	.67	.68
2. Aggressives Verhalten	19	.88	.92
Internalisierende Störungen	36		
3. Sozialer Rückzug	8	.75	.75
4. Ängstlichkeit/Depressivität	8	.67	.66
5. Somatische Probleme	11	.61	.80
6. Emotionale Labilität	9	.71	.73
7. Schlafprobleme	7	.73	.78
Andere Probleme	33		
Gesamt	100		

Diese Syndromskalen sind aufgrund von Faktorenanalysen zweiter Ordnung zu zwei übergeordneten Gruppen zusammengefasst: *Externalisierende Störungen* und *Internalisierende Störungen. Andere Störungen,* die weder den internalisierenden noch den externalisierenden Störungen zugeordnet werden können, bilden die dritte Gruppe. Aus allen Werten wird ein *Gesamtscore* (Gesamtwert zwischen 0 und 200 über alle einzelnen Item) ermittelt. Damit ist ein Überblick über die Gesamtproblembelastung möglich.

Syndromskalen des Elternfragebogens. Die Gruppe der Externalisierenden Störungen setzt sich aus zwei Skalen zusammen:

Auf der Skala *Aggressives Verhalten* werden folgende Verhaltensweisen zusammengefasst: Kinder sind trotzig und ungeduldig, sie schreien und quengeln oft, neigen zu Wutausbrüchen, werden schnell eifersüchtig, verwickeln sich in Raufereien, wollen nicht teilen, nicht gehorchen, Bestrafung ändert ihr Verhalten nicht.

Die Items des Bereichs *Aufmerksamkeitsprobleme* beschreiben Kinder, die sich schwer konzentrieren und nicht still sitzen können, die schnell von einer Beschäftigung zur nächsten wechseln, ungeschickt sind und häufig weglaufen.

Die Problemskala *Internalisierende Störungen* setzt sich aus vier Subskalen zusammen:

Die Skala *Sozialer Rückzug* beschreibt Kinder, die wenig Interesse zeigen, wenig aktiv und eher verschlossen und "ernst" sind, Kommunikationsschwierigkeiten mit anderen Kindern haben, nicht auf Zärtlichkeit reagieren.

Die Items der Skala *Ängstlich/ Depressiv* beschreiben die verschiedenen Symptome, wie schwere Trennung und Abhängigkeit von den Eltern, grundlose Traurigkeit und Müdigkeit, Verlangen nach viel Aufmerksamkeit, Nervosität.

Auf der Skala *Somatische Probleme* werden verschiedene körperliche Beschwerden (Schmerzzustände, Erbrechen, Übelkeit, Essens- und Verdauungsprobleme) sowie Neigung zu übertriebener Ordentlichkeit beschrieben.

Die Skala *Emotionale Labilität* beschreibt Kinder, die z.B. unter nervösen Zuckungen leiden, schnell eingeschnappt sind, quengeln, besorgt sind und sich durch neue Personen oder Abläufe aus der Fassung bringen lassen.

Sieben Items werden zur Subskala *Schlafprobleme* (z.B. Albträume, Schlaflosigkeit, Reden im Schlaf) zusammengefasst. Diese sind weder den internalisierenden noch den externalisierenden Störungen zuzuordnen.

Die restlichen 33 Items bilden die Skala *Andere Probleme.*

Auswertung des Fragebogens

Die Aussagen der Eltern werden auf einer Skala mit den Abstufungen 0 (nicht zutreffend), 1 (etwas/ manchmal) sowie 2 (genau/ häufig) kodiert. Missing date: Die CBCL kann ausgewertet werden, wenn nicht mehr als 8 Items fehlen; Item 100 wird nicht berücksichtigt (Achenbach & Rescorla, 2000). Es bestehen zwei Auswertungsmöglichkeiten: wie oben beschrieben nach den empirischen Skalen oder nach den an der DSM-Klassifikation orientierten Skalen. Es liegen Normen – Prozentrang und T-Werte – vor. Die amerikanische Normierung stützt sich auf eine nicht behandelte Stichprobe von 700 Kindern (Achenbach & Rescorla, 2000).

Die *Maßzahlen* können aus den empirischen Skalen wie folgt gebildet werden: Summen aller sieben Skalen, zwei Summenscores für die Syndromskalen: Internalisierende Störungen und Externalisierende Störungen sowie die Gesamtproblembelastung (mit dem Wert zwischen 0 und 200). Als Maßzahl für die statistische Auswertung wird der Summenscore Gesamtproblembelastung gewonnen. Dieser wird mit den zwei Summenscores Internalisierende bzw. Externalisierende Störungen verglichen.

Testgütekriterien

Die Skalenbildung der CBCL 1½-5 basiert auf faktorenanalytischen Untersuchungen an einer Stichprobe von 1 728 Kindern (Achenbach & Rescorla, 2000) und die Normierung wurde anhand einer amerikanischen Stichprobe von 700 Kindern vorgenommen. Kulturvergleichende Analysen der bisher vorliegenden verwandten Instrumente und Vergleichsergebnisse mit der amerikanischen Originalstichprobe zeigen keine bedeutsamen Unterschiede in den Skalenmittelwerten (s. Informationen der Forschungsgruppe CBCL, 2010; Elting, 2003). Die amerikanische Normierung kann daher als Orientierung auch für den deutschen Sprachraum dienen, bis entsprechende Analysen abgeschlossen sind bzw. bis Normwerte aus einer entsprechend repräsentativen deutschen Stichrobe vorliegen (Elting, 2003).

Die Testgütekriterien der Originalskalen sind im Testmanual von Achenbach und Rescorla (2000) zu finden. Diese sind in Tabelle 5 angegeben. Zur Überprüfung der psychometrischen Güte der deutschen Version und der Anwendbarkeit der Instrumente im deutschen Sprachraum lief gerade ein Teil-Projekt CBCL-2 (s. Forschungsgruppe CBCL, 2010). Nach Ergebnissen des Teilprojekts (n=201, im Jahr 2001) können die internen Konsistenzen der Syndromskalen weitgehend als gesichert betrachtet werden, diejenigen Skalen zweiter Ordnung als befriedigend. Die faktorielle Struktur des Instruments lässt sich anhand dieser Stichprobe nur für die Skalen zweiter Ordnung bestätigen. Einzelne Items laden nicht homogen auf den erwarteten Faktoren, so dass ein Vorschlag für eine Deutsche Skalenbildung erwogen wird. Die Teilergebnisse sind mittlerweile schon bei Plück und Döpfner (2011) zu finden. Die Ergebnisse der Reliabilitätsanalysen der deutschen Version von CBCL 1½-5 anhand von 246 ProbandInnen (N=175 Feldstichprobe, N=71 Klinikstichprobe) von Elting (2003) zeigen bis auf wenige Ausnahmen gute interne Konsistenzen mit Ergebnissen, die sich mit der amerikanischen Originalstichprobe vergleichen lassen.

Die Werte der *Test-Retest-Reliabilitäten* (Pearson's rs) der Originalskalen (Achenbach & Rescorla, 2000) sind für beide übergeordneten Skalen mit .90 (internalisierende) und .87 (externalisierende) und für die Gesamtskala mit .90 als sehr gut zu bezeichnen, für die einzelnen Syndromskalen liegen die Werte zwischen .68 und .92. Übereinstimmungen zwischen Müttern und Vätern sowie Stabilitäten (von Skalenwerten) wurden berechnet: Cross-Informant Correlations (rs) liegen zwischen .48 und .67 (für internalisierende: .59, externalisierende: .67 und für die Gesamtskala: .65); die Werte der Stabilitäten (Pearson's rs) liegen zwischen .53 und .76 (für internalisierende: .76, externalisierende: .66 und für die Gesamtskala: .76).

Die hohe *Validität* (Inhalts- od. externe Validität, kriteriumsbezogene od. interne Validität bzw. Konstruktvalidität) der Originalversion der CBCL 1½-5 wurde bereits in zahlreichen internationalen Studien nachgewiesen (vgl. Bérubé & Achenbach, 2000). Die hohe Validität der deutschen Version CBCL 1½-5 ist von Elting (2003) zusammenfassend beschrieben.

4.2.2.3 Psychische Gesundheit der Eltern

Zur Erfassung der psychischen Gesundheit bzw. Psychopathologie der Eltern wurde eine Deutsche Kurzform (Franke, 2000) der Symptom-Checkliste (SCL – 90) von Derogatis (1993) – Brief Symptom Inventory (BSI) – eingesetzt.

Aufbau des Fragebogens

Die BSI (Checkliste) ist ein Selbstbeurteilungsinstrument, ein Screeningverfahren zur Erfassung der subjektiven psychischen Belastung von Personen. Der Fragebogen umfasst 53 Items, die eine subjektiv empfundene Beeinträchtigung durch 53 körperliche und psychische Symptome während der letzten 7 Tage vor der Befragung erfasst. 49 Items sind 9 Skalen zugeordnet (s. Tab. 6).

Tabelle 6. Skalen der BSI mit Itemsanzahl; Interne Konsistenzen (Cronbachs Alpha) der deutschen Normstichproben Erwachsener (N1) und der Studierenden (N2), einer klinischen Gruppe (chronisch niereninsuffiziente PatientInnen) (N3) sowie die Originalstichprobe von Derogatis (1993) (vgl. Franke, 2000, S. 35 f.).

Skalen	Itm N	N1	N2	N3	Original-Stichprobe
1. Somatisierung	7	.63	.67	.78	.80
2. Zwanghaftigkeit	6	.72	.75	.80	.83
3. Unsicherheit im Sozialkontakt	4	.61	.75	.78	.74
4. Depressivität	6	.72	.82	.85	.85
5. Ängstlichkeit	6	.62	.70	.72	.81
6. Aggressivität/Feindseligkeit	5	.54	.59	.72	.78
7. Phobische Angst	5	.39	.65	.67	.77
8. Paranoides Denken	5	.60	.64	.73	.77
9. Psychotizismus	5	.42	.70	.63	.71
9 Skalen	49				
Zusatzitems	4				
Gesamt	53	.92	.95	.96	-

Abkürzung. ItmN - Itemanzahl

Die Items der Skala *Somatisierung* fragen nach psychischen Belastungen, die durch die Wahrnehmung von körperlicher Dysfunktion (körperlichen Beschwerden bis funktionellen Störungen) entstehen.

Auf der Skala *Zwanghaftigkeit* wird nach Symptomen wie z. B. Gedanken, Impulse und Handlungen, die von Person u.a. als ungewollt erlebt werden, gefragt (es gibt einen engen Zusammenhang mit dem klinischen Syndrom der Zwanghaftigkeit).

Unsicherheit im Sozialkontakt beschreibt leichte soziale Unsicherheit bis hin zum Gefühl völliger persönlicher Unzulänglichkeit.

Die Items der *Depressivität* umfassen Traurigkeit bis hin zur schweren, klinisch manifesten Depression.

Die Skala *Ängstlichkeit* beschreibt körperlich spürbare Nervosität bis hin zu tiefer Angst.

Die Skala *Aggressivität/ Feindseligkeit* umfasst Items, die Reizbarkeit sowie Unausgeglichenheit bis hin zu starker Aggressivität mit feindseligen Aspekten beschreiben.

Phobische Angst wird durch Items über ein leichtes Gefühl der Bedrohung bis hin zur massiven phobischen Angst erfragt.

Die Items der Skala *Paranoides Denken* fragen nach Misstrauen und Minderwertigkeitsgefühlen bis hin zu starkem paranoidem Denken (im Sinne einer Denkstörung).

Auf der Skala *Psychotizismus* wird das milde Gefühl der Isolation und Entfremdung bis hin zu psychotischen Episoden beschrieben.

Die vier Zusatzitems fragen nach schlechtem Appetit, Einschlafschwierigkeiten, Gedanken an den Tod und das Sterben sowie nach Schuldgefühlen.

Auswertung des Fragebogens

Die Beantwortung erfolgt durch Ankreuzen auf einer fünfstufigen Likert-Skala, wobei die Antwortmöglichkeiten in Bezug auf die Intensität des Symptoms von 0 (überhaupt nicht), 1 (ein wenig) bis 4 (sehr stark) reichen.

Als *Maßzahl* können Mittelwerte von jeder Skala oder drei Globalkennwerte dienen. Alle 53 Items gehen zusammen in die Errechnung von drei globalen Kennwerten ein, die eine Übersicht über die psychische Belastung auf einem generellen Niveau bieten sollen.

Der *Global Severity Index* (GSI) erfasst die Intensität der empfundenen Belastung durch körperliche und psychische Symptome und errechnet sich aus dem Mittelwert über alle Skalen. Es ist der sensitivste Indikator für die psychische Belastung. Die *Positive Symptom Total* (PST) umfasst die Anzahl von Symptomen, bei denen eine Belastung genannt wurde. Der *Positive Symptom Distress* Index (PSDI) erfasst die Intensität der Items, bei denen eine Belastung vorliegt. Er gibt somit Auskunft über den individuellen Antwortstil.

Die BSI kann auch ausgewertet werden, wenn sich fehlende Werte (missing data) finden. In diesem Fall wird der jeweilige Divisor pro Skala (wie bereits oben angegeben) reduziert.

Für eine standardisierte Auswertung werden T-Werte berechnet. Die neun Skalenwerte und die drei globalen Kennwerte können anhand der Normen in T-Werte transformiert werden, die ebenfalls in das Auswertungsschema eingetragen werden können. Für die Bewertung der Schwere der Beeinträchtigung werden T-Werte verwendet: T(GSI) $\geq$ 63 oder T(2 Skalen) $\geq$ 63 wird als eine auffällige psychische Belastung definiert (Derogatis, 1992). In diesem Fall ist eine weitere Untersuchung und Behandlung notwendig.

Es liegen deutsche Normen für Erwachsene (n=600) und Studierende (n=589) vor: eine gesamte und eine geschlechtsgetrennte Normierung, da sowohl bei der SCL-90-R als auch bei der BSI die Frauen konstant und statistisch signifikant über mehr Symptome und einen höheren Leidensdruck klagen (Franke, 2000).

Testgütekriterien

Die Struktur der BSI wurde anhand von Faktorenanalysen überprüft (Stichprobe amerikanischer ambulanter Psychiatriepatienten n=1 002 von Derogatis) (Franke, 2000).

Reliabilität. Die interne Konsistenz (Cronbachs Alpha) der Skalen liegt in der deutschen Normierungsstichprobe Erwachsener zwischen dem niedrigen Wert .39 und .72, in der Normstichprobe der Studierenden zwischen .64 und .75 (in der klinischen Stichprobe zwischen .63 und .85). Die Originaldaten der amerikanischen Stichproben weisen etwas höhere interne Konsistenzen auf (Franke, 2000, S. 35). Die interne Konsistenz des globalen Kennwertes GSI (deutsche Stichproben) liegt zwischen .92 (Erwachsene), .95 (Studierende) und .96 (chronisch Niereninsuffiziente) und ist damit ausreichend hoch (vgl. Tab. 6). Weitere Ergebnisse zur internen Konsistenz der BSI werden von Franke (2000) berichtet.

Aus zwei Teilstichproben von N1 (n=70) und N2 (n=50) werden Retest-Reliabilitäten (nach einer Woche, ohne therapeutische Intervention) zwischen .73 und .93 angegeben.

Die *Validität* (Augenscheinvalidität, konvergente und diskriminante Validität) ist im BSI-Manual von Franke (2000) beschrieben. Zahlreiche Korrelationsstudien weisen die kriterienbezogene Validität für einzelne Skalen nach. Die korrelativen Zusammenhänge zwischen der BSI und anderen Fragebögen (z.B. Freiburger Persönlichkeitsinventar, FPI-R, Fahrenberg, Hampel & Selg, 1994; Essener Fragebogen zur Krankheitsverarbeitung, EFK; Franke, Mähner, Reimer, Spangemacher & Esser, 2000) können als statistisch signifikant aber mäßig (von .32 bis .55) klassifiziert werden (Franke, 2000).

4.2.2.4 Partnerschaftsbeziehung

Für die Einschätzung der Wahrnehmung der Partnerschaftsqualität und Zufriedenheit mit dem/der PartnerIn wurde die vollständige unveränderte Version des *Partnerschaftsfragebogens* (PFB) von Hahlweg (1996) eingesetzt.

Aufbau des Fragebogens

Der PFB wurde zur differentiellen Einschätzung der Ehe- bzw. der Partnerschaftsqualität entwickelt. Der Fragebogen besteht aus 30 Items, die drei Skalen – *Streitverhalten, Zärtlichkeit* und *Gemeinsamkeit/ Kommunikation* (je 10 Items) – zugeordnet sind. Ein zusätzliches Item (der Ratingskala von Terman, Butterwieser, Ferguson, Johnson & Wilson, 1938) dient der globalen *Glückseinschätzung* in der Partnerschaft ("Wie glücklich würden Sie Ihre Partnerschaft im Augenblick einschätzen?").

Auf der Skala *Streitverhalten* sind Verhaltensweisen beschrieben, die vom Partner/ der Partnerin während eines Streites gezeigt werden und die nicht einer Konfliktlösung dienen (z.B. den Partner/ die Partnerin anschreien, beschimpfen, Vorwürfe machen, beim Streit kein Ende finden können, Schuld zuweisen).

Auf der Skala *Zärtlichkeit* sind Verhaltensweisen angeführt, die den direkten Körperkontakt zum Partner/ zur Partnerin oder positive verbale Äußerungen beschreiben (z.B. den Partner/ die Partnerin streicheln, sich aneinanderschmiegen, positiv auf sexuelle Annäherung reagieren; Ausdrücken der positiven Gefühle und Zufriedenheit dem Partner/der Partnerin gegenüber, Komplimente machen, über sexuelle Wünsche sprechen).

Skala *Gemeinsamkeit/ Kommunikation* beschreibt gemeinsame Aktivitäten (z.B. das Wochenende planen oder Zukunftspläne schmieden), die Verbundenheit mit dem Partner/der Partnerin (Dinge aus dem Berufsleben besprechen und die Meinung des anderen dazu hören wollen, sich die Wünsche des Partners merken, sich wegen falscher Behandlung entschuldigen), positive Kommunikation (wie das Mitteilen, was man tagsüber gemacht hat, sich miteinander unterhalten und seine Gefühle offen mitteilen).

Auswertung des Fragebogens

Die Antwortkategorien werden auf einer vierstufigen Likert-Skala von 0 (nie/ sehr selten), 1 (selten), 2 (oft) bis 3 (sehr oft) abgebildet. Die Beantwortung zur globalen Glückseinschätzung erfolgt in den Abstufungen von 0 (sehr unglücklich), 1 (unglücklich) bis 4 (glücklich) und 5 (sehr glücklich).

Pro Skala kann ein fehlender Wert toleriert werden. Für die Skalensummenwerte wird der fehlende Wert durch den abgerundeten Mittelwert ersetzt (Hahlweg, 1996).

Der Fragebogen kann sowohl qualitativ in der Verhaltensanalyse (Auswertung auf Item-Ebene) als auch quantitativ in der Therapieevaluation (Auswertung auf Skalenwert-Ebene) eingesetzt werden. Es liegen Normwerte: z-Werte, T-Werte und %ränge für Kontroll- und Therapiegruppe vor.

Als *Maßzahl* können *drei Skalenwerte* (Streitverhalten (S), Zärtlichkeit (Z) und Gemeinsamkeit/ Kommunikation (GK)) und ein *Gesamtwert* (GW) berechnet werden. Der GW ergibt sich aus drei Skalen: GW = (30-Skala 1) + Skala 2 + Skala 3 (Minimum 0, Maximum 90). Als letzte Maßzahl gilt die *Globale Glückseinschätzung* (GG). In der statistischen Auswertung werden die Werte GW und GG verwendet.

Testgütekriterien

Der Fragebogen ist weitgehend objektiv in Bezug auf die Durchführung und die Auswertung.

Reliabilitäten. Die internen Konsistenzen (Cronbachs Alpha) und die Stabilitätskoeffizienten der PFB-Skalen erscheinen befriedigend hoch: für den Gesamtwert α= .95, für einzelne Skalen: α= .88 (GK), α= .91 (Z) bis α= .93 (S). Die Retest-Reliabilitäten betragen für den Gesamtwert α = .85 und für einzelne Skalen: α = .68 (S), α = .74 (Z) und α = .83 (GK).

In der Normierungsstichprobe (n=1 114) von Hinz, Stöbel-Richter und Brähler (2001) ergaben sich die folgenden Werte für das Cronbach Alpha: .88 (Streitverhalten), .91 (Zärtlichkeit), .85 (Gemeinsamkeit), .93 (Gesamtskala).

Der Fragebogen besitzt eine gute diskriminative und prognostische *Validität* und ist sensitiv bei Veränderungsmessung nach Ehetherapie. Die inhaltliche Validität wird durch Mittelwertunterschiede zwischen "glücklichen" und "unglücklichen" Ehepartnern bestätigt (Hahlweg, 1996). Die befriedigende Konstruktvalidität wurde durch Korrelationen des PFB mit ähnlichen Fragebögen (z.B. *Dyadic Adjustment Scale,* DAS; Spanier, 1976; Deutsch in Hank, Hahlweg & Klann, 1990; *Marital Adjustment Test,* MAT; Locke & Wallace, 1959; deutsche Fassung: Scholz, 1978) bestätigt. Die Skalen des PFB korrelieren auch mit Variablen, die bei direkter Verhaltensbeobachtung mit dem Kategoriesystem für partnerschaftliche Interaktion gewonnen wurden (Hahlweg, 1986, 1996; Hahlweg,

163

Klann & Hank, 1992). Die Zusammenhänge konnten in weiteren Studien bestätigt werden (z.B. Bodenmann, 1993).

Die prädiktive Validität wurde an einer Stichprobe (64 Paare) in verhaltenstherapeutischer Ehetherapie untersucht (Hahlweg, 1996).

4.2.2.5 Stress und soziale Unterstützung

Selbsteinschätzung des erlebten Stresses und Verfügbarkeit der Unterstützung

Zur Erfassung der elterlichen Belastung wird eine Kurzversion des Fragebogens Parenting Stress Index (PSI, Abidin, 1995) eingesetzt, die von Tröster (1999a), nach der Vorlage einer deutschen Version von Sarimski (1993a), adaptiert wurde.

Aufbau des Fragebogens

Der PSI ist ein Screening- und Diagnostikinstrument, geeignet zur Identifikation der Eltern-Kind-Beziehungssysteme, die sich unter Stress zeigen, oder zur Einordnung von dysfunktionalem elterlichem Verhalten (Abidin, 1995). Die Gesamtskala von Abidin (1995) eignet sich für Eltern von Kindern von 1 bis 12 Jahren. Eine Kurzform von Tröster (1999a) besteht aus 59 Originalitems, die 13 Subskalen und darüber hinaus zwei Bereichen zugeordnet sind: 1) Belastungen, die sich aus dem Verhalten des Kindes ergeben – interaktionsbezogene Belastungsaspekte (Skala Kindbereich) sowie 2) Belastungen in elterlichen Funktionsbereichen – Belastungsaspekte des emotionalen Wohlbefindens (Skala Elternbereich), sowie einem zusätzlichen Bereich – 3) Verfügbarkeit sozialer Unterstützung, die 8 Items beinhaltet. Die Subskalen und übergeordneten Skalen sind in Tabelle 7 dargestellt.

Subskalen Kindbereich. Im Kindbereich werden die Belastungen erfasst, die sich aus dem Verhalten und der Kompetenz bzw. dem Mangel an Kompetenz des Kindes ergeben (vgl. Grimm, 2006; Tröster, 1999b).
Hyperaktivität/ Ablenkbarkeit bezeichnet hyperaktives Verhalten des Kindes: Die Verhaltensweisen der Kinder werden durch die Eltern so wahrgenommen, dass sie mit dem klinischen Erscheinungsbild verglichen werden können oder die Eltern zeigen übertriebene Erwartungen in Bezug auf die Entwicklungsreife bzw. hinsichtlich des kindlichen Verhaltens.

164

Tabelle 7. Zwei Bereiche und Subskalen des Fragebogens PSI.

Skala Kindbereich	Itm N	Skala Elternbereich	Itm N
Hyperaktivität/ Ablenkbarkeit	6	Elterliche Bindung	4
Stimmung	3	Soziale Isolation	4
Akzeptierbarkeit	5	Zweifel an der elterlichen Kompetenz	6
Anforderung	4	Depression	4
Anpassungsfähigkeit	6	Gesundheitliche Beeinträchtigung	4
EKI/ Verstärkung für die Eltern	4	Beeinträchtigung der Partnerbeziehung	4
		Persönliche Einschränkung	5
Gesamt Skala Kindbereich	28	*Gesamt Skala Elternbereich*	31
Zusatzbereich: Verfügbarkeit sozialer Unterstützung			8

Abkürzung. ItmN – Itemanzahl; EKI – Eltern-Kind-Interaktion

Stimmung: Damit ist ein schwieriges Temperament des Kindes, wie unzufriedene Stimmungen und Launenhaftigkeit, gemeint.

Akzeptierbarkeit: An dieser Subskala wird eine mögliche Schwierigkeit der Eltern erfasst, bestimmte Merkmale und Verhaltenseigenschaften ihres Kindes zu akzeptieren. Es stellt sich die Frage, ob die elterlichen Erwartungen in physischer, emotionaler und intellektueller Hinsicht erfüllt werden.

Anforderungen: Damit sind Anforderungen gemeint, die mit der Erziehung, Betreuung und Versorgung des Kindes verbunden sind, z.B. das Kind schreit viel, fordert ständig die Aufmerksamkeit oder die unmittelbare Nähe oder Hilfe der Eltern ein.

Unter *Anpassungsfähigkeit* wird die Beeinträchtigung der Anpassungsfähigkeit des Kindes verstanden: Z.B. sind die Eltern der Meinung, dass das Kind sich an bestimmte Situationen schlecht anpassen kann, es (emotionale) Überreaktionen bei einer sensorischen Stimulation zeigt, fremde Personen meidet, oder aber die Eltern haben Schwierigkeiten, das aufgeregte Kind wieder zu beruhigen.

Eltern-Kind-Interaktion/ Verstärkung für die Eltern: Diese Subskala bezeichnet eine wahrgenommene, für die Eltern unbefriedigende Interaktion mit ihrem Kind (z.B. die Eltern fühlen sich von ihrem Kind zurückgewiesen). Es kann auch die Frage gestellt werden, ob die Eltern in der Lage sind, die Reaktionen (emotionale bzw. Verhaltensantworten) des Kindes richtig zu verstehen oder zu interpretieren.

Subskalen Elternbereich. Diese Skalen beziehen sich auf das Verhalten, die Emotionen bzw. die Kompetenzen der Eltern und ihre soziale Umgebung.

Elterliche Bindung: Die Beeinträchtigung entsteht aufgrund einer Unsicherheit bei der Einschätzung der Gefühle und Bedürfnisse des Kindes.

Soziale Isolation: Diese Subskala zeigt Schwierigkeiten auf, soziale Beziehungen aufzunehmen und diese aufrechtzuerhalten, bzw. mangelnde Einbindung in ein soziales Netz.

Zweifel an der elterlichen Kompetenz: Diese entstehen aufgrund von persönlicher Unsicherheit und Selbstzweifel in der Erziehung des Kindes.

Depression: Es werden depressive Verstimmungen und Schuldgefühle sowie ein Mangel an notwendiger psychischer Energie zur Erziehung des Kindes erfasst.

Gesundheitliche Beeinträchtigung: Darunter wird ein weiterer Stressor verstanden – das Ausmaß der Beeinträchtigung des körperlichen Wohlbefindens.

Beeinträchtigung der Partnerschaft entsteht aufgrund von Konflikten und Spannungen in der Partnerschaft bzw. aufgrund einer fehlenden Unterstützung durch den Partner. Die Eltern können sich durch die Anforderungen, die das Kind an sie stellt, in der Partnerbeziehung beeinträchtigt fühlen.

Persönliche Einschränkungen: Es werden Belastungsaspekte erfasst, die aufgrund der Anforderungen an Eltern, durch Einschränkungen in der persönlichen Freiheit und in der persönlichen Lebensführung entstehen. Die elterliche Rolle schränkt die betroffenen Eltern ein, sie fühlen sich von den Anforderungen und Bedürfnissen ihrer Kinder in ihrem Verhalten kontrolliert und dominiert.

Verfügbarkeit sozialer Unterstützung. Die Unterstützung kann wie folgt unterteilt werden: Verfügbarkeit instrumenteller sozialer Unterstützung (z.B. Übernahme der Betreuung des Kindes); Verfügbarkeit emotionaler Unterstützung (der Elternteil hat das Gefühl, emotional von der Partnerin/ dem Partner, Freunden etc. gestärkt zu sein); informative Unterstützung: Darunter werden ausreichende Informationen (bzw. Ratschläge) über die Erziehung oder über Möglichkeiten der persönlichen Entlastung verstanden (vgl. Grimm, 2006; Tröster, 1999b).

Auswertung des Fragebogens

Die Antworten werden auf einer fünfstufigen Rangskala von 1 (trifft gar nicht zu) bis 5 (trifft vollkommen zu) angekreuzt. Aus insgesamt 67 Variablen (Rohdaten) können 13 Variablen (ein Wert pro Skala) berechnet werden. Darüber hinaus ergeben sich zwei Teil-Gesamtscores (für die jeweiligen elternbezogenen und kindbezogenen Belastungscharakteristika). Der *Gesamtwert-Kindbereich* (6 Subskalen) zeigt interaktionsbezogene Belastungsaspekte aus dem Verhalten des

Kindes, der *Gesamtwert-Elternbereich* (7 Subskalen) die Belastungsaspekte des emotionalen Wohlbefindens der Eltern. Der *PSI-Gesamtwert* fasst beide Belastungsaspekte zusammen. *Soziale Unterstützung* kann als eine Gesamtvariable oder als 3 Variablen eine je Unterstützungsbereich – instrumentell, emotional, informativ – berechnet werden. Der Gesamtwert und die Skalenwerte werden durch die Summen der beigeordneten Items gebildet.

Im Falle von „missing data" ist eine sinnvolle Auswertung möglich, wenn: nicht mehr als 5 Items im gesamten Fragebogen fehlen, nicht mehr als 3 Items sowohl im Kindbereich als auch im Elternbereich fehlen, nicht mehr als ein Item pro Subskala fehlt. Der Mittelwert der beantworteten Skala bildet den Wert des fehlenden Wertes.

Als *Maßzahl* für die statistische Auswertung werden der *Gesamtscore* (Summenwert) über beide Bereiche im Vergleich zu beiden *Teil-Gesamtscores* (Summenwerte der elternbezogenen und kindbezogenen Belastungscharakteristika) und der *Gesamtscore Soziale Unterstützung* einbezogen.

Testgütekriterien

Die PSI-Originalversion (Abidin, 1995) wurde anhand von 2 633 Eltern normiert (Perzentile). In verschiedenen Kulturen wurden Teilstichproben (Eltern von Kindern mit Entwicklungsverzögerungen, Verhaltensproblemen, Behinderungen und Krankheiten sowie Risikofamilien) untersucht und der Fragebogen normiert und validiert (Abidin, 1995; Innocenti, Huh & Boyce, 1992; Sarimski, 1993; Tröster, 1999b; s. auch Grimm, 2006; Trilk, 2001).

Reliabilität. Genauere Ergebnisse der Item- und Skalenanalyse des PSI sind bei Tröster (1999b) bzw. Tröster, Bersch, Ruppert & Boenigk (2000) zu finden. Die internen Konsistenzen der Skalen sind in Tabelle 8 angegeben.

Die Werte der Test-Retest-Korrelationen der Kurzversion von Tröster (1999a) sind mit .87 (Gesamtskala), .87 (Eltern-) und .85 (Kindbereich) angegeben (Trilk, 2001). Vergleichswerte der Originalversion von Abidin liegen im Bereich von .55 bis .96 (vgl. Grimm, 2006).

Validität. Die faktorielle Validität (relative Unabhängigkeit der 13 Subskalen) ist in verschiedenen Artikeln zu dem Fragebogen beschrieben (z.B. Abidin, 1995; Sarimski, 1993a; Zfg. Grimm, 2006).

167

Tabelle 8. Interne Konsistenzen der Skalen (Cronbachs Alpha) (vgl. Grimm, 2006, S. 68; Trilk, 2001, S. 75; Tröster, 1999b, S. 57; Tröster et al., 2000, S. 55).

| | Deutsche Version | | | Originalversion |
| | Langform | | Kurzversion | |
	N1	KGr		
Gesamtskala	.96	.94	.94	.95
Kindbereich	.94	.89	.92	.90 (.91)
6 Subskalen	.69 bis .82	.64 bis .78	.71 bis .85	.59 bis .83
Elternbereich	.93	.92	.94	.93 (.92)
7 Subskalen	.65 bis .84	.60 bis .88	.58 bis .86	.57 bis .91

Anmerkungen. Deutsche Version (Langform, Tröster, 1999): N1 – kranke Kinder; KGr – Kontrollgruppe; Kurzversion (Tröster, 1999); Originalversion (Langform Abidin, 1995; 2 Untersuchungen)

Selbsteingeschätzte Unterstützung und Zufriedenheit mit der Unterstützung

Mittels eines für diese Untersuchung entwickelten strukturierten Fragebogens wurde erhoben, bei welchen Personen die Mutter/ der Vater um Unterstützung bitten und diese Unterstützung bekommen kann. Antwortmöglichkeiten sind die Unterstützung durch: Partner/ Partnerin, Mutter, Vater, Geschwister, Schwiegermutter, Schwiegervater, Geschwister des Partners/ der Partnerin, andere Verwandte, Freunde und Freundinen, NachbarInnen, KollegInnen, Institutionen, Sonstige.

Auf einer 6-stufigen Rangskala von 1 (sehr unzufrieden) bis 6 (sehr zufrieden) schätzt die befragte Person ein, wie sehr sie mit der Unterstützung zufrieden ist. Es wird zwischen der Unterstützung durch den/die PartnerIn und der Unterstützung durch Andere unterschieden.

Auswertung und Maßzahl: Über alle Antworten wird ein Summenwert *Unterstützung Alle* gebildet (min 0, max 14); Antwortkategorie Zufriedenheit mit der Unterstützung des Partners/ der Partnerin (von 1 bis 6) und Antwortkategorie Zufriedenheit mit der Unterstützung durch Andere (von 1 bis 6).

Involvierung in die Kinderpflege und Beziehung mit dem Kind

Im strukturierten Anamnesefragebogen wurden die Eltern gebeten, die mit dem Kind verbrachte Zeit und eigene Aktivitäten mit ihm einzuschätzen. Die Involvierung der Eltern in die Beziehung mit dem Kind und Kinderpflege wird quantitativ – in Dauer (Stunden) pro Woche – berechnet. Es wird gefragt:

- wie viel Zeit verbringt die befragte Person üblicherweise am Tag und
- am Wochenende mit ihrem Kind sowie
- wie viel Zeit davon wird nur dem Kind geschenkt, entsprechend den Wünschen des Kindes (z.B. im gemeinsamen Spiel).

Jede Antwort wird auf einer Skala von „weniger als eine Viertelstunde" bis „sieben Stunden und mehr" angekreuzt (weniger als ¼ Stunde, ½ Stunde, ¾ Stunde, 1 Stunde, 2, 3, 4, 5, 6, 7 Stunden und mehr).

Es wird eine *wahrgenommene Zufriedenheit* mit dieser Zeit ermittelt. Auf einer 5-stufigen Skala wird der Elternteil gebeten anzukreuzen, wie sehr sie/er damit (mit der mit dem Kind verbrachten Zeit) zufrieden ist. Die Antwortkategorien sind: 1 (ich bin extrem belastet), 2 (das Kind verlangt zu viel Zeit), 3 (ich bin zufrieden, dass ich genug Zeit für mein Kind habe), 4 (ich bin zufrieden, aber würde meinem Kind noch mehr Zeit schenken), 5 (ich habe leider zu wenig Zeit für mein Kind).

Weiterhin wird gefragt, in welche Aktivitäten (aus der Liste) und in welchem Ausmaß die Elternteile involviert sind: Babysittern allgemein, Wickeln, Baden, Füttern, Schlafbegleitung, Spielen, Spazierengehen, Sport, Arztbesuchen, Begleitung zum Kindergarten, Sonstiges.

Auf die Frage: „Wer führt üblicherweise die unten bezeichneten Tätigkeiten aus", gibt es die Antwortkategorien: 1 (ich allein), 2 (manchmal gemeisam/ abwechselnd mit dem/der PartnerIn), 3 (oft gemeinsam/ abwechselnd mit dem/der PartnerIn), 4 (immer gemeinsam/ abwechselnd mit dem/der PartnerIn), 5 (nur PartnerIn).

Auswertung. Folgende Variablen können gebildet werden:

1) Für die gemeinsam verbrachte Zeit:
- Dauer in Stunden mit dem Kind am Tag, am Wochenende, entsprechend Kindeswünschen;

- Zufriedenheit mit der Zeit: zwei gebildete Werte – unzufrieden (zusammengefasste Antwortkategorien 1 und 2) sowie zufrieden (Antwortkategorien 3, 4 bis 5).

2) Für die Tätigkeiten mit dem Kind ergeben sich einzelne Summenwerte über alle Tätigkeiten: 1 - „Alleine"; 2 - „Manchmal" und 3/4 - „oft/ immer mit dem/der PartnerIn") sowie ein Mittelwert über alle Tätigkeiten – als *Maßzahl* für weitere statistische Berechnungen.

4.2.2.6 Dyadisches Interaktionsverhalten

Dyadische Familieninteraktionen wurden in einer halbstandardisierten Spielsituation per Video aufgezeichnet (ca. 10-minütige Videoaufzeichnungen pro Mutter-Kind- und Vater-Kind-Dyade). Das ausgewählte Beobachtungsintervall für eine Dyade beträgt zweimal 5 Minuten je Aufgabe (Bilderbuch gemeinsam anschauen bzw. mit Bausteinen spielen). Damit ergibt sich ein Auswertungsmaterial von 20 Minuten pro Familie.

Die interaktionellen Aspekte der Eltern-Kind-Beziehung wurden anhand der *Mannheimer Beobachtungsskalen zur Analyse der Mutter-Kind- und Vater-Kind-Interaktion im Kleinkindalter (MBS-MKI&VKI-KKA)* erfasst (Dinter-Jörg et al., 1997; Trautmann-Villalba et al., 2003; Mannheimer Beobachtungsskalen (T2-T4), 2003). Es handelt sich dabei um eine Verhaltensbeobachtung mit Videoaufnahme und darauf folgende mikroanalytische Verhaltensanalyse.

Die Gütekriterien der MBS-MKI-KKA sind im Kapitel 2.3.3.3 vorgestellt. Die Skalen weisen aufgrund der differenzierten mikro- und makroanalytischen Auswertung vom Verhalten beider Interaktionspartner, durch den Einsatz von Videoanalyse und durch eine entsprechende Konstruktion der Skalen (wenn nur ein Merkmal in einem gewissem Intervall oder online beobachtet und kodiert wird) sehr hohe Objektivität auf.

Schulung zur Anwendung und Auswertung der Mannheimer Beobachtungsskalen. Das Training zur Anwendung der Mannheimer Beobachtungsskalen fand im Zentralinstitut für Seelische Gesundheit, Mannheim, statt (mit der finanziellen Unterstützung der Dr. Heinrich Jörg-Stiftung). Die Einschulung (im Zeitraum vom 3.4. bis 5.4.2003) wurde von Frau Dr. Patricia Trautmann-Villalba (Psychologin der Arbeitsgruppe Neuropsychologie des Kindes- und Jugendalters) geleitet. Der Gesamtumfang des Trainings betrug 25 Stunden. Das Training war inhaltlich wie folgt gegliedert: 1) Einschulung in das und Einüben des computergestützte(n) Verfahren(s) – Soft- und -Hardware – *INTERACT Observing behavior* (Mangold, 2003) für die Kodierung der ausgewählten Merkmale des Interaktionsverhaltens; 2) Operationalisierung von Kategorien und Dimensionen, Einüben in Ratingskalen und Verhaltenskategorien aufgrund der präsentierten Videoausschnitte; 3) Kodierungsübungen in der Kleingruppe. Das Training absolvierten drei Personen (inkl. Untersuchungsleiterin) aus Graz mit dem Ziel, die Interrater-Reliabilitäten bestimmen zu können.

Im zweiten Teil des Trainings – am 5. Februar 2004 in Mannheim – wurden komplizierte Fälle besprochen und die Reliabilität des eigenen Ratings überprüft.

Computer-Soft- und -Hardware. Das Verfahren gewährleistet, dass Computer und Videorecorder stets zeitsynchron arbeiten (Jörg et al., 1994). In jedem 5-minütigen Beobachtungsintervall erfolgt die Kodierung nach demselben Prinzip. Diese Soft- und -Hardware erlaubt zwei unterschiedliche Auswertungsarten (Dinter-Jörg et al., 1997): die Online-Dateneingabe und die Intervalleingabe. Bei der *Online-Dateneingabe* werden bei laufendem Video die relevanten Merkmalsausprägungen durch den Rater (mittels Drücken der Funktionstaste) eingegeben. Anfang, Dauer und Ende dieser Ausprägung werden sekundengenau registriert. Für die *Intervalleingabe* wird das Videoband nach einer vorab definierten Zeitspanne (je Verhaltensmerkmal) gestoppt. Dann ist die Eingabe der Codes möglich.

Der Zeitaufwand für die Auswertung einer dyadischen Interaktion liegt bei ca. einer Stunde für die sekundengenauen Skalen und bei ca. drei Stunden für die Skalen in Intervallerhebung (Dinter-Jörg et al., 1997). Der zeitliche Aufwand der Intervalleingabe vergrößert sich in Abhängigkeit vom gewählten Zeitintervall und von der vom Rater/ von der Raterin benötigten Kodierungszeit. Die Rohdaten aus dem Computerprogramm können abgespeichert und mit jedem Statistikprogramm bearbeitet werden.

Die Auswertung des Interaktionsverhaltens in der vorliegenden Studie erfolgte im Weiteren unter Zuhilfenahme spezieller Computer-Soft- und -Hardware *The Observer* (Noldus Information Technology, 2002) am Institut für Physiologie, Medizinische Universität Graz (mit der freundlichen Zustimmung von Frau Prof. Christa Einspieler). Das verwendete Programm arbeitet nach demselben Prinzip wie *INTERACT* (Mangold, 2003).

Kodierungssystem für Mutter-Kind- und Vater-Kind-Interaktion

Im Folgenden wird das revidierte Kodierungssystem für die Mutter-Kind- und Vater-Kind-Interaktion (welches in der Einschulung erlernt wurde) dargestellt. In Tabelle 9 ist das Auswertungsschema der Mutter- bzw. Vater-Kind-Interaktion zu finden.

Tabelle 9. Auswertungsschema der Mutter-Kind- bzw. Vater-Kind-Interaktion im Kleinkindalter (vgl. Mannheimer Beobachtungsskalen, T2-T4, 2003; Trautmann-Villalba et al., 2001; 2003).

Skala/ Kategorie	N-Stufen/ Merkmal	Intervall- länge (s)
Vater/ Mutter		
Gestimmtheit (positiv, neutral, negativ)	3	1*
Reaktivität	7	5
Positiv/ neutral (vokal, mimisch und motorisch), Negativ (vokal, mimisch und motorisch) oder Mangelnde Reaktivität		
Steuerung (supportiv, direktiv, restriktiv)	3	10
Angemessenheit der Steuerung (Ratingskala)	5	30
Interaktionsstile	Ca. 27 (MKI),	30
(Auffälliges Interaktionsverhalten: z. B.	12 (VKI)	
Abwertung, Gewährenlassen, Aggressivität, Tadel)		
Kind		
Gestimmtheit (positiv, neutral, negativ)	3	1*
Reaktivität	7	5
Positiv/ neutral (vokal, mimisch und motorisch), Negativ (vokal, mimisch und motorisch) oder Mangelnde Reaktivität		
Interaktionsstile	Ca. 24 (MKI),	30
(Auffälliges Interaktionsverhalten: z. B. Trotz,		
motorische Unruhe, Ungeduld, Aggressivität)	24 (VKI)	

Anmerkungen. Intervalllänge in Sekunden;
N-Stufen/Merkmal – Stufen oder Merkmalsanzahl
* on-line kodiert

Quantitative Skalen

Auf quantitativen Skalen werden Häufigkeit und Dauer von Verhaltensmustern erfasst.

Gestimmtheit. Es handelt sich dabei um eine sekundengenaue Mikroanalyse der basalen Verhaltenskategorie *Gestimmtheit*: Die unterschiedlichen Merkmale wie Gesichtsausdruck, verbale Äußerungen (Vokalisation/ Tonfall) und nonverbale Signale (Körperbewegungen) sind hierarchisch zu berücksichtigen (zuerst Gesichtsausdruck). Merkmale von Elternteil und Kind, die nicht identisch operationalisiert sind, werden sekundengenau getrennt voneinander erfasst und direkt online kodiert. Es gibt vier Kodierungsmöglichkeiten: *positiv (3), neutral (2), ängstlich (1), negativ (0).* In einer gleichen Zeitsequenz schließen die Kodierungen einander aus. Kodierungsbeispiele:

- Positive Gestimmtheit des Kindes: Lächeln (auch ein schwaches Lächeln wird kodiert), Lachen;
- Positive Gestimmtheit des Elternteils: Lächeln; Lachen;
- Negative Gestimmtheit des Kindes: deutliche Ausprägung, Weinen, Quengeln, ablehnend, trotzig, genervt, ärgerlich, negative Vokalisation;
- Negative Gestimmtheit des Elternteils: negativer Gesichtsausdruck, negative Vokalisation oder Tonfall, genervt (wobei schon der leichteste Anflug kodiert wird).

Qualitative Skalen

Die Bewertung der länger andauernden *Verhaltensweisen* ist als *Eventkodierung* (innerhalb von einem Intervall in der Länge von 5, 10 oder 30 Sek. je Skala) zu bezeichnen. Es handelt sich dabei um die Reaktivität und um Interaktionsstile beider InteraktionspartnerInnen und um die Steuerung der Eltern Die Angemessenheit der Steuerung der Eltern wird auf einer Ratingskala beurteilt.

Reaktivität. Im 5-Sek.-Intervall werden kanalspezifisch (d.h. vokal, mimisch und motorisch) erfasstes, kontingentes Verhalten sowie mangelnde Reaktivität kodiert. Kontingenz bedeutet, dass das Verhalten des einen Partners in direktem zeitlichem Zusammenhang und somit als eindeutige Reaktion auf das Verhalten des anderen Partners erfolgt. Es wird zwischen positiver und negativer Kontingenz unterschieden. Dabei ergeben sich folgende Kodierungsmöglichkeiten: *Po-*

sitiv/ neutral (vokal, mimisch und motorisch), *Negativ* (vokal, mimisch und motorisch) oder *Mangelnde Reaktivität*.

   Jedes Event kann in einem Intervall kodiert werden, aber das gleiche Event nur einmal im selben Intervall (z.B. positiv/ neutral vokal, positiv/ neutral mimisch und positiv/ neutral motorisch). Die Verhaltensweisen von Elternteil und Kind werden getrennt voneinander erfasst. Die Operationalisierungen der Kodierungen für beide Interaktionspartner sind gleich. Kodierungsbeispiele:

- Positive/ neutrale Reaktion – vokal: Hier werden alle reaktiven Lautäußerungen kodiert, die in positivem oder neutralem Tonfall und/oder Inhalt erfolgen, wie z.B. Antworten, lautes Lachen, Nachfragen, Bestätigen, Verbessern, Loben.
- Negative Reaktion – mimisch: Hier werden alle reaktiven negativen Änderungen des Gesichtsausdrucks kodiert, z.B. genervter oder ängstlicher Gesichtsausdruck, Stirnrunzeln.
- Mangelnde Reaktivität liegt immer dann vor, wenn keine (zu erwartende) Reaktion auf Partnerverhalten erfolgt, wie z.B. Elternteil übersieht Signale des Kindes, das Verhalten eines Partners beeinflusst jenes des anderen nicht.

Steuerungsverhalten. Zwei Skalen beschreiben ausschließlich elterliches Verhalten: Steuerung des Verhaltens des Kindes und Angemessenheit der Steuerung.
   Qualität und Art der Steuerung. Im 10-Sek.-Intervall wird kodiert, ob und wie der Elternteil das Verhalten des Kindes steuert. Es wird zwischen drei Arten der Steuerung unterschieden: *supportiv, direktiv* und *restriktiv,* wobei mehrere Kodierungen in einem Intervall möglich sind. Kodierungsbeispiele:

- *Supportive Steuerung* umfasst alles, was das Verhalten des Kindes positiv bestärkt und es ermuntert, weiterzumachen, z.B. bei einer Aufgabe dem Kind zeigen, wie es weiter geht; nach einem Fehlversuch des Kindes eine Aufgabe gemeinsam bewältigen; positive Kommentare, Lob, Kopfnicken; Erklärung, Verbesserung.
- *Direktive Steuerung*: Der Elternteil bestimmt Ablauf und Inhalt des Interaktionsverhaltens (z.B. durch klare Anweisungen, Instruktionen, ohne dem Kind eine Möglichkeit zu geben, eigene Ideen zu entwickeln, aber auch ohne es einzuschränken).
- *Restriktive Steuerung* umfasst alles, was das Kind einschränkt, selbstständig zu agieren und was gegen den Willen oder die Wünsche des Kindes gemacht wird: z.B. negative Kommentare, Tadel, Kopfschütteln; Verbote; genervtes

Verbessern des Kindes; Ansprechen in verärgertem Ton; Wegnehmen eines Gegenstandes; Beharren auf eine Frage.

Angemessenheit/ Unangemessenheit der Steuerung. Innerhalb eines 30-Sek.-Intervalls wird eingeschätzt, wie angemessen das Steuerungsverhalten des Elternteils ist und inwieweit die Mutter/ der Vater variabel auf Steuerungsangebote des Kindes eingeht und sich lenken lässt. Anhand einer 5-stufigen Ratingskala (1 – sehr angemessen bis 5 – unangemessen) wird die Qualität der elterlichen Steuerung in Abhängigkeit vom kindlichen Verhalten, seinen Fähigkeiten, Temperament, Reaktionen und Zustand, sowie über Variabilität und Sensitivität des Elternteils gegenüber kindlichen Signalen beurteilt. Kodierungsbeispiele:

- Als *sehr angemessen* (1) ist das Steuerungsverhalten des Elternteils im gesamten 30-Sek.-Intervall dann zu beurteilen, wenn es z.B. supportiv, variabel, einfühlsam, wenig direktiv, präsent in der Interaktion ist; Mutter/ Vater geht auf das Kind adäquat ein, wenn dieses frustriert oder verunsichert ist, oder der respektive Elternteil freut sich über Erfolge des Kindes. Der Elternteil ist nicht unberechtigt restriktiv, leistet weder passiven noch unangemessen aktiven Widerstand. *Angemessene Steuerung* (2) bedeutet, dass die Voraussetzungen für die Beurteilung 1 nicht vollständig erfüllt sind.
- Als *neutral* (3) wird das Steuerungsverhalten dann kodiert, wenn es weder als gut noch als schlecht zu beurteilen ist und noch keine negativen Aspekte der Steuerung erkennbar sind, die Stimmung ist neutral. Beide InteraktionspartnerInnen sind mit der Aufgabe beschäftigt, interagieren wenig oder langweilen sich; es entsteht der Eindruck, dass der Elternteil keine Ideen zur Interaktion (zum gemeinsamen Spielen) mit dem Kind hat.
- *Eher unangemessene Steuerung* (4) bedeutet, dass der Elternteil einen eher negativen Gesamteindruck vermittelt. *Unangemessenes Steuerungsverhalten* (5) wird dann kodiert, wenn elterliches Verhalten der Stimmung und den Zustandsmerkmalen des Kindes nicht entspricht: z.B. Mutter/Vater hat wenig Einfühlungsvermögen, ist häufig ungerechtfertigt restriktiv, mangelnd reaktiv und sensitiv; leistet keine emotionale Unterstützung. Es besteht ein negativer Gesamteindruck, positive Aspekte sind nicht erkennbar oder haben kaum Bedeutung.

Individuelle Interaktionsstile/ Interaktionsauffälligkeiten für Elternteil und Kind. Individuelle Interaktionsstile (oder Auffälligkeiten des Interaktionsverhaltens) für Elternteil und Kind werden getrennt voneinander sekundengenau im 30-Sek.-

Intervall kodiert. Jede Kodierung ist im gleichen Intervall möglich. Auf dieser Skala werden zum Großteil negative Verhaltenstendenzen und nur einzelne positive Aspekte kodiert. Die Autoren erklären dazu, dass positives Interaktionsverhalten anhand anderer Skalen hinreichend erfasst wird.

Es werden z.B. folgende *negative Verhaltenstendenzen von Erwachsenen (Mutter/ Vaters)* kodiert: *Aggressivität* (aggressiv gefärbte Drohung, Schlagen, grober Umgang, Beschimpfen); *Desinteresse* (am Kind oder an der Interaktion mit dem Kind); *Tadel* (übermäßiger oder unangemessener Tadel und Vorwürfe, abfällige Bemerkungen); *Hilflos* (Vater/ Mutter ist hilflos, ratlos, unsicher, weiß keine Strategien oder kann sich nicht durchsetzen); *Laissez-faire* (Eltern greifen nicht ein, wenn das Kind negatives, destruktives Verhalten zeigt); *Rigide* (Elternteil hat eine Idee im Kopf und will diese durchsetzen; nicht notwendige Regeln müssen eingehalten werden, Unflexibilität); *Mangelnde Variabilität* (immer dasselbe anbieten, keine neuen Ideen) etc.

Beispiele für *positive Aspekte* des elterlichen Verhaltens in der Interaktion: *Kognitive Anregung* (das Kind wird aufgefordert, eine Antwort auf Fragen zu geben); *Bereitschaft zur Interaktion* (Vater/ Mutter zeigt Bereitschaft, die Interaktion nach Wunsch des Kindes zu gestalten); *Gewähren lassen* (Ideen des Kindes werden von Vater/ Mutter akzeptiert, unter Voraussetzung, dass das Kind konstruktives Verhalten zeigt).

Folgende Beispiele für *negative Verhaltenstendenzen* von *Kindern* werden kodiert: *Aggressivität* (gegen den Elternteil, grober Umgang); *Destruktivität* (Aggressivität gegen Objekte); *Trotz* (oppositionelles Verhalten, störrisch); *Verweigerung* (Ignorieren, Widerstand, Voraussetzung: Gestimmtheit ist positiv oder neutral); *Wutanfälle; Konzentrationsmangel* (unaufmerksam, Voraussetzung: Vater/Mutter und Kind sind mit der Aufgabe beschäftigt); *desorganisiert* (unruhige Aktivität, auffälliges Aktivitätsniveau).

Als *positives kindliches Verhalten* werden zwei Events eingeschätzt: *Eigenständigkeit des Kindes* (das Kind steuert die Interaktion oder zeigt starke Initiative; positive Selbstbehauptung des Kindes) bzw. *Nähe suchen*.

Variablenbildung

Nach der mikroanalytischen Auswertung des Interaktionsverhaltens können die einzeln erhobenen Verhaltensmerkmale zueinander in Beziehung gesetzt werden. Diese Methode erlaubt, typische Verhaltenscluster von Mutter/ Vater und Kind und komplexe Interaktionsabläufe objektiv zu bestimmen. Aus den Rohdaten der Interaktionsanalyse können im Wesentlichen drei Arten von Variablen (für jede zu beobachtende Person) gebildet werden (Dinter-Jörg et al., 1997). Über die einzelnen Merkmalsausprägungen der Skalen können die Summenvariablen *getrennt* für die einzelnen Interaktionspartner berechnet werden.

– *Einfache Summenvariablen* von den Einzelkodierungen/ Merkmalsausprägungen der Beobachtungskategorien und -dimensionen: die Auftretensdauer sämtlicher einzelner Kodierungen innerhalb von 600 Sek. wird berechnet. Die so gewonnenen Variablen lassen sich beliebig miteinander kombinieren.

– *Kombinierte Variablen* durch Rekodierung/ Gewichtung und Summation über verschiedene Einzelkodierungen hinweg gerechnet: In der Skala Reaktivität z.B. werden kanalspezifische (vokal, motorisch und mimisch) Summen für positive und negative Kontingenzen gebildet (Häufigkeiten) oder gewichtete Variablen werden berechnet (Angemessenheit der Steuerung); oder durch Subtraktion (der Summe negativer Gestimmtheit von der Summe positiver Gestimmtheit).

– Faktorenanalytisch gewonnene Variablen aus der Skala Interaktionsstile.

Die Autoren der Mannheimer Beobachtungsskalen haben die Faktorenanalysen zur Variablenreduktion und Prüfung der dimensionalen Struktur der Interaktionsstile berechnet. Die Populationsstichprobe bestand aus 354 Müttern mit ihren zweijährigen Kindern. Dimensionen des auffälligen Interaktionsverhaltens von Mutter und Kind wurden gemeinsam analysiert. Eine Sechs-Faktoren-Lösung ergab sich als inhaltlich am besten interpretierbar (Dinter-Jörg et al., 1997). Die Faktoren lassen sich eindeutig den InteraktionspartnerInnen zuordnen, die Verhaltensmerkmale des anderen Partners/ der anderen Partnerin sind eher komplementär. Die jeweiligen Faktorenwerte dienen als faktorenanalytisch gewonnene Variablen für die statistische Auswertung. Sechs Faktoren (N=352, aufgeklärte Varianz: 43 %) beschreiben Interaktionsstile für Mutter und Kind:

Faktor 1: *Aggressives Kind* (hilflose Mutter) beinhaltet folgende kindliche Merkmale – wütend, aggressiv, destruktiv, provokativ, frech, lehnt Nähe ab, assertiv, aktiver Widerstand, ungeduldig – sowie ein Merkmal der Mutter – hilflos.
Faktor 2: *Aggressive Mutter* (überangepasstes Kind) beschreibt mütterliche Merkmale – Abwertung/ Vorwürfe, ungeduldig, aggressiv, hektisch getrieben, double bind (zwei widersprüchliche Botschaften zum gleichen Zeitpunkt) – sowie ein komplementäres Verhaltensmerkmal des Kindes – überangepasst.
Faktor 3: *Sadistisch ablehnende Mutter* (Nähe suchendes Kind) beinhaltet folgende mütterliche Merkmalskodierungen: sadistische Tendenzen, lehnt Nähe ab,

ironisch/zynisch, mag Kind nicht; sowie zwei kindliche Verhaltensmerkmale: sucht Nähe und Hilfe bei der Mutter.

Faktor 4: *Expressiv-affektierte Mutter* fasst drei mütterliche Merkmalskodierungen zusammen: Mangel an Echtheit, expressiv/ affektiert, Tabuwörter/ Gesten.

Faktor 5: *Auffälliges Kind.* Auf diesem Faktor laden die drei kindlichen Merkmale – double bind (widersprüchliche Botschaften), plötzliche Stimmungsänderungen, Mangel an Durchsetzungsfähigkeit – sowie die zwei mütterlichen Merkmale Mangel an Empathie und rigide.

Faktor 6: *Desinteressierte, depressive Mutter.* Zwei Dimensionen des mütterlichen Verhaltens: Desinteresse am Kind sowie depressiv anmutend.

4.3 Datenerhebung

Im Folgenden werden Zeitrahmen, Ort und Vorgehensweise der Datenerhebung beschrieben.

4.3.1 Zeitrahmen

Vor Beginn der Untersuchung wurden die Daten stationärer und ambulanter PatientInnen der Ambulanz für Psychosomatik und der Station für Pädiatrische Psychosomatik und Psychotherapie (Stationsleiter Univ. Prof. Dr. P. Scheer) der letzten zwei Jahre analysiert, um PatientInnenanzahl und Vorstellungsgründe besser einschätzen zu können.

Die Datenerhebung der gesamten Stichprobe erstreckte sich insgesamt über den Zeitraum von *Mai 2002* bis *Mai 2004*. Vorerst wurden die Probeuntersuchungen im Mai und Juni 2002 durchgeführt, mit dem Ziel, die Fragebögen sowie die Aufgaben zu testen, den Zeitaufwand zu bestimmen, die Geräte zu überprüfen bzw. Proben von Videoaufnahmen zu machen. Die Datenerhebung der UGr fing erst im *September 2002* an, als der letzte Fragebogen (neu revidierte *CBCL 1½-5*) geliefert wurde, und dauerte bis *Februar 2004*. Die Untersuchung der KGr wurde etwas später begonnen (Januar 2003 bis März 2004), da die Untersuchungspersonen dieser Gruppe nach Alter und Geschlecht der Kinder sowie nach dem SÖS der Familie parallelisiert werden mussten. Die Videoaufzeichnungen wurden auf den entsprechenden Datenträgern gespeichert.

Die Erhebungsdauer für die empirischen Daten überschritt den geplanten Zeitrahmen. Gründe dafür waren, dass die Anmeldung der Familien zur Kleinkindambulanz der Kinderklinik und die daraus folgende Einteilung zur PatientInnengruppe schwer vorhersehbar waren und sich dadurch immer wieder Erhebungspausen ergaben. Durch die Berücksichtigung der Auswahlkriterien fielen einige PatientInnen aus der Untersuchung aus. Die Rekrutierung der Familien der KGr dauerte ebenfalls länger als geplant.

Die Auswertung der Daten des Interaktionsverhaltens, inklusive einer intensiven Übungsphase, nahm ebenso mehr Zeit in Anspruch als geplant (dauerte bis Juli 2004), da die neue Software (*The Observer*) eingeübt werden musste.

4.3.2 Untersuchungsort

Die Untersuchung wurde überwiedend in der Ambulanz für Psychosomatik (Klinische Abteilung für Allgemeine Pädiatrie) der Universitätsklinik für Kinder- und Jugendheilkunde in Graz durchgeführt. In der Abteilung bestand die Möglichkeit, ein Video-Equipment (zwei synchrone Kameras und Split-Screen-Technik) für die Beobachtung und Videographierung der Eltern-Kind-Interaktionen zu benutzen. Beide Kameras sind unauffällig an der Decke des Zimmers installiert und dadurch kaum sichtbar und nicht störend. Die Steuerung der Kameras erfolgt aus einem separaten Beobachtungs- und Geräteraum. Jede Kamera kann auf das Gesicht eines Interaktionspartners oder auf beide Partner gerichtet werden. Man kann sich im Raum bewegende Personen mit der Kamera verfolgen.

Um dem Wunsch von manchen Familien, die sich freiwillig zur Studie meldeten (KGr) aber nicht zur Kinderklinik kommen wollten (da die Kinder in der Vergangenheit schon negative Behandlungserfahrungen gemacht hatten), entgegenzukommen, wurde zusätzlich noch ein kinderfreundliches Videolabor in einer kinderärztlichen Praxis eingerichtet. Damit wurde der Verlust dieser Untersuchungspersonen vermieden. Demzufolge sind die Untersuchungen auf der psychosomatischen Abteilung der Universitätskinderklinik Graz sowie in einer kinderärztlichen Praxis durchgeführt worden. Eine moderierende Wirkung der Variable Untersuchungsort ist statistisch überprüft worden, es gab keine signifikanten Unterschiede.

4.3.3 Vorgehensweise

Wie die Analyse der PatientInnendaten der Ambulanz zeigte, stellt der häufigste Überweisungsgrund eine Fragestellung in Zusammenhang mit Schlaf-, Ess- oder Entwicklungsstörungen, Ängsten, Beziehungsproblemen, frühkindlichen Formen der Hyperaktivität und tiefgreifenden Entwicklungsstörungen dar. Beim Ersttermin werden die Kinder üblicherweise zu dem/der Ambulanzarzt/-ärztin einge-teilt, der/die für eine Diagnosestellung zuständig ist. Die Kinder werden über-wiegend von Univ. Prof. Dr. M. Dunitz-Scheer, die die Kleinkindambulanz führt, untersucht und betreut. Manche Kleinkinder mit den Verdachtsdiagnosen Hyperaktivität und tiefgreifende Entwicklungsstörung werden von Dr. W. Kaschnitz für die weitere Betreuung übernommen. Da keine andere medizinische Einrichtung in der Steiermark eine psychologische und Verhaltensdiagnostik für Säuglinge und Kleinkinder anbietet, erstreckt sich das Einzugsgebiet über das ganze Bundesland.

In der *klinischen Untersuchungsgruppe* (UGr) wurden Kinder mit der oben erwähnten Problematik erwartet. Wie geplant, wurden 2- bis 3-jährige Kinder nach einer ärztlichen Untersuchung mit beiden Elternteilen zur Interaktionsdiag-nostik überwiesen. Neben der Interaktionsdiagnostik wurden nach Bedarf auch eine Entwicklungsdiagnostik sowie ein Beratungsgespräch angeboten. Nach Möglichkeit nahm die Versuchsleiterin auch am Erstgespräch teil. So konnte die Kontaktaufnahme mit der Familie schon vor der Interaktionsdiagnostik erfolgen, was mehrere Vorteile mit sich brachte: Durch den direkten Kontakt wurde Ver-trauen zu den Eltern aufgebaut und diese für die Teilnahme an einer weiteren Untersuchung motiviert, die Entscheidungsfindung bezüglich der Aufnahme der Familie in die Studie konnte rasch erfolgen und die weiteren Schritte wie die unmittelbare Aufklärung über den Ablauf der Untersuchung sowie das Austeilen und Erklären der Fragebögen konnte optimal gemanagt werden. Die Eltern konn-ten einen Teil der Fragebogenbatterie (strukturierter Anamnesefragebogen: sozi-odemographische Daten bzw. Daten über ihre Kinder, CBCL) gleich anschlie-ßend an die Untersuchung ausfüllen bzw. sie durften dies zu Hause erledigen.

Die Rekrutierung der *Kontrollgruppe* (KGr) erfolgte durch Kontaktaufnahme mit Leiterinnen und Eltern in Kindergärten und Krabbelstuben, mit KinderärztInnen in Graz und dem ganzen Bundesland Steiermark, manchen praktischen ÄrztIn-nen, Ambulanzen der Kinderklinik, Eltern-Beratungszentren, Eltern-Kind-Zentrum, Magistrat Graz, Frühförderstellen, Tagesmüttervereinen in Graz und Graz-Umgebung etc. Um Familien zur Untersuchung zu motivieren, wurde ein Beratungsgespräch im Anschluss an die Untersuchung angeboten; die Kinder haben ein kleines Geschenk als Dankeschön ausgesucht. Es wurde hier eine ge-ringere Drop-out-Rate als in der UGr erwartet, da sich diese Familien freiwillig melden.

Nach Kontaktaufnahme per Telefon oder per email bekamen die Eltern der KGr einen Teil der gleichen Fragebogenbatterie wie UGr zugeschickt, um diese zu Hause ausfüllen zu können. Die ausgefüllten Fragebögen nahmen die Eltern zum vereinbarten Termin mit.

Beide Elternteile (der Gesamtstichprobe) beantworteten unabhängig voneinander die gleichen Fragen. Die Fragebögen (PSI, PFB, BSI), die sehr persönliche Fragen beinhalten, füllten die Paare während der Untersuchung aus. Damit sollte die Meinung über die Partnerschaft und die eigene psychische Gesundheit spontan und unabhängig vom Partner/ von der Partnerin erfragt werden. Wie einzelne Reaktionen der ProbandInnen zeigten, waren gewisse Personen durch manche Fragen irritiert, da es nicht mehr um die Probleme des Kindes sondern um eigene Beschwerden und Empfinden ging. Der Effekt der sozialen Erwünschtheit ist nicht auszuschließen, was die Bemerkung einer Mutter (als Spaß) zu ihrem Partner veranschaulicht: „Wir müssen mit *nein* antworten, sonst behalten sie uns im Spital". Ein Vater hat den PFB-Bogen nicht ausgefüllt.

Die Dauer der Untersuchung (Interaktionsdiagnostik bzw. Ausfüllen von Fragebögen) belief sich auf etwa 1,5-2 Stunden. Während ein Elternteil mit dem Kind im Untersuchungsraum spielte und das dyadische Interaktionsverhalten videographiert wurde, füllte der andere Elternteil die Fragebögen im Warteraum aus. Beim Untersuchungsraum handelte es sich um ein kinderfreundlich eingerichtetes Spielzimmer mit Video-Kameras.

Die Interaktionsdiagnostik lief wie folgt ab: Nach einem kurzen gemeinsamen Gespräch mit der Familie, das gleichzeitig als Gewöhnungsphase für das Kind diente (um Untersuchungszimmer und Untersuchungsleiterin kennenzulernen), blieb ein Elternteil (zufällig eingeteilt, ob Mutter oder Vater zuerst) alleine mit dem Kind im Spielzimmer. Der Elternteil wurde gebeten, mit dem Kind so normal wie möglich mit einem Bilderbuch (mit Klappbildern) und mit Holzbausteinen zu spielen (ohne auf die Zeit zu achten oder konkrete Aufgaben zu bewältigen). Für das Spiel bekamen die Eltern und das Kind folgende Instruktion: „Schauen Sie zuerst gemeinsam das Büchlein an. Nach ungefähr 5 min bringe ich die Bausteine, mit denen Sie gemeinsam spielen können, und nehme das Buch mit. Auf die Zeit brauchen Sie nicht zu achten. Versuchen Sie, so weit wie möglich mit dem Kind beim Spiel zu bleiben." Es gab keine Hinweise, wie gespielt oder was gebaut werden sollte. Die 5-minütige Zeitspanne wurde verlängert, wenn das Kind eine längere Zeit zum Interaktionsbeginn brauchte (z.B. wenn das Kind sich länger im Zimmer umschaute oder durch das Fenster blickte). Damit das Kind das Spiel beenden konnte, wurde es mehr als jeweils 5 min pro Aufgabe videographiert, die Auswertung erfolgte jedoch nur für die 5-minütigen Sequenzen.

Nach der Videoaufzeichnung der Spielinteraktionen (und Überprüfung, ob die Aufnahme gelungen ist, insgesamt ca. 15 min) wechselten die Eltern ihre Aufgaben. Um Datenverluste vorzubeugen, wurden die Videoaufzeichnungen digital und analog auf den entsprechenden Datenträgern gespeichert und für die Auswertung des Interaktionsverhaltens vorbereitet. Es ergab sich ein Auswertungsmaterial von 20 min pro Familie.

Anschließend wurden die Eltern gefragt, ob sie ein ihnen vertrautes Verhalten ihres Kindes beobachteten und ob irgendetwas Unerwartetes vorgekommen ist. Nach der Untersuchung nahmen die Eltern ein Beratungsgespräch zu Entwicklungsfragen sowie zu Fragen der Untersuchung in Anspruch.

5   Ergebnisse der empirischen Untersuchung

In den folgenden Kapiteln werden die tatsächliche Stichprobe sowie die Ergebnisse der empirischen Untersuchungen beschrieben. Bei der statistischen Auswertung werden zwei Zugänge gewählt: 1) In Abschnitt 5.2 (Detaillierte Stichprobenbeschreibung) wird hauptsächlich die Untersuchungsgruppe (UGr) mit der unbehandelten Kontrollgruppe (KGr) verglichen; 2) Bei der Hypothesenprüfung (Abschnitt 5.3) werden zwei Gruppen – Verhaltensmuster „gut adaptierte dyadische Interaktionen" und „Interaktionsstörungen" – gebildet und verglichen. Es wird davon ausgegangen, dass sich einerseits auch in der UGr (nicht nur in der KGr) Kinder mit gut adaptiertem Interaktionsverhalten befinden, andererseits wird es ebenfalls in der KGr Kinder geben, die zwar nicht an der Klinik vorgestellt wurden, die jedoch Interaktionsstörungen aufweisen. Darüber hinaus wird diese neue Gruppenzusammensetzung in Beziehung zur ursprünglichen Gruppenzuteilung (UGr vs. KGr.) gesetzt.

Zuerst werden die soziodemographischen Daten sowie psychologische Variablen bzw. Daten der Verhaltensbeobachtung und anschließend die Ergebnisse zu den Hypothesen dargestellt.

5.1   Tatsächlich untersuchte Stichprobe

Am Ende der Untersuchung lagen die Daten von insgesamt 74 Familien und deren Kindern im Alter von 17 bis 52 Monaten vor. Die Aufgaben für die Interaktionsdiagnostik erschienen für die Altersgruppe von knapp 2 bis etwas über 3 ½ Jahren als am besten geeignet. In der Stichprobe blieben nur Familien mit Kindern im Alter von 22 bis 45 Monaten. Während zwei jüngere Kinder nicht zum Spiel motiviert werden konnten (nicht im Spielraum bleiben wollten), haben sich drei ältere Kinder für das Untersuchungsmaterial nicht interessiert. Es war schwer zu beurteilen, ob das Verweigerungsverhalten der Kinder durch das wenig geeignete Spielmaterial oder durch andere (vielleicht interaktionelle) Aspekte verursacht wurde. Die vorgesehene Altersgrenze von 36 Monaten ist um 8 Monate erhöht worden, um eine größere Anzahl von ProbandInnen zu sichern.

Die *UGr* umfasste bis auf wenige Ausnahmen eine PatientInnengruppe der Universitätskinderklinik Graz, die Familien aus der ganzen Steiermark umfasste. Dadurch konnte angenommen werden, dass in Städten und am Land lebende Familien gleich repräsentiert waren. Bei den PatientInnen handelte es sich um Kinder mit Verdacht auf bzw. mit diagnostizierten psychische(n) Störungen und Verhaltensauffälligkeiten. In Bezug auf die Teilnahme an der Studie wurden 33 Familien angesprochen. Zwei Mütter (mit ihren Partnern) sind zu dem weiteren in der Ambulanz vereinbarten Untersuchungstermin nicht erschienen. Zwei Familien, die sich freiwillig zur Studie meldeten, wurden der klinischen UGr zugeteilt, da die Eltern wegen Verhaltens- sowie Entwicklungsproblemen der Kinder die Beratung in anderen Institutionen schon in Anspruch genommen hatten. Unter Berücksichtigung strenger Auswahlkriterien (s. Abschnitt 4.2.1) verblieben die Daten von *23 Familien* der UGr für die Bearbeitung und die statistische Auswertung. Drop-outs ergaben sich aus folgenden Gründen: Eine Familie war nicht deutschsprachig; zwei Kinder hatten organische Belastungen bzw. eine körperliche Behinderung; das Alter von drei Kindern war über 45 Monate; der Vater einer Familie ist nicht zur Untersuchung gekommen.

Die *KGr* bestand aus 43 Familien (psychisch unauffällige Kinder mit ihren Eltern). Der Wohnraum der Familien war zum Großteil Graz und Graz-Umgebung, einzelne Familien meldeten sich aus den Bezirksstädten der Steiermark. Damit waren Familien aus Städten überrepräsentiert. Der Ausschluss der Daten einiger Familien erfolgte wegen folgender Gründe: Nur ein Elternteil kam zur Untersuchung (2 Familien); in zwei Fällen konnte die Interaktionsdiagnostik nicht abgeschlossen und nicht wiederholt werden (ein Kind hat während des Spieles mit einem Elternteil den Untersuchungsraum verlassen und in einem anderen Fall kam ein Geschwisterkind in den Raum und störte bzw. unterbrach die Untersuchung). Neben den festgelegten Auswahlkriterien waren zwei unvollständig ausgefüllte Fragebögen ein weiterer Grund für die Verwerfung der Daten: die erlaubte Anzahl an *missing data* wurde überschritten oder einzelne Fragebögen blieben unausgefüllt. Im Antwortbogen einer Familie wurden identische Antworten bzw. Schriften von beiden Elternteilen gefunden. So konnten die Daten von *37 Familien* für die weiteren Auswertungen verwendet werden.

Das Alter der Kinder wurde mit der Genauigkeit vom halben Monat in Monaten gerechnet. Das Parallelisieren der KGr und der UGr nach Alter und Geschlecht der Kinder kann als gut bezeichnet werden. Werden soziodemographische Variablen berücksichtigt, so wird offensichtlich, dass sich für die KGr wesentlich mehr Familien aus höheren Sozialschichten meldeten.

5.2 Detaillierte Stichprobenbeschreibung

Es ergab sich eine endgültige Stichprobengröße im Umfang von 60 Familien: N=23 Familien aus der UGr und N=37 Familien aus der KGr. In 51 Familien waren beide Elternteile (bzw. Partner) vorhanden, 8 Mütter und 1 Vater waren zum Untersuchungszeitpunkt alleinerziehend (UGr: N=18 und KGr: N=33). Da die Variablenanzahl extrem hoch war und die Anzahl an ProbandInnen in Vergleich sehr gering, werden die Daten der Alleinerziehenden auch berücksichtigt, wenn es sich nicht um den Vergleich der Merkmale in den vollständigen Familien handelt. Darüber hinaus ergeben sich für die einzelnen Auswertungen die Stichprobengrößen N=51 (beide Elternteile) und N=60 (inkl. Alleinerziehende). Des Weiteren werden die Daten der ganzen Stichprobe sowie der Vergleich der beiden Gruppen (UGr und KGr) vorgestellt.

In den soziodemographischen Daten bzw. Anamnesedaten blieben *missing data* unersetzt. Nur beim Bilden des sozioökonomischen Index konnten fehlende Werte durch die entsprechenden Werte des Partners/ der Partnerin ersetzt werden. In den Fragebögen wurden *missing data* gemäß den Anweisungen des jeweiligen Testmanuals behandelt.

5.2.1 Auswahl der statistischen Verfahren. Überprüfung der Voraussetzungen für die statistische Auswertung

Die statistischen Analysen wurden mit SPSS für Windows, Version 12 und 14 durchgeführt. Das Signifikanzniveau wurde mit Alpha (α= .05) festgelegt, wobei Ergebnisse mit einer Irrtumswahrscheinlichkeit von < .10 besprochen und als Tendenz interpretiert werden.

Die Auswahl des jeweiligen statistischen Verfahrens (z.B. t-Tests vs. Varianzanalyse, Mann-Whitney U-Test, Wilcoxon-Test, Varianzanalyse (VA) bzw. Varianzanalyse mit Messwiederholung (VA-MW), Messwiederholungsfaktor – Werte der Mutter bzw. des Vaters) für die *Stichprobenbeschreibung* in Bezug auf soziodemographische Daten, Anamnesedaten sowie psychologische und familiäre Merkmale wird wie folgt begründet:

– Die Werte auf dem Subskalenniveau (aus Testverfahren) wurden anders behandelt als die Werte auf dem Niveau übergeordneter Skalen (Teil-Gesamtscores bzw. Gesamtscore).
– Mit dem *Gesamtscore* (z. B. CBCL-Gesamtwert) bzw. mit *Teil-Gesamtscores* (z.B. internalisierende und externalisierende Störungen) wurden uni-

variate VA bzw. VA-MW zur Überprüfung der Gruppen- (UGr vs. KGr) und der Geschlechtseffekte (Geschlecht des Kindes) berechnet.

– Auf die varianzanalytische Auswertung mit den Faktoren auf dem *Subskalenniveau* (z.B. 7 Syndromskalen der CBCL) wurde wegen hoher Variablenanzahl (AV's) – im Vergleich zu kleiner Stichprobengröße – und fehlender Normalverteilung verzichtet. Die Gruppenmittelwerte wurden anhand von t-Tests für unabhängige Stichproben verglichen. Wurde die Voraussetzung der Normalverteilung bestimmter Variablen verletzt, so wurde für die Gruppenvergleiche ein Mann-Whitney U-Test und für die Vergleiche zwischen mütterlichen und väterlichen Variablen ein Wilcoxon-Test für abhängige Stichproben berechnet.

– Beim Vergleich mit z. B. dem t-Test konnte die gesamte Stichprobe (Mütter – N=59, Väter – N=52) anhand einzelner Parameter beschrieben werden, während in der VA-MW die Werte der Alleinerziehenden nicht berücksichtigt blieben (Stichprobengröße N=51).

Um Alpha-Fehler-Kumulierungen zu verhindern, müsste die Irrtumswahrscheinlichkeit bei der multiplen Messung modifiziert werden. Hierzu wurde die Alpha-Adjustierung nach Bonferroni eingesetzt (das gewählte alpha wird durch die Anzahl der Vergleiche (k) dividiert: adjustiertes $\alpha = \alpha/k$) (Bortz & Döring, 2005). Es wurde entschieden, die Anzahl der Messungen in jeder Messskala (Testverfahren) separat und nicht die Anzahl der Messungen in der gesamten Studie zu berücksichtigen. Im letzten Fall würde wegen einer hohen Anzahl an einzelnen Tests das Verfahren zur Alpha-Adjustierung zu konservativ testen (β-Fehler-Erhöhung), es würden kaum mehr signifikante Gruppenunterschiede bleiben.

Anderseits wurden viele Vergleiche (insbesondere der Beobachtung des Interaktionsverhaltens) explorativ durchgeführt. Daher war es wichtig, jene Ergebnisse, die auf eine Tendenz hinweisen, ebenso zu interpretieren. In jeder Tabelle sind Signifikanzwerte auf dem 5 %- bzw. 10 %- Niveau bzw. ein adjustiertes α angegeben.

Häufigkeitsvergleich (Häufigkeit der Gruppenzugehörigkeit) wurde mittels Chi-Quadrat berechnet (Bortz & Lienert, 2003).

Die statistischen Grundvoraussetzungen für die Anwendung multivariater statistischer Verfahren wurden überprüft (Bortz & Lienert, 2003). Die Voraussetzung der Normalverteilung der abhängigen Variablen wurde mittels des Kolmogorov-Smirnov-Goodness of Fit-Tests überprüft. Der Levene-Test auf Homogenität der Varianzen bzw. Box-Test auf Gleichheit der Kovarianzmatrizen wird bei der VA automatisch durchgeführt.

Für die binäre logistische Regression wurde eine Voraussetzung der Multi-kollinearität mittels Pearson- (bzw. Spearman's-Rho) Korrelationen überprüft. Die Voraussetzungen werden in den jeweiligen Kapiteln der Ergebnisdarstellung überprüft und dargestellt.

5.2.2 Soziodemographische Daten

5.2.2.1 Geschlecht und Alter der Kinder

Die Kinder sind nach dem Geschlecht etwa gleichverteilt: 29 Mädchen und 31 Jungen. Das Alter der Kinder der Gesamtgruppe liegt im Bereich von 22-44.5 Monaten (N=60, M=31.4, SD=6.27). Die Mittelwerte der Gruppen liegen bei UGr: M=31.9, SD=6.82, Range: 22-44.5; KGr: M=31.1, SD=5.99, Range: 22.5-43. Die Häufigkeit der Gruppenzugehörigkeit nach Geschlecht ist in Tabelle 10 veranschaulicht.

Tabelle 10. Häufigkeiten: Geschlecht des Kindes in Abhängigkeit von der Gruppenzuteilung.

Gruppe	N=60			N=51		
	Weiblich	Männlich	Gesamt	Weiblich	Männlich	Gesamt
UGr	10 (43.5)*	13 (56.5)	23	9 (50)	9 (50)	18
KGr	19 (51.4)	18 (48.6)	37	17 (51.5)	16 (48.5)	33
Gesamt	29 (48.3)	31 (51.7)	60	26(51.0)	25 (49.0)	51

*N (%). Neben den Daten der vollständigen Stichprobe (N=60) sind die der Familien mit beiden Elternteilen (N=51) angegeben.

Da die KGr nach Geschlecht und Alter des jeweiligen Kindes der UGr parallelisiert wurde, ergaben sich erwartungsgemäß keine signifikanten Gruppen- bzw. Häufigkeitsunterschiede in Bezug auf Alter und Geschlecht.

5.2.2.2 Das Alter der Eltern

Das Alter aller Frauen variiert zwischen 21 und 45 Jahren (M=32.5, SD=5.5) und jenes der Männer zwischen 22 und 55 Jahren (M=35.5, SD=6.04). Zur Überprüfung der Altersunterschiede wurde eine VA mit dem MW-Faktor *Alter* (der Mutter bzw. des Vaters) und mit den Faktoren *Gruppe* und *Geschlecht des Kindes* durchgeführt. Väter sind signifikant älter als Mütter (Haupteffekt *Alter*:

F(1,49)=25.86, p= .000). Es ergaben sich keine signifikanten Haupteffekte des Faktors *Gruppe* und des Faktors *Geschlecht des Kindes* sowie keine Interaktionseffekte. Es ergaben sich auch keine Gruppenunterschiede in Bezug auf das Alter der Eltern der Gesamtgruppe (N=60).

5.2.2.3 Familienstand und Wohnverhältnisse

Familienstand. Zum Untersuchungszeitpunkt waren in 51 Familien (rund 85 %) beide Elternteile (bzw. Partner) vorhanden und in 9 Familien (15 %) waren 8 Mütter und 1 Vater zum Untersuchungszeitpunkt alleinerziehend. In 83 % der Familien lebten beide Elternteile des Kindes zusammen, von denen 35 Paare in einer ersten Ehe lebten, 12 Paare in einer Lebensgemeinschaft lebten und kein Partner vorher verheiratet war, für 3 Frauen und 2 Männer war es bereits eine zweite Ehe. Alle Frauen sind leibliche Mütter des Kindes. 50 Männer sind leibliche Väter der Kinder, in einer Familie handelt es sich um einen Stiefvater, wobei das Paar neben dem untersuchten Kind auch zwei weitere gemeinsame Kinder hat. In einer Familie ist der Mann der Lebensgefährte der leiblichen Mutter und es handelt sich hierbei um eine fixe Partnerschaft ohne gemeinsamen Haushalt. Es ergaben sich keine Häufigkeitsunterschiede in Bezug auf den Familienstand: *alleinerziehende* vs. *vollständige Familie* sowie *verheiratet/ gemeinsamer Haushalt* vs. *nicht verheiratet/ anders.*

Die Partnerschaftsdauer variiert innerhalb der ganzen Gruppe zwischen einem halben Monat und 21 Jahren (N=51, M=8.1 Jahre, SD=4.86). Die Gruppen unterscheiden sich nicht in Bezug auf die Partnerschaftsdauer der Eltern.

Personen im Haushalt, Familienverband. 83 % aller ProbandInnen wohnten in 3-Personen- (29 Familien) und in 4-Personen- (21 Familien) Haushalten (Md=3, min.=2, max.=6). Die Kinderanzahl im Familienverband betrug durchschnittlich 1.6 Kind pro Familie (N=60, M=1.6, Md=1, SD=0.9): 32 Familien (53 %) waren Einzel-Kind-Familien und 23 Familien waren Zwei-Kind-Familien (38 %); in drei Familien lebten 3 Kinder (5 %) und in je einer Familie 4 und 6 Kinder (insgesamt 3 %). Es waren vier Familien in der UGr und eine in der KGr (N=60), die mehr als drei Kinder hatten. In Tabelle 11 ist die Gruppenzuordnung nach Kinderanzahl wiedergegeben.

Tabelle 11. Gruppenzuordnung nach Kinderanzahl, N=60, N=51.

Kinderanzahl in drei Gruppen	UGr		KGr		Gesamt	
Einzelkind	9	(6)*	23	(20)	32	(26)
Zwei und mehr Kinder	14	(12)	14	(13)	28	(25)
Gesamt	23	(18)	37	(33)	60	(51)

* in Klammer N=51

Ein tendenzieller Häufigkeitsunterschied wurde in Bezug auf die Kinderanzahl (*Einzelkind* vs. *zwei & mehr Kinder*) gefunden (χ^2=3.02, df=1, p= .082): In der KGr gab es mehr Einzelkinder als in der UGr.

Die Geschwisterreihe des in der Untersuchung teilnehmenden Kindes: Aus den Zwei- und Mehr-Kind-Familien waren 15 erstgeborene Kinder vertreten, 2 teilnehmende Kinder sind als mittlere und 11 als jüngste Kinder geboren. 25 in der Untersuchung teilnehmende Kinder hatten 1 bis 3 leibliche Geschwister und 7 Kinder hatten 1 bis 5 nicht-leibliche Geschwister. Keine Häufigkeitsunterschiede ergaben sich in Bezug auf Geschwisteranzahl.

Betreuung. 35 von allen in der Untersuchung teilnehmenden Kindern (58 %) wurden nicht fremdbetreut, 15 Kinder besuchten Krabbelstube oder Kindergarten, 8 Kinder wurden von Tagesmüttern und ein Kind von der Großmutter betreut. Es ergaben sich keine Häufigkeitsunterschiede zwischen den Gruppen (fremdbetreut vs. ohne Fremdbetreuung).

Wohnverhältnisse. 21 Familien (35 %) wohnten in einer Mietwohnung, 32 Familien wohnten im eigenen Heim (32 % eigenes Haus und 22 % eigene Wohnung), 3 Familien gaben bekannt in einer Wohngemeinschaft zu leben. Zum Großteil bestand der Wohnraum aus 3 bis 4 Zimmern (63 %), 9 Familien (15 %) verfügten über 2 Zimmer, 22 % der Familien hatten ein Heim mit mehr als 5 Zimmern. Die Häufigkeitsunterschiede in den Gruppen (Eigentum vs. gemietet/ anders) sowie (2-3 Zimmer vs. 4/ mehr Zimmer) waren nicht signifikant.

Zusammenfassend unterscheiden sich beide Gruppen anhand der soziodemographischen Daten wie Familienstand, Partnerschaftsdauer, Personenanzahl im Haushalt bzw. Kinderanzahl sowie Wohnverhältnisse nicht.

5.2.2.4 Sozioökonomischer Status (SÖS) der Familie

Die Daten (Bildung, berufliche Stellung und Einkommen) wurden für jeden Partner getrennt erhoben und der höhere Wert jedes Partners/ jeder Partnerin zu einer Familienmaßzahl zusammengefasst. Es werden zuerst die Ergebnisse für Bildung, Beruf und Einkommen der Familie dargestellt und die Gruppen anhand aller drei Eingangsvariablen verglichen. Die Rohdaten sind für die Indexbildung (nach Scheuch-Winkler, Kap. 4.2.2) in 7 Kategorien umcodiert worden. Die persönlichen Angaben der Befragten spiegeln die gesellschaftliche Situation wider: Männer verfügen über höhere berufliche Positionen, sie verdienen wesentlich mehr, und Frauen bleiben bei den kleinen Kindern in Karenz.

Bildung

46 % aller Frauen (bzw. 41 % von N=51) und 42 % aller Männer gaben eine Hauptschule, Berufsschule oder höhere Berufsschule als höchsten Schulabschluss an. 25 % aller Frauen (bzw. 27 %, N=51) und 15 % aller Männer hatten die Matura bzw. studierten zum Untersuchungszeitpunkt. Einen Fachhochschul- oder Universitätsabschluss hatten 29 % aller Frauen (31 % von N=51) sowie 38% aller Männer.

Zur Überprüfung der Häufigkeitsunterschiede, wurden die Kategorien 1 bis 5 (ohne Matura: Volks-, Hauptschule mit Berufs- od. Fachschule) sowie 6 und 7 (mit Matura) zusammengefasst. Es ergaben sich signifikante Unterschiede in der Gruppenzugehörigkeit nach Ausbildung (χ^2=11.40, df=1, p= .001). Wie aus Tabelle 12 ersichtlich, hatten die Familien der KGr überdurchschnittliches Ausbildungsniveau, wobei die akademische Ausbildung überwog (vgl. auch von Kategorien 6 und 7).

Tabelle 12. Häufigkeiten der Gruppenzuordnung nach Ausbildung der Familie.

Gruppe	Ohne Matura 1 bis 5	Matura 6 und 7	[Matura]: [6]	[7]	Gesamt
UGr	15 (65.2)*	8 (34.8)	4 (17.4)	4 (17.4)	23
KGr	8 (21.6)	29 (78.4)	8 (21.6)	21 (56.8)	37
Gesamt	23 (38.3)	37 (61.7)	12 (20.0)	25 (41.7)	60

*N (%); 6: mit/ ohne Ausbildung; 7: Akademische Ausbildung

Berufliche Stellung

Zum Untersuchungszeitpunkt waren rund 60 % aller Frauen (N=36) und nur 10 % aller Männer (N=6) nicht erwerbstätig (StudentInnen, Hausfrauen/ Hausmänner, karenziert oder arbeitslos). In Tabelle 13 ist die Gruppenzuordnung der Familie nach beruflicher Stellung wiedergegeben.

Um die Gruppen anhand der Berufsstellung der Familie zu vergleichen, wurden die Kategorien reduziert: Die Gruppen 1 bis 3 wurden in eine und die Gruppen 4 bis 7 in eine andere Kategorie zusammengefasst. Es ergaben sich signifikante Unterschiede bei den Häufigkeiten der Gruppenzugehörigkeit nach beruflicher Stellung (χ^2=8.01, df=1, p= .005). Die Familien der KGr hatten überdurchschnittlich hohe Positionen im Beruf, während die berufliche Stellung der Familien aus der UGr eher niedrig war.

Tabelle 13. Häufigkeiten der Gruppenzuordnung der Familie nach beruflicher Stellung der Familie.

	Berufsgruppen		*[Berufsgruppen]:*		
Gruppe	1 bis 3	4 bis 7	*[4 & 5]*	*[6 & 7]*	Gesamt
UGr	14 (60.9)*	9 (39.1)	*4 (17.4)*	*5 (21.7)*	23
KGr	9 (24.3)	28 (75.7)	*5 (13.5)*	*23 (62.2)*	37
Gesamt	23 (38.3)	37 (61.7)	*9 (15.0)*	*28 (46.7)*	60

Anmerkungen. *N(%);
1 bis 3: Arbeiter, Facharbeiter, Beamte und Angestellte mit einfacher Tätigkeit;
4 & 5: Beamte mitlerer Dienst, Angestellte mit qualifizierter Tätigkeit, Selbstständige;
6 & 7: Beamte gehobener Dienst, Angestellte hochqualifiziert, Führungkräfte, freie Berufe, Selbständige

Einkommen

Von 59 Frauen hatten 34 % (N=20) entweder kein eigenes Einkommen oder bis 400 € (Kindergeld oder Studienbeihilfe), das Einkommen von 36 % Frauen (N=21) lag zwischen 400 und 800 €. Nur eine Frau verdiente etwa 2 000 €. Das durchschnittliche Einkommen von 50 Männern (2 ohne Angaben) lag zwischen 1200-1 600 €, nur 6 % (N=3) hatten das minimale Einkommen bis 400 €. Als Maximum (4 400 - 5 000 €) galten Angaben von zwei Vätern. Auf die offene Frage zum gesamten Familieneinkommen haben 57 Familien geantwortet. Es ergab sich ein Mittelwert von 2 303.6 Euro (SD = 998.54, Min. = 750 €, Max. = 5 000 €).

Die zur Überprüfung der Gruppen- und Geschlechtseffekte (der Kinder) berechnete Varianzanalyse ergab nur einen tendenziellen Haupteffekt *Gruppe* (F (1,53)= 2,79, p= .10; geringe Effektstärke η^2= .05): Die Familien der KGr verfügten über ein höheres Familieneinkommen (M= 2 487.57) als die der UGr (M=1 963.40).

Aggregierter Scheuch-Winkler-Index

Der sozioökonomische Status (SÖS) der Familie wurde anhand eines aggregierten Index nach Scheuch-Winkler (SWI, Winkler, 1998) berechnet. Die Summe der Punktwerte von Bildung, Beruf und Einkommen (je höherer Wert jedes Partners/ jeder Partnerin) ergab den Index-Wert: $SÖS = \sum$(Bildung, Beruf, Einkommen). Der SWI-Wert erreichte Werte zwischen 6 und 21 (mögliche Grenzen liegen zwischen 3 und 21). Der Mittelwert der Gesamtgruppe lag bei 14.7 (SD=4.2). Dies ist ein Hinweis auf die überdurchschnittliche Repräsentation der höheren Schicht in der Gesamtgruppe und vor allem in der KGr. Eine Varianzanalyse ergab einen signifikanten Haupteffekt *Gruppe*: F(1,58)=13.40, p= .001): Die Familien der KGr (M=16.16) gehörten eher den höheren Gesellschaftsschichten an als die der UGr (M=12.35). Es gab keinen Geschlechtseffekt (des Kindes), keine Interaktionseffekte.

Der Index-Wert ist nach dem Drei-Schicht-Modell vom Winkler berechnet worden. Der Mittelschicht gehörten 40 % der Familien, der Oberschicht 55 % an, die Unterschicht war mit 5 % unterrepräsentiert. Die Ergebnisse sind der Tabelle 14 zu entnehmen.

Wegen extrem seltenen Auftretens wurde die Ausprägung „Unterschicht" mit der „Mittelschicht" zusammengefasst. Ein Vergleich der Häufigkeiten mittels Chi-Quadrat hinsichtlich des Schicht-Status ergab einen signifikanten Gruppenunterschied (χ^2=9.09, df=1, p= .003). (Die Entfernung der Ausprägung „Unterschicht" änderte die Ergebnisse nicht). Das Ergebnis bestätigt, dass die KGr (bzw. auch Gesamtgruppe) die Gesamtpopulation nicht repräsentiert.

Tabelle 14. Gruppenzuordnung nach Schicht-Klassen, Anzahl und Prozentsatz in den Gruppen, N=60.

| Gruppe | Unter- und Mittelschicht: | | | Oberschicht | |
	[3 bis 8]	*[9 bis 14]*	3 bis 14	15 bis 21	Gesamt
UGr	*2 (8.7)**	*14 (60.9)*	16 (69.6)	7 (30.4)	23
KGr	*1 (2.7)*	*10 (27.0)*	11 (29.7)	26 (70.3)	37
Gesamt	*3 (5.0)*	*24 (40.0)*	27 (45.0)	33 (55.0)	60

*N (%); 3 bis 8: Unterschicht; 9 bis 14: Mittelschicht

Für die weiteren statistischen Auswertungen wurde eine (quasi) metrische Variable des SWI verwendet, und nicht der Schicht-Index (vgl. Jöckel et al., 1997; s. Kap. 4.2.2).

Zusammenfassend können die Ergebnisse des SÖS-Familie wie folgt interpretiert werden. Die Stichprobe stammt aus zwei unterschiedlichen Populationen, wie aus der Verteilung zu sehen ist: der sozioökonomische Status der UGr ist eher normalverteilt, während in der KGr die höheren Gesellschaftsschichten überrepräsentiert sind. Die Eltern aus höheren Schichten waren eher bereit in der Untersuchung teilzunehmen. Es entstand möglicherweise bei Stichprobenbildungen auf *freiwilliger Basis* (KGr) das Problem einer einseitigen Auswahl. Auch die Teilnahme der Familien aus der UGr (Eltern, die wegen kindlicher Probleme Hilfe an der Kinderklinik suchten) am Forschungsprojekt war mit einer gewissen Compliance beider Elternteile verbunden (s. Drop-Outs in Kap. 5.1) und führte möglicherweise dazu, dass die Familien mit niedrigem sozialen Status unterrepräsentiert blieben.

5.2.3 Anamnesedaten

5.2.3.1 Auffälligkeiten der Geschwister

Nach den Angaben der Eltern (21 Familien (75 %) von insgesamt 28 mit mehr als einem Kind im Familienverband) hatten die Geschwister des an der Untersuchung teilnehmenden Kindes keine psychischen, Verhaltens- oder Entwicklungsschwierigkeiten. In sieben Familien mussten die Eltern bereits länger dauernde Schwierigkeiten wie Schreiattacken, Schlafprobleme, Trotz, Ungehorsam, Wutausbrüche und übermäßige motorische Aktivität von Geschwisterkindern bewältigen. In zwei Familien wurden Sprachprobleme und eine autistische Störung von Halbgeschwistern bekannt gegeben. Es ergaben sich keine Häufigkeitsunterschiede in Bezug auf das Vorhandensein von psychischen, Verhaltens- oder Entwicklungsschwierigkeiten von Geschwisterkindern.

5.2.3.2 Schwangerschaft und Geburt

Etwas über 86 % der Frauen (N=58, eine Antwort fehlte) und fast 80 % der Männer (N=49, 3 fehlende Angaben) haben sich die Schwangerschaft gewünscht; nicht gewünscht aber akzeptiert haben die Schwangerschaft 12 % der Frauen (N=7) und 17 % der Männer (N=10); eine Frau konnte die Schwangerschaft schwer akzeptieren. Es ergaben sich keine Häufigkeitsunterschiede (gewünschte vs. nicht gewünschte Schwangerschaft).

Da die strengen Kriterien zur Auswahl der gesamten Stichprobe festgelegt wurden (s. Kap. 4.2.1), wurden keine Gruppenunterschiede in Bezug auf die Anamnesedaten (z.B. Schwangerschaftsdauer, Geburtsgewicht) erwartet. Die

Schwangerschaftsdauer betrug in 91 % der Fälle (N=57, 2 fehlende Angaben) 38 bis 42 Wochen, knapp 9 % der Frauen brachten die Kinder früher auf die Welt: drei Frauen nach 37 Wochen, je eine Frau nach 34 und 36 Wochen (beide konnten in der Gruppe belassen werden, da keine weiteren Probleme in der Entwicklung des Kindes beobachtet wurden). Es gab keinen Gruppenunterschied in Bezug auf die Schwangerschaftsdauer.

Der Mittelwert für das Geburtsgewicht der Neugeborenen (N=59, 1 fehlende Angabe) lag bei 3 223 g (SD=522.35; Range: 1 940-4 560 g). In Bezug auf das Geburtsgewicht gab es keinen Gruppenunterschied (univariate zweifaktorielle VA). Es ergab sich ein signifikanter Haupteffekt Geschlecht (F(1,55)=5.94, p= .018): Die Jungen wogen im Durchschnitt mehr (M=3 394.83, SD=386.51) als die Mädchen (M=3 045.72, SD=588.45).

Fast 63 % (N=37) aller Frauen hatten keine Beschwerden in der Schwangerschaft. 37 % (N=22) der Frauen berichteten über übliche Schwangerschaftsbeschwerden: Blutungen, erhöhten Blutdruck, Migräne, Rückenschmerzen, Vorwehen; zwei Frauen erlebten gravierendere Gesundheitsbeeinträchtigungen: eine Zwillingsschwangerschaft mit Tod eines Fetus, einen operativen Eingriff im ersten Trimenon. 66 % aller Neugeborenen erlebten keine Geburtskomplikationen. Über Komplikationen während oder unmittelbar nach der Geburt (am häufigsten Nabelschnurprobleme, Notsectio, lang andauernde Geburt, abfallende Herztöne, kurzer Herzstillstand des Babys, Infekt, Aspiration von Fruchtwasser) berichteten 30 % aller Frauen. Zum allgemeinen Gesundheitszustand ihrer Kinder nach der Geburt befragt, berichteten nur drei von allen Familien über Gesundheitsbeeinträchtigungen: Sehschwäche (im 2. LJ mit Brille korrigiert), Rückstand in der motorischen Entwicklung und Verdacht auf Neurodermitis. Die Familien blieben trotz beschriebener Auffälligkeiten in der Stichprobe. Keine Häufigkeitsunterschiede ergaben sich in Bezug auf Schwangerschaftsbeschwerden (keine vs. vorhandene Beschwerden), auf das Vorhandensein von Geburtskomplikationen sowie organischen Belastungen nach der Geburt und auf Hospitalisation des Kindes.

5.2.4 Entwicklung des an der Untersuchung teilnehmenden Kindes

5.2.4.1 Frühe Belastungen in der Entwicklung des Kindes

In der nachfolgenden Tabelle sind die Häufigkeiten des von Eltern empfundenen problematischen Verhaltens ihrer Kinder dargestellt. 80 % (N=48) der Eltern (beide oder mindestens ein Elternteil) empfanden das Verhalten oder die *frühe*

Entwicklung ihrer Kinder als belastend und berichteten über einzelne oder mehrere Probleme. Dabei wurden zwei unterschiedliche Probleme am häufigsten genannt (11 Familien oder 18 %), von einem oder drei Problembereichen berichteten je acht (13 %) Familien. In seltenen Fällen kreuzten ein oder beide Elternteil(e) insgesamt 12 Auffälligkeiten (eine Familie) und von sieben bis zehn Auffälligkeiten (je zwei Familien) an. Fast die Hälfte der Eltern klagte über frühere Schlafprobleme (47 %) der Kinder, ein Drittel der Familien berichtete über ausgeprägtes Trotzverhalten (35 %) und über Ungehorsam (33 %) sowie Wutausbrüche (32 %). Als andere Probleme gaben die Eltern einzeln auffälliges Spielverhalten, Angst- und Hemmungslosigkeit, Konzentrationsmangel, Schreiattacken, übermäßige Sensibilität, Eifersucht gegenüber Geschwistern, Anpassungsschwierigkeiten in der Krabbelstube sowie organische Probleme wie Koliken, Reflux oder Schiefhals an.

Tabelle 15. Häufigkeiten der früheren Belastungen in der Entwicklung der Kinder, Anzahl von Eltern (beide oder ein Elternteil) (N) und Prozentsatz, N=60.

Belastungen	UGr		KGr		Gesamt	
	N	%	N	%	N	%
Keine Belastungen	1	(4.3)*	11	(29.7)	12	(20.0)
Schlafprobleme	15	(65.2)	13	(35.1)	28	(46.7)
Ausgeprägtes Trotzverhalten	11	(47.8)	10	(27.0)	21	(35.0)
Ausgeprägter Ungehorsam	12	(52.2)	8	(21.6)	20	(33.3)
Wutausbrüche	11	(47.8)	8	(21.6)	19	(31.7)
Essprobleme	11	(47.8)	6	(16.2)	17	(28.3)
Übermäßige Aktivität	12	(52.2)	5	(13.5)	17	(28.3)
Schreibaby	10	(43.5)	6	(16.2)	16	(26.7)
Aggression	9	(39.1)	4	(10.8)	13	(21.7)
Erziehungsprobleme	9	(39.1)	1	(2.7)	10	(16.7)
Überängstlichkeit	4	(17.4)	5	(13.5)	9	(15.0)
Übermäßige Abhängigkeit	2	(8.7)	5	(13.5)	7	(11.7)
Beziehungsprobleme	4	(17.4)	1	(2.7)	5	(8.3)
Entwicklungsprobleme	3	(13.0)	1	(2.7)	4	(6.7)
Übermäßige Traurigkeit	0	(0)	1	(2.7)	1	(1.7)
Andere Probleme	5	(21.7)	3	(8.1)	8	(13.3)

Die zur Überprüfung der Gruppen- und Geschlechtseffekte (des Kindes) berechnete univariate zweifaktorielle VA ergab einen *Gruppeneffekt* (F(1, 56)=17.61, p= .000): Die Eltern der UGr gaben durchschnittlich eine höhere Anzahl an

Problemen an (UGr: M=5.13, SD=3.11; KGr: M=2.08, SD=2.34). Es gab keinen signifikanten Geschlechts- und keinen Interaktionseffekt.

Die Hälfte der Kinder (N=12) aus der UGr und ein Kind aus der KGr wurden bereits wegen oben beschriebener Probleme behandelt: Entweder ambulant auf der Kinderklinik, oder sie bekamen Frühförderung, eine psychologische, Erziehungs- bzw. kinderärztliche Beratung.

Nach Meinung von 25 % aller Eltern (15 Familien, ausschließlich aus der KGr) gab es *zur Untersuchungszeit* keine Verhaltens- oder Entwicklungsprobleme bei ihren Kindern. 72 % (N=43 Familien) der Eltern erlebten Schwierigkeiten im Umgang mit ihren Kindern und zwei Mütter waren beunruhigt, ob sie wegen persönlicher Probleme mit ihrem Kind zurechtkommen könnten. Es ergaben sich signifikante Häufigkeitsunterschiede in Bezug auf die Meinung der Eltern (keine Probleme vs. Probleme vorhanden) (χ^2=12.43, df=1, p= .000): Wie aus Tabelle 16 ersichtlich, sehen alle Eltern der UGr Probleme bei ihren Kindern.

Tabelle 16. Häufigkeitsvergleich: Meinung der Eltern in Bezug auf Vorliegen von Problemen mit dem Kind, Häufigkeit (N) und Prozentsatz, N=60.

Meinung der Eltern	UGr		KGr		Gesamt	
	N	%	N	%	N	%
Keine Probleme	0	(0)	15	(40.5)	15	(25.0)
Probleme liegen vor	23	(100)	22	(59.5)	45	(75.0)
Gesamt	23	(100)	37	(100)	60	(100)

37 % (N=22) aller Mütter und 29 % (N=15) aller Väter machten sich aufgrund der Auffälligkeiten ihres Kindes Sorgen für die Zukunft, signifikant häufiger in der UGr (Mütter: χ^2=13.58, df=1, p= .000, Väter: χ^2=12.41, df=1, p= .000).

Zusammenfassend gesehen weisen die Ergebnisse darauf hin, dass die Familien, die wegen Auffälligkeiten ihres Kleinkindes Hilfe suchten (UGr), (retrospektiv) bereits in der frühen Entwicklung des Kindes unterschiedliche Schwierigkeiten empfunden hatten.

5.2.4.2 An der Kinderklinik diagnostizierte Störungen

An der Kinderklinik (Ambulanz für Psychosomatik bzw. Station) wurden einzelne Störungen im Kleinkindalter anhand von ICD-10 oder DSM-IV bzw. anhand von DC: 0-3 kodiert. In Tabelle 17 sind die Häufigkeiten der Diagnosen zusammengefasst.

196

Tabelle 17. Häufigkeiten (N) von festgestellten Störungen in der Untersuchungsgruppe und Prozentsatz, N=23.

Diagnose	Jungen		Mädchen		Gesamt	
	N	%	N	%	N	%
Keine	2	(6.5)	2	(6.9)	4	(17.4)
Hyperaktivität	5	(16.1)	-		5	(21.7)
Schlafverhaltensstörung	1	(3.2)	3	(10.3)	4	(17.4)
Entwicklungsstörungen	1	(3.2)	3	(10.3)	4*	(17.4)
Tiefgreifende Entwicklungsstörung	2	(6.5)	-		2	(8.7)
Bindungsstörung	1	(3.2)	-		1	(4.3)
Status Post-Regulationsstörung	-		1	(3.4)	1	(4.3)
Anpassungsstörung	-		1	(3.4)	1	(4.3)
Andere	1	(3.2)	-		1	(4.3)
Gesamt	13		10		23	(100)

* zwei davon sind als Verdachtsdiagnosen geblieben, da die Eltern die Beratung in anderen Institutionen und nicht auf der Kinderklinik in Anspruch genommen haben

Am häufigsten wurden die frühe Form der Hyperaktivitätsstörung (*early onset ADHS*) (22 %, N=5) und Schlafstörungen bzw. Entwicklungsstörungen (zum Untersuchungszeitpunkt noch nicht genauer beschrieben) (je 17 %, N=4) festgestellt. Andere Diagnosen – Bindungsstörung, Anpassungsstörung, Tic-Störung und Status nach einer Regulationsstörung mit Interaktionsproblematik – waren vereinzelt zu stellen (wobei die Eltern eines Kindes bereits zum dritten Mal wegen sich wiederholender Interaktionsproblematik fachliche Hilfe in Anspruch nahmen). Bei vier Kindern wurde keine Störung festgestellt, es wurden jedoch beeinträchtigte Eltern-Kind-Interaktionen während der fachärztlichen Untersuchung beobachtet.

5.2.4.3 Einschätzung der kindlichen Problemlage durch die Eltern

Das Verhalten der Kinder wurde anhand der *CBCL/1½-5* (von beiden Elternteilen getrennt voneinander) eingeschätzt. Für die Einschätzung des kindlichen Verhaltens durch die Mütter (N=59) ergab sich ein durchschnittlicher Gesamtproblembelastungsscore von 40.32 (SD=22.17, Range: 4-89), bei der Einschätzung durch die Väter (N=52) lag der Mittelwert bei 36.20 (SD=23.19, Range: 3-107). Es gab eine hohe Übereinstimmung zwischen Müttern und Vätern in der Einschätzung von kindlichen Problemlage (Pearson-Korrelation von r= .73 bis r= .75, p= .00).

Bei der Prüfung der Datenqualität und der Itemsanalyse, zeigten sich mehrere Variablen auf dem Subskalenniveau als nicht normalverteilt (z.B. Skalenwerte *Sozialer Rückzug, Schlafprobleme*). Es war aber zu erwarten, dass in einer Nicht-Patienten-Population eine Antwortkategorie „0" häufig vorkommen wird (mehrere Items mit „0" hatten über 90 % Zustimmung).

Zur Überprüfung der Gruppen- und Geschlechtseffekte (des Kindes) auf die Einschätzung des kindlichen Verhaltens durch Mütter und Väter wurden zwei VA mit Messwiederholung berechnet. Als abhängige Variable (oder MW-Faktor) wurden die Einschätzungen beider Elternteile (entweder Gesamteinschätzung oder Einschätzung auf Syndromskalen – externalisierende und internalisierende Störungen) verwendet.

Bei der Berechnung der VA mit dem MW-Faktor *Gesamtprobleme* zeigte sich ein signifikanter Haupteffekt für *Gesamtprobleme* ($F(1,47)=7.59$, p= .008) bzw. ein Haupteffekt für *Gruppe* ($F(1,47)=30.53$, p= .000). Der Unterschied zwischen Müttern und Vätern in der Gesamteinschätzung des kindlichen Verhaltens war signifikant – die Mütter haben ihre Kinder als auffälliger eingeschätzt als die Väter. Beide Elternteile der UGr beurteilten das Verhalten ihrer Kinder als wesentlich auffälliger im Vergleich zur KGr. Die signifikanten Ergebnisse und der Mittelwertvergleich sind in Tabelle 18 veranschaulicht. Der Haupteffekt *Geschlecht* bzw. Interaktionseffekte waren nicht signifikant.

Tabelle 18. Ergebnisse der Varianzanalyse mit Messwiederholung auf dem Faktor durch Mütter und Väter eingeschätzte *Gesamtprobleme*, N=51.

Gruppe	Mittelwertvergleich				Effekt	F-Wert	p	η^2
	Mütter		Väter					
	M	(SD)	M	(SD)				
UGr	58.26	(20.17)	51.66	(20.88)				
KGr	32.09	(18.04)	25.64	(14.79)	Gruppe	30.52	.000	.39
Gesamt	41.32	(22.50)	34.83	(21.12)	Gesamtprobleme (MW)[1]	7.59	.008	.14

Anmerkungen. [1] Messwiederholungsfaktor – Gesamtprobleme

Die Ergebnisse zur Gesamtproblembelastung wurden mit den Ergebnissen der Syndromskalen – internalisierende und externalisierende Störungen – verglichen.

Wie aus Tabelle 19 ersichtlich, ergab die VA-MW einen starken signifikanten Haupteffekt für den MW-Faktor *Einschätzung der internalisierenden Auffälligkeiten* ($F(1,47)=48.11$, p= .000) bzw. einen signifikanten Haupteffekt für den MW-Faktor *Einschätzung der externalisierenden Auffälligkeiten* ($F(1,47)=9.37$, p= .004). Ein signifikanter Haupteffekt ergab sich für den Faktor *Gruppe* ($F(1,47)=23.04$, p= .000). Der Haupteffekt auf dem MW-Faktor *Einschätzung der in-*

ternalisierenden Auffälligkeiten wird durch die signifikante Wechselwirkung mit dem Faktor *Gruppe* modifiziert (F(1,47)=14.14, p= .000).

Tabelle 19. Ergebnisse der Varianzanalyse mit Messwiederholung auf den Faktoren: durch Mütter und Väter eingeschätzte *internalisierende Auffälligkeiten* bzw. *externalisierende Auffälligkeiten*; nach Geschlecht der Kinder: gesamt weiblich – N=26, männlich – N=25; UGr: N=18, weiblich – N=9, männlich – N=9, KGr: weiblich – N=17, männlich – N=16.

Gruppe	Mütter M	(SD)	Väter M	(SD)	Effekt	F-Wert	p	η^2
					Gruppe	23.04	.000	.33
Internalisierende[1]								
UGr	13.06	(5.24)	12.44	(7.19)				
KGr	9.21	(7.62)	6.72	(6.05)				
Gesamt	10.57	(7.07)	8.74	(6.97)	Intern. (MW)[1]	48.11	.000	.51
					[Intern. (MW) x Gruppe]	14.41	.000	.23
Externalisierende[2]								
UGr	23.53	(9.24)	20.02	(8.60)				
KGr	11.79	(6.04)	9.45	(5.62)				
Gesamt	15.93	(9.19)	13.18	(8.45)	Extern. (MW)[2]	9.37	.004	.17
					[Intern. (MW) x Extern. (MW) x Gruppe]	2.91	.095	.06

Anmerkungen. [1] Messwiederholungsfaktor – internalisierende Auffälligkeiten, [2] externalisierende Auffälligkeiten

Die Ergebnisse lassen sich wie folgt interpretieren: Die Kinder der UGr wurden durch ihre Mütter und Väter auf beiden Syndromskalen als auffälliger eingeschätzt als die der KGr. Alle Mütter (UGr und KGr) haben ihre Kinder als auffälliger eingeschätzt als alle Väter – in Bezug auf externalisierende (M=15.93 vs. M=13.18) sowie auf internalisierende (M=10.57 vs. M=8.74) Störungen. Jedoch unterscheiden sich die Einschätzungen zwischen den Müttern und den Vätern in Bezug auf internalisierende Auffälligkeiten nur in der KGr signifikant.

Der Haupteffekt *Geschlecht* war nicht signifikant. Es zeigte sich ein tendenzieller Interaktionseffekt *internalisierende x externalisierende x Gruppe* (F(1, 47)=2.91, p= .095).

Tabelle 20. Mittelwertvergleich der Einschätzungen des kindlichen Verhaltens durch *Mütter* und *Väter*. M – Mittelwert, SD – Standardabweichung, Md – gruppierter Median; p – Signifikanzniveau (t-Test bzw. Mann-Whitney-U-Test), z-Wert, adj p – Signifikanzniveau adjustiert. Anzahl von Müttern: UGr – N=22, KGr – N=37.

| | | | | Mütter (N=59) | | | | | |
| | | UGr | | | KGr | | | adj | |
Skalen	M	(SD)	Md	M	(SD)	Md	p	p	z
Übergeordnete									
Gesamtprobleme	54.05	(21.27)		32.19	(18.60)		.000	***	
Internalisierende	12.65	(5.13)		9.16	(7.51)		.060	n.s.	
Externalisierende	21.59	(9.68)		11.78	(6.04)		.000	***	
Syndromskalen									
Emotionale Reakt	3.96	(2.40)		2.14	(2.01)		.003	**	
Ängstlich/Depress	3.75	(1.85)		2.51	(2.44)		.043	n.s.	
Somatische Beschw	3.01	(2.32)	2.80	3.08	(3.15)	1.93	n.s.[1]		-.44
Sozialer Rückzug	1.91	(2.04)	1.42	1.43	(1.41)	1.12	n.s.[1]		-.74
Schlafprobleme	6.32	(4.20)	5.67	3.63	(3.28)	2.86	.018[1]	n.s.	-2.38
Aufmerksamkeits	4.20	(2.72)		1.89	(1.79)		.000	***	
Aggressives Verh	17.41	(8.35)		9.88	(4.96)		.000	***	
Andere Probleme	13.46	(7.10)		7.60	(5.61)		.001	***	

Anmerkungen. Signifikante Gruppenunterschiede: *p < .10, nach α-Adjustierung herabgesetzt auf .01; ** p < .05 – auf .005; *** p < .01 – auf .001
[1] Mann-Whitney-U-Test gerechnet
Abkürzungen der Syndromskalen: Emotionale Reaktivität, Ängstlich/ Depressiv, Somatische Beschwerden, Aufmerksamkeitsprobleme, Aggressives Verhalten

Für den Gruppenvergleich auf der Ebene einzelner Syndromskalen wurden t-Tests bzw. Mann-Whitney-U-Tests berechnet (N=60). Ein adjustiertes α wurde bei der Berechnung mit insgesamt 10 Tests (7 Subskalen, 2 übergeordnete Skalen und ein Gesamtwert) für einzelne t-Tests von α= .05 auf .005 und von α= .10 auf .01 (Tendenz) herabgesetzt.

Wie aus Tabelle 20 ersichtlich, zeigten sich statistisch signifikante Unterschiede in der Einschätzung der kindlichen Problemlage durch beide Elternteile, die auch nach α-Adjustierung (mit wenigen Ausnahmen, z.B. Schlafprobleme) geblieben sind. Keine signifikanten Unterschiede waren z.B. in der Einschätzung der somatischen Probleme (durch beide Elternteile) sowie des sozialen Rückzugs (durch die Mütter) zu finden.

Fortsetzung Tabelle 20. Mittelwertvergleich der Einschätzungen des kindlichen Verhaltens durch *Mütter* und *Väter* Signifikanzniveau (t-Test bzw. M-W-U-Test). Anzahl von Vätern: UGr – N=19, KGr – N=33.

| | | | | Väter (N=52) | | | | | |
Skalen	M	UGr (SD)	Md	M	KGr (SD)	Md	p	adj p	z
Übergeordnete									
Gesamtprobleme	54.53	(23.98)		25.64	(14.79)		.000	***	
Internalisierende	13.58	(8.86)	11.75	6.70	(6.05)		.002	**	
Externalisierende	21.19	(9.60)	19.00	9.45	(5.62)		.000	***	
Syndromskalen									
Emotionale Reakt	4.75	(3.94)	4.00	1.73	(2.00)	1.10	.002[1]	**	-3.14
Ängstlich/Depress	4.06	(3.04)	4.42	2.07	(2.14)	1.59	.015[1]	**	-2.43
Somatische Beschw	2.20	(1.73)		2.13	(1.87)		n.s.		
Sozialer Rückzug	2.67	(3.07)	1.67	.79	(1.36)	0.54	.001[1]	**	-3.33
Schlafprobleme	5.44	(3.60)	4.20	3.35	(2.36)	3.20	.053[1]	n.s.	-1.94
Aufmerksamkeits	4.87	(2.39)		1.58	(1.48)		.000	***	
Aggressives Verh	16.26	(8.08)		7.88	(4.88)		.000	***	
Andere Probleme	14.33	(7.61)		6.11	(4.14)		.000	***	

5.2.5 Psychische Gesundheit der Eltern

Die Eltern schätzten ihr psychisches Wohlbefinden auf der 5-stufigen Skala der BSI ein. Ein Gesamtscore (der Global Severity Index, GSI) zeigt die Intensität der empfundenen psychischen Belastung allgemein. Es ergab sich ein Mittelwert für die Mütter (N=59) in der Höhe von M=0.34, SD=0.36 (Range: 0-2.11) und für die Väter (N=52) von M=0.27, SD=0.29 (Range: 0-1.19).

Die Ergebnisse der *Itemsanalyse* zeigten, dass es mehrere Items gab, bei welchen eine Antwortkategorie *0 – „überhaupt nicht"* über 90 % Zustimmung hatte. Die Daten (wie die Daten der Original-Normierungsgruppe) sind überwiegend linksschief verteilt, was in einer Nicht-Patienten-Population zu erwarten war. Die Gruppenunterschiede in den Symptomskalen und GSI wurden mit dem Mann-Whitney-U-Test überprüft, es ergaben sich keine signifikanten Ergebnisse.

Um mehr Information über das Vorhandensein einer psychischen Beeinträchtigung zu gewinnen, sind Rohwerte mit T-Werten anhand der Normtabellen des Tests (Franke, 2000) verglichen worden. Ein T-Wert des GSI *ab 63* zeigt eine auffällig erhöhte psychische Belastung der befragten Person. Die durchschnittlichen T-Werte von Müttern lagen im Bereich von 47.68 bis 54.66, von Vätern – von 47.04 bis 50.77. 86 % der befragten Frauen und 85 % der befragten

Männer stellten sich als unauffällig heraus, es zeigten sich keine Häufigkeitsunterschiede (unauffällig vs. psychisch belastet). Sechs Mütter (je 3 aus der UGr bzw. KGr) und 2 Väter (beide aus der UGr) hatten in den letzten 6 Monaten entweder eine psychologische, psychotherapeutische oder psychiatrische Behandlung in Anspruch genommen (keine Häufigkeitsunterschiede).

5.2.6 Partnerschaftsbeziehung

Mütter und Väter wurden aufgefordert, drei Aspekte der Partnerschaftsbeziehung (Verhalten des Partners/ der Partnerin) einzuschätzen: Streitverhalten, Zärtlichkeit und Gemeinsamkeit/ Kommunikation. Der Gesamtwert lag für die Mütter bei M=62.03 (SD=14.24) und für die Väter bei M=63.48 (SD=13.87). Die Varianzanalyse mit MW ergab keine Gruppen- und Geschlechtseffekte (des Kindes) in Bezug auf die gesamte Partnerschaftsqualität. Keine Gruppenunterschiede (t-Test) gab es in Bezug auf alle drei Aspekte der Partnerschaftsbeziehung.

Die globale Glückeinschätzung – durchschnittliche Zufriedenheit beider Partner – (Daten 1 Vaters fehlen) lag bei einem gleichen Wert von Md=4.0 („glücklich"). 24 Frauen (47 %) und 22 Männer (44 %) empfanden ihre Partnerschaft als eher glücklich und glücklich und bereits 21 Frauen (41 %) und 22 Männer (44 %) als sehr glücklich. Je 6 Frauen und 6 Männer (je 12 %) schätzten ihre Partnerschaft als eher unglücklich sowie unglücklich ein. Es bestanden keine Häufigkeitsunterschiede in der Glückeinschätzung (unglücklich vs. glücklich), weder bei den Männern noch bei den Frauen.

Es bestand ein signifikanter korrelativer Zusammenhang (Pearson-Korrelation, p= .00) zwischen den beiden erhobenen Werten der Partnerschaftsqualität und der globalen Glückeinschätzung von Müttern (r= .82) und Vätern (r= .79). Es gab eine Übereinstimmung zwischen Müttern und Vätern in der Einschätzung von Partnerschaftsqualität (r= .55, p= .00) und von globaler Zufriedenheit mit der Partnerschaft (Spearman's rho .58, p= .00).

5.2.7 Stresserleben

5.2.7.1 Selbsteinschätzung des erlebten Stresses und Verfügbarkeit der Unterstützung

Die Paare füllten die Rangskalen des *PSI* aus, um die Frage zu beantworten, inwieweit die Anforderungen, die sich für die Eltern direkt oder indirekt aus der

Beziehung mit dem Kind, aus Erziehungs- sowie aus Verhaltensschwierigkeiten des Kindes sowie aus persönlichen Einschränkungen ergeben, zu einer psychosozialen Belastung der Eltern führen. Mit der zusätzlichen Skala wurde die wahrgenommene Verfügbarkeit sozialer Unterstützung erfragt.

Der allgemeine Stresswert für die befragten Mütter (N=59) lag bei einem Wert von M=130.24 (SD=30.71) und für die Väter (N=52) bei M=119.81 (SD=29.05). Die durchschnittliche interaktionsbezogene Belastung aus dem Verhalten des Kindes (*Gesamtwert-Kindbereich*) lag bei einem Wert von M=58.73 (SD=17.28) für die Mütter und bei M=57.72 (SD=17.98) für die Väter. Der *Gesamtwert-Elternbereich* gibt die Belastungsaspekte des emotionalen Wohlbefindens der Eltern wieder. Für die Mütter lag der durchschnittliche Summenwert bei M=71.51 (SD=19.23) und für die Väter bei M= 62.10 (SD=14.87). Der durchschnittliche Summenwert der sozialen Unterstützung liegt bei 29.24 (SD=6.56) für die Mütter und bei 27.98 (SD=7.65) für die Väter.

Die Daten auf dem Niveau der übergeordneten Skalen sind normalverteilt, auf dem Niveau einzelner Subskalen ist die Voraussetzung der Normalverteilung verletzt.

Zur Überprüfung der Gruppen- und Geschlechtseffekte (Geschlecht des Kindes) auf die Stressbelastung der Eltern bzw. Verfügbarkeit sozialer Unterstützung wurden drei Varianzanalysen mit Messwiederholung berechnet. Als Messwiederholungsfaktoren (MW-Faktor) wurden entweder 1) Stress beider Elternteile allgemein oder 2) Stress im Kind- und Elternbereich bzw. 3) Verfügbarkeit von Unterstützung verwendet. Alle signifikanten Ergebnisse sind in Tabellen 21 bis 23 zusammengefasst.

Ein Haupteffekt zeigte sich auf dem MW-Faktor *Stress allgemein* (F(1,47)=12.83, p= .001). Aus dem Mittelwertvergleich ist zu sehen (s. signifikante Ergebnisse in Tab. 21), dass die Mütter mehr Stress erlebten als die Väter. Es ergab sich ein signifikanter Haupteffekt für *Gruppe* (F(1,47)=12.02, p= .001): Die Eltern der UGr erlebten durchschnittlich mehr Stress als die der KGr. Ein tendenzieller Haupteffekt für *Geschlecht* (F(1,47)=3.08, p= .086) wird wie folgt interpretiert: Beide Elternteile erlebten etwas mehr Stress mit den Töchtern als mit den Söhnen. Interaktionseffekte waren nicht signifikant.

Tabelle 21. Ergebnisse der Varianzanalyse mit Messwiederholung auf dem Faktor *Stress allgemein* (Stressbelastung der Mütter und Väter); nach Geschlecht der Kinder (GKi): gesamt weiblich – N=26, männlich – N=25; UGr: N=18, weiblich – N=9, männlich – N=9, KGr: weiblich – N=17, männlich – N=16.

Gruppe	G Ki	Mittelwertvergleich Mütter M	(SD)	Väter M	(SD)	Effekt	F-Wert	p	η^2
Gesamt		130.18	(31.42)	117.85	(25.62)	Stress all (MW)[1]	12.83	.001	.214
UGr		146.11	(30.84)	132.61	(25.40)				
KGr		121.48	(28.58)	109.80	(22.21)				
						Gruppe	12.02	.001	.204
Gesamt	w	133.58	(31.19)	124.21	(25.11)				
	m	126.64	(31.91)	111.24	(24.92)				
						Geschlecht des Kindes	3.08	.086	.061

Anmerkung. [1] Messwiederholungsfaktor – Stress allgemein; GKi: Geschlecht der Kinder

In der folgenden Berechnung wurde Stress in einzelnen Bereichen – *Stress Kindbereich* und *Stress Elternbereich* beider Elternteile – als MW-Faktor verwendet. Die signifikanten Ergebnisse sind in Tabelle 22 dargestellt.

Es ergaben sich die Haupteffekte auf den MW-Faktoren *Stress Kindbereich* (F(1,47)=8.61, p= .005) bzw. *Stress Elternbereich* (F(1,47)=12.83, p= .001) sowie der signifikante Haupteffekt *Gruppe* (F(1,47)=12.83, p= .001). Der Haupteffekt auf dem MW-Faktor *Stress Kindbereich* wird durch die Interaktion mit dem Faktor *Gruppe* modifiziert (F(1,47)=29.27, p= .000).

Die Ergebnisse werden wie folgt interpretiert: Alle Mütter (UGr und KGr) unterscheiden sich von allen Vätern in Bezug auf Stressbelastung im *Kindbereich* und im *Elternbereich* – Mütter fühlten sich mehr belastet. Beide Elternteile der UGr empfanden durchschnittlich mehr Stress als die der KGr. Die Unterschiede zwischen den Müttern und Vätern in Bezug auf Stressbelastung im Kindbereich sind nur in der UGr signifikant.

Es zeigte sich ein tendenzieller Haupteffekt *Geschlecht des Kindes* (F(1,47)=3.08, p= .086). Etwas mehr Stress in beiden Bereichen erlebten Mütter und Väter in den Familien mit den Töchtern als mit den Söhnen. Es ergab sich eine signifikante Interaktion *Stress Kindbereich* x *Stress Elternbereich* (F(1,47)=4.15, p= .047).

Tabelle 22. Ergebnisse der Varianzanalyse mit Messwiederholung auf den Faktoren *Stress Kindbereich* und *Elternbereich* (Belastung der Mütter und Väter); nach Geschlecht der Kinder (GeKi): gesamt weiblich – N=26, männlich – N=25; UGr: N=18, weiblich – N=9, männlich – N=9, KGr: weiblich – N=17, männlich – N=16.

Gruppe	Ge Ki	Mittelwertvergleich Mütter M (SD)		Väter M (SD)		Effekt	F- Wert	p	η^2
						Gruppe	12.02	.001	.204
Stress Kinderbereich[1]									
Gesamt		59.51	(17.99)	56.42	(15.50)	StressKind (MW)[1]	8.61	.005	.155
UGr		74.56	(15.35)	69.22	(13.66)				
KGr		51.30	(13.55)	49.44	(11.56)				
						StressKind (MW)[1] x Gruppe	29.26	.000	.384
Stress Elternbereich[2]									
Gesamt		70.67	(19.04)	61.43	(14.22)	StressEltern (MW)[2]	12.83	.001	.214
UGr		71.56	(20.29)	63.39	(15.39)				
KGr		70.18	(18.63)	60.36	(13.66)				
						StrKind (MW)[1] x StrEltern (MW)[2]	4.15	.047	.081
Stress Kinderbereich[1]									
Gesamt	w	60.69	(19.54)	59.55	(14.86)				
	m	58.28	(16.52)	53.16	(15.77)				
Stress Elternbereich[2]									
Gesamt	w	72.88	(17.71)	64.65	(14.89)				
	m	68.36	(20.44)	58.08	(12.93)				
						Geschlecht des Kindes	3.08	.086	.061

Anmerkung. [1] Messwiederholungsfaktor *Stress Kindbereich*; [2] Messwiederholungsfaktor *Stress Elternbereich;* GeKi: Geschlecht der Kinder

In Tabelle 23 ist der Gruppenvergleich auf dem Subskalenniveau (t-Tests bzw. Mann-Whitney-U-Tests) zu finden. Ein adjustiertes α wurde bei der Berechnung mit insgesamt 17 Tests (14 Subskalen, 2 übergeordnete Skalen und ein Gesamtwert) für einzelne t-Tests von α= .05 auf .0029 und von α = .10 auf .0059 (Tendenz) herabgesetzt. Man findet mehrere signifikante Gruppenunterschiede im *Kindbereich*. Die Eltern der UGr erlebten mehr interaktionsbezogene Belastungsaspekte: Hyperaktivität und Ablenkbarkeit; unzufriedene Stimmungen und Launenhaftigkeit; Beeinträchtigung der Anpassungsfähigkeit; erhöhte Anforderungen an die Eltern. Ein einziger signifikanter Gruppenunterschied in den Skalen *Elternbereich* ergab sich in den Antworten der Väter, blieb nach der α-Adjustierung jedoch nicht mehr signifikant.

Tabelle 23. Gruppenunterschiede für je *Mutter* und *Vater* (t-Test bzw. Mann-Whitney U-Test) in Bezug auf *Stress* (Summenwerte): M – Mittelwert, SD – Standardabweichung, p – Signifikanzniveau, adj p – Signifikanzniveau adjustiert.

| | \multicolumn{6}{c}{Mütter (N=59)} | | adj |
| Skalen | Gesamt | | UGr | | KGr | | | |
	M	(SD)	M	(SD)	M	(SD)	p	p
PSI-Gesamtwert	130.24	(30.71)	142.14	(31.61)	123.16	(28.26)	.020	n.s.
GW- Kindbereich	58.73	(17.28)	69.59	(18.03)	52.27	(13.28)	.000	**
GW - Elternbereich	71.51	(19.23)	72.55	(20.94)	70.89	(18.41)	n.s.	
Soz. Unterstützung	29.24	(6.56)	25.64	(7.51)	31.38	(4.87)	.001	**
Skalen- Kindbereich								
Hyper/Abl	14.54	(5.87)	18.18	(6.63)	12.38	(4.11)	.000	**
Stimmung	6.85	(3.67)	8.55	(3.94)	5.84	(3.13)	.004[1]	*
Akzeptierbarkeit	7.78	(2.89)	8.18	(3.42)	7.54	(2.55)	n.s.[1]	
Anforderungen	9.12	(3.56)	11.45	(3.90)	7.73	(2.50)	.000	**
Anpassung	14.41	(5.14)	16.77	(4.68)	13.00	(4.94)	.005	*
Interakt/Verst	6.03	(2.03)	6.45	(2.65)	5.78	(1.55)	n.s.[1]	
Skalen- Elternbereich								
Bindung	6.95	(2.28)	6.50	(2.37)	7.22	(2.21)	n.s.	
Soziale Isolation	8.46	(3.44)	9.00	(3.74)	8.14	(3.26)	n.s.	
Zweifel an Kompetenz	12.51	(4.95)	13.36	(5.20)	12.00	(4.80)	n.s.	
Depression	7.63	(3.06)	7.95	(2.90)	7.43	(3.18)	n.s.	
GesundBeeintr	9.69	(3.74)	10.23	(4.05)	9.38	(3.57)	n.s.	
PersönlichEinschr	14.44	(4.01)	13.55	(3.67)	14.97	(4.15)	n.s.	
BeziehungPartn	11.82	(4.32)	11.95	(4.96)	11.75	(3.97)	n.s.	

Anmerkungen. Signifikante Gruppenunterschiede: *p < .10, nach α-Adjustierung herabgesetzt auf .0059 (Tendenz); ** p < .05 – auf .0029; *** p < .01 – auf .0006.
[1] - Mann-Whitney U-Test gerechnet: Stimmung (Mütter) Md (UGr)=7.50, Md (KGr)= 4.70, z=-2.91; Akzeptierbarkeit (Väter) Md (UGr)=7.50, Md (KGr)= 6.18, z=-1.95
Abkürzungen der Skalen: GW – Gesamtwert; SozUnterstützung – Soziale Unterstützung; Hyper/Abl – Hyperaktivität/ Ablenkbarkeit; Anpassung – Anpassungsfähigkeit; Interakt/Verst - Interaktion/ Verstärkung für Eltern; GesundBeeintr – Gesundheitliche Beeinträchtigung; PersönlichEinschr – Persönliche Einschränkung; BeziehungPartn – Beziehung zum Partner/ zur Partnerin

Fortsetzung Tabelle 23. Gruppenunterschiede für je *Mutter* und *Vater* (t-Test bzw. Mann-Whitney U-Test) in Bezug auf *Stress* (Summenwerte). Anzahl von Müttern: UGr – N=22, KGr – N=37; von Vätern: UGr – N=19, KGr – N=33.

	Gesamt		UGr		KGr			adj
Skalen	M	SD	M	(SD)	M	(SD)	p	p
PSI-Gesamtwert	119.81	(29.05)	137.21	(31.80)	109.80	(22.21)	.001	**
GW- Kindbereich	57.72	(17.98)	72.11	(18.28)	49.44	(11.56)	.000	**
GW – Elternbereich	62.10	(14.87)	65.11	(16.73)	60.36	(13.66)	n.s.	
SozUnterstützung	27.98	(7.65)	24.95	(7.29)	29.73	(7.40)	.029	n.s.
Skalen- Kindbereich								
Hyper/Abl	14.90	(5.61)	19.21	(5.88)	12.42	(3.52)	.000	**
Stimmung	6.46	(3.35)	8.68	(3.62)	5.18	(2.42)	.000	**
Akzeptierbarkeit	7.35	(2.95)	8.68	(4.10)	6.58	(1.66)	.051[1]	n.s.
Anforderungen	8.83	(3.48)	11.32	(3.65)	7.39	(2.45)	.000	**
Anpassung	14.28	(4.86)	17.63	(4.47)	12.35	(3.89)	.000	**
Interakt/Verst	5.90	(1.82)	6.58	(2.19)	5.52	(1.46)	n.s.[1]	
Skalen- Elternbereich								
Bindung	6.62	(2.10)	7.26	(2.45)	6.24	(1.80)	n.s.[1]	
Soziale Isolation	8.04	(2.52)	7.74	(2.73)	8.21	(2.42)	n.s.	
Zweifel an Kompetenz	11.19	(4.57)	13.00	(5.13)	10.15	(3.92)	.029	n.s.
Depression	5.65	(1.97)	6.42	(2.63)	5.21	(1.32)	n.s.[1]	
GesundBeeintr	8.12	(2.97)	8.53	(3.24)	7.88	(2.84)	n.s.	
PersönlichEinschr	12.55	(3.60)	12.79	(2.97)	12.39	(3.90)	n.s.	
BeziehungPartn	9.94	(3.49)	9.37	(3.83)	10.27	(3.29)	n.s.	

Mit der VA-MW (MW-Faktor – *Verfügbarkeit sozialer Unterstützung*) wurden Gruppen- und Geschlechtseffekte (des Kindes) auf die *Soziale Unterstützung* beider Elternteile überprüft. Die signifikanten Ergebnisse sind in Tabelle 24 zusammengefasst. Keinen Haupteffekt gab es auf dem Messwiederholungsfaktor (keine Unterschiede zwischen der Verfügbarkeit sozialer Unterstützung für Mütter und Väter). Es zeigte sich jedoch ein signifikanter Interaktionseffekt *soziale Unterstützung* x *Geschlecht des Kindes* ($F(1,47)=0.86$, p= .015): Während Mütter von Söhnen signifikant mehr Unterstützung empfanden, fühlten sich Väter von Töchtern mehr unterstützt.

Tabelle 24. Ergebnisse der Varianzanalyse mit der Messwiederholung auf dem Faktor *Soziale Unterstützung* der Mütter und Väter; nach Geschlecht der Kinder (GeKi): gesamt weiblich – N=26, männlich – N=25; UGr: N=18, weiblich – N=9, männlich – N=9, KGr: weiblich – N=17, männlich – N=16.

	Ge	Mütter		Väter			F-		
Gruppe	Ki	M	(SD)	M	(SD)	Effekt	Wert	Sig.	η^2
						Gruppe	7.04	.011	.130
UGr	w	23.44	(6.64)	24.44	(7.20)				
	m	29.56	(7.30)	25.56	(8.19)				
	Gesamt	26.50	(7.46)	25.00	(7.50)				
KGr	w	31.35	(4.60)	32.06	(4.62)				
	m	30.50	(5.45)	27.25	(9.02)				
	Gesamt	30.94	(4.97)	29.73	(7.40)				
						Gruppe x Geschlecht Kindes	3.54	.066	.070
Gesamt	w	28.62	(6.51)	29.42	(6.62)				
	m	30.16	(6.05)	26.64	(8.60)				
	Gesamt	29.37	(6.27)	28.06	(7.71)				
						Soziale Unterstützung (MW)[1] x Geschlecht des Kindes	6.32	.015	.119

Anmerkung. [1] Messwiederholungsfaktor *Soziale Unterstützung*

Ein signifikanter Haupteffekt zeigte sich für *Gruppe* (F(1,47)=7.04, p= .011): Beide Elternteile der KGr verfügten über mehr soziale Unterstützung. Dieser Haupteffekt wird durch eine tendenzielle Interaktion *Gruppe* x *Geschlecht des Kindes* (F(1,47)=3.54, p= .066) modifiziert: Während in der UGr über etwas mehr Unterstützung in den Familien mit Söhnen berichtet wurde, wird in der KGr mehr Unterstützung von Eltern mit Töchtern empfunden.

Zusammenfassend gesehen standen beide Elternteile, und insbesondere Mütter, die Hilfe wegen eines auffälligen Verhaltens ihres Kindes suchten (UGr), generell stärker unter Stress. Es ergaben sich auch signifikante Gruppenunterschiede in der Verfügbarkeit sozialer Unterstützung. Mütter und Väter der auffälligen Kinder fanden weniger Hilfe; sie fühlten sich ungenügend von ihrer Umwelt unterstützt.

5.2.7.2 Zufriedenheit mit der Unterstützung

Am häufigsten nahmen beide Elternteile Unterstützung des Partners/ der Partnerin – 91 % (N=54) aller Mütter und 94 % (N=49) aller Väter – sowie Unterstützung durch die eigene Mutter (je 81 %, N=48 und 73 %, N=38) in Anspruch. Die Frauen konnten die Unterstützung der Freundinnen (63 %, N=37) und Freunde (17 %, N=10) (insg. 80 %) in Summe wesentlich mehr in Anspruch nehmen als Männer jene ihrer männlichen Freunde (42 %, N=22) und Freundinnen (jedoch 29 %, N=15) (insg. 71 %). In Tabelle 25 sind Personen, bei denen die ProbandInnen am häufigsten Unterstützung fanden, sowie die %werte aufgelistet.

Tabelle 25. Personen, von denen Mütter und Väter Unterstützung bekommen, Prozenthäufigkeiten (N – Häufigkeit).

Personen	Mutter (N=59)		Vater (N=52)	
	N	%	N	%
Partner/ Partnerin	54	(91.5)	49	(94.2)
Mutter	48	(81.4)	38	(73.1)
Schwiegermutter	35	(59.3)	34	(65.4)
Geschwister	31	(52.5)	29	(55.8)
Vater	29	(49.2)	26	(50.0)
Freundinnen	37	(62.7)	15	(28.8)
Geschwister des Partners/der Partnerin	18	(30.5)	25	(48.1)
Schwiegervater	16	(27.1)	28	(53.8)
Freunde	10	(16.9)	22	(42.3)
Verwandte	11	(18.6)	17	(32.7)
NachbarInnen	19	(32.2)	18	(34.6)
Institutionen	12	(20.3)	7	(13.5)

Die durchschnittliche Anzahl von Personen, deren Unterstützung die Frauen in Anspruch nahmen, lag bei 5.61 (SD=2.33; Range 1-10) und für die Männer bei 6.21 (SD=2.89; Range 1-13). Varianzanalyse mit Messwiederholung ergab einen signifikanten *Gruppeneffekt* in Bezug auf die Anzahl von Personen, bei denen Mütter und Väter soziale Unterstützung (MW-Faktor) bekommen konnten (F(1,47)=14,70, p= .000, η^2= .24): Beide Elternteile der KGr, hatten mehr Personen in ihrer Umgebung, bei denen sie um Unterstützung bitten konnten (Mütter: M=6.64, SD=2.07; Väter: M=6.82 (SD=2.83) als die der UGr (Mütter: M=4.00, SD=1.68; Väter: M=5.11 (SD=2.80). Es gab kein Effekt auf dem MW-Faktor, kein Geschlechtseffekt (des Kindes), keine Interaktionseffekte.

Die Zufriedenheit mit dieser Unterstützung wurde auf der 6-stufigen Skala von „sehr unzufrieden" bis „sehr zufrieden" bewertet. Es zeigten sich folgende

Ergebnisse: 45 % (N=25) der Mütter (von N=56, 3 fehlende Angaben) waren mit der Unterstützung des Partners sehr zufrieden und 45 % (N=25) zufrieden und eher zufrieden. 69 % (N=36) aller Männer gaben an, dass sie mit der Unterstützung der Partnerin sehr zufrieden, und 21 % (N=11), dass sie zufrieden oder eher zufrieden waren. 82 % (N=49) aller Mütter und rund 82 % (N=41) der Väter (N=50, 2 missing) waren mit der Unterstützung anderer Personen allgemein zufrieden.

Es ergaben sich keine signifikanten Gruppenunterschiede (Mann-Whitney-U-Tests) in Bezug auf Zufriedenheit mit der Unterstützung des Partners und anderer Personen für die Mütter. Es ergaben sich jedoch Gruppenunterschiede für die Väter: Die Väter der UGr waren unzufriedener mit der Unterstützung der Partnerin (tendenzieller Gruppenunterschied) und Anderer (signifikanter Gruppenunterschied), während die Väter der KGr mit der Unterstützung verschiedener Personen generell zufrieden waren (s. Tab. 26).

Tabelle 26. Mittelwertvergleich in Bezug auf *Zufriedenheit mit der Unterstützung*: M – Mittelwert, SD – Standardabweichung, p – Signifikanzniveau. N - Anzahl der ProbandInnen, die die Fragen beantworteten (andere missing).

Zufriedenheit mit der Unterstützung	UGr				KGr				p	z
	N	M	SD	Md	N	M	SD	Md		
Mutter										
Des Partners	20	4.75	(1.62)	5.20	36	5.19	(.95)	5.34	n.s.	
Anderer	22	4.23	(1.69)	4.55	37	4.70	(1.00)	4.80	n.s.	
Vater										
Der Partnerin	19	4.74	(1.94)	5.43	33	5.67	(.69)	5.74	.095[1]	-1.67
Anderer	19	3.63	(1.64)	4.00	31	4.81	(.87)	4.77	.014[1]	-2.46

[1] - Mann-Whitney U-Test gerechnet

5.2.8 Selbsteingeschätzte Involvierung in die Kinderpflege

Die Eltern schätzten im strukturierten Anamnesefragebogen: a) die mit dem Kind verbrachte Zeit sowie b) die Zufriedenheit mit dieser Zeit und c) die Aktivitäten mit dem Kind selbst ein.

Auf die Frage *„Wie viel Zeit verbringen Sie üblicherweise am Tag mit Ihrem Kind?"* gaben über 81 % (N=48) aller Frauen 7 und mehr Stunden an und bei der Frage *„...am Wochenende..."* machten 95 % (N=56) aller Frauen eben diese Angabe. Diese Zahlen spiegeln die Tatsache wider, dass die Mütter in dieser Zeit großteils in Karenz waren. Die Väter (N=51, 1 missing) verbrachten wesentlich weniger Zeit mit ihren Kleinkindern: Am Arbeitstag waren nur 12 % (N=6) der Männer 7 und mehr Stunden mit ihren Kindern zusammen. Dafür verbrachten am Wochenende 82 % (N=42) der Väter 7 und mehr Stunden mit ihren Kindern. 65 % (N=34) aller Mütter und 43 % (N=20) aller Väter gestalteten gemeinsame Aktivitäten über 7 Stunden nach den Wünschen ihres Kindes (s. Zusammenfassung in Tab. 27).

Tabelle 27. Die von den Eltern mit dem Kind verbrachte Zeit (in Stunden) am Tag und am Wochenende (WE) bzw. nur entsprechend den Wünschen des Kindes geschenkte Zeit, N – Häufigkeit, % - prozentueller Anteil.

| Zeit, Stnd | Mütter (N=59) | | | | | | Väter (N=51, 1 missing) | | | | | |
| | Am Tag | | WE | | *KiWu | | Am Tag | | WE | | *KiWu | |
	N	%	N	%	N	%	N	%	N	%	N	%
<¼							1	(2.0)				
½							2	(3.9)				
¾												
1							4	(7.8)			1	(2.2)
2.					1	(1.9)	18	(35.3)	1	(2.0)	7	(15.2)
3	3	(5.1)			6	(11.5)	9	(17.6)	1	(2.0)	3	(6.5)
4	1	(1.7)			7	(13.5)	8	(15.7)	1	(2.0)	5	(10.9)
5	3	(5.1)	2	(3.4)	2	(3.8)	1	(2.0)	2	(3.9)	6	(13.0)
6	4	(6.8)	1	(1.7)	2	(3.8)	2	(3.9)	4	(7.8)	4	(8.7)
7≥	48	(81.4)	56	(94.9)	34	(65.4)	6	(11.8)	42	(82.4)	20	(43.5)

* KiWu – nach Wunsch des Kindes: Mütter – N=52, 7 missing, Väter – N=46, 6 missing

Ein Häufigkeitsvergleich (Chi-Quadrat) in Bezug auf die selbsteingeschätzte Involvierung in die Kinderpflege (zwei zusammengefasste Kategorien: bis 6 Stunden vs. mehr als 7 Stunden) am Tag, am Wochenende und in die nach Wunsch des Kindes gestalteten Aktivitäten ergab keine signifikanten Unterschiede für Mütter. (VA-MW mit der metrischen Variable „Zeit mit dem Kind" nicht gerechnet: Voraussetzungen der Normalverteilung (Mütter) bzw. Varianzhomogenität verletzt). Für Väter war ein Ergebnis – die Zeit, die Väter untertags mit ihren Kleinkindern verbrachten – signifikant: χ^2=12.47, df=1, p= .000 (Fisher's Exact Test p= .001). Wie in Tabelle 28 zu sehen ist, verbrachten 6 Väter der UGr und kein Vater der KGr mehr als 7 Stunden mit ihren Kindern.

Tabelle 28. Prozentuelle Häufigkeiten für die von den Vätern mit dem Kind verbrachte Zeit am Tag (N – Häufigkeiten).

	UGr		KGr		Gesamt	
Zeit mit dem Kind	N	%	N	%	N	%
bis sechs Stunden	12	(26.7)	33	(73.3)	45	
sieben und mehr	6	(100)	0	(0)	6	
Gesamt	18	(35.3)	33	(64.7)	51	(100)

Auf der 5-stufigen Skala (1 – „ich bin extrem belastet", 2 – „das Kind verlangt zu viel Zeit", 3 – „ich bin zufrieden, dass ich genug Zeit für mein Kind habe", 4 – „ich bin zufrieden, aber würde meinem Kind noch mehr Zeit schenken", 5 – „ich habe leider zu wenig Zeit für mein Kind") schätzten die Eltern ein, wie zufrieden sie mit dieser mit dem Kind verbrachten Zeit waren. Es liegen die Ergebnisse von nur 52 Müttern (88 % der Gesamtgruppe, 7 missing) und von nur 43 Vätern (72 %, 9 missing) vor. 63 % (N=33) der Mütter waren zufrieden mit der Zeit, die sie für das Kind hatten, 23 % (N=12) hätten sich mehr Zeit gewünscht und 13 % (N=7) der Frauen empfanden, dass das Kind zu viel Zeit verlangte, aber keine Frau fühlte sich extrem belastet. 44 % (N=19) der Männer waren zufrieden und empfanden, dass sie genug Zeit hatten, 49 % (N=21) jedoch empfanden, dass sie den Kindern zu wenig Zeit schenken konnten. Ein Vater fühlte sich extrem belastet und 2 Männer dachten, die Kinder verlangten zu viel Zeit von ihnen. Es ergaben sich keine Häufigkeitsunterschiede in den zwei zusammengefassten Gruppen (Kategorien 1 & 2: unzufrieden/ das Kind verlangt zu viel Zeit vs. 3 bis 5: zufrieden/ wünsche mir mehr Zeit).

Beide Elternteile waren in unterschiedlichem Ausmaß in folgende Aktivitäten (wie auf das Kind aufpassen, Baden, Spielen etc.) involviert. Jede dieser Aktivitäten wurde entweder alleine (1) oder gemeinsam/ abwechselnd – manchmal (2), oft (3) bzw. immer (4) – mit dem/der Partner/in, oder nur von dem/der Partner/in (5) ausgeführt. Die Ergebnisse sind in Tabelle 29 dargestellt. Der Anteil der Personen (%) in jeder Kategorie ist angegeben.

Wie aus der Tabelle zu sehen ist, waren die Mütter wesentlich mehr in die Pflege des Kindes involviert als die Väter, und viele Tätigkeiten (eher die Kinderpflege und nicht die spielerischen Tätigkeiten) wurden von der Mutter alleine ausgeführt. Mehr als die Hälfte der Mütter (N=23, falls Kinder fremdbetreut wurden) brachten ihre Kinder alleine zur Kinderbetreuung und fast die Hälfte der Mütter erledigten Arztbesuche mit ihren Kindern ohne Begleitung des Kindesvaters. Jedoch zwischen 19 % (N=11) und 45 % (N=24) der Mütter gaben an, dass sie die einzelnen Pflegetätigkeiten (z.B. Baden, Füttern, Schlafenbegleiten) oft bis immer gemeinsam mit dem Partner ausführten, und Spielen sowie Spazierengehen sogar bis 50% (N=35) und 61% (N=28). An spielerischen Tätigkeiten und Freizeitaktivitäten (Spielen, Spazierengehen, Sport) nahmen die Väter wesentlich aktiver teil.

Tabelle 29. Prozentueller Anteil von Müttern (N=59) und Vätern (N=52) in Bezug auf Involviertheit. N - Anzahl der ProbandInnen, die die Fragen beantworteten (andere missing).

Tätigkeiten	Mutter					Vater				
	N	1	2	3-4	5	N	1	2	3-4	5
Babysitten	53	18.9	35.8	45.3	-	48	-	39.6	59.3	2.1
Wickeln	53	22.6	39.6	37.8	-	50	-	42.0	50.0	8.0
Baden	59	25.4	35.6	33.9	5.1	52	7.7	40.4	40.4	11.5
Füttern	55	27.3	30.9	41.9	-	52	1.9	42.3	51.9	3.8
Schlafenbegleiten	59	30.5	22.0	42.4	5.1	52	3.8	32.7	53.9	9.6
Spielen	57	10.5	28.1	61.4	-	51	-	17.6	82.3	-
Spazierengehen	56	21.4	26.7	50.0	-	52	-	23.1	73.1	3.8
Sport	54	37.0	26.7	27.8	5.6	46	2.2	30.4	52.2	6.5
Arztbesuche	59	49.2	31.7	18.7	-	52	-	36.5	40.4	23.1
Kindergarten*	23	56.5	10.0	34.8	8.7	20	10.0	35.0	25.0	30.0
Sonstige**	11	45.5	-	45.5	9.1	8	25.0	37.5	50.0	25.0

Anmerkungen. * „Kindergarten bringen" – auch Krippe, Tagesmutter;
** Kategorie „Sonstige Tätigkeiten" beinhaltet: Zeichnen, Lesen, Einkaufen gehen, im Wald spazieren gehen; Ergotherapie, Eltern-Kind-Zentrum

Der Wilcoxon-Rang Test ergab signifikante Unterschiede zwischen den Müttern und Vätern in der Antwortkategorie *1- alleine* (z= -4.97, p= .000) sowie in der zusammengefassten Antwortkategorie *3- oft bis 4- immer gemeinsam mit dem Partner/ der Partnerin* (z= -2.15, p= .032): Wesentlich mehr Tätigkeiten wurden von Müttern alleine ausgeführt (Mittlerer Rang=20.63) als von Vätern (Mittlerer Rang=12.50), während Väter ihre gemeinsame Teilnahme häufiger als „oft (3) oder immer (4) mit der Partnerin" einschätzten (Mittlerer Rang=24.52) als Mütter (Mittlerer Rang=21.59).

Der Mann-Whitney U-Test ergab keine signifikanten Gruppenunterschiede.

5.2.9 Verhaltensbeobachtung

5.2.9.1 Auswertung des dyadischen Interaktionsverhaltens

Das dyadische Interaktionsverhalten in Mutter-Kind- und Vater-Kind-Dyaden wurde anhand der Mannheimer Beobachtungsskalen zur Analyse der Eltern-Kind-Interaktionen im Kleinkindalter für jeden Interaktionsteilnehmer separat beurteilt. Für die vorliegende Dissertation wurde eine überarbeitete, für die Auswertung von Mutter-Kind- sowie Vater-Kind-Interaktionen vervollständigte Version dieser Beobachtungsskalen verwendet (Mannheimer Beobachtungsskalen (T2-T3 & T2-T4), 2003). Die Verhaltenskodierung erfolgte anhand von 5 Subskalen: 1) Gestimmtheit (sekundengenaue Mikroanalyse, on-line kodiert); 2) Reaktivität (Eventkodierung); 3) Steuerung (Eventkodierung); 4) Angemessenheit der Steuerung (Rating der Qualität); 5) Individuelle Interaktionsstile für Elternteil und Kind (Eventkodierung).

5.2.9.2 Interrater-Reliabilität

Alle Videos wurden von der Studienautorin ausgewertet. Zwischen Untersuchung und Auswertung des Interaktionsverhaltens einzelner Familien lagen min. 6 Monate, um Beurteilerinfehler (eine Verzerrung wegen der Kenntnis der Familien bzw. der Hypothesen) möglichst auszuschließen oder zu reduzieren. Um die Interrater-Reliabilität zu prüfen, wurden die einzelnen Aufnahmen von einer zweiten Raterin – einer klinischen Psychologin – stichprobenweise kodiert. Wurde in einem bestimmten Fall keine zufriedenstellende Übereinstimmung erreicht, so wurde dieser in Mannheim gemeinsam mit der Einschulungsleiterin (Dr. P. Trautmann-Villalba) besprochen und ausgewertet. Die Interrater-Reliabilität kann bei einem Cronbach's Alpha von .6 - 1.0 als zufriedenstellend bis sehr gut bewertet werden.

5.2.9.3 Variablenbildung

Aus den vom Auswertungsprogramm „Noldus" gelieferten Rohdaten wurden Variablen für jede zu beobachtende Person auf vier Ebenen gebildet (Dinter-Jörg et al., 1997; s. auch Kap. 4.2.2.6): einfache Summen von Sekunden oder Events (je nach Skala) über 10-minütige Beobachtungssequenzen (je 5 min für die Aufgabe „Buch" und „Steine").
Die Variablen der Skalen Gestimmtheit, Reaktivität und Steuerungsverhalten sind in einer tabellarischen Form (s. Tab. 30) dargestellt. In den Spalten 2 und 3

sind die kodierten Verhaltensmerkmale und in Spalte 4 die gebildeten Variablen (je Elternteil und Kind in einem gesamten Beobachtungsintervall von 10 min) und Maßzahlen zu finden.

Tabelle 30. Dimensionen und Variablen aus der Verhaltensbeobachtung.

Verhaltensmerkmal		Gebildete Variablen
Elternteile	Kind	Beobachtungsintervall
(je Mutter und Vater)	(je mit einem Elternteil)	10 min
Gestimmtheit		
Sekundengenau on-line kodiert.		Sekundensummen
Codes schließen einander aus		(von 0 bis 600)
Neutral	Neutral	
Positiv	Positiv	$\sum$ positiv
Negativ	Negativ	$\sum$ negativ
	Ängstlich (selten)	$\sum$ (positiv – negativ)
Reaktivität		
Event im 5-sek-Intervall.		Eventsummen
Codes schließen einander *nicht* aus		(von 0 bis 120)
Positiv/ neutral vokal	Positiv/ neutral vokal	$\sum$ alle positiv
Positiv/ neutral mimisch	Positiv/ neutral mimisch	
Positiv/neutral motorisch	Positiv/neutral motorisch	
Negativ vokal	Negativ vokal	$\sum$ alle negativ
Negativ mimisch	Negativ mimisch	
Negativ motorisch	Negativ motorisch	
Mangelnd	Mangelnd	$\sum$ mangelnde Reaktivität
Qualität und Art der Steuerung		
Event im 10-sek-Intervall.		Eventsummen (von 0 bis 60)
Codes schließen einander *nicht* aus		
Supportiv		$\sum$ Supportiv
Direktiv		$\sum$ Direktiv
Restriktiv		$\sum$ Restriktiv
Angemessenheit der Steuerung		
Globale Beurteilung im 30-sek-Intervall.		Gewichtete Rangsummen
Rang-Codes schließen einander aus		(Ranganzahl von 0 bis 20)
1 – sehr angemessen		Angemessen:
2 – eher angemessen		$(\sum 1x5 + \sum 2x4)$
3 – neutral		Neutral $(\sum 3x3)$ *oder*
4 – eher unangemessen		Neutral & unangemessen:
5 – unangemessen		$(\sum 3x3 + \sum 4x2 + \sum 5x1)$
Gesamt: $(\sum 1x5 + \sum 2x4 + + \sum 3x3 + \sum 4x2 + \sum 5x1)$		

215

Die Variablen der Subskala *Gestimmtheit* wurden durch Subtraktion der Summen negativer Gestimmtheit von der Summe positiver Gestimmtheit berechnet, die resultierenden kombinierten Variablen reichen somit vom negativen bis in den positiven Bereich. Zum Vergleich sind auch zwei getrennte Summen – positive bzw. negative Gestimmtheit – berechnet worden. Die als neutral kodierten Verhaltensweisen sind (wie auch in der Mannheimer Studie) für die weiteren Analysen irrelevant. Für die Subskala *Reaktivität* wurden kanalspezifische Summen (vokal, motorisch und mimisch) für positive und negative Kontingenz gebildet.

Für die Subskala *Angemessenheit der Steuerung* wurden gewichtete Variablen (gewichtete Rangsummen) gebildet (Rekodierung). Es wurde wie folgt gewichtet: Summe von Rang 1 aus allen Beobachtungsintervallen – sehr angemessene Steuerung – wurde mit fünf multipliziert (maximaler Wert bedeutet die beste Steuerung); Summe von Rang 2 – eher angemessene Steuerung – x 4; Summe von Rang 5 – unangemessene Steuerung – x 1. Es wurde ein Gesamtwert berechnet: $\sum 1x5 + \sum 2x4 + \sum 3x3 + \sum 4x2 + \sum 5x1$. Zum Vergleich wurden gewichtete Summen nur für angemessenes ($\sum 1x5 + \sum 2x4$) sowie unangemessenes ($\sum 4x2 + \sum 5x1$) Steuerungsverhalten getrennt berechnet. Der Code *neutral* wurde in zweierlei Weise behandelt: nur *neutral* ($\sum 3x3$) oder mit beiden Werten *eher unangemessen & unangemessen* zusammengefasst ($\sum 3x3 + \sum 4x2 + \sum 5x1$). Die Zusammenfassung wurde wie folgt begründet: *Neutral* bedeutet auch, dass beide InteraktionspartnerInnen wenig miteinander interagieren oder sich langweilen; der Elternteil hat keine Ideen zum gemeinsamen Spielen mit dem Kind. Es zeigte sich, dass beide Elternteile der UGr signifikant häufiger durch neutrale sowie insgesamt unangemessene Steuerung auffielen. Daher erschien die Zusammenfassung des Codes *neutral* mit *unangemessen* als gerechtfertigt.

Die zahlreichen Variablen der Subskala *Interaktionsstile* wurden faktorenanalytisch (getrennte Faktoren für mütterliches und für väterliches Verhalten sowie für das Interaktionsverhalten des Kindes mit beiden Elternteilen) reduziert. Es wurden insgesamt 27 Merkmale für je Elternteil und 24 Merkmale für Kind mit je Mutter und Vater sowie zusätzliche Verhaltensmerkmale des Kindes, die bei der Verhaltensbeobachtung immer wieder auffielen (*geht ständig weg vom Elternteil*; *zeigt keine emotionale Bindung*; *Sprachprobleme*) kodiert. Die einzelnen Variablen wurden vor der faktorenanalytischen Zusammenfassung ebenso beschrieben, um die wichtigsten Interaktionsmerkmale in den Gruppen (UGr vs. KGr) zu eruieren.

In den folgenden Abschnitten werden die Gruppen- und Geschlechtsunterschiede bzw. Variablenreduktion dargestellt. Es wird der Frage nachgegangen, ob sich dyadische Verhaltensmerkmale (Variablen sowie Variablenkombinationen) identifizieren lassen, die mit der psychosozialen Entwicklung des Kindes in Zusammenhang stehen und eine gut adaptierte Interaktion von einer gestörten Interaktion unterscheiden (z.B. aus dem Extremgruppenvergleich).

5.2.9.4 Mittelwertvergleiche beider Gruppen (UGr, KGr), Geschlechtsunterschiede

In den folgenden Kapiteln werden ermittelte Gruppenunterschiede (UGr, KGr) in Bezug auf die Variablen des Interaktionsverhaltens bzw. Geschlechtsunterschiede beschrieben.

Es handelt sich dabei um eine sehr hohe Anzahl von Variablen insgesamt bzw. in den einzelnen Skalen. Die positiven Verhaltensmerkmale aller InteraktionspartnerInnen waren normalverteilt (z.B. positive Gestimmtheit, positive Reaktivität), bei den negativen Verhaltensmerkmalen wurde die Voraussetzung der Normalverteilung oft verletzt (z.B. negative Gestimmtheit, negative Reaktivität, einzelne Interaktionsstile). Gruppenunterschiede (Mittelwerte) in allen Verhaltenskategorien wurden mit dem t-Test für unabhängige Stichproben oder mit dem Mann-Whitney-U-Test überprüft (N=60). Zur Überprüfung der Unterschiede zwischen Müttern und Vätern wurde der t-Test bzw. Wilcoxon-Test für abhängige Stichproben (N=51) berechnet. Die Irrtumswahrscheinlichkeit wurde wie bereits in Kapitel 4.2.1 beschrieben modifiziert.

Ein Gesamtwert je Mutter und Vater wurde nur für die Subskala Angemessenheit der Steuerung gebildet. Mit diesem Gesamtwert wurde die Varianzanalyse mit MW gerechnet.

Die Ergebnisse der Gruppenvergleiche in den einzelnen Subskalen (Merkmale von Müttern, Vätern bzw. von Kindern mit je einem Elternteil) wurden in den Tabellen zusammengefasst.

Gruppenunterschiede, Unterschiede im elterlichen Verhalten

Gestimmtheit. Wie in Tabelle 31 zu sehen ist, zeichneten sich alle InteraktionspartnerInnen der UGr durch signifikant länger andauernde negative Gestimmtheit aus (Erwachsene zeigten z.B. einen negativen Gesichtsausdruck, negative Vokalisation, waren genervt; die Kinder z.B. weinten, quengelten mehr, waren trotzig, ärgerlich). Der Gruppenunterschied in negativer Gestimmtheit der Mutter wurde nach α-Adjustierung nicht signifikant.

Tabelle 31. Gruppenunterschiede in Bezug auf die *Gestimmtheit* (Dauer, s): t-Test bzw. Mann-Whitney-U-Test. M – Mittelwert, SD – Standardabweichung, Md – gruppierter Median, p – Signifikanzniveau, adj p – Signifikanzniveau adjustiert, Z– Wert. Anzahl von MKD: UGr (N=22), KGr (N=37), VKD: UGr (N=19), KGr (N=33).

Die Art der Gestimmtheit	Gesamt		UGr			KGr			p	adj	
	M	SD	M	SD	Md	M	SD	Md		p	Z
Mutter-Kind-Dyade											
Mutter											
Positive Gestimmtheit	47.35	(38.46)	36.13	(36.81)		54.03	(38.34)		.080	n.s.	
Negative Gestimmtheit	9.94	(19.92)	15.01	(25.29)	1.94	6.92	(15.53)	0.14	.055¹	n.s.	-1.92
Kind											
Positive Gestimmtheit	63.87	(51.27)	43.05	(32.26)		76.25	(56.61)		.015	n.s.	
Negative Gestimmtheit	16.71	(21.79)	27.72	(27.00)	19.20	10.16	(14.88)	3.64	.003¹	**	-3.01
Vater-Kind-Dyade											
Vater											
Positive Gestimmtheit	43.58	(35.52)	38.40	(30.03)		46.56	(38.45)		n.s.	n.s.	
Negative Gestimmtheit	6.70	(21.31)	14.43	(33.69)	1.64	2.25	(5.45)	0.30	.004¹	**	-2.89
Kind											
Positive Gestimmtheit	67.38	(54.67)	54.71	(39.96)		74.68	(60.95)		n.s	n.s.	
Negative Gestimmtheit	14.64	(29.81)	23.31	(32.43)	8.72	9.65	(27.47)	0.60	.001¹	***	-3.44

Anmerkungen. Signifikante Gruppenunterschiede: *p < .10, nach α-Adjustierung herabgesetzt auf .0125 (Tendenz); ** p < .05 – auf .0062; *** p < .01 – auf .00125; ¹ - Mann-Whitney-U-Test

Alle InteraktionspartnerInnen der KGr waren positiver in ihrer Stimmung als die der UGr (die Gruppenunterschiede waren n.s. oder wurden nach α-Adjustierung n.s.). Die Mütter waren tendeziell häufiger negativ gestimmt als die Väter (Wilcoxon-Test: z= -1.70, p= .089) (jedoch blieb nach dem Vergleich mit adjustiertem α kein statistisch signifikanter Unterschied); keine Unterschiede gab es in negativer Gestimmtheit des Kindes in der Interaktion mit Mutter und Vater. Keine Unterschiede (t-Test für gebundene Stichproben) gab es in positiver Gestimmtheit zwischen Müttern und Vätern sowie in positiver Gestimmtheit des Kindes in der Interaktion mit Mutter und Vater.

Reaktivität. Gruppenunterschiede waren in jeder kontingenten Reaktion von beiden InteraktionspartnerInnen in Mutter-Kind-Dyade sowie in der gegenseitigen negativen Reaktivität in der Vater-Kind-Interaktion bzw. in mangelnder Reaktivität des Kindes mit dem Vater signifikant. Nach der α-Korrektur blieb ein Gruppenunterschied für Mütter nur in mangelnder Reaktivität, die statistische Signifikanz der anderen Ergebnisse änderte sich nicht. Die Väter (nicht mehr die Mütter), die wegen des problematischen Verhaltens ihrer Kinder Hilfe in Anspruch nahmen, sowie Kinder in der Interaktion mit beiden Elternteilen zeigten häufiger negative Reaktionen auf das PartnerInnenverhalten (wie Schimpfen oder Weinen als vokale bzw. verbale Antwort, genervter Gesichtsausdruck als mimische Reaktion, Hand-Wegschieben, Schlagen als motorische Reaktion etc.), oder gegenseitige Reaktionen fehlten.

Es gab in der KGr signifikant mehr positive kontingente Reaktionen der Kinder auf das Mutterverhalten als in der UGr. Alle Ergebnisse sind in Tabelle 32 zu finden.

Betrachtet man positive Reaktivität auf das Partnerverhalten in der Vater-Kind-Interaktion kanalspezifisch (die Gesamtsumme wurde aus kanalspezifischen Variablen – vokale, motorische und mimische Reaktivität – gebildet, s. Kap. 4.2.2.6), findet man, dass die Kinder der KGr mehr positive *vokale* Reaktionen (z.B. Lachen, Fragen etc.) auf das Verhalten des Vaters zeigten (M(UGr)=29.63, SD=18.37; M(KGr)=38.58, SD=12.91, p= .045) sowie Väter – auf das Verhalten des Kindes (M(UGr)=43.95, SD=17.90, M(KGr)=51.82, SD=11.64, p= .060). (Nach α-Adjustierung wurden die Gruppenunterschiede nicht signifikant.) Motorische und mimische Reaktionen unterschieden sich in den Gruppen nicht.

Der Wilcoxon-Test sowie der t-Test für abhängige Stichproben ergaben keine signifikanten Unterschiede zwischen Müttern und Vätern in jeder kontingenten Reaktion bzw. in der Reaktivität des Kindes auf das Interaktionsverhalten der Mutter und des Vaters.

Tabelle 32. Gruppenunterschiede in Bezug auf die *Reaktivität* (Eventsummen): t-Test bzw. Mann-Whitney-U-Test. M – Mittelwert, SD – Standardabweichung, Md – gruppierter Median, p – Signifikanzniveau, adj p – Signifikanzniveau adjustiert, Z – Wert. Anzahl von MKD: UGr (N=22), KGr (N=37), VKD: UGr (N=19), KGr (N=33).

Die Art der Reaktivität	Gesamt M	SD	UGr M	SD	Md	KGr M	SD	Md	P	adj p	Z
Mutter-Kind-Dyade											
Mutter											
Positive	107.59	(29.80)	96.32	(32.60)		114.30	(26.21)		.024	n.s.	
Negative	5.03	(7.28)	7.45	(7.99)	5.00	3.59	(6.51)	0.96	.029¹	n.s.	-2.19
Mangelnde	7.02	(5.14)	9.36	(5.26)		5.62	(4.59)		.006	*	
Kind											
Positive	88.73	(27.92)	75.95	(24.11)		96.32	(27.53)		.006	*	
Negative	7.47	(8.79)	11.59	(10.15)	9.00	5.03	(6.92)	2.40	.003¹	**	-2.97
Mangelnde	14.27	(9.04)	18.45	(9.41)		11.78	(7.94)		.005	*	
Vater-Kind-Dyade											
Vater											
Positive	102.27	(28.75)	94.47	(26.96)		106.76	(29.18)		n.s.	n.s.	
Negative	4.29	(7.96)	8.58	(11.34)	5.50	1.82	(3.40)	0.81	.000¹	***	-3.58
Mangelnde	7.60	(6.66)	9.42	(6.12)	7.00	6.55	(6.82)		n.s.	n.s.	
Kind											
Positive	91.48	(31.41)	84.21	(36.58)		95.67	(27.75)		n.s.	n.s.	
Negative	8.12	(11.48)	14.42	(16.14)	10.00	4.48	(5.14)	2.83	.002¹	**	-3.10
Mangelnde	13.88	(9.26)	18.84	(12.41)		11.03	(5.19)		.003	**	

Anmerkungen. Signifikante Gruppenunterschiede: *p < .10, nach α-Adjustierung herabgesetzt auf .0083 (Tendenz); ** p < .05 – auf .0042; *** p < .01 – auf .00083; ¹ - Mann-Whitney-U-Test

Steuerungsverhalten der Eltern. Wie aus Tabelle 33 zu sehen ist, steuerten beide Elternteile der UGr das Verhalten ihrer Kinder signifikant häufiger restriktiv (Gruppenunterschiede blieben auch nach α-Adjustierung signifikant): Es wurde z.B. oft gegen den Willen des Kindes gehandelt; das Kind wurde oft in seinem Verhalten eingeschränkt oder negativ bewertet. Es bestanden auch Gruppenunterschiede in Bezug auf direktive (bestimmende aber nicht einschränkende) Steuerung des Vaters. Die tendenziellen Gruppenunterschiede in der supportiven Steuerung des kindlichen Verhaltens durch beide Elternteile waren nach α-Adjustierung nicht mehr signifikant (an den Mittelwertunterschieden ist jedoch erkennbar, dass die Eltern der KGr ihre Kinder mehr bestärkten und ermunterten als jene Eltern der UGr).

Tabelle 33. Gruppenunterschiede in Bezug auf das *Steuerungsverhalten* der Eltern (Eventsummen), t-Test. M – Mittelwert, SD – Standardabweichung, p – Signifikanzniveau, adj p – Signifikanzniveau adjustiert. Anzahl von MKD: UGr (N=22), KGr (N=37), von VKD: UGr (N=19), KGr (N=33).

Art der Steuerung	Gesamt		UGr		KGr			adj
	M	SD	M	SD	M	SD	p	p
Mutter								
Restriktiv	9.95	(7.46)	13.82	(7.80)	7.65	(6.29)	.002	**
Direktiv	29.14	(11.24)	32.68	(9.20)	27.03	(11.91)	.061	n.s.
Supportiv	25.69	(10.34)	22.64	(9.13)	27.51	(10.70)	.080	n.s.
Vater								
Restriktiv	10.04	(7.71)	14.58	(8.69)	7.42	(5.74)	.001	***
Direktiv	30.35	(11.88)	35.53	(11.21)	27.36	(11.36)	.015	*
Supportiv	22.58	(11.32)	19.11	(11.47)	24.58	(10.91)	.094	n.s.

Anmerkungen. Signifikante Gruppenunterschiede (t-Test): *p < .10, nach α-Adjustierung herabgesetzt auf .0167 (Tendenz); ** p < .05 – auf .0083; *** p < .01 – auf .0017

Aus dem t-Test für abhängige Stichproben (N=51) ergab sich, dass Mütter ihre Kinder signifikant häufiger supportiv steuerten als Väter (p= .006).

Angemessenheit der Steuerung. VA mit Messwiederholung (N=51) ergab einen hochsignifikanten Haupteffekt *Gruppe* (F(1,47)=31.85; p= .000): Das *gesamte Steuerungsverhalten* der Eltern der KGr wurde als signifikant angemessener eingeschätzt als der UGr. Die Mütter steuerten ihre Kinder signifikant angemessener als die Väter (F(1,47)=4.21; p= .046).

Gruppenunterschiede in beiden Qualitäten der Steuerung – *Angemessenheit* (sehr und eher angemessen) und *Unangemessenheit* (sehr unangemessen und unangemessen) sowie neutral – sind ebenso signifikant. Während beide Elternteile der UGr vermehrt durch unangemessene Steuerung auffielen, war das Steuerungsverhalten der Eltern der KGr wesentlich angemessener (s. Tab. 34).

Tabelle 34. Gruppenunterschiede in Bezug auf die *Angemessenheit der Steuerung (gewichtete Rangsummen)*, t-Test, Mann-Whitney-U-Test. M – Mittelwert, SD – Standardabweichung, Md – gruppierter Median, p – Signifikanzniveau, adj p – Signifikanzniveau adjustiert. Anzahl von MKD: UGr (N=22), KGr (N=37), VKD: UGr (N=19), KGr (N=33).

Qualität	Gesamt		UGr		KGr			adj
der Steuerung	M	SD	M	SD	M	SD	p	p
Mutter-Kind-Dyade								
$\sum$Angemessenheit	73.36	(17.17)	60.50	(13.50)	81.00	(14.42)	.000	***
Angemessen[2]	53.64	(31.98)	29.68	(21.29)	67.89	(28.70)	.000	***
Neutral & unang[3]	19.71	(15.95)	30.82	(11.00)	13.11	(14.81)	.000	***
Neutral	14.49	(12.31)	21.00	10.31	10.62	11.87	.001	**
Unangemessen[3]	5.22	(6.94)	9.82	(8.16)	2.49	(4.25)	.000[1]	***
Vater-Kind-Dyade								
$\sum$Angemessenheit	70.83	(18.27)	57.89	(14.29)	78.27	(16.15)	.000	***
Angemessen[2]	48.63	(35.40)	23.37	(25.44)	63.18	(32.19)	.000	***
Neutral & unang[3]	22.19	(18.23)	34.53	(13.78)	15.09	(16.75)	.000	***
Neutral	15.17	(13.29)	22.11	12.22	11.18	12.35	.003	**
Unangemessen[3]	7.02	(8.64)	12.42	(8.95)	3.91	(6.83)	.000[1]	***

Anmerkungen. Signifikante Gruppenunterschiede (t-Test): ** p < .05 nach α-Adjustierung herabgesetzt auf .0083; *** p < .01 – auf .0017
[1] - Mann-Whitney U-Test: Nur unangemessene Steuerung – Mütter: Md (UGr)=9.00, Md(KGr)=0.89, z=-3.94; Väter: Md (UGr)=13.00, Md (KGr)=1.04, z=-3.61
[2] - sehr angemessen & eher angemessen; [3] - eher unangemessen & unangemessen;
$\sum$ - Gesamt: Angemessenheit der Steuerung

Gruppenunterschiede in einzelnen Rangsummen (s. Tab. 35) sind ebenso signifikant. Das Verhalten beider Elternteile der KGr wurde über das Gesamtbeobachtungsintervall von 10 min signifikant mehr als „sehr angemessen" eingeschätzt. Eltern dieser Gruppe gingen auf das Kind viel adäquater und einfühlsamer ein. Das Steuerungsverhalten beider Elternteile der UGr zeichnete sich durch signifikant häufiger neutrale Steuerung bzw. durch eher unangemessenes Steuerungsverhalten aus, was der Stimmung und den Zustandsmerkmalen des Kindes nicht entsprach (geringes Einfühlungsvermögen, mangelnde Unterstützung etc.).

Tabelle 35. Gruppenunterschiede in Bezug auf die *Angemessenheit der Steuerung (einzelne einfachen Rangsummen)*, t-Test, Mann-Whitney-U-Test. M – Mittelwert, SD – Standardabweichung, Md – gruppierter Median, p – Signifikanzniveau, z-Wert. Anzahl von MKD: UGr (N=37), KGr (N=22), VKD: UGr (N=19), KGr (N=33).

Qualität der Steuerung	Gesamt		UGr			KGr					adj
	M	SD	M	SD	Md	M	SD	Md	z	p	p
Mutter											
Sehr angemessen	5.31	(6.45)	1.14	(2.08)	0.44	7.78	(6.90)	6.50	-4.08	.000¹	***
Eher angemessen	6.78	(4.67)	6.00	(4.17)		7.24	(4.94)			n.s.	n.s.
Neutral	4.83	(4.10)	7.00	(3.44)		3.54	(3.96)			.001	***
Eher unangemessen	2.14	(2.92)	3.95	(3.48)	2.71	1.05	(1.84)	0.43	-3.80	.000¹	***
Unangemessen	.95	(2.46)	1.91	(3.60)	0.60	0.38	(1.14)	0.28	-2.43	.015¹	*
Vater											
Sehr angemessen	4.40	(6.57)	0.84	(2.71)	0.56	6.45	(7.26)	2.00	-3.98	.000¹	***
Eher angemessen	6.65	(5.15)	4.79	(4.18)		7.73	(5.40)			.047	n.s.
Neutral	5.06	(4.43)	7.37	(4.07)		3.73	(4.12)			.003	**
Eher unangemessen	3.13	(3.84)	5.42	(3.93)	5.00	1.82	(3.15)	0.48	-3.49	.000¹	***
Unangemessen	.75	(2.12)	1.58	(3.17)	0.50	0.27	(.94)	0.13	-2.17	.030¹	n.s.

Anmerkungen. Signifikante Unterschiede zwischen UGr und KGr: *p < .10, nach α-Adjustierung herabgesetzt auf p < .010 (Tendenz); ** p < .05 – auf p <.005 ; *** p < .01 auf p <.001
¹ - Mann-Whitney-U-Test

Interaktionsstile. Alle statistisch signifikanten Ergebnisse sind in den Tabellen 36 (Mütter) und 37 (Väter) zusammengefasst.

Tabelle 36. Gruppenunterschiede in Bezug auf die *Interaktionsstile der Mutter* (Eventsummen), Mann-Whitney-U-Test bzw. t-Test. M – Mittelwert, SD – Standardabweichung, Md – gruppierter Median, p – Signifikanzniveau, adj p – Signifikanzniveau adjustiert, z -Wert, N=59.

Interaktionsstile	UGr M	SD	Md	KGr M	SD	Md	p	adj p	Z
Negative Interaktionsstile									
UnfähigInterag	2.27	(3.79)	.71	.43	(1.77)	.17	.001	**	-3.24
Hektisch²	.77	(1.80)	.37	.03	(.16)	.03	.002	**	-3.16
Affektverflach	2.95	(4.19)	1.43	.54	(1.73)	.15	.003	**	-2.92
PlötzlGedÄnd	1.64	(3.58)	.44	.16	(.83)	.06	.006	n.s.	-2.76
EmotDistanz	2.18	(4.01)	.64	.38	(1.23)	.12	.008	n.s.	-2.66
Rigide	4.23	(3.52)	4.43	1.76	(2.63)	.75	.010	n.s.	-2.59
Ungeduld	.77	(1.41)	.47	.19	(.46)	.17	.029	n.s.	-2.18
InadäqAffekt	.55	(.80)	.44	.49	(1.77)	.12	.032	n.s.	-2.14
Desinteressiert	1.09	(1.87)	.47	.54	(1.69)	.15	.056	n.s.	-1.91
Kampf	.50	(1.01)	.32	.16	(.55)	.16	.060	n.s.	-1.88
Tadel	.95	(1.43)	.59	.51	(1.30)	.26	.086	n.s.	-1.72
Hilfe inadäquat	.50	(1.19)	.26	.08	(.28)	.08	.092	n.s.	-1.69
Positive Interaktionsmerkmale									
BereitInter	.36	(.79)	.25	1.38	(1.16)	1.32	.000	***	-3.50
KognitivAnreg	4.59	(3.30)		7.43	(4.27)		.011¹	n.s.	
Gewährenlas	3.86	(3.47)		5.73	(3.23)		.040¹	n.s.	
Instruktiv	.32	(.89)	.19	.59	(.80)	.50	.057	n.s.	-1.90
BegleitendVok	.59	(1.10)	.37	1.32	(1.73)	.77	.076	n.s.	-1.77

Anmerkungen. Signifikante Unterschiede zwischen Untersuchungs- und Kontrollgruppen: *p < .10, nach α-Adjustierung herabgesetzt auf p < .0037 (Tendenz); ** p < .05 – auf p < .0018; *** p < .01– auf p < .0004 (insgesamt 27 Interaktionsmerkmale kodiert)
¹ - t-Test gerechnet; ² variiert sehr gering
Abkürzungen der Merkmale: Unfähig zu interagieren (UnfähigInterag); Affektverflachung (Affektverflach); Plötzliche Gedankenveränderung (PlötzlGedÄnd); Emotional distanziert (EmotDistanz); Inadäquater Affekt (InadäqAffekt); Bereitschaft zur Interaktion (BereitInter); Kognitive Anregung (KognitivAnreg); Gewährenlassen (Gewährenlas); Begleitende Vokalisation (BegleitendVok)

Beide Elternteile oder ein Elternteil der UGr zeichneten häufiger durch zahlreiche *negative Interaktionsstile* – ausgeprägte Hektik, Rigidität, Unfähigkeit zur Interaktion (eher Mütter), Affektverflachung bzw. negative Emotionalität etc.

aus. Nach der Korrektur des α-Fehlers blieben nur wenige Gruppenunterschiede signifikant.

Signifikante Unterschiede in Bezug auf *positive Interaktionsstile* blieben für die Bereitschaft zur Interaktion der Mutter und für die kognitive Anregung des Vaters. Beide Elternteile der KGr ließen ihre/seine Kinder auch öfter gewähren oder lobten sie, sprachen mehr mit ihnen etc. als diejenige der UGr.

Tabelle 37. Gruppenunterschiede in Bezug auf die *Interaktionsstile des Vaters* (Eventsummen), Mann-Whitney-U-Test bzw. t-Test. M – Mittelwert, SD – Standardabweichung, Md – gruppierter Median, p – Signifikanzniveau, adj p – Signifikanzniveau adjustiert, z - Wert, N=52.

Interaktionsstile	UGr M	SD	Md	KGr M	SD	Md	p	adj p	Z
Negative Interaktionsstile									
Rigide	5.26	(4.04)	5.67	1.55	(2.35)	.74	.000	***	-3.58
Hektisch [2]	1.53	(3.15)	.67	0		0	.002	*	-3.06
Hilflos	3.26	(4.08)	.91	.91	(2.36)	.41	.008	n.s.	-2.66
MangelndVar	2.16	(2.19)	1.50	.73	(1.18)	.44	.008	n.s.	-2.65
Kampf	.53	(1.02)	.31	.06	(.24)	.06	.033	n.s.	-2.13
Affektverflach	.95	(2.50)	.25	.06	(.35)	.06	.034	n.s.	-2.12
Laissez-faire	.74	(1.76)	.47	.06	(.24)	.06	.081	n.s.	-1.75
UnfähigInterag.	1.47	(2.93)	.40	.52	(2.28)	.13	.082	n.s.	-1.74
Positive Interaktionsmerkmale									
KognitivAnreg	3.58	(2.80)		8.00	(3.29)		.000[1]	***	
BereitInter	.84	(1.64)	.50	1.24	(1.03)	1.14	.027	n.s.	-2.22
Gewährenlas	3.11	(2.87)		5.12	(3.34)		.032[1]	n.s.	
Sätzevervoll	.53	(1.43)	.24	1.30	(1.81)	.71	.039	n.s.	-2.06
Lob	1.21	(1.93)	.75	1.82	(1.89)	1.50	.087	n.s.	-1.71

Anmerkungen. Signifikante Unterschiede zwischen Untersuchungs- und Kontrollgruppen: *p < .10, nach α-Adjustierung herabgesetzt auf p < .0037 (Tendenz); ** p < .05 – auf p < .0018; *** p < .01– auf p < .0004 (insgesamt 27 Interaktionsmerkmale kodiert)
[1] - t-Test gerechnet; [2] variiert sehr gering
Abkürzungen der Merkmale s. Tab. 36

Nur wenige Unterschiede gab es in einzelnen Interaktionsstilen zwischen Müttern und Vätern beider Gruppen, die nach α-Adjustierung nicht signifikant geworden sind.

Negative Interaktionsstile im *kindlichen Verhalten* waren in der UGr ebenso häufiger. Alle statistisch signifikanten Ergebnisse sind in Tabelle 38 zu finden.

Tabelle 38. Gruppenunterschiede in Bezug auf die *Interaktionsstile des Kindes mit beiden Elternteilen* (Eventsummen), Mann-Whitney-U-Test. M – Mittelwert, SD – Standardabweichung, Md – gruppierter Median, p – Signifikanzniveau, adj p – Signifikanzniveau adjustiert, z - Wert, N=51.

Interaktionsstile	UGr			KGr				adj	
	M	SD	Md	M	SD	Md	p	p	Z
Mit beiden Elternteilen									
DesorgUnruhig:									
Mit der Mutter	2.18	(3.86)	.79	.22	(.67)	.12	.001	**	-3.38
Mit dem Vater	2.47	(3.52)	1.11	.39	(1.17)	.13	.000	***	-3.94
AuffälligBlick[1]:									
Mit der Mutter	1.09	(3.18)	.21	0		0	.008	n.s.	-2.66
Mit dem Vater	1.42	(3.59)	.31	0		0	.002	**	-3.06
VerlangÜbergObj:									
Mit der Mutter	2.86	(5.26)	1.00	.92	(3.55)	.43	.010	n.s.	-2.56
Mit dem Vater	2.84	(3.89)	1.33	1.52	(4.28)	.34	.047	n.s.	-1.99
Laut, affektiert[1]:									
Mit der Mutter	.77	(2.07)	.42	.05	(.33)	.05	.036	n.s.	-2.09
Mit dem Vater	.74	(2.31)	.24	0		0	.007	n.s.	-2.71
Geht ständig weg									
Von der Mutter	1.27	(1.67)	.79	.46	(.73)	.38	.074	n.s.	-1.78
Von dem Vater	1.53	(1.95)	1.00	.64	(1.32)	.29	.041	n.s.	-2.04
Sprachprobleme	.30	(.47)	.30	.05	(.23)	.05	.009	n.s.	-2.62
Mit einem Elternteil									
Mit der Mutter									
Stimmungsänd	.64	(1.14)	.35	.11	(.39)	.08	.035	n.s.	-2.11
Mit dem Vater									
Verweigernd	5.05	(3.96)	4.50	2.06	(3.46)	.76	.001	**	-3.21
Trotzig[1]	.21	(.54)	.17	0		0	.020	n.s.	-2.33
KonzentrMangel	1.05	(.85)	1.00	.70	(1.16)	.42	.042	n.s.	-2.03
Freches Verhalten	1.84	(3.18)	.43	.18	(.58)	.13	.051	n.s.	-1.95
DestruktivObjekt	1.37	(2.59)	.47	.21	(.55)	.16	.053	n.s.	-1.93
Aggressiv[1]	.37	(.96)	.18	.03	(.17)	.03	.092	n.s.	-1.69
KeineEmotBind	.21	.42	.21	.03	.17	.03	.036	n.s.	-2.10

Anmerkungen. Signifikante Gruppenunterschiede: *p < .10, nach α-Adjustierung herabgesetzt auf p < .0042 (Tendenz); ** p < .05 – auf p < .0021; *** p < .01– auf p < .0004 (insgesamt 24 Interaktionsmerkmale kodiert); [1] - variiert sehr gering

Abkürzungen der Merkmale: Desorganisiert, unruhige Aktivität (DesorgUnruhig); Auffälliger Blickkontakt (AuffälligBlick); Verlangen Übergangsobjekt (VerlangÜbergObj); Unvermittelte Stimmungsänderung (Stimmungsänd); Konzentrationsmangel (Konzentr Mangel); Destruktiv gegen Objekte; Keine Emotionale Bindung (KeineEmotBind)

Nach dem Vergleich mit adjustiertem α blieben nur noch wenige Gruppenunterschiede signifikant: desorganisierte bzw. unruhige Aktivität des Kindes beiden Elternteilen gegenüber sowie Verweigerung und auffälliger Blickkontakt – dem Vater gegenüber. Mehrere Gruppenunterschiede (jedoch nicht mehr signifikant) im kindlichen Verhalten traten nur dem Vater gegenüber auf.

Kaum Unterschiede gab es in einzelnen Interaktionsstilen des Kindes in der Interaktion mit der Mutter und mit dem Vater.

Zusammenfassung: Gruppenunterschiede im Interaktionsverhalten. Es ergaben sich statistisch signifikante Gruppenunterschiede in den *negativen Verhaltenstendenzen* aller InteraktionspartnerInnen: Beide Elternteile oder ein Elternteil der UGr zeigten länger andauernde negative Stimmung, häufigere negative Reaktionen auf das Kindverhalten oder diese Reaktionen fehlten. Kinder der UGr waren in der Interaktion mit beiden Elternteilen negativ Gestimmt oder fielen durch häufigere negative oder fehlende Reaktionen auf.

Beide Elternteile der PatientInnengruppe steuerten das Verhalten ihrer Kinder signifikant häufiger restriktiv (bzw. Väter auch direktiv) und fielen durch unangemessene Steuerung auf. Beide Elternteile der UGr zeichneten sich auch häufiger durch negative Interaktionsstile aus: Unfähigkeit zur Interaktion, ausgeprägte Hektik, Rigidität, Affektverflachung (eher Mütter) etc. Ihre Kinder zeichneten sich signifikant häufiger durch desorganisierte bzw. unruhige Aktivität beiden Elternteilen gegenüber bzw. Verweigerung (eher Vätern gegenüber) aus.

Es gab wesentlich weniger signifikante Gruppenunterschiede in Bezug auf *positives Interaktionsverhalten*. Das gesamte Steuerungsverhalten der Eltern, die sich freiwillig zur Studie meldeten (KGr), wurde als signifikant angemessener eingeschätzt. Die Kinder der KGr waren in der Interaktion mit ihren Müttern häufiger positiv gestimmt und reagierten positiv auf sie. Beide Elternteile der KGr waren signifikant häufiger bereit zur Interaktion (eher Mütter), gaben mehr kognitive Anregung (eher Väter) und ließen sich im Spiel vom Kind führen (ließen das Kind gewähren) etc.

Die ermittelten Gruppenunterschiede, die nach der Korrektur des α-Fehlers n.s. geworden sind, wären möglicherweise mit größeren Stichproben signifikant.

Geschlechtsunterschiede (Mädchen vs. Jungen)

Es ergaben sich nur wenige *Geschlechtsunterschiede* in Bezug auf dyadische Verhaltensmerkmale (t-Test für unabhängige Stichproben oder Mann-Whitney-U-Test). Betrachtet man einzelne Skalen, ergaben sich folgende Geschlechtsunterschiede in den Gruppen: Mädchen der UGr (aber nicht der KGr) zeichneten sich in der Interaktion mit ihren Müttern durch tendenziell mehr positive Stimmung (*Gestimmtheit*) als Jungen aus (t-Test: M(Mädchen)=55.97, SD=(39.09); M(Jungen)=32.27, SD=(21.40), p= .086; nach dem Vergleich mit adjustiertem α – n.s.), wobei auch Mütter der UGr waren etwas mehr positiv gestimmt in der Interaktion mit ihren Töchtern (t-Test: M=49.91, SD=31.08; als mit ihren Söhnen (M=24.64, SD=38.47), der Unterschied war aber n.s. (p=.11).

Es trat ein statistisch signifikanter Unterschied in der *Reaktivität* der Mütter auf: Häufiger positiv interagierten die Mütter der UGr mit ihren Töchtern (M=116.00, SD=24.06) als mit ihren Söhnen (M=79.92, SD=30.16, p= .006, t-Test). Mangelnde Reaktivität der Mutter der UGr trat tendenziell häufiger auf das Verhalten der Jungen (M=11.08, SD=5.48) als auf das der Mädchen (M=7.30, SD=4.37; p= .093) auf; insgesamt tendenziell positiver reagierten die Mädchen (der Gesamtgruppe) auf ihre Mütter (M=95.79, SD=26.59) als die Jungen (M=81.90, SD=27.90, p= .055) – beide Unterschiede waren jedoch nach dem Vergleich mit adjustiertem α n.s.

Keine signifikanten Geschlechtsunterschiede in der Reaktivität beider InteraktionspartnerInnen gab es in der Vater-Kind-Dyade.

Es ergaben sich keine statistisch signifikanten Geschlechtsunterschiede in Bezug auf die *Art des Steuerungsverhaltens* beider Elternteile gegenüber ihren Kindern, jedoch in der *Angemessenheit der Steuerung* (signifikante Unterschiede s. Tab. 39). Generell angemessener (Gesamtwert) konnten die Mütter das auffällige Verhalten ihrer Töchter als das ihrer Söhne steuern (nach dem Vergleich mit adjustiertem α n.s.). Schaut man beide Qualitäten „sehr angemessen" und „angemessen" getrennt an, zeigt sich folgendes Bild: Wenn die untersuchten Mütter und Väter das Verhalten ihrer Kinder „sehr angemessen" steuern können, tun sie das geschlechts- und gruppenunabhängig (keine Geschlechtsunterschiede in beiden Gruppen).

Keine signifikanten Geschlechtsunterschiede waren bei der *gesamten* Angemessenheit der Steuerung für die Väter in beiden Gruppen beobachtbar. Schaut man einzelne Qualitäten an, erfuhren die Jungen mehr unangemessenes Steuerungsverhalten durch ihre Väter. Es traten statistisch signifikante Unterschiede in einzelnen Qualitäten der Angemessenheit des väterlichen Steuerungsverhaltens auf: Väter der KGr steuerten das Verhalten ihrer Töchter „eher angemessener" als das ihrer Söhne. Keine Geschlechtsunterschiede waren bei der neutralen Steuerung beider Elternteile zu beobachten.

Interaktionsstile. Alle statistisch signifikanten Ergebnisse in Bezug auf Interaktionsstile sind in den Tabellen 40 und 41 zusammengefasst.

Mütterliches Verhalten. Die Mütter wurden ausschließlich ihren Söhnen gegenüber als hektisch beobachtet, wobei nur in der UGr der Unterschied signifikant war.

Andere Geschlechtsunterschiede wurden nach der Korrektur des α-Fehlers n.s. Insgesamt waren die Mütter häufiger unfähig mit ihren – eher auffälligen – Jungen zu interagieren. Ein ähnlicher Geschlechtsunterschied bestand in Bezug auf das Merkmal Emotional distanziert. Zugunsten der Mädchen gab es Unterschiede in Bezug auf das Merkmal Inadäquater Affekt und auf Plötzliche Gedankenveränderung; depressiv wirken die Mütter eher in der Interaktion mit ihren Jungen. In der KGr gaben die Mütter den Töchtern etwas häufiger kognitive Anregung (positives Merkmal).

Nur in Bezug auf einzelne Merkmale war das mütterliche Interaktionsverhalten etwas ungünstiger den Mädchen gegenüber (weniger variabel, Hilfe inadäquat). Die Mütter lobten insgesamt häufiger ihre Söhne als ihre Töchter, zeigten Bereitschaft zur Interaktion bzw. waren instruktiv zugunsten der Jungen.

Väterliches Verhalten. Die Väter zeichneten sich durch insgesamt häufigere Rigidität bzw. Hilflosigkeit ihren – eher auffälligen – Söhnen gegenüber aus. In der UGr waren die Väter instruktiv (positives Merkmal) nur den Mädchen gegenüber. Alle Unterschiede wurden nach dem Vergleich mit adjustiertem α n.s.

Alle Geschlechtsunterschiede im Verhalten der *Kinder* in der Interaktion mit beiden Elternteilen (bis auf einen – Ungeduld) wurden nach dem Vergleich mit adjustiertem α nicht mehr signifikant.

Kind in der Interaktion mit der Mutter. In der Interaktion mit der Mutter fielen die Jungen der Gesamtgruppe durch folgende negative Verhaltensmerkmale auf: Verweigerung und freches Verhalten (nicht in der UGr). Interessanterweise zeichneten sich die Jungen der KGr (aber nicht der UGr) ihren Müttern gegenüber durch folgende Verhaltensmerkmale aus: ungeduld; desorganisiert und unruhig; Stimmungsänderung.

Die Mädchen der UGr zeichneten sich durch mehr dominantes Verhalten sowie durch Ungeduld als die Jungen aus. In der UGr fielen einige Mädchen (keine Jungen) durch das Merkmal laut und affektiert auf.

Die Jungen der KGr waren tendenziell eigenständiger als die Mädchen.

Kind in der Interaktion mit dem Vater. Insgesamt zeichneten sich die Jungen – eher der UGr – in der Interaktion mit ihren Vätern durch häufigeres desorganisiertes Verhalten und unruhige Aktivität aus. Einige Jungen (keine Mädchen) fielen durch ihre Stimmungsänderung auf.

In der UGr waren die Mädchen häufiger dominant ihren Vätern gegenüber.

Tabelle 39. Geschlechtsunterschiede (des Kindes) in Bezug auf die *Angemessenheit der Steuerung*. M – Mittelwert, SD – Standardabweichung, p – Signifikanzniveau, adj p – Signifikanzniveau adjustiert. MKD: Mädchen (N=29), Jungen (N=30) sowie VKD: Mädchen (N=26), Jungen (N=26).

| | Gesamtgruppe | | | | | adj |
| | Mädchen | | Jungen | | | |
	M	SD	M	SD	p	p
Mutter						
Sehr Angemessen	5.28	(5.98)	5.33	(6.98)	n.s.	
Eher Angemessen	8.45	(5.14)	5.17	(3.56)	.006[1]	**
Neutral	4.28	(3.85)	5.37	(4.33)	n.s.	
Eher Unangemessen	1.72	(2.67)	2.53	(3.13)	n.s.	
Unangemessen	.28	(1.16)	1.60	(3.15)	.004[2]	**
Vater						
Sehr Angemessen	3.88	(6.04)	4.92	(7.14)	n.s.	
Eher Angemessen	8.31	(5.71)	5.00	(3.98)	.019[1]	n.s.
Neutral	5.27	(4.52)	4.85	(4.42)	n.s.	
Eher Unangemessen	2.19	(3.37)	4.08	(4.11)	.059[2]	n.s.
Unangemessen	.35	(1.06)	1.15	(2.78)	n.s.	
Gesamtwert Angemessenheit gewichtet:						
Mutter	76.72	(13.92)	70.10	(19.50)	n.s.	
Vater	73.19	(15.57)	68.46	(20.67)	n.s.	

Anmerkungen. Signifikante Geschlechtsunterschiede (t-Test): * p < .10 nach α-Adjustierung herabgesetzt auf .017; ** p < .05 – auf .0083; *** p < .01 – auf .0017. [1] t-Test, [2] - Mann-Whitney U-Test: *Unangemessene Steuerung der Mutter* – gesamt: z=-2.89; in der UGr: z=-2.37; *eher unangemessene Steuerung des Vaters* gesamt: z=-1.88

Fortsetzung Tabelle 39. Geschlechtsunterschiede (des Kindes) in Bezug auf die *Angemessenheit der Steuerung*. M – Mittelwert, SD – Standardabweichung, p – Signifikanzniveau, adj p – Signifikanzniveau adjustiert. *MKD*: Mädchen (N=29), Jungen (N=30) sowie *VKD*: Mädchen (N=26), Jungen (N=26).

| | UGr | | | | | | KGr | | | | | |
| | Mädchen | | Jungen | | | adj | Mädchen | | Jungen | | | Adj |
	M	SD	M	SD	p	p	M	SD	M	SD	p	p
Mutter												
Sehr Angemessen	1.30	(2.26)	1.00	(2.00)	n.s.	n.s.	7.37	(6.30)	8.22	(7.65)	n.s.	n.s.
Eher Angemessen	7.90	(4.61)	4.42	(3.15)	.049	n.s.	8.74	(5.50)	5.67	(3.82)	.058	n.s.
Neutral	7.10	(3.03)	6.92	(3.87)	n.s.		2.79	(3.43)	4.33	(4.41)	n.s.	n.s.
Eher Unangemessen	3.10	(3.31)	4.67	(3.60)	n.s.	n.s.	1.00	(2.00)	1.11	(1.71)	n.s.	n.s.
Unangemessen	.60	(1.90)	3.00	(4.35)	.018		.11	(.46)	.67	(1.53)	n.s.	n.s.
Vater												
Sehr Angemessen	1.22	(3.67)	.50	(1.58)	n.s.		5.29	(6.64)	7.69	(7.89)	n.s.	n.s.
Eher Angemessen	5.33	(4.42)	4.30	(4.14)	n.s.		9.88	(5.80)	5.44	(3.95)	.016	*
Neutral	8.56	(4.19)	6.30	(3.86)	n.s.		3.53	(3.73)	3.94	(4.61)	n.s.	n.s.
Eher Unangemessen	4.67	(3.64)	6.10	(4.25)	n.s.	n.s.	.88	(2.42)	2.81	(3.58)	.078	n.s.
Unangemessen	.22	(.44)	2.80	(4.05)	.075		.41	(1.28)	.13	(.34)	n.s.	n.s.
Gesamtwert Angemessenheit gewichtet:												
Mutter	66.20	(11.51)	55.75	(13.61)	.069	n.s.	82.26	(11.89)	79.67	(16.94)	n.s.	n.s.
Vater	62.67	(12.95)	53.60	(14.70)	n.s.		78.76	(14.14)	77.75	(18.52)	n.s.	n.s.

Tabelle 40. Geschlechtsunterschiede in Bezug auf die *Interaktionsstile* (Eventsummen) *der Mutter*: UGr (N=23), KGr (N=37) sowie *des Vaters*: UGr (N=19), KGr (N=33); Mann-Whitney-U-Test bzw. t-Test. M – Mittelwert, SD – Standardabweichung, p – Signifikanzniveau, z –Wert.

Interaktionsstile	Gesamtgruppe					
	Mädchen		Jungen			
	M	SD	M	SD	p	z
Mutter: Negative Interaktionsstile						
Hektisch²	.0	(.0)	.60	(1.57)	.003*	-2.96
Unfähig zu interagieren	.52	(1.82)	1.70	(3.47)	.038	-2.07
Emotional distanziert	.59	(2.29)	1.50	(3.09)	.036	-2.10
Inadäquater Affekt	.31	(1.17)	.70	(1.73)	.073	-1.79
Plötzliche Gedankenveränderung	.10	(.41)	1.30	(3.21)	.064	-1.85
Depressiv²	.10	(.56)	1.10	(2.71)	.026	-2.23
Mangelnde Variabilität	1.24	(2.29)	.53	(1.33)	.077	-1.77
Positive Interaktionsmerkmale						
Kognitive Anregung	7.21	(4.75)	5.57	(3.35)	n.s.	
Lob	1.45	(1.96)	2.37	(1.83)	.023	-2.27
Vater: Negative Interaktionsstile						
Rigide	1.88	(2.69)	3.92	(4.01)	.048	-1.97
Hilflos	.92	(2.54)	2.62	(3.72)	.062	-1.87

Anmerkungen. Signifikante Geschlechtsunterschiede: * nach α-Adjustierung bleibt der Unterschied signifikant (Tendenz): p < .10, nach α-Adjustierung herabgesetzt auf p < .0037 (insgesamt 27 Interaktionsmerkmale kodiert)
¹ - t-Test gerechnet; ² variiert sehr gering

Fortsetzung Tabelle 40. Geschlechtsunterschiede in Bezug auf die *Interaktionsstile* (Eventsummen) *der Mutter sowie des Vaters.*

Interaktionsstile	UGr Mädchen M	SD	UGr Jungen M	SD	p	z	KGr Mädchen M	SD	KGr Jungen M	SD	p	z
Mutter: Negative Interaktionsstile												
Hektisch[2]	.0	(.0)	1.42	(2.27)	.005*	-2.80	.0	(.0)	.06	(.24)	n.s.	
UnfähigInterag	1.30	(2.98)	3.08	(4.32)	.090	-1.70	.11	(.46)	.78	(2.49)	n.s.	
EmotDistanz	1.40	(3.78)	2.83	(4.24)	.095	-1.67	.16	(.69)	.61	(1.61)	n.s.	
InadäqAffekt	.30	(.67)	.75	(.87)	n.s.		.32	(1.38)	.67	(2.14)	n.s.	
PlötzlGedÄnd	.30	(.67)	2.75	(4.59)	n.s.		.0	(.0)	.33	(1.19)	n.s.	
Depressiv[2]	.30	(.95)	1.92	(3.94)	n.s.		.0	(.0)	.56	(1.29)	.067	-1.83
MangelndVar	1.00	(1.05)	.75	(1.48)	n.s.		1.37	(2.75)	.39	(1.24)	n.s.	
HilfeInadeq[2]	.10	(.32)	.83	(1.53)	n.s.		.16	(.37)	.0	(.0)	.083	-1.73
Positive Interaktionsmerkmale												
KognitivAnreg	4.30	(3.77)	4.83	(3.01)	n.s.		8.74	(4.56)	6.06	(3.56)	.055[1]	
Lob	1.00	(1.70)	2.33	(2.19)	n.s.		1.68	(2.08)	2.39	(1.61)	.080	-1.75
BereitInter	.60	(1.07)	.17	(.39)	n.s.		.89	(.94)	1.89	(1.18)	.010	-2.56
Instruktiv	.0	(.0)	.58	(1.16)	.049	-1.96	.63	(.76)	.56	(.86)	n.s.	
Vater: Negative Interaktionsstile												
Rigide	3.56	(3.61)	6.80	(3.94)	.077	-1.77	1.00	(1.54)	2.13	(2.92)	n.s.	
Hilflos	1.22	(2.39)	5.10	(4.51)	.057	-1.90	.76	(2.68)	1.06	(2.05)	n.s.	
Positive Interaktionsmerkmale												
Instruktiv	0.44	(0.73)	.0	(.0)	.054	-1.93	.41	(.62)	.56	(.81)	n.s.	

Tabelle 41. Geschlechtsunterschiede in Bezug auf die Interaktionsstile (Eventsummen) *des Kindes mit der Mutter:* UGr (N=23), KGr (N=37) sowie *des Kindes mit dem Vater:* UGr (N=19), KGr (N=33); Mann-Whitney-U-Test bzw. t-Test. M – Mittelwert, SD – Standardabweichung, p – Signifikanzniveau, z –Wert.

Interaktionsstile	Gesamt					
	Mädchen		Jungen			
	M	SD	M	SD	p	z
Kind mit der Mutter: Negative Interaktionsstile						
Verweigerung	2.28.	(3.12)	3.07	(2.80)	.096	-1.66
Freches Verhalten[2]	.17	(.76)	.80	(1.71)	.073	-1.79
Ungeduld	.38	(.98)	.50	(.90)	n.s.	
Dessorganisiert, unruhige Aktivität	.52	(1.72)	1.37	(3.16)	n.s.	
Stimmungsänderung[2]	.21	(.68)	.40	(.89)	n.s.	
Dominant	2.41	(2.37)	1.70	(2.52)	.109	-1.60
Laut, affektiert	.59	(1.82)	.07	(.37)	n.s.	
Positive Interaktionsmerkmale						
Eigenständig	7.14	(3.52)	7.77	(3.71)	n.s.[1]	
Kind mit dem Vater: Negative Interaktionsstile						
Dessorganisiert, unruhige Aktivität	0.38	(0.90)	1.92	(3.27)	.071	-1.80
Stimmungsänderung[2]	.0	(.0)	0.38	(.90)	.020	-2.33
Dominant	2.88	(2.79)	1.88	(2.44)	n.s.	

[1] - t-Test gerechnet; [2] variiert sehr gering

Fortsetzung Tabelle 41. Geschlechtsunterschiede in Bezug auf die Interaktionsstile (Eventsummen) *des Kindes mit der Mutter sowie des Kindes mit dem Vater.*

Interaktionsstile	UGr Mädchen M	SD	Jungen M	SD	p	z	KGr Mädchen M	SD	Jungen M	SD	p	z
Kind mit der Mutter: Negative Interaktionsstile												
Verweigerung	2.70	(3.37)	4.00	(2.98)	n.s		2.05	(3.05)	2.44	(2.57)	n.s	
Freches Verhalten[2]	.50	(1.27)	.92	(1.93)	n.s.		.0	.0	.72	(1.60)	.032	-2.14
Ungeduld	1.10	(1.45)	.25	(.62)	.086	-1.72	.0	.0	.67	(1.03)	.001**	-3.22
DesorgUnruhig	1.50	(2.76)	2.75	(4.63)	n.s		.0	.0	.44	(.92)	.032	-2.14
Stimmungssänd [2]	.60	(1.07)	.67	(1.23)	n.s		.0	.0	.22	(.55)	.067	-1.83
Dominant	3.50	(2.95)	1.50	(1.78)	n.s.		3.50	(2.95)	1.50	(1.78)	.075	-1.78
Laut, affektiert	1.70	(2.87)	.0	(.0)	.019	-2.35	.0		.11	(.47)		
Positive Interaktionsmerkmale												
Eigenständig	7.90	(3.51)	6.08	(3.34)	n.s.		6.74	3.56	8.89	(3.60)	.076[1]	
Kind mit dem Vater: Negative Interaktionsstile												
DesorgUnruhig	0.67	(0.71)	4.10	(4.25)	.043	-2.03	.24	(.97)	.56	(1.36)	n.s.	
Stimmungssänd [2]	.0	(.0)	.60	(1.26)	n.s.		.0	.0	.25	(.58)	.065	-1.84
Dominant	4.44	(3.00)	1.60	(2.41)	.024	-2.25	2.06	(2.36)	2.06	(2.52)	n.s.	

Anmerkungen. Signifikante Geschlechtsunterschiede: ** nach α-Adjustierung bleibt der Unterschied signifikant: p < .05 – auf p < .0021 (insgesamt 24 Interaktionsmerkmale kodiert)
[1] - t-Test gerechnet; [2] variiert sehr gering

Zusammenfassung: Geschlechtsunterschiede im Interaktionsverhalten. Die Geschlechtsunterschiede waren – nach Herabsetzung des α-Niveaus – kaum mehr statistisch signifikant, daher gelten sie als statistisch nicht gesichert. (Außerdem traten einzelne Merkmale nur selten auf.) Möglicherweise könnten diese Unterschiede mit größeren Stichproben signifikant werden.

Wie sich bereits aus der Analyse in einzelnen Skalen zeigte (bevor α adjustiert wurde), interagierten die Mütter geschlechtsspezifisch – insgesamt und insbesondere mit den verhaltensauffälligen Kindern – zugunsten ihrer Töchter. Während Mütter etwas mehr positives Interaktionsverhalten gegenüber ihren Töchtern als ihren Söhnen zeigten (positive Reaktivität in der UGr, angemessene Steuerung in der Gesamtgruppe), verhielten sich Väter eher geschlechtsneutral. Im väterlichen Verhalten waren nur einzelne Geschlechtsunterschiede in einzelnen Ausprägungen der Angemessenheit des Steuerungsverhaltens zu finden. Die Jungen erfuhren mehr unangemessenes Steuerungsverhalten ihrer Väter.

Die Kinder, insbesondere die Jungen, zeigten etwas mehr negative Verhaltensmerkmale den Müttern als den Vätern gegenüber, wobei einige Verhaltensauffälligkeiten beiden Elternteilen gegenüber gleich waren. Die Mädchen insgesamt zeichneten sich in der Interaktion mit ihren Müttern durch eher positive Reaktivität bzw. die auffälligen Mädchen durch etwas mehr positive Stimmung aus als die Jungen.

5.2.9.5 Faktorenanalysen und Reliabilitätsanalysen der Subskala
          Interaktionsstile

Um die hohe Dimensionalität der Interaktionsstile der Mutter, des Vaters und des Kindes mit beiden Elternteilen sinnvoll zu reduzieren, wurden *eigene Faktorenanalysen* berechnet (vgl. Variablenbildung Kap. 4.2.2.6). Die Kodierung der Interaktionsstile nach den Mannheimer Beobachtungsskalen wurde beibehalten.

Die Original-Faktorenstruktur der Mannheimer Beobachtungsskalen (MBS) konnte aus folgenden Gründen nicht übernommen werden: 1) Sechs Faktoren der Mannheimer Originalstudie beschreiben Interaktionsstile nur für Mutter und Kind; 2) Einige Variablen waren aus der in der vorliegenden Studie verwendeten Version zur Kodierung der Vater-Kind-Interaktion (Mannheimer Beobachtungsskalen, T2-T4; 2003; anhand dieser wurde das Interaktionsverhalten der Mütter und der Väter einheintlich kodiert) bereits entfernt (z.B. *sadistische Tendenzen, Zynismus*); ein Faktor konnte deshalb nicht repliziert werden. Reliabilitätsanalysen für die Original-Faktoren wurden durchgeführt. Die Original-Faktoren der MBS fanden nur beim Bilden der Extremgruppen Anwendung (s. Kap. 5.2.9.6).

Eigene Faktorenanalysen (FA) und Reliabilitätsprüfungen der Interaktionsstile

Die erste Reihe von FA wurde mit den Variablen der Skalen *Interaktionsstile* jedes/jeder Interaktionspartners/in berechnet (N=59 – Mutter-Kind-Dyaden, N=52 – Vater-Kind-Dyaden bzw. N=51 – alle InteraktionspartnerInnen). Eine gemeinsame Analyse von Verhaltensdimensionen beider InteraktionspartnerInnen in der Dyade (vgl. Mannheimer-Originalstudie) war in der vorliegenden Auswertung wegen der zu kleinen Stichprobengröße und der hohen Anzahl von Variablen nicht möglich. Um zu eruieren, ob die Kinder sich mit beiden Elternteilen ähnlich verhalten, wurden kindliche Interaktionsstile in Dyaden mit den Müttern und Vätern gemeinsam analysiert. Anschließend wurden die theoretischen Skalen anhand der Ergebnisse der FA gebildet und Reliabilität überprüft.

Einige Dimensionen wurden wegen keines oder extrem seltenen Auftretens von Anfang an aus den Analysen ausgeschlossen. Die verbliebenen Variablen wurden in Rangvariablen transformiert (da fast alle Variablen der Skalen zum Interaktionsstil nicht normalverteilt sind) (Conover, 1999). Weitere Rangvariablen, die sehr geringe Kommunalitäten in der FA hatten, wurden schrittweise ausgeschlossen. Dadurch konnte man auch ein besseres Maß der Stichprobeneignung nach Kaiser-Meyer-Olkin (KMO) erzielen. (Die KMO war besonders für die FA für Merkmale des Vaters niedrig: .45, nach dem Variablenausschluss erreichte sie .52).

Eine 3-Faktorenlösung für die Interaktionsstile der *Mutter* (KMO=0.73 (gut), erklärte Gesamtvarianz 65.11, aus Screeplot – deutlich 3 Faktoren) (s. Tab. 42).

Eine 4-Faktorenlösung für die Interaktionsstile des *Vaters* (KMO=0.52 (akzeptabel), erklärte Gesamtvarianz 58.22 (für 3 Faktoren 49.02), kein klarer Hinweis auf die Anzahl von Faktoren aus dem Screeplot) (s. Tab. 43).

Eine 3-Faktorenlösung für die Interaktionsstile des *Kindes* mit der Mutter und mit dem Vater (KMO=0.57, erklärte Gesamtvarianz 44.73, eher 3 Faktoren aus dem Srceeplot) (s. Tab. 44).

Für alle Faktorenanalysen: Extraktionsmethode – Hauptkomponentenanalyse; Rotationsmethode – Varimax mit Kaiser-Normalisierung, die Rotation ist in 6 Iterationen konvergiert. Die bestgeeignete Rotation war Varimax (Hauptkomponentenanalyse mit anschließenden Rotationsmethoden orthogonal Varimax mit Kaiser-Normalisierung sowie schiefwinkelige Oblimin – da die Variablen, die auf unterschiedliche Faktoren laden, miteinander korrelieren).

Tabelle 42. Die Ergebnisse der FA: *Mütterliches Interaktionsverhalten*, rotierte Komponentenmatrix, N=59.

Interaktionsstile der Mutter	Komponente		
	1	2	3
Inadäquater Affekt	**0.86**	0.36	
Emotional distanziert	**0.86**		
Unfähig zu interagieren	**0.79**	0.36	*0.27*
Mag-Kind-Nicht	**0.72**	0.36	
Desinteressiert	**0.72**		
Mangel an Empathie	**0.58**	0.47	
Plötzliche Gedankenänderung	**0.54**	*-0.26*	**0.53**
Kampf		**0.76**	
Rigide		**0.76**	
Tadel		**0.73**	
Aggressiv	*0.41*	**0.68**	
Hektisch		**0.61**	
Depressiv			**0.80**
Affektverflachung			**0.78**

Tabelle 43. Die Ergebnisse der FA: *Väterliches Interaktionsverhalten*, Rotierte Komponentenmatrix, N=52.

Interaktionsstile des Vaters	Komponente			
	1	2	3	4
Desinteressiert	**0.82**			*-0.30*
Inadäquater Affekt	**0.82**			
Unfähig zu interagieren	**0.72**			*-0.32*
Emotional distanziert	**0.67**			-0.41
Hilfe inadäquat	**0.65**			
Rigide		**0.74**	**0.39**	
Ungeduld		**0.67**	*-0.27*	
Gewährenlassen		**-0.66**		*0.32*
Hektisch		**0.65**		
Kampf		**0.61**	**0.43**	0.37
Mangel an Empathie	0.36	**0.51**		
Hilflos			**0.80**	
Laissez-faire			**0.62**	
Begleitende Vokalisation			**-0.61**	
Kognitive Anregung			**-0.61**	**0.47**
Affektverflachung				**-0.73**
Lob				**0.68**

Anmerkung Tab. 42 & 43. Die Itemladungen geringer als 0.20 sind nicht wiedergegeben und die Ladungen geringer als 0.35 sind grau und kursiv markiert.

Tabelle 44. Ergebnisse der FA: *Kindliches Interaktionsverhalten*, rotierte Komponentenmatrix, N=51.

Interaktionsstile des Kindes	Komponente 1	2	3
Mit Vater: Frech	**0.76**		
Mit Vater: Verweigernd	**0.69**		
Mit Vater: Desorganisiert	**0.65**		**0.45**
Mit Mutter: Frech	**0.64**	0.39	
Mit Vater: Destruktiv	**0.62**		
Mit Mutter: Destruktiv	**0.62**	0.41	
Mit Vater: Verlangen Übergangsobjekt	**0.61**	*-0.28*	
Mit Vater: Mangel Durchsetzung	**-0.60**	*0.26*	
Mit Mutter: Verweigernd	**0.54**	*0.33*	**0.44**
Mit Mutter: Mangel Durchsetzung	**-0.51**		
Mit Mutter: Trotzig	*0.48*	0.39	
Mit Mutter: Aktiver Widerstand	*0.41*	*0.32*	
Mit Vater: Dominant		**0.75**	
Mit Vater: Ungeduld		**0.58**	
Mit Vater: Aggressiv		**0.57**	
Mit Mutter: Ungeduld		**0.56**	0.37
Mit Vater: Suche nach Nähe		**0.55**	
Mit Mutter: Dominant		**0.55**	
Mit Vater: Aktiver Widerstand	*0.40*	*0.41*	
Mit Mutter: Laut, affektiert			**0.69**
Mit Vater: Konzentrationsmangel			**0.66**
Mit Vater: Laut, affektiert			**0.63**
Mit Mutter: Nähe Ablehnung		*-0.31*	**0.59**
Mit Vater: Auffälliger Blickkontakt			**0.54**
Mit Mutter: Konzentrationsmangel			**0.52**
Mit Mutter: Desorganisiert	**0.41**	*0.35*	*0.48*
Mit Mutter: Stimmungsänderung		0.37	*0.47*

Anmerkung. Die Itemladungen geringer als 0.20 sind nicht wiedergegeben und die Ladungen geringer als 0.35 sind grau und kursiv markiert.

Unabhängig von der Rotationsmethode blieb der erste Faktor für jede/jeden InteraktionspartnerIn immer stabil: *Mutter:* Unfähig zur Interaktion; *Vater:* Desinteressiert, emotional distanziert; *Kind:* Interaktionsverweigernd. Die anderen resultierenden Faktoren waren instabil, bevor mehrere Variablen mit niedrigeren Kommunalitäten entfernt wurden.

Es ergaben sich die 3-Faktorenlösungen, in denen die negativen Interaktionsstile zusammengefasst wurden. Nur der vierte (schwache) Faktor für die Interaktionsstile des Vaters fasste die positiven Verhaltensdimensionen zusammen, dieser wurde aber für die weiteren Auswertungen nicht verwendet. Es wurde entschieden, für jede FA eine 3-Faktorenlösung zu wählen. Die Faktoren sind nicht rein, manche Variablen laden auf zwei oder bereits auf alle drei Faktoren. Aufgrund der kleinen Stichprobengröße sind die Stabilität der Faktoren und daher die Generalisierbarkeit der gefundenen Faktorenstruktur nicht gesichert. In Rücksicht auf die unten zitierte Regel können nur einzelne Faktoren generalisierend interpretiert werden:

> „Für eine generalisierende Interpretation einer Faktorenstruktur sollten ... die folgenden Bedingungen erfüllt sein: Wenn auf jedem bedeutsamen Faktor mindestens 4 Variablen Ladungen über .60 aufweisen, kann die Faktorenstruktur ungeachtet der Stichprobengröße generalisierend interpretiert werden" (Bortz, 1993, S. 484).

Skalenbildung. Um eine Faktorenstruktur zu prüfen, wurden die theoretischen Skalen anhand der Ergebnisse der FA gebildet und die interne Konsistenz (Cronbach's Alpha) bestimmt. Die zugrundeliegende Faktorenstruktur (mit Rücksicht auf die Faktoren der Mannheimer Originalanalyse) wurde beibehalten. Manche Verhaltensmerkmale gehen in zwei Skalen ein, da diese Variablen miteinander korrelieren und auf mehreren Faktoren laden. Die inhaltliche Begründung dafür wäre, dass die beschriebenen Verhaltensdimensionen generell voneinander nicht unabhängig sind: Z.B. mangelnde Empathie (ladet auf zwei Faktoren „inadäquater Affekt" und „unangemessene Verhaltensstrategie" der Mutter) wäre ein Grund, warum 1) ein Elternteil Bedürfnisse des Kindes nicht erkennt oder seinen Distress nicht nachempfinden kann und darüber hinaus 2) falsch handelt. Als weiteres Beispiel wäre „Desinteresse" der Mutter zu nennen, das in die Skalen „inadäquater Affekt" und „Affektverflachung/ depressiv anmutend" eingeht, oder „Kampf" und „Rigidität" des Vaters.

Es wurde ein Summenwert über alle Dimensionen in der Skala berechnet. Die Gütekriterien der gebildeten Skalen (Cronbach's alpha) sind als sehr gut (α zwischen .80 und .90), zufriedenstellend (mit α = .74) und als akzeptabel (α von .65 bis .69) zu bewerten (vgl. Reynaldo & Santos, 1999). In Tabelle 45 sind die Skalen und Verhaltensdimensionen, die diese Skalen beinhalten, aufgelistet.

Interaktionsstile der Mutter. Faktor 1 – *Inadäquater Affekt, unfähig zur Interaktion* – beschreibt eine negative Affektivität der Mutter dem Kind gegenüber: Die Mutter reagiert inadäquat, wenn es dem Kind nicht gut geht (z.B. Lachen bei deutlicher Enttäuschung), sie distanziert sich unabhängig davon, was das Kind tut und wie es dem Kind geht bzw. zeigt einen Mangel an Empathie bei Distress des Kindes. Es entsteht der Gesamteindruck, dass die Mutter dem Kind wenig

Anerkennung schenkt, das Kind nicht mag (z.B. Interaktion ist voller kleiner Abwertungen, Mutter meidet Blickkontakt und zeigt überwiegend Desinteresse am Kind) und dass die Mutter zum gemeinsamen Spiel unfähig ist.

Tabelle 45. Skalen für *Interaktionsstile* jedes Interaktionspartners (aus der FA), α - interne Konsistenz der Skala, Cronbach's Alpha, rit - Korrelation des Items mit dem Gesamtwert der Skala (Trennschärfe).

Interaktionspartner/ Faktor (Skala)	α	Verhaltensmerkmale	rit
Mutter			
Faktor/ Skala 1. Inadäquater Affekt	.90	Inadäquater Affekt	.90
(unfähig zur Interaktion)		Unfähig zu interagieren	.82
		Emotional distanziert	.82
		Mag-Kind-Nicht	.71
		Desinteressiert *	.59
		Mangel an Empathie *	.59
Skala 2. Negativ in der Interaktion	.81	Aggressiv	.68
(unangemessene Verhaltensstrategien)		Tadel	.60
		Kampf	.60
		Rigide	.58
		Mangel an Empathie *	.52
		Hektisch	.50
Skala 3. Affektverflachung,	.65	Affektverflachung	.55
depressiv anmutend		Plötzliche Gedankenänder.	.46
		Desinteressiert *	.38
		Depressiv	.36
Vater			
Skala 1. Desinteressiert,	.83	Desinteressiert	.80
emotional distanziert		Unfähig zu interagieren	.69
		Emotional distanziert	.62
		Inadäquater Affekt	.55
Skala 2. Negative unangemessene	.69	Kampf *	.60
Strategie		Rigide *	.53
		Hektisch	.45
		Ungeduld	.41
Skala 3. Hilflos, inkonsequent	.67	Rigide *	.55
		Hilflos	.49
		Kampf *	.43
		Laissez-faire	.40

* Verhaltensmerkmale, die auf zwei Faktoren laden

Fortsetzung Tabelle 45. Skalen für *Interaktionsstile* jedes Interaktionspartners (aus der FA), α - interne Konsistenz der Skala, Cronbach's Alpha, rit - Korrelation des Items mit dem Gesamtwert der Skala (Trennschärfe).

Interaktionspartner/ Faktor (Skala)	α	Verhaltensmerkmale	rit
Kind mit beiden Elternteilen			
Faktor 1. Interaktionsverweigernd, oppositionell	.86	Mit Vater: Verweigernd	.69
		Mit Mutter: Verweigernd *	.66
		Mit Mutter: Frech	.59
		Mit Vater: Desorganisiert *	.59
		Mit Mutter: Destruktiv *	.58
		Mit Mutter: Desorganisiert *	.57
		Mit Vater: Frech	.52
		Mit Mutter: Trotzig	.51
		Mit Mutter: Aktiver Widerstand	.50
		Mit Vater: Destruktiv	.46
		Mit Vater: Aktiver Widerstand	.42
Faktor 2. Dominant, Ungeduld	.72	Mit Vater: Dominant	.60
		Mit Mutter: Ungeduld	.53
		Mit Vater: Ungeduld	.47
		Mit Mutter: Dominant	.43
		Mit Mutter: Destruktiv *	.40
Faktor 3. Unruhige Aktivität, unkonzentriert	.80	Mit Mutter: Desorganisiert *	.63
		Mit Mutter: Verweigernd *	.62
		Mit Vater: Konzentrationsmangel	.59
		Mit Mutter: Konzentrationsmangel	.55
		Mit Vater: Desorganisiert *	.52
		Mit Mutter: Stimmungsänderung	.48
		Mit Mutter: Laut, affektiert	.41

* Verhaltensmerkmale, die auf zwei Faktoren laden

Faktor 2 – *Negativ in der Interaktion, unangemessene Verhaltensstrategien* – fasst unangemessene Verhaltensstrategien der Mutter zusammen: Die Mutter handelt aggressiv (z.B. mit Drohung, auffällig grobem Umgang oder Beschimpfen), äußert übermäßigen oder unangemessenen Tadel und Vorwürfe, abfällige Bemerkungen, versucht sich rigide durchzusetzen und steigt in einen Kampf mit dem Kind ein, wird hektisch. Die Mutter zeichnet sich ebenso durch einen Mangel an Empathie aus.

Faktor 3 – *Affektverflachung, depressiv anmutend* – bildet eine anmutende depressive Stimmung ab: Die Mutter wirkt depressiv, ihr Affekt ist verflacht, plötzlich ist sie mit ihren Gedanken nicht mehr bei der Interaktion. Aufgrund dessen scheint die Mutter desinteressiert am gemeinsamen Spiel zu sein.

Interaktionsstile des Vaters. Beide ersten zwei Faktoren sind denen der Mutter ähnlich. Faktor 1 – *Desinteressiert, emotional distanziert* – beschreibt negative Affektivität des Vaters dem Kind gegenüber: Der Vater zeigt wenig Interesse am gemeinsamen Spiel und am Zustand des Kindes und ist emotional distanziert bzw. reagiert innadäquat (z.B. auf Distress des Kindes). Darüber hinaus entsteht der Gesamteindruck, dass der Vater unfähig zum interaktiven Spiel ist.

Faktor 2 – *Unangemessene Strategie* – fasst einige unangemessene Verhaltensstrategien des Vaters zusammen: Inflexibilität und Rigidität, Kampf, Hektik und mangelnde Geduld.

Faktor 3 – *Hilflos, inkonsequent* – spiegelt ein inkonsequentes Verhalten des Vaters und seine Hilflosigkeit dem Kind gegenüber wider: Er wechselt verschiedene Strategien (versucht, sich rigide durchzusetzen, in den Kampf einzusteigen oder nicht einzugreifen, wenn es notwendig ist oder das Kind destruktives Verhalten zeigt) bzw. bleibt hilflos.

Interaktionsstile des Kindes. Faktor 1 – *Interaktionsverweigernd und oppositionell* – fasst zahlreiche negative Verhaltensmerkmale des Kindes zusammen, die meist beiden Elternteilen gegenüber gleichermaßen gezeigt werden: Das Kind verweigert jegliche Interaktion, ignoriert elterliche Aufforderungen oder Angebote, leistet aktiven Widerstand, wird trotzig und frech, verhält sich destruktiv. Das Verhalten des Kindes kann auch einen desorganisierten Eindruck vermitteln. Die Symptome könnten zum Syndrombild *Oppositionelles Verhalten* zusammengefasst werden.

Faktor 2 – *Dominant, ungeduldig* – beschreibt ein dominantes Kind, das im gemeinsamen Spiel „dirigieren" will und schnell ungeduldig wird (im Spiel mit der Mutter zeichnet es sich durch Destruktivität Objekten gegenüber aus).

Faktor 3 – *Unruhige Aktivität, unkonzentriert* – könnte Verhaltensweisen zusammenfassen (ist jedoch nicht ganz konsistent), die zum Syndrombild der *Aufmerksamkeits- und Hyperaktivitätsstörung* passen: Diese Kinder können sich schwer konzentrieren, wirken desorganisiert (unruhige Aktivität, auffälliges Aktivitätsniveau). Die Stimmung kippt schnell. Es entsteht der Eindruck, dass das Kind (hochwahrscheinlich wegen mangelnder Konzentration) gemeinsames Spiel vermeidet.

Korrelationen der Skalen sind in Tabelle 46 zu finden. Wie aus der Korrelationsmatrix zu sehen ist, korrelieren viele Verhaltensweisen aller Interaktionspartner positiv miteinander (p< .01 sowie p< .05).

Tabelle 46. Korrelationen (Spearman's-Rho) zwischen Skalen, p – Signifikanzniveau. N=51.

Skalen		Mutter Skalen			Vater Skalen			Kind[1] Skalen	
		1.	2.	3.	1.	2.	3.	1.	2.
1. *Mutter:* Inadäquater Affekt (unfähig zur Interaktion)	r	1							
	p								
2. *Mutter:* Negativ in der Interaktion, unangemessene Verhaltensstrategie	r	.54	1						
	p	.00**							
3. *Mutter:* Affektverflachung, depressiv anmutend	r	.60	.30	1					
	p	.00**	.03*						
1. *Vater:* Desinteressiert, emotional distanziert	r	.47	.39	.37	1				
	p	.00**	.00**	.01**					
2. *Vater:* Negative unangemessene Strategie	r	.14	.61	.21	.13	1			
	p	n.s.	.00**	n.s.	n.s.				
3. *Vater:* Hilflos, inkonsequent	r	.20	.56	.28	.14	.78	1		
	p	n.s.	.00**	.05*	n.s.	.00**			
1. *Kind:* Interaktionsverweigernd	r	.22	.53	.21	.14	.52	.77	1	
	p	n.s.	.00**	n.s.	n.s.	.00**	.00**		
2. *Kind:* Dominant, ungeduldig	r	-.07	.32	.24	.17	.40	.38	.54	1
	p	n.s.	.02*	.09	n.s.	.00**	.01**	.00**	
3. *Kind:* Unruhige Aktivität, unkonzentriert	r	.26	.58	.14	.10	.59	.67	.74	.39
	p	.07	.00**	n.s.	n.s.	.00**	.00**	.00**	.00**

**Die Korrelation ist auf dem .01-Niveau signifikant; *Die Korrelation ist auf dem .05-Niveau signifikant (zweiseitig);
[1] Kind mit beiden Elternteilen

Eine unangemessene Verhaltensstrategie der Mutter im Umgang mit dem Kind (Skala 2: Aggressivität, Tadel, Kampfstrategie, Rigidität, Mangel an Empathie und Hektik) hängt hochsignifikant mit folgenden auffälligen Verhaltensmustern des Kindes zusammen: Interaktionsverweigerung (Skala/ Faktor 1, r= .53), unruhiger Aktivität (Skala 3, r= .58) und (geringer) mit Ungeduld (Skala 2: r= .32). Andere Aspekte des mütterlichen Interaktionsverhaltens – inadäquate Affektivität (Skala 1) sowie Affektverflachung und Depressivität der Mutter (Skala 3) – korrelieren nur gering mit dem auffälligen Verhalten des Kindes (Tendenz).

Die negative Verhaltensstrategie der Mutter (Skala 2) und ihre Unfähigkeit, die Interaktion affektiv adäquat zu gestalten (Skala 1: inadäquater Affekt, emotionale Distanz, mangelndes Interesse am Kind, Mangel an Liebe dem Kind gegenüber, Mangel an Empathie) sowie eine gewisse Affektverflachung (anmutende Depressivität) korrelieren positiv miteinander (vermutlich auch deshalb, weil Skala 1 und 2 sowie Skala 1 und 3 gleiche Variablen beinhalten).

Es besteht auch ein positiver Zusammenhang zwischen negativen Verhaltensweisen beider Elternteile gegenüber dem Kind. Die mütterliche negative Verhaltensstrategie (Skala 2) hängt hoch positiv mit den negativen unangemessenen Strategien des Vaters (Kampf, Rigidität, Hektik, Skala 2) (r= .61) sowie mit der Hilflosigkeit und dem inkonsequenten Verhalten (Skala 3, r= .56) und geringer mit dem Desinteresse des Vaters am Kind (Skala 1, r= .39) zusammen. Die Merkmale Desinteresse und Unfähigkeit zur Interaktion des Vaters hängen auch mit allen negativen Interaktionsmerkmalen der Mutter zusammen.

Der Vater mit unangemessenen Strategien (Skala 2) ist auch inkonsequent und hilflos (Skala 3, r= .78) (Kampf und Rigidität laden auf beide Faktoren). Unangemessenes sowie inkonsequentes Verhalten des Vaters (Skala 2 und 3) hängt positiv mit allen negativen interaktionellen Verhaltenstendenzen des Kindes (r= .38 bis .77) zusammen.

Dimensionen des kindlichen Verhaltens (Interaktionsverweigerung, Ungeduld, unruhige Aktivität) sind auch durch positive Interkorrelationen gekennzeichnet (r= .39 bis .74).

Zusammenfassend kann gesagt werden, dass die ungünstigen Interaktionsstile in den Dyaden hoch positiv zusammenhängen. Im Falle solcher Interaktionsstile verhalten sich beide Elternteile negativ dem Kind gegenüber und die Verhaltenstendenzen des Kindes sind zur Mutter und zum Vater ähnlich. Es etablieren sich negative dyadische Verhaltensmuster.

Gruppenunterschiede (UGr vs. KGr) in den Skalen

Es ergaben sich signifikante Gruppenunterschiede (t-Test und Mann-Whitney-U-Test) in einzelnen Skalen bis zu den Faktoren 1) des Vaters: Faktor 1 – *Desinteressiert, emotional distanziert* und 2) des Kindes: Faktor 2 – *Dominant und ungeduldig* (vgl. auch Unterschiede in einzelnen Interaktionsstilen, s. Tab. 36 bis 38). Wie aus Tabelle 47 zu sehen ist, zeichnen sich alle Interaktionspartner der UGr (bis auf zwei oben erwähnte Ausnahmen) hochsignifikant mehr durch negative Verhaltensstrategien aus.

Tabelle 47. Gruppenunterschiede: Skalen *für Interaktionsstile* jedes/r Interaktionspartners/ In, M – Mittelwert, SD – Standardabweichung, Md – gruppierter Median, p – Signifikanzniveau, z - Wert, N=51.

Skala	UGr (N=18)			KGr (N=33)				
	M	SD	Md	M	SD	Md	p	Z
Mutter								
F 1.	200.19	(61.93)	173.00	157.91	(34.31)	151.93	.000[1]	-3.56
F 2.	206.36	(53.64)	196.50	160.17	(36.08)	150.68	.000[1]	-3.74
F 3.	129.86	(33.39)	124.75	106.09	(22.63)	101.72	.000[1]	-2.91
Vater								
F 1.	125.91	(38.07)	114.12	113.98	(28.61)	109.28	n.s.[1]	
F 2.	144.19	(42.38)	135.87	107.22	(24.31)	102.99	.001[1]	-3.30
F 3.	143.21	(37.07)	149.49	105.98	(28.40)	99.41	.000[1]	-3.45
Kind mit beiden Elternteilen								
F 1.	378.05	(108.93)		295.77	(72.23)		.002	
F 2.	162.40	(56.92)		143.92	(45.79)		n.s.	
F 3.	250.31	(67.57)		184.44	(52.65)		.000	

[1] Mann-Whitney-U-Test
Skalen:
Mutter: F 1. Inadäquater Affekt (unfähig zur Interaktion); F 2. Negativ in der Interaktion (unangemessene Verhaltensstrategie); F 3. Affektverflachung, depressiv Anmutend;
Vater: F 1. Desinteressiert, emotional Distanziert; F 2. Negative unangemessene Strategie; F 3. Hilflos, inkonsequent;
Kind mit beiden Elternteilen: F 1. Interaktionsverweigernd, oppositionell; F 2. Dominant, ungeduldig; F 3. Unruhige Aktivität, unkonzentriert.

5.2.9.6 Identifizierung der Gruppen *Interaktionsstörungen* vs. *unauffällige Dyaden*

Die ursprüngliche Zuteilung der in der Untersuchung teilnehmenden Familien zur UGr sowie zur KGr erfolgte anhand eines „natürlichen" Kriteriums: ob die Eltern über psychische bzw. Verhaltensauffälligkeiten ihrer Kindern berichten und wegen eines großen Leidensdrucks fachliche Hilfe suchen. Daraus konnte man nicht wissen, ob es Interaktionsproblematik vorliegt. In zahlreichen Literaturquellen ist nachzulesen, dass Regulationsstörungen bzw. frühe Verhaltensauffälligkeiten von Interaktionsschwierigkeiten begleitet werden. Es wäre zu erwarten, dass die Interaktionsproblematik in beiden Gruppen vorkommt, nur in unterschiedlicher Häufigkeit und Ausprägung. Es war wichtig herauszufinden, welche Verhaltensmerkmale von Eltern und Kindern am stärksten die Interaktionsqualität beeinflussen.

Im nächsten Abschnitt wird eine weitere Variablenreduktion (aller Skalen) beschrieben. Es wurden zwei Möglichkeiten geprüft: 1) zwei Extremgruppen (problematische Interaktionen vs. unauffällige Interaktionen) zu bilden und eine *binäre logistische Regression* (BLR) mit diesen Gruppen *explorativ* zu berechnen, 2) Variablen faktorenanalytisch zu reduzieren. Aus der BLR konnten die Variablen, die am besten eine gut adaptierte von einer gestörten Interaktion unterscheiden, identifiziert werden. Darüber hinaus lassen sich dyadische Verhaltensmerkmale (Variablen sowie Variablenkombinationen) erkennen, die mit der psychosozialen Entwicklung und den Kompetenzen des Kindes in Zusammenhang stehen.

Unter *explorativer BLR* wird verstanden, dass das Verfahren für die Auswahl der besten Prädiktorvariablen – Verhaltensdimensionen, die zwei Extremgruppen vollständig voneinander trennen – eingesetzt wurde. Die Voraussetzungen für die logistische Regressionsanalyse konnten nicht erfüllt werden: Es lag eine sehr hohe Multikollinearität von Verhaltensmerkmalen vor, die Anzahl von Beobachtungen im Vergleich zur Variablenanzahl war zu gering. Die Ergebnisse der BLR sind daher nur beschreibender Natur, diese konnten nicht standardgemäß interpretiert werden und gelten eher für die ausgewählte Stichprobe. Die Identifizierung der Verhaltensmerkmale, die eine ausgeglichene von einer gestörten Interaktion unterscheiden, ist das Ziel der Berechnungen.

Ausgewählte Variablen sollten in einer FA zweiter Ordnung reduziert und für die Hypothesenprüfung eingesetzt werden.

Bilden der Extremgruppen

Zwei Extremgruppen sollten die gut adaptierten Eltern-Kind-Interaktionen („keine Interaktionsproblematik") einerseits und die dysfunktionalen bzw. gestörten Interaktionsmuster („Interaktionsstörungen") anderseits repräsentieren. Die Gruppenzuteilung erfolgte in mehreren Schritten, die die unterschiedlichen Verfahren darstellen:

–   Identifizieren der Familien: A) ohne psychosoziales Risiko, ohne Auffälligkeiten des Kindes, ohne Interaktionsproblematik; B) mit problematischer Entwicklung des Kindes bzw. festgestellten psychischen oder Verhaltensstörungen sowie mit Interaktionsstörungen;
–   Clusteranalyse anhand der faktorenanalytisch gewonnenen Variablen aus der Mannheimer Original-Untersuchung (Dinter-Jörg et al., 1997);
–   Zuordnen von Familien zu den Extremgruppen nach der Ähnlichkeit im Interaktionsverhalten (unauffällige Interaktionen N=16, auffällige Interaktionen N=14 (10), restliche Familien als „unklar" kodiert).

Im Weiteren werden diese Verfahren genauer beschrieben.
   1. Schritt. A) Der Gruppe *„keine Interaktionsproblematik"* – kein psychosoziales Risiko, gut adaptierte Eltern-Kind-Interaktion – wurden Familien zugewiesen, wenn: die Familien der KGr angehörten, beide Elternteile vorhanden waren, keine organischen Belastungen oder Behinderungen der Kinder in der Anamnese angegeben wurden, die Eltern über keine psychischen und Verhaltensauffälligkeiten der Kinder berichteten, keine Auffälligkeiten aus dem Elternurteil vorlagen (T-Werte des CBCL-Gesamtwerts als „unauffällig"), keine psychische Belastung und keine Behandlung der Eltern (anhand der BSI) vorlagen.
   Es ergab sich eine Gruppe aus 8 Familien, die diese Kriterien erfüllten. Darüber hinaus wurden die Variablen des Interaktionsverhaltens berücksichtigt. Es wurde der Versuch unternommen, aus den Ergebnissen des Interaktionsverhaltens eine „Idealfamilie" zu bilden und ein Distanzmaß (Distanz von der Idealfamilie) für die Skala Gestimmtheit zu berechnen. Die Vorgehensweise erbrachte jedoch kaum neue Erkenntnisse. Es blieben in dieser Gruppe 6 Familien (Kinder: 2 Mädchen und 4 Jungen), wobei das Interaktionsverhalten von 3 Familien fast keine negativen Verhaltensweisen beinhaltete und diese Familienbeziehungen als „optimal funktionierende Beziehungen" bezeichnet werden konnten.
   B) Der Gruppe *„Interaktionsstörungen"* – gestörte bis massiv beeinträchtigte Eltern-Kind-Interaktion – wurden Familien zugewiesen, wenn: sie aus der Pa-

tientInnengruppe stammten, beide Elternteile vorhanden waren, die Eltern über Probleme der kindlichen Entwicklung klagten, auf der Kinderklinik eine psychische oder Verhaltensstörung mit einer Interaktionsstörung diagnostiziert wurde, das Elternurteil anhand der CBCL-Skala auf Verhaltensauffälligkeiten hinweist (T-Wert „klinisch").

Die Diagnose einer Beziehungsstörung (DC: 0-3, Achse II) diente auch der Gruppenzuteilung. Die Diagnostik der psychischen Störung und die Einschätzung der Qualität der Interaktion erfolgten während der ambulanten Untersuchung auf der psychosomatischen Abteilung der Kinderklinik. In sechs Fällen wurden beeinträchtigte Eltern-Kind-Interaktionen beobachtet. Unter Berücksichtigung der erzielten negativen Werte im Interaktionsverhalten (gleiche Variablen wie bei der Gruppe „keine Interaktionsproblematik") sind fünf Familien (Geschlecht der Kinder: 1 weiblich, 4 männlich) anhand der beschriebenen Kriterien der Gruppe „Interaktionsstörungen" zugeteilt worden.

2. Schritt. Um mehr Familien beiden Gruppen entsprechend der Ähnlichkeit im Interaktionsverhalten zuordnen zu können, wurden Clusteranalysen mit eingehenden Variablen – Mannheimer Original-Faktoren – berechnet, wobei nur die Variablen der Mutter-Kind-Interaktion Beachtung fanden: F1. Aggressives Kind (hilflose Mutter) (*Cronbach's* α= .59); F2. Aggressive Mutter (überangepasstes Kind) (α= .65*)*; F3. Ablehnende Mutter (Nähe suchendes Kind) (α=.27); F5. Auffälliges Kind (α=.42); F6. Desinteressierte, depressive Mutter (α=.20). Faktor 4 (Expressiv-affektierte Mutter) konnte nicht repliziert werden. (Die Mannheimer Faktoren fanden nur an dieser Stelle Anwendung.)

Es ergaben sich (*Hierarchische Clusteranalyse,* N=59, Methode: Between-linkage average, Distanz: Squared Euclidean) zwei Gruppen (7-Cluster-Ergebnis) (s. Abbildung 3, Dendrogram: Average Linkage (Between Groups), Rescaled Distance Cluster Combine): ein großer, eher homogener Cluster aus 48 Mutter-Kind-Dyaden und ein zweiter, inhomogener Cluster aus 11 Mutter-Kind-Dyaden. Im ersten Cluster befanden sich Familien aus der Grenzgruppe *„keine Interaktionsproblematik"* (s. Abb. 3: neben der Nummer der Familie aus dem Datenfile ist eine *„gut adaptierte Interaktion"* als G markiert), im zweiten Cluster befanden sich Familien mit der *„Interaktionsstörung"* (in Abb. 3 als P – problematische Interaktion).

Ähnliche Ergebnisse lieferte eine *Clusterzentrenanalyse* (N=59). Eine weitere Clusteranalyse diente dem Versuch, die Familien auch anhand von Variablen des väterlichen Interaktionsverhaltens zuzuordnen. Einzelne Variablen (in unterschiedlicher Kombination) beeinflussten die Ergebnisse wesentlich, sodass die Zuordnung zu den Gruppen willkürlich erscheint. Deshalb wurde noch ein weiterer Versuch unternommen, um die Zuordnung der Familien zu den Extremgruppen zu objektivieren.

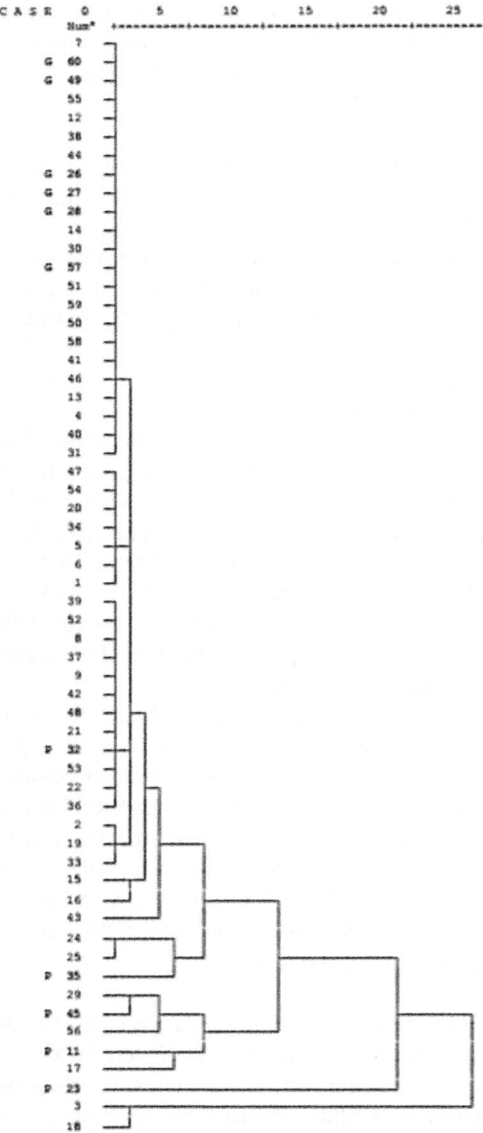

Abbildung 3. Hierarchische Clusteranalyse, N=59. Dendrogramm.

3. Schritt. Ein weiterer Versuch, mehr Familien zu den Extremgruppen nach der Ähnlichkeit im Interaktionsverhalten zuzuordnen, erfolgte anhand des Mediansplits. Es wurden Variablen aus der Mannheimer Untersuchung, die die Gruppen in Bezug auf das psychosoziale Risiko differenzierten, berücksichtigt (mütterliches Interaktionsverhalten: restriktive sowie supportive Steuerung, Angemessenheit der Steuerung, negative Reaktivität, kognitive Anregung und F2 – Aggressive Mutter; kindliches Interaktionsverhalten: Gestimmtheit, negative Reaktivität und F1 – Aggressives Kind). Für das väterliche Interaktionsverhalten wurden die gleichen Variablen berücksichtigt. Die Familien oberhalb des Medians – wenn die Variablen negative Verhaltensweisen beschreiben – wurden der Gruppe „Interaktionsstörungen" zugeordnet. Beschreiben die Variablen positive Verhaltensweisen, so lagen die Familien mit „Interaktionsstörungen" unterhalb des Medians.

Schließlich wurden mehr Familien den zwei Extremgruppen zugeteilt: 1) *Gut adaptierte Eltern-Kind-Interaktion* (keine Interaktionsproblematik, N1=16), 2) *gestörte Eltern-Kind-Interaktion* (Interaktionsstörungen, N2=14, oder Familien mit beiden Elternteilen, N2=10). Die restlichen Familien wurden als *unklar* kodiert und eingeordnet. In der Gruppe „keine Interaktionsproblematik" befanden sich ausschließlich Familien aus der KGr (Kinder: 9 Mädchen und 7 Jungen). In der Gruppe „Interaktionsstörungen" waren 11 Familien aus der UGr und 3 aus der KGr (mit beiden Elternteilen UGr: 8 und KGr: 2) (Kinder: 12 Jungen und nur 2 Mädchen) (s. Tab. 48).

Tabelle 48. Einteilung der Familien in Extremgruppen: Prozentuelle Häufigkeiten (N - Häufigkeiten)in der KGr und UGr, N=60.

Extremgruppen	KGr N	%	UGr N	%	Gesamt
Familien mit "unauffälligen Interaktinen"	16	(100)	0		16
Familien mit "gestörten Interaktionen"	3	(21.4)	11	(78.6)	14
Familien nicht zugeordnet*	18	(60)	12	(40)	30
Gesamt	37	(61.7)	23	(38.3)	60

* Nicht den Extremgruppen zugeordnete Familien

Insgesamt betrachtet liegt die Vermutung nahe, dass jene Familien, die sich durch gut adaptierte bzw. ausgeglichene dyadische Interaktionen auszeichneten, eine in sich relativ homogene Gruppe bildeten, kaum negative Verhaltensweisen im dyadischen Interaktionsverhalten zum Ausdruck kamen. Das Verhalten aller

Interaktionspartner war gut auf einander abgestimmt. Das Verhalten der Kinder war beiden Elternteilen gegenüber konsistent. In der Gruppe „Interaktionsstörungen" wurden hingegen unterschiedliche Interaktionsqualitäten – von moderatdysfunktional bis zu stark beeinträchtigter Interaktion – abgebildet. Je nach Verfahren, wie die Familien zu den Gruppen zugeteilt wurden, hatten unterschiedliche Variablen anderes Gewicht. Damit änderte sich der Platz der Familie im Kontinuum, wobei die auffälligsten Interaktionen am Ende des Kontinuums blieben. Das Verhalten aller InteraktionspartnerInnen war zumeist durch negative Verhaltenstendenzen gekennzeichnet (wobei sich das Verhalten von zwei Familien am stärksten von den anderen unterschied). Diese zwei Gruppen repräsentieren *extrem gut adaptiertes* sowie *extrem gestörtes* Interaktionsverhalten. Es sollte noch geklärt werden, welche weiteren (nicht berücksichtigten) Variablen des Interaktionsverhaltens zur Vorhersage der Grenzruppen beitragen.

Vorhersage von zwei Extremgruppen

Eine binäre logistische Regression (BLR) (N=26) wurde, wie bereits erwähnt, *explorativ* für die Auswahl der besten Prädiktorvariablen (Verhaltensdimensionen) eingesetzt. Die abhängige Variable (Kriterium) – Extremgruppe – war binär kodiert: 0- *keine Interaktionsstörung*, 1- *Interaktionsstörung*. Als Prädiktoren wurden schrittweise die Variablen des Interaktionsverhaltens in das Regressionsmodell aufgenommen. Es war möglich abzuklären, wie das dyadische Interaktionsverhalten aus der Gruppe *unklar* eingeteilt werden konnte.

Das Gewicht der kombinierten oder gewichteten Summenvariablen und Skalenwerte wurde mit dem der einfachen Summenvariablen verglichen (z.B. positive Reaktivität gesamt vs. positive Reaktivität kanalspezifisch). Der Einfluss der nicht-transformierten und in Rang transformierten Variablen wurde ebenso verglichen. Gleichzeitig wurde die Extremgruppenzuteilung nochmals überprüft. Zwei Familien aus der Gruppe *„keine Interaktionsstörung"*, die mehrmals falsch klassifiziert oder als Ausreißer im Regressionsmodell bezeichnet wurden, wurden in die Gruppe *„unklar"* verschoben (anschließend wurde eine multiple BLR mit N=24 berechnet). Endgültig blieben in den Gruppen: *0-keine Interaktionsstörung* – 11 Familien (alle aus der KGr, 4 Mädchen und 7 Jungen) und *1- Interaktionsstörung* – 7 Familien (davon 6 Familien aus der PatientInnengruppe und eine aus der KGr, 6 Jungen, 1 Mädchen). Der gleiche Vorgang wurde wiederholt und Variablen wurden ausgesucht, die vollständig oder fast vollständig diese Grenzruppen (N=18) vorhersagen. Die Vorhersagekraft (das Gewicht) jeder einzelnen Variable des Interaktionsverhaltens wurde überprüft. Über diese Variablen wurde eine FA zweiter Ordnung berechnet.

Im weiteren Abschnitt werden die Ergebnisse der BLR mit den Gruppengrößen N=18 und N=26 verglichen.

Beschreibung der signifikanten Variablen für die Bildung der Extremgruppen – Interaktionsstörungen vs. unauffällige Interaktionen

Die Berechnungen der multiplen BLR (Methode: Vorwärts Schrittweise, Likelihood-Quotient) erbrachten die im Folgenden beschriebenen Ergebnisse. Die signifikanten Variablen aus den BLR (N=18) sind tabellarisch in Anhang C1 und C2[5] zusammengefasst. Die Ergebnisse der faktorenanalytisch gebildeten Skalen (FA 1. Ordnung) bzw. Summenvariablen sind mit den Ergebnissen der einzelnen (einfachen) Variablen verglichen.

Gestimmtheit (G). Negative Gestimmtheit aller Interaktionspartner und positive Gestimmtheit der Mutter sind signifikante Variablen zur Gruppenvorhersage. Das Verwenden einfacher Summenvariablen (positive sowie negative Gestimmtheit getrennt) erschien als vorteilhaft gegenüber den durch Subtraktion gebildeten Variablen.

Reaktivität (R). Die BLR mit den Grenzgruppen (N=18) ergab, dass durch die mütterliche (aber nicht mehr durch die väterliche, die tendenziell signifikant war) negative Reaktivität und die kindliche negative Reaktivität in der Interaktion mit beiden Elternteilen (kombinierte Gesamtsummen) und durch mangelnde Reaktivität aller Interaktionspartner Extremgruppen signifikant vorhergesagt werden konnten.

Während kombinierte Gesamtsummen (positive Reaktivität aller Interaktionspartner und negative Reaktivität des Vaters) keinen Einfluss auf die Zuordnung zu Grenzgruppen nahmen, war ein Teil einfacher Variablen (Reaktivität in einzelnen Modalitäten) signifikant: negative vokale und motorische Reaktivität des Vaters bzw. vokale und mimische der Mutter, positive vokale Reaktivität des Kindes mit der Mutter und vokale bzw. mimische Reaktivität der Mutter; positive mimische Reaktivität des Vaters – tendenziell signifikant.

Steuerung (S). Durch die Variablen der Skala *Steuerung* sind bis zu 88 % aller Fälle (N=26) richtig zugeteilt worden, nicht signifikant blieb die direktive Steuerung der Mutter. Jede Art des elterlichen Steuerungsverhaltens hatte einen Einfluss auf die Grenzgruppenzuteilung (bei der Gruppengröße N=18). Durch

---

[5] Unter www.springer.com auf der Produktseite dieses Buches verfügbar.

restriktive Steuerung der Mutter konnten die Gruppen vollständig klassifiziert werden.

Angemessenheit der Steuerung (A). Beide BLR (N=26 bzw. N=18) erbrachten vergleichbare Ergebnisse. Die Angemessenheit der Steuerung beider Elternteile (Gesamtsumme aller gewichteten Variablen) war ein signifikanter Prädiktor. Die höchste Vorhersagekraft hatten jedoch teilweise zusammengefasste Variablen *„Angemessen"* (etwas geringer *„Unangemessen"*) der Mutter und des Vaters. Durch diese Summenvariablen konnten bis zu 100 % aller Fälle richtig klassifiziert werden. Die Variablen des mütterlichen Verhaltens hatten höhere Vorhersagekraft als die väterlichen.

Interaktionsstile (I) (N=18). Alle Skalenwerte (aus der FA 1. Ordung) (I-FA) als Prädiktoren trugen signifikant zur Vorhersage bei, wobei kindliches Verhalten in der Interaktion mit beiden Elternteilen (Skala 3. Unruhige Aktivität, auffällige Konzentration), gefolgt von Negativität der Mutter und des Vaters, den höchsten Wert besaß. Einfache (rangtransformierte) Variablen jedes Interaktionspartners wurden (im Vergleich zu den Skalenwerten aus der FA) als Prädiktoren in das Regressionsmodell eingesetzt. Die folgenden Variablen wie z.B. Rigidität und (geringer) Hilflosigkeit beider Elternteile sowie Kampf, Hektik, Unfähigkeit zur Interaktion der Mutter etc. nahmen den grössten Einfluss auf die Grenzgruppenzuteilung (s. Anhang C).

Zusammenfassung der Ergebnisse

Die Grenzgruppen – *„gut adaptierte Eltern-Kind-Interaktion"* vs. *„gestörte Eltern-Kind-Interaktion"* – wurden anhand des vorhandenen psychosozialen Risikos, der durch die Eltern berichteten Verhaltens- bzw. Entwicklungsprobleme des Kindes bzw. der Schwierigkeiten im Interaktionsverhalten gebildet. Während sich in der Grenzgruppe ohne Interaktionsprobleme ausschließlich jene Familien aus der KGr (die sich freiwillig zur Untersuchung gemeldet hatten) befanden, wurden der Gruppe *„Interaktionsstörungen"* neben Familien aus der UGr auch Familien der KGr zugewiesen. Das bedeutet, die ursprüngliche Gruppenzuteilung konnte nur eingeschränkt das Vorhandensein von Interaktionsproblemen voraussagen. Die multiplen BLR wurden explorativ zur Auswahl der besten Prädiktorvariablen eingesetzt. Anhand zahlreicher Merkmale des dyadischen Interaktionsverhaltens aller Interaktionspartner konnten die Grenzgruppen (N=18) vollständig klassifiziert werden. Es wurden die Verhaltensmerkmale identifiziert, die eine ausgeglichene von einer extrem gestörten Interaktion unterscheiden. Die Grenzgruppen unterscheiden sich hauptsächlich in Bezug auf negative Interaktionsmerkmale, wobei die Merkmale der erwachsenen Interaktionspartner und insbesondere jene des mütterlichen Interaktionsverhaltens etwas mehr zur Vorhersage der Gruppen beitragen. Dabei handelte es sich um folgende negative Interaktionsmerkmale der *Eltern*: vor allem Unangemessenheit der Steuerung (der höchste prädiktive Wert) bzw. restriktive Steuerung, negative Gestimmtheit sowie negative Reaktivität der Mutter; etwas geringer – negative Gestimmtheit und Unangemessenheit der Steuerung des Vaters. Von den einzelnen Variablen der Skala „Interaktionsstile" war das Gewicht der Rigidität und (etwas weniger) der Hilflosigkeit beider Elternteile am größten, gefolgt von mütterlichen Verhaltensmerkmalen (Kampf, Hektik, Unfähigkeit zur Interaktion, Tadel, inadäquater Affekt, emotionale Distanziertheit), und geringer – mangelnde Variabilität und Desinteresse beider Elternteile. Variablen des *Kindes*: negative Gestimmtheit sowie Reaktivität des Kindes der Mutter gegenüber sowie (geringer) negative Gestimmtheit dem Vater gegenüber; unter den einzelnen Variablen der „Interaktionsstile" war das Gewicht von Verweigerung und (etwas weniger) desorganisierten, unruhigen Aktivitäten bzw. von Konzentrationsmangel und Destruktivität mit beiden Elternteilen am größten; nur mit der Mutter zeigte sich freches Verhalten bzw. aktiver Widerstand.

In Bezug auf positive Verhaltensmerkmale unterschieden sich die Grenzgruppen anhand von Merkmalen wie angemessene bzw. supportive Steuerung, Bereitschaft zur Interaktion und kognitive Anregung beider Elternteile, positive Gestimmtheit bzw. positive Reaktivität sowie begleitende Interaktion, instruktiv und Gewährenlassen der Mutter, Sätzevervollständigung durch den Vater; Merkmale des Kindes: vokal positiv reaktiv in der Interaktion mit der Mutter.

Generell lassen sich zwei Merkmalsgruppen im elterlichen Interaktionsverhalten erkennen, welche eine extrem gestörte Interaktion mit dem Kind auszeichnen:

- *negative Verhaltensstrategien* beider Elternteile, die sich durch unangemessene bzw. restriktive Steuerung, negative und mangelnde Reaktivität bzw. negative Interaktionsstile wie Negativität und unangemessene Verhaltensstrategien (z.B. Rigidität, Tadel, Kampf) sowie Hilflosigkeit und Inkonsequenz (eher für den Vater) auszeichnen;
- *negative Affektivität:* dazu gehört negative Gestimmtheit sowie inadäquater Affekt und Unfähigkeit zur Interaktion und auch Desinteresse und emotionale Distanziertheit beider Elternteile bzw. Affektverflachung der Mutter.

Im kindlichen Verhalten lässt sich eine ähnliche Tendenz erkennen:
- *auffälliges Verhalten:* unruhige Aktivität, auffällige Konzentration (z.b. Konzentrationsmangel, desorganisierte, unruhige Aktivität, Stimmungsänderung) sowie Interaktionsverweigerung (z.b. verweigernd, destruktiv, frech, Widerstand) und negative Reaktivität;
- *negative Gestimmtheit* (aus der Skala Gestimmtheit).

5.2.9.7 Faktorenanalysen über Prädiktorvariablen aus der binären logistischen Regression (BLR)

Über die Variablen aus der explorativen BLR (s. Anhang C 1) (die signifikanten Interkorrelationen Spearman's-Rho zwischen Prädiktorvariablen reichen von r= .39 bis .96) wurden multiple FA zweiter Ordnung berechnet bzw. wurden vier Summenskalen gebildet und die Reliabilität der Skalen überprüft.

1) In die Anfangslösung gingen alle Variablen (inklusive bereits faktorenanalytisch gewonnener Skalenwerte) aus der BLR (wenn $NKR^2 > .50$ und Signifikanz p< .01, richtige Gruppenzuteilung von 78 % bis 100 %) ein. Die Hauptkomponentenanalyse (mit anschließender Rotationsmethode: Varimax mit Kaiser-Normalisierung) ergab eine Vier-Faktoren-Lösung: Die Eignung der Items für die FA (KMO= .81) ist als gut zu bezeichnen, die erklärte Gesamtvarianz betrug 75 %, die Kommunalitäten der einzelnen Variablen reichten von .55 bis .90. Die Ergebnisse der FA sind in Tabelle 49 dargestellt.

Wenngleich die 4-Faktorenstruktur klar zu unterscheiden ist, sind die Faktoren nicht rein. Manche Items laden auf mehrere Faktoren zugleich. Dies betrifft insbesondere „Angemessenheit der Steuerung" der Mutter (Ladungen auf alle 4 Faktoren) und die Skalenwerte aus der ersten FA, die auf je 3 Faktoren laden (Faktor 3. Kind: Unruhige Aktivität, auffällige Konzentration, Faktor 1. Kind: Interaktionsverweigernd, Faktor 3. Vater: hilflos, inkonsequent, Faktor 2. Vater: negative Strategie) etc. Es zeigt sich, dass die Faktoren nicht unabhängig voneinander interpretierbar sind. Zwei Faktoren lassen sich nicht eindeutig einzelnen Interaktionspartnern oder -Dyaden zuordnen, Faktor 4 fasst die positiven mütterlichen Interaktionsstile zusammen und Faktor 1 beinhaltet nur die Merkmale der Mutter-Kind-Dyade. Die Faktoren (außer Faktor 4) schließen hauptsächlich die negativen Verhaltensmerkmale ein, wobei einzelne Variablen, die positive Verhaltensmerkmale beinhalten, mit einem negativen Vorzeichen eingehen.

Tabelle 49. Die Ergebnisse der FA (1): *Interaktionsverhalten aller Interaktions-partnerInnen*, Variablen aus der BLR, rotierte Komponentenmatrix, N=51. In den Spalten zu finden sind: Variablenname, IP – Interaktionspartner: M-Mutter, P-Vater, MK: Kind mit der Mutter, K-Kind mit beiden Elternteilen, Itemsladungen auf Faktor 1 bis 4.

IP	Verhaltensdimensionen	Komponente 1	2	3	4
	Faktor 1. Mutter und Kind: negativ in der Interaktion				
M	F 2. Mutter: Negativ in der Interaktion	**0.84**	0.36		
MK	Negative R des Kindes mit der Mutter	**0.80**	*0.26*		
M	Restriktive S der Mutter	**0.77**	0.37	*0.25*	
M	Negative R der Mutter	**0.76**	*0.30*		
M	Negative G der Mutter	**0.76**	0.41		
MK	Negative G des Kindes mit der Mutter	**0.74**		*0.24*	
M	F 1. Mutter: Inadäquater Affekt	**0.74**			*-0.27*
M	Unangemessene & neutrale S der Mutter	**0.71**	*0.34*	*0.31*	*-0.30*
M	Angemessene S der Mutter (beide positiv)	**-0.70**	-0.37	*-0.34*	0.39
	Faktor 2. Vater und Kind: negativ in der Interaktion				
P	Angemessene S des Vaters (beide positiv)	-0.43	**-0.81**		
P	Unangemessene & neutrale S des Vaters	0.40	**0.79**		
P	Supportive S des Vaters		**-0.78**	*0.32*	*0.25*
P	F 3. Vater: Hilflos, inkonsequent		**0.73**	0.41	-0.39
K	F 1. Kind: Interaktionsverweigernd (gegen M & V)	*0.35*	**0.65**	0.36	
P	Negative Gestimmtheit des Vaters	*0.35*	**0.64**		
P	Faktor 2. Vater: Negative Strategie		**0.62**	0.37	*-0.31*
P	Restriktive Steuerung des Vaters	*0.31*	**0.61**		*-0.32*
	Faktor 3. Ungünstige Interaktionsmerkmale				
P	Direktive Steuerung des Vaters			**0.86**	
MK	Mangelnde R des Kindes mit der Mutter		0.39	**0.83**	
M	Mangelnde Reaktivität der Mutter	*0.26*		**0.78**	
K	F 3. Kind: Unruhig, auffällige Konzentration	0.41	0.43	**0.60**	
	Faktor 4. Mutter: positive Interaktionsmerkmale				
M	Positive vokale R der Mutter				**0.90**
M	Supportive S der Mutter			*-0.35*	**0.79**

Extraktionsmethode: Hauptkomponentenanalyse. Rotationsmethode: Varimax mit Kaiser-Normalisierung, die Rotation ist in 6 Iterationen konvergiert.
Anmerkungen. Die Itemladungen geringer als 0.20 sind nicht wiedergegeben und die Ladungen geringer als 0.35 sind grau und kursiv markiert

2) In der zweiten Reihe der FA wurden auch die Variablen mit geringer Signifikanz (und NKR^2 <0.50) sowie die einzelnen signifikanten Variablen aus den „Interaktionsstilen" (die nicht in der FA erster Ordnung zusammengefasst wurden)

hinzugefügt. Das Ziel der Exploration war zu überprüfen, ob diese Variablen sich auch den Faktoren anschließen und damit die Reliabilität der Skalen erhöhen können. Die *Angemessenheit des Steuerungsverhaltens* der Mutter und des Vaters wurde durch je eine gewichtete Summenvariable (statt je *angemessene und unangemessene Steuerung* getrennt) ersetzt. Da die Anzahl von Variablen sehr hoch für die FA war, wurden die Variablen mit Kommunalitäten <0.60 gleich nach dem ersten Versuch aus den weiteren Analysen ausgeschlossen. Die 2- und 3-Faktorenlösungen, die sich nach Screeplot ergaben, waren schwer interpretierbar. Daher wurde die Entscheidung für eine 4-Faktorenlösung getroffen. Die Ergebnisse sind der Tabelle 50 zu entnehmen.

Diese 4 Faktoren erklären zusammen 71 % der Varianz. An den Kommunalitäten war abzulesen, dass die Varianz jedes einzelnen Items zu über 57 % durch alle Faktoren erklärt wird; KMO=0.77 (zufriedenstellende Eignung der Items). Die Varimax- sowie schiefwinkelige Oblimin-Rotation ergaben die gleichen Faktoren. Die Faktoren sind nicht unabhängig interpretierbar. Das ist plausibel, da gewisse Verhaltensdimensionen aller Interaktionspartner in engem Zusammenhang stehen. Dies wurde auch in den FA erster Ordnung (Skala Interaktionsstile) bestätigt.

Anhand der Ergebnisse der FA wurden vier *Summenskalen* gebildet und die Reliabilität der Skalen überprüft. In der zweiten FA schloss sich dem ersten Faktor die Variable *Skala 1. Vater: Desinteressiert, emotional distanziert* an, fiel aber bei der Reliabilitätsüberprüfung aus. Der zweite Faktor blieb unverändert. Dem dritten Faktor schloss sich die *mangelnde Reaktivität des Kindes mit dem Vater* an, bei der Reliabilitätsüberprüfung fiel der Faktor *„Unruhige, auffällige Konzentration des Kindes"* aus (ladet ziemlich hoch auf drei Faktoren). Die Skala (Faktor) 3 konnte eindeutig als *„Eltern und Kind: Mangelnd reaktiv in der Interaktion"* identifiziert werden. Zu den positiven Merkmalen des mütterlichen Interaktionsverhaltens (Faktor 4) zählten auch positive Gestimmtheit, mimische positive Reaktivität und das Interaktionsmerkmal *„das Kind gewähren lassen"*.

Tabelle 50. Die Ergebnisse der FA (2): *Interaktionsverhalten aller InteraktionspartnerInnen*, rotierte Komponentenmatrix, N=51. In den Spalten zu finden sind: IP- Interaktionspartner: M-Mutter, P-Vater, MK: Kind mit der Mutter, PK: Kind mit dem Vater, K-Kind mit beiden Elternteilen, Variablenname, Itemsladungen auf Faktor 1 bis 4.

IP	Verhaltensdimensionen	Komponente			
		1	2	3	4
	Faktor 1. Mutter und Kind: negativ in der Interaktion				
M	F 2. Mutter: Negativ in der Interaktion	**.83**	.36		
MK	Negative Reaktivität des Kindes mit der Mutter	**.78**	*.27*		
M	Restriktive Steuerung der Mutter	**.76**	.36	*.23*	
M	Negative Gestimmtheit der Mutter	**.76**	.39		
M	Negative Reaktivität der Mutter	**.75**	*.33*		
M	F 1. Mutter: Unfähig zur Interaktion (Inad. Affekt)	**.74**			*-.29*
MK	Negative Gestimmtheit des Kindes mit der Mutter	**.73**		*.24*	
P	*F 1. Vater: Desinteressiert, emot. distanziert*	**.72**	*-.24*		
M	Angemessenheit der Mutter Total	**-.61**	**-.37**	**-.42**	**.43**
	Faktor 2. Vater und Kind: negativ in der Interaktion				
P	Supportive Steuerung des Vaters		**-.79**	*.28*	*.23*
P	F 3. Vater: Hilflos, Inkonsequent.		**.74**	**.47**	*-.31*
P	Angemessenheit des Vaters Total	**-.47**	**-.72**		
K	F 1. Kind: Interaktionsverweigernd	*.33*	**.70**	**.40**	
P	Negative Gestimmtheit des Vaters	*.32*	**.67**		
P	Restriktive Steuerung des Vaters	*.32*	**.63**		*-.33*
P	F 2. Vater: Negativ in der Interaktion		**.60**	*.34*	*-.31*
	Faktor 3. Ungünstige Interaktionsmerkmale				
P	Direktive Steuerung des Vaters			**.84**	
MK	Mangelnde Reaktivität des Kindes mit der Mutter		*.32*	**.82**	
M	Mangelnde Reaktivität der Mutter	*.25*		**.81**	
PK	Mangelnde Reaktivität des Kindes mit dem Vater		*.25*	**.73**	
K	F 3. Kind: Unruhige Aktivität, auffällige Konz.	**.40**	**.42**	**.58**	
	Faktor 4. Mutter: positive Interaktionsmerkmale				
M	Positive Gestimmtheit der Mutter				**.87**
M	Positive Mimische Reaktivität der Mutter				**.83**
M	Positive Vokale Reaktivität der Mutter		*-.20*		**.77**
P	*Supportive Steuerung des Vaters*			**-.44**	**.70**
M	Interaktionsstil der Mutter: Gewährenlassen	*-.34*			**.68**

Extraktionsmethode: Hauptkomponentenanalyse. Rotationsmethode: Varimax mit Kaiser-Normalisierung, die Rotation ist in 6 Iterationen konvergiert.
Anmerkungen. Die Itemladungen geringer als 0.20 sind nicht wiedergegeben und die Ladungen geringer als 0.35 sind grau und kursiv markiert.

In Tabelle 51 sind die Skalen und Verhaltensdimensionen, die diese Skalen beinhalten, aufgelistet. Die interne Konsistenz der Skalen und die Trennschärfen sind angeführt. Bei jedem mehrdimensionalen Faktor ist auch aufgelistet, welche ursprünglichen Interaktionsstile er beinhaltet.

Die erste Skala (*Mutter und Kind negativ in der Interaktion*) schließt negative Affektivität der Mutter (inadäquaten Affekt und negative Gestimmtheit) und ihre unangemessenen Verhaltensstrategien (negative Interaktionsstile und negative Reaktivität) sowie unangemessenes Steuerungsverhalten (Restriktivität und Angemessenheit mit negativem Vorzeichen) ein. Die Verhaltensmerkmale des Kindes sind zum mütterlichen Verhalten komplementär: Das Kind ist in der Interaktion mit der Mutter negativ gestimmt und reagiert auf ihre Interaktionsvorschläge negativ.

Skala 2 (*Vater – hilflos und negativ, Kind – verweigernd in der Interaktion*) fasst unangemessene Verhaltensstrategien und inkonsequentes Verhalten des Vaters sowie seine negative Gestimmtheit zusammen. Das Steuerungsverhalten des Vaters ist unangemessen (Angemessenheit mit negativem Vorzeichen) und durch Restriktivität und fehlende supportive Steuerung (mit negativem Vorzeichen) gekennzeichnet. Das Kind zeichnet sich in der Interaktion mit dem Vater durch die Verhaltensmerkmale verweigernd, destruktiv und desorganisiert aus, wobei dieses negative Verhalten auch der Mutter gegenüber gleich ist (s. Ladungen auf Faktor 1 und 3).

Skala 3 (*Eltern und Kind: Mangelnd reaktiv in der Interaktion*) spiegelt die mangelnde Reaktivität der InteraktionspartnerInnen wider. Die gegenseitige mangelnde Reaktivität der Mutter und des Kindes wirken sich ungünstig in der Interaktion aus. Die direktive Steuerung des Vaters gilt weder als positives noch als negatives Interaktionsmerkmal, vermutlich reagieren Kinder darauf mit mangelnder Reaktivität. (In der UGr bzw. in der Grenzgruppe Interaktionsstörung ist das Merkmal direktive Steuerung signifikant höher als in der KGr oder in der Grenzgruppe mit unauffälligen Interaktionen.)

Skala 4 (*Mutter positiv in der Interaktion*) beschreibt eine positive Gestimmtheit der Mutter und ihre positiven Verhaltensmerkmale dem Kind gegenüber: ausreichende mimische und vokale Reaktivität und supportive Steuerung. Die Mutter lässt sich in der Spielinteraktion vom Kind führen (Gewährenlassen).

Tabelle 51. Skalen für *Interaktionsverhalten* in Dyaden (aus der FA zweiter Ordnung), α - interne Konsistenz der Skala, Cronbach's Alpha, rit - Korrelation des Items mit dem Gesamtwert der Skala.

Skala	α	Verhaltensdimensionen der FA zweiter Ordnung	rit
1. Mutter & Kind	.81	F 2. *Mutter*: Negativ in der Interaktion (Aggressiv, Tadel , Kampf, Rigide, Mangel Empathie, Hektisch)	.85
		Restriktive Steuerung der Mutter	.81
		Angemessenheit der Steuerung der Mutter Total (-)	.79
		Negative Gestimmtheit der Mutter	.75
		Negative Reaktivität der Mutter	.73
		F 1. *Mutter*: Unfähig zur Interaktion (Inadäquater Affekt, Unfähig zur Interaktion, Emotional distanziert, Mag-Kind-Nicht, Desinteressiert, Mangel Empathie)	.61
		Negative Reaktivität des *Kindes* mit der Mutter	.77
		Negative Gestimmtheit des *Kindes* mit der Mutter	.62
2. Vater Hillos, Kind verweigernd	.74	F 3. *Vater* (Hilflos, Inkonsequent, Rigide, Hilflos, Kampf, Laissez-faire)	.90
		Angemessenheit des *Vaters* Total (-)	.79
		Restriktive Steuerung des *Vaters*	.67
		Negative Gestimmtheit des *Vaters*	.65
		F 2. *Vater*: Negative unangemessene Strategie (Kampf, Rigide, Hektisch, Ungeduld)	.59
		Supportive Steuerung des *Vaters* (-)	.54
		F 1. *Kind*: Interaktionsverweigernd (mit *Vater*: Verweigernd, Desorganisiert, Frech, Destruktiv, Aktiver Widerstand; mit *Mutter*: Verweigernd, Frech, Destruktiv, Desorganisiert, Trotzig, Aktiver Widerstand)	.75
3. Eltern & Kind: mangelnd reaktiv	.82	Direktive Steuerung des *Vaters*	.67
		Mangelnde Reaktivität der *Mutter*	.72
		Mangelnde Reaktivität des *Kindes mit der Mutter*	.72
		Mangelnde Reaktivität des *Kindes mit dem Vater*	.65
4. Mutter positiv	.82	Positive Gestimmtheit der *Mutter*	.71
		Positive mimische Reaktivität der Mutter	.71
		Positive vokale Reaktivität der Mutter	.69
		Supportive Steuerung der Mutter	.62
		Interaktionsstil der Mutter: Gewährenlassen	.54

Anmerkungen. Skalen: Skala 1. Mutter und Kind negativ in der Interaktion; Skala 2. Vater: Hilflos und negativ, Kind verweigernd in der Interaktion (auch mit der Mutter); Skala 3. Eltern und Kind: Mangelnd reaktiv in der Interaktion; Skala 4. Mutter positiv in der Interaktion

Es ergab sich, wie zu vermuten war, eine signifikante Interkorrelation der Summenskalen. Die Verhaltensweisen sind voneinander nicht unabhängig. In Tabelle 52 sind die Interkorrelationen der Skalen zu finden.

Tabelle 52. Pearson Korrelationen (r) der Skalen aus der FA zweiter Ordnung, p
 – Signifikanzniveau, N=51.

Summenskalen		1.	2.	3.
1. Mutter und Kind negativ in der Interaktion				
2. Vater - hilflos und negativ, Kind – verweigernd	r	.57		
	p	.000**		
3. Eltern und Kind: Mangelnd reaktiv	r	.29	.50	
	p	.041*	.000**	
4. Mutter positiv in der Interaktion	r	-.34	-.39	-.13
	p	.015**	.005*	n.s.

*Die Korrelation ist auf dem .05-Niveau signifikant (zweiseitig); ** auf dem .01-Niveau signifikant (zweiseitig)

Die nachfolgende Tabelle 53 zeigt die hochsignifikanten Gruppenunterschiede (UGr vs. KGr) in allen vier Skalen.

Tabelle 53. Gruppenunterschiede in Bezug auf Skalen aus der Faktorenanalyse 2.
 Ordnung, t-Test, M - Mittelwert, SD – Standardabweichung, p – Signifikanzniveau. UG – N=18, KGr – N=33.

Skalen	UGr		KGr		
	M	SD	M	SD	p
1. Mutter und Kind negativ	554.00	(140.97)	399.14	(109.31)	.000
2. Vater - hilflos, Kind – verweigernd	835.12	(184.64)	637.83	(141.69)	.000
3. Eltern und Kind: Mangelnd reaktiv	81.78	(30.49)	55.67	(24.53)	.002
4. Mutter positiv in der Interaktion	123.81	(50.62)	165.23	(44.34)	.004

Anmerkungen. Skala 1. Mutter und Kind negativ in der Interaktion; 2. Vater - hilflos und negativ, Kind – verweigernd

5.3 Ergebnisse der Hypothesenprüfung

5.3.1 Einteilung von Mutter-Kind- bzw. Vater-Kind-Dyaden in bestimmte Verhaltensmuster (Hypothese 1)

Die folgenden Analysen dienten der Klärung der Frage, ob sich die Mutter-Kind- sowie Vater-Kind-Dyaden anhand der Dimensionen des Interaktionsverhaltens aller Interaktionspartner in bestimmte Verhaltensmuster einteilen lassen. Es wurde erwartet, dass diese Muster die Qualität der Mutter-Kind- und Vater-Kind-Interaktionen von „gut adaptiert" bis „gestört" abbilden. Anhand multipler *hierarchischer Clusteranalysen* sollten Familien (Mutter-Kind- bzw. Vater-Kind-Dyaden, N=51 – beide Elternteile vorhanden bzw. N=60 – auch Alleinerziehende inkludiert) in verschiedene Verhaltenscluster (max. n=4) eingeteilt werden. Die Eingangsvariablen bildeten die Skalenwerte aus der Faktorenanalyse (FA) zweiter Ordnung.

Zusammenfassend: Die Eltern-Kind-Dyaden ließen sich anhand der Dimensionen des dyadischen Interaktionsverhaltens in bestimmte Verhaltensmuster (Cluster) einteilen. Wie erwartet, bilden diese Verhaltensmuster die Qualität der Mutter-Kind- und Vater-Kind-Interaktionen von „gut adaptiert" bis „gestört" ab. Vier Verhaltensmuster konnten in Anlehnung an die Globale Einschätzungsskala *Parent-Infant Relationship Global Assessment Scale* (PIR-GAS) (Zero to Three, 1994; s. Kap. 2.3.3.3) interpretiert werden (Skalenwerte zwischen 90 und 30).

–   Cluster 1 (N=12): Alle Interaktionspartner zeichnen sich durch stets positives Verhalten aus. Keine oder kaum negative Verhaltensmerkmale sind erkennbar. Dieses Interaktionsverhalten wäre als *gut adaptiert* (Skalenwert 90) bzw. *ausgeglichen* (80) zu beurteilen.

–   Cluster 2 (N=17): Das Verhalten aller Interaktionspartner konnte anhand der PIR-GAS als *etwas unausgewogene* Interaktion (70) bezeichnet werden. Die Interaktion verläuft noch zufriedenstellend, negative Verhaltensmerkmale treten jedoch häufiger auf: z.B. Schwierigkeiten eines Elternteils, das Verhalten des Kindes im dyadischen Spiel zu steuern (wegen negativer Affektivität oder ungünstiger Verhaltensmerkmale des Kindes). Der andere Elternteil hat keine Schwierigkeiten damit. Einzelne Interaktionspartner zeichnen sich immer wieder durch negative Gestimmtheit aus. Trotz dieser Auffälligkeiten scheinen die Dyaden und die ganze Familie allgemein nicht belastet zu sein.

– Cluster 3 (N=14) bildet das Verhaltensmuster der Interaktionspartner als *„stark aus dem Gleichgewicht"* ab. Dabei werden die Bewertungen aus der PIR-GAS – *stark aus dem Gleichgewicht* (60), *deutlich gestresst* (50) und *dysfunktional/ deutlich beeinträchtigt* (40) – zusammengefasst. Die negativen Verhaltensmerkmale nehmen zu, wobei manche Familien noch wesentlich mehr positive Verhaltensweisen haben als die anderen, um das Gleichgewicht zu bewahren. Mehr negative Interaktionsmerkmale liegen von erwachsenen Personen als von Kindern vor. Man könnte dieses Verhaltensmuster als *Risiko für eine Interaktionsstörung* bezeichnen.

– Cluster 4 (N=17) – *„gestört"* – fasst Verhaltensweisen zusammen, die bereits als Interaktionsstörung (*gestört* – Skalenwert 30) – bezeichnet sind. Das Verhalten aller Interaktionspartner innerhalb der Gruppe ist sehr heterogen und überwiegend negativ (bis auf wenige Ausnahmen, die die Qualität der Beziehung nicht ausgleichen können). Beide Elternteile können das auffällige Verhalten des Kindes (unruhige Aktivität bzw. mangelnde Konzentration, Verweigerung) nicht steuern. Gegenseitige negative Reaktionen und negative Affektivität zeichnen die Dyaden aus.

In Tabelle 54 ist die Zugehörigkeit der Familien zu den bestimmten Verhaltensmustern wiedergegeben.

Tabelle 54. Prozentuelleuelle Häufigkeiten für die Zugehörigkeit zu Gruppen, N=60, N=51.

Verhaltensmuster	N=51		N=60	
	Häufigkeit	%	Häufigkeit	%
Interaktion: gut adaptiert & ausgeglichen	12	(23.5)	12	(20)
Interaktion: etwas unausgewogen	14	(27.5)	17	(28.3)
Interaktion: stark aus dem Gleichgewicht	12	(23.5)	14	(23.3)
Interaktion: gestört	13	(25.5)	17	(28.3)
Gesamt	51	(100)	60	(100)

Im folgenden Abschnitt wird die Gruppenzuteilung genauer erklärt.

5.3.1.1 Clusteranalysen

Es wurden mehrere Versuche unternommen, dyadisches Interaktionsverhalten in bestimmte Verhaltensmuster einzuteilen, wobei die Clusteranalyse (CA) mit den

Eingangsvariablen vier Skalen aus der FA 2. Ordnung (s. Kap. 5.2.9.5) als Grundlage für diese Zuordnung galt. Als Gründe für weitere Berechnungen wird gesehen: 1) Die Eingangsvariablen sind signifikant korreliert (r= .29, p< .05 bis r= .57, p< .000); 2) Dyadische Interaktionsmerkmale aller InteraktionspartnerInnen sind nicht in gleicher Anzahl repräsentiert: Diese vier Skalen beinhalten eine viel höhere Anzahl der mütterlichen Verhaltensmerkmale (z.B. Skala 4 fasst ausschließlich positive Interaktionsmerkmale der Mutter zusammen; Skala 2, *Vater: Hilflos und negativ, Kind verweigernd in der Interaktion*, schließt die Merkmale des Kindes nicht nur dem Vater sondern auch der Mutter gegenüber ein); 3) Manche Variablen wurden durch die Skalen der FA zweiter Ordnung nicht zusammengefasst (z.B. Faktoren aus der FA erster Ordnung: Mutter – Faktor 3. *Affektverflachung, depressiv anmutend*; Vater – Faktor 1. *Desinteressiert, emotional distanziert*; Kind – Faktor 2. *Dominant, ungeduldig* sowie Faktor 3. *Unruhige Aktivität, unkonzentriert*); 4) Anhand der Clusteranalysen blieben die Familien der Alleinerziehenden ohne Zuordnung.

A) Als erstes wurde eine Hierarchische Clusteranalyse (N=51, Methode: Between-linkage average, Distanz: Squared Euclidean) mit allen vier Faktoren als Eingangsvariablen (Skala 1. *Mutter und Kind negativ in der Interaktion;* Skala 2. *Vater: Hilflos und negativ, Kind verweigernd in der Interaktion;* Skala 3. *Eltern und Kind: Mangelnd reaktiv in der Interaktion*; Skala 4. *Mutter positiv in der Interaktion*) berechnet. Wie man aus der Cluster-Zugehörigkeit ersehen kann (das ist auch am Dendrogramm, Abbildung 4 abzulesen), bilden sich in einer 3-Cluster-Lösung zwei große Gruppen:

- 31 Familien in der Gruppe, die man als unauffällige Interaktionen bezeichnen könnte (die Gruppe halbiert sich beim Übergang zu einer 8-Cluster-Lösung und kann *gut adaptierte und ausgeglichene* bzw. *etwas unausgewogene Interaktionen* abbilden) sowie
- 19 Familien (die Gruppe besteht ebenso aus zwei kleineren Clustern, die sehr inhomogen sind; bei 3- und 4-Cluster-Lösungen sind die Übergänge sichtbar), die sich eher durch problematische Interaktionen auszeichnen, und eine weit entfernte (problematische) Familie. Es wird interpretiert, dass auf diesen Clustern Interaktionen *stark aus dem Gleichgewicht* und *dysfunktional bis massiv beeinträchtigt* abgebildet werden.

B) Die hoch miteinander korrelierenden Variablen wurden jeweils aus einer Analyse entfernt und in der anderen Analyse behalten.

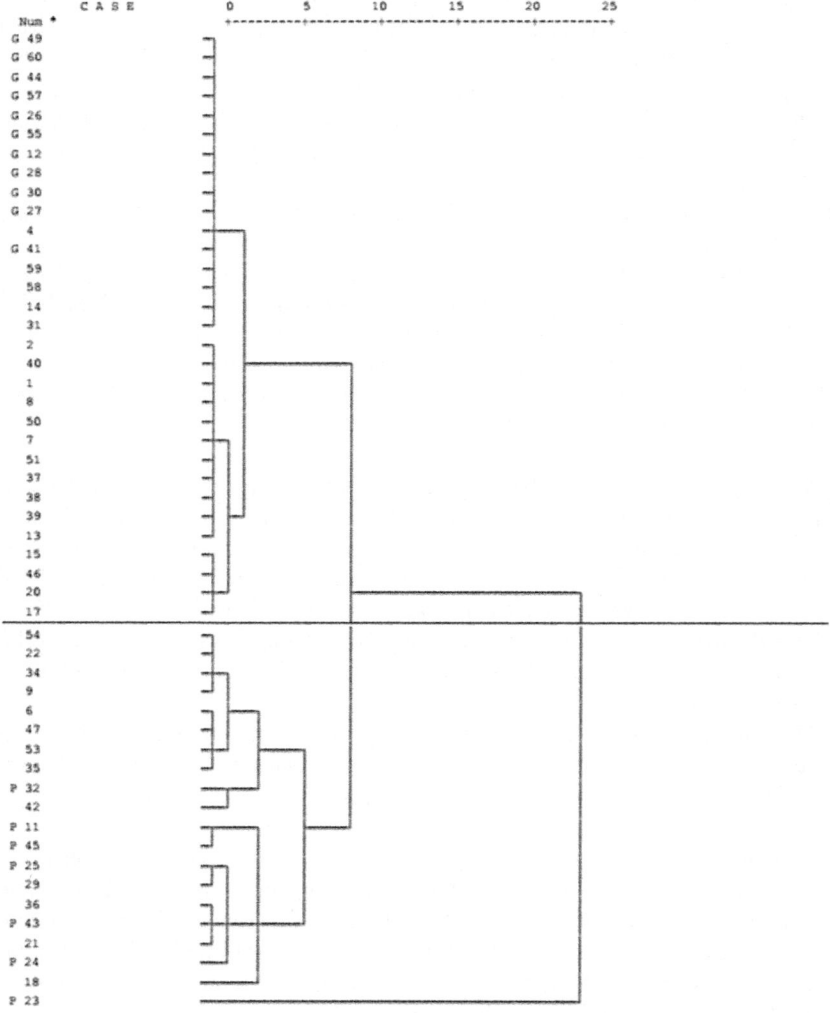

Abbildung 4. Hierarchische Clusteranalyse (N=51) mit vier Faktoren (aus der FA 2. Ordnung) als Eingangsvariablen. Dendrogram (Average Linkage (Between Groups), Rescaled Distance Cluster Combine), G- gut adaptierte Interaktion, P- problematische Interaktion (Interaktionsstörung).

* Nummer der Familie aus dem Datenfile.

C) Um die Natur dieser Verschiedenheit der Zuordnung zu explorieren, wurden weitere Clusteranalysen gerechnet:

- Um den Einfluss jener Merkmale, die nicht durch die Faktoren zusammengefasst wurden, zu überprüfen, wurde die nächste hierarchische Clusteranalyse berechnet. Neben vier Skalenwerten gingen auch zusätzliche Variablen (z-standartisiert) mit ein.
- In der weiteren Clusteranalyse wurden die Variablen des kindlichen Interaktionsverhaltens mit den beiden Elternteilen bearbeitet: *Faktor 1. Kind: interaktionsverweigernd* und *Faktor 3. Kind: unruhige Aktivität, auffällige Konzentration.*

D) Anhand des Mediansplits (s. ähnliche Vorgehensweise in Kap. 5.2.9.5) wurde die Zuordnung von Familien nach Verhaltensmerkmalen einzelner Interaktionspartner (signifikante Variablen) überprüft bzw. wurden Dyaden mit einem – alleinerziehenden – Elternteil einem der Verhaltensmuster zugeordnet.

Zusammenfassend erbrachte der Vergleich aller Clusteranalysen folgende Ergebnisse: Die einzelnen Merkmale spielen eine Rolle bei der Gruppierung der Mutter-Kind- und Vater-Kind-Dyaden für bestimmte Verhaltensmuster. Dies betrifft insbesondere die mittleren Gruppen, die Interaktionen der Bereiche „etwas unausgewogen" und „stark aus dem Gleichgewicht" abbilden. Das erste identifizierte Verhaltensmuster der „gut adaptierten und ausgeglichenen" Interaktionen (N=14) bleibt stabil und unabhängig von den gewählten Gruppierungsmerkmalen. Vier Familien unterscheiden sich eher gering von den anderen zehn durch einzelne (mildere) negative dyadische Merkmale. Der Übergang vom ersten zum zweiten Verhaltensmuster („etwas unausgewogene Interaktionen") ist schwer erkennbar (N=12), wobei die Gruppierung von einzelnen Merkmalen abhängt. Die Familien aus dem zweiten Cluster sind in ihrem dyadischen Verhalten bereits weniger ähnlich. Der dritte Cluster (N=12) bildet das Verhaltensmuster der Interaktionspartner als „stark aus dem Gleichgewicht" ab. Sieben Familien bleiben stabil im letzten Cluster „gestörte Interaktionen". Die restlichen Mutter-Kind- und Vater-Kind-Dyaden werden den zweiten bis vierten Clustern zugeteilt, wobei einige, meist geringe Verschiebungen von einem zum anderen Cluster, entstehen. Zum letzten Verhaltensmuster schließen sich noch fünf der Familien (gesamt N=13) an, deren Interaktionsverhalten in Dyaden eher als „gestört" beschrieben werden kann. Der Cluster ist sehr heterogen, die Familien sind in ihrem dyadischen Interaktionsverhalten am meisten unähnlich. Um zu eruieren, inwiefern die einzelnen Verhaltensmerkmale die Zuteilung zu Verhaltensmustern beeinflussen, wurden die Ergebnisse der binären logistischen Regression (mit N=60) (Kriterium – Grenzgruppe) analysiert (s. Kap. 5.2.9.6).

5.3.2 Gruppenunterschiede in der Zugehörigkeit zu den Verhaltensmustern (Hypothese 2) (Häufigkeitsunterschiede)

In der folgenden Analyse (*Chi-Quadrat*) wurde geprüft, ob es Häufigkeitsunterschiede zwischen Familien aus der KGr und UGr in ihrer Zugehörigkeit zu Clustern gibt. Es wurde erwartet, dass Familien aus der KGr häufiger dem Cluster „gut adaptierte Interaktion" zuzuordnen sind und Familien der UGr häufiger dem Cluster „gestörte Interaktion".

Aus inhaltlichen Überlegungen erschien es sinnvoll, die beiden ersten Cluster, die *„gut adaptierte und ausgeglichene"* (1) sowie *„etwas unausgewogene"* (2) Interaktionen abbilden, zusammenzufassen – trotz beobachteter Auffälligkeiten scheinen die Dyaden nicht belastet zu sein. Während dyadisches Interaktionsverhalten der Familien der Gruppe (4) *„gestört"* als klinisch ausgeprägte *Interaktionsstörung* beurteilt werden könnte, lässt sich das Interaktionsverhalten der Gruppe (3) *„stark aus dem Gleichgewicht"* als *Risiko für das Entwickeln einer Interaktionsstörung* interpretieren. Diese beiden Gruppen wurden zusammengefasst und es wurde ein Chi-Quadrat berechnet (je eine Zelle nicht besetzt).

Aus dieser Analyse ergaben sich statistisch signifikante Häufigkeitsunterschiede zwischen Familien aus der KGr und der UGr in ihrer Zugehörigkeit zu den zwei Clustern: (1) Interaktionen "gut adaptiert & unausgewogen (keine Interaktionsstörungen)" vs. (2) „stark aus dem Gleichgewicht (Risiko) & gestört (Interaktionsstörungen)": N=51: χ^2=17.69, df=1, p= .00; N=60: χ^2=14.30, df=1, p= .00. Wie erwartet, war die Häufigkeit von Familien aus der KGr signifikant höher im ersten Cluster und die Häufigkeit von Familien aus der UGr höher im zweiten Cluster (s. Tab. 55). Die Hypothese konnte bestätigt werden.

Tabelle 55. Häufigkeitsvergleich: UGr vs. KGr in Zugehörigkeit zu 2 Clustern (N=51, N=60).

Cluster	N=51			N=60		
	KGr	UGr	Gesamt	KGr	UGr	Gesamt
1	24 (92.3)*	2 (7.7)	26	25 (86.2)	4 (13.8)	29
2	9 (36.9)	16 (64.00)	25	12 (38.7)	19 (61.3)	31
Gesamt	33 (64.7)	18 (35.3)	51	37 (61.7)	23 (38.3)	60

*N(%); Cluster: 1 - Gut adaptiert bis unausgewogen (keine Interaktionsstörungen);
2 - stark aus dem Gleichgewicht (Risiko) & gestört (Interaktionsstörungen)

Eine detaillierte Darstellung der Häufigkeitsunterschiede in vier Verhaltensmustern ist in Abbildung 5 dargestellt.

Es wird ersichtlich, dass jene Familien, die sich durch *„gut adaptierte und ausgeglichene"* dyadische Interaktionen auszeichnen (erster Cluster), ausschließlich aus der KGr stammen, im zweiten Cluster *„etwas unausgewogene Interaktionen"* befinden sich bereits einzelne Familien aus der UGr. Die Häufigkeit der Familien aus der UGr ist im letzten Cluster (*„gestörte Interaktionen"*) am höchsten, während sich nur geringe Häufigkeitsunterschiede im Cluster *„Interaktionsverhalten stark aus dem Gleichgewicht"* ergaben.

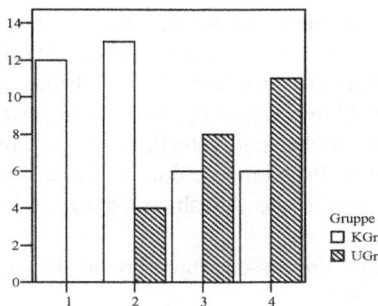

Abbildung 5. Häufigkeitsunterschiede in vier Verhaltensmustern, N=60.
1: Interaktion – gut adaptiert & ausgeglichen
2: Interaktion – etwas unausgewogen
3: Interaktion – stark aus dem Gleichgewicht
4: Interaktion – gestört

5.3.3 Vorhersage der Interaktionsstörungen (Hypothese 3)

Es wurde angenommen, dass sich die Interaktionsstörungen aus den soziodemographischen Variablen, aus früheren Belastungen in der Entwicklung des Kindes und aus psychologischen sowie familiären/ Umgebungsvariablen vorhersagen lassen. Mit den zwei Gruppen (s. Ergebnisse von Hypothese 2), die die unterschiedliche Interaktionsqualität abbilden („gut adaptiert und ausgeglichen & etwas unausgewogen" vs. „stark aus dem Gleichgewicht & gestört") wurde eine *binäre logistische Regression* (BLR) (Methode: Vorwärts Schrittweise, Likelihood-Quotient) berechnet, um die Hypothese zu prüfen und die Gruppenunterschiede – Interaktionsstörungen vs. keine Interaktionsstörungen – zu erklären. Als Prädiktoren wurden schrittweise die soziodemographischen Variablen, Variablen aus der Anamnese über die Entwicklung des Kindes sowie die psychologischen und familiären Variablen/ Umgebungsvariablen in jedes Regressionsmodell aufgenommen. Zum Vergleich wurde ein Modell mit gleichzeitiger Aufnahme aller signifikanten Variablen berechnet (method = *enter*) (vgl. Baltes-Götzt, 2004; Fromm, 2005).

Die Zusammenfassung der beiden ersten Gruppen scheint gerechtfertigt, da beide die unauffälligen Interaktionen repräsentieren. Es wurde aber vermutet, dass sich drei Gruppen – „gut adaptiert", „Risiko-" und „gestört" – jedoch in Bezug auf Prädiktoren unterscheiden. Mittelwertsunterschiede aller drei Gruppen wurden anhand einer ANOVA überprüft.

Die Hypothese konnte zum Teil bestätigt werden. Zur Vorhersage der Interaktionsstörungen tragen folgende Variablen bei: sozioökonomischer Status (SÖS) der Familie, die Anzahl der (persistierenden) Probleme aus der früheren Entwicklung des Kindes sowie die familiären/ Umgebungsvariablen (Verfügbarkeit sozialer Unterstützung für den Vater, mütterlicher und väterlicher Stress aus dem Kindbereich; Wahrnehmung der kindlichen Problemlage durch Mutter und Vater; Verfügbarkeit sozialer Unterstützung sowie die Anzahl unterstützender Personen für die Mutter).

In den folgenden Abschnitten werden die Voraussetzungen sowie die genaueren Ergebnisse der multiplen BLR dargestellt.

5.3.3.1 Vorbereitung für binäre logistische Regression

Die abhängige Variable (Kriterium) ist binär kodiert: *0- „keine Interaktionsstörungen"* vs. *1-„Interaktionsstörungen"*. Wegen hoher Multikollinearität zwischen den Prädiktoren wurde beschlossen, die BLR zuerst mit den einzelnen Variablen zu rechnen und das Gewicht jeder Variable zu bestimmen, und darauffolgend mit den (getrennt nach mütterlichen und väterlichen) Variablenkombinationen zu rechnen. Als Prädiktoren müssten schrittweise folgende Variablen ins Regressionsmodell aufgenommen werden:

1) Soziodemographische Variablen,
2) Anamnestische Daten über frühe Belastungen in der Entwicklung des Kindes,
3) Psychologische/ familiäre Variablen (jeweils für Mutter und Vater):
- Wahrgenommene Problemlage von Kindern durch die Eltern: Gesamtsumme (CBCL) oder Summen der Syndromskalen „externalisierende bzw. internalisierende Störungen";

- Psychische Gesundheit der Eltern: GSI (Global Severity Index– Mittelwert);
- Partnerschaftsqualität: GW (Gesamt(summen)wert), Glück (Globale Einschätzung);
- Elterlicher Stress: Gesamtskala – Summenwert aller Skalen (PSI) oder 2 getrennte Bereiche: Elternbereich und Kinderbereich; soziale Unterstützung; Anzahl der Personen, von denen Unterstützung kommt;
- Involvierung der Elternteile in die Kinderbetreuung: Mittelwert über die Gesamttätigkeit, Zufriedenheit mit der Zeit, die beide Elternteile mit dem Kind verbringen.

Um die potenziell geeigneten Prädiktoren auszuwählen (die einen Einfluss auf die Einteilung in Verhaltensmuster nehmen können), wurde vor der Durchführung der BLR ein Zusammenhang dieser Variablen mit dem Kriterium geschätzt (mittels Kreuztabellen und Korrelationsanalysen) (vgl. Fromm, 2005). Bei blockweiser Eingabe aller Variablen in die BLR erhält man vergleichbare Ergebnisse.

Als eine Voraussetzung für die BLR gilt, dass zwischen den Prädiktoren keine Multikollinearität vorliegt. Weiterhin muss die Stichprobengröße berücksichtigt werden: In der vorliegenden Untersuchung sind 60 (Gesamtgruppe) bzw. 51 Familien (beide Elternteile vorhanden) in die statistische Auswertung einbezogen, was als absolute Untergrenze gilt (mindestens 25 Beobachtungen für jede Gruppe, vgl. Fromm, 2005). Die endgültige Gruppengröße ist N=50, eine Ausreißerfamilie (Nr. 15, d.h. atypische Merkmalsausprägungen, die verzerrend auf die Berechnung der Koeffizienten wirken, vgl. Fromm, 2005) wurde entfernt, da das Vorhandensein bzw. Entfernen dieser Familie die Ergebnisse am stärksten beeinflusste. Die Familie stammt ursprünglich aus der UGr, die Eltern berichteten über eine beinahe maximale Anzahl von kindlichen Problemen in der Anamnese, die Familie wurde anhand der Clusteranalyse aber dann der Gruppe "unauffällige Interaktionen" zugeordnet.

Im folgenden Abschnitt werden einzelne Prädiktoren und Interkorrelationen beschrieben.

Variablen mit potenziellem Einfluss auf die Gruppenzugehörigkeit

In Tabelle 56 sind die signifikanten Korrelationen einzelner Variablen mit der AV – Kriterium (Vorhandensein von Interaktionsstörungen) bzw. Interkorrelationen aufgelistet (s. darauf folgende Variablenbezeichnungen).

Tabelle 56. Korrelationen (Pearson): statistisch signifikante Korrelationen der Prädiktoren mit dem Kriterium, Interkorrelationen zwischen Prädiktoren; M – Variablen der Mütter, V – Variablen der Väter.

		Kr	CBCL Gesamt M	V	CBCL Internal M	V	External M	V	PSI Allgemein M	V	PSI Kindbereich M	V	SozUnters M	V	Anzahl Person M	V
CBCL Gesamt	M	.40 (**)	1													
	V	.42 (**)	.74 (**)	1												
CBCL Intern	M	.22 n.s.	.79 (**)	.58 (**)	1											
	V	.35 (*)	.67 (**)	.87 (**)	.73 (**)	1										
CBCL Extern	M	.41 (**)	.93 (**)	.72 (**)	.54 (**)	.55 (**)	1									
	V	.44 (**)	.69 (**)	.92 (**)	.46 (**)	.71 (**)	.75 (**)	1								
PSI Allgem	M	.29 (*)	.73 (**)	.47 (**)	.62 (**)	.50 (**)	.67 (**)	.40 (**)	1							
	V	.32 (*)	.54 (**)	.67 (**)	.53 (**)	.64 (**)	.48 (**)	.61 (**)	.67 (**)	1						
PSI Str Kind	M	.46 (**)	.86 (**)	.69 (**)	.63 (**)	.63 (**)	.84 (**)	.63 (**)	.84 (**)	.64 (**)	1					
	V	.41 (**)	.63 (**)	.77 (**)	.48 (**)	.69 (**)	.63 (**)	.74 (**)	.62 (**)	.87 (**)	.72 (**)	1				

Anmerkungen. ** p< .01, * p< .05; Kr – Kriterium. Gesamtwerte von CBCL und PSI sind grau markiert.

Fortsetzung Tabelle 56. Korrelationen (Pearson): statistisch signifikante Korrelationen der Prädiktoren mit dem Kriterium, Interkorrelationen zwischen Prädiktoren; M – Variablen der Mütter, V – Variablen der Väter.

		Kr	CBCL Gesamt M	Gesamt V	CBCL Internal M	Internal V	CBCL External M	External V	CBCL Allgemein M	Allgemein V	PSI Kind M	PSI Kind V	PSI SozUnt M	SozUnt V	PSI Anzahl Person M	Anzahl Person V
PSI SozU	M	-.27 (.05)	-.35 (*)	-.34 (*)	-.17 n.s.	-.23 (*)	-.35 (*)	-.30 (*)	-.51 (**)	-.45 (**)	-.40 (**)	-.47 (**)	1			
	V	-.54 (**)	-.37 (**)	-.30 (*)	-.34 (*)	-.35 (*)	-.29 (*)	-.23 n.s.	-.53 (**)	-.53 (**)	-.43 (**)	-.47 (**)	.61 (**)	1		
Anz Pers	M	-.42 (**)	-.18 n.s.	-.34	.10 n.s.	-.21	-.27 n.s.	-.31 (*)	-.18 n.s.	-.35 (**)	-.28	-.49 (**)	.47 (**)	.33 (*)	1	
	V	-.43 (**)	-.12 n.s.	-.17 n.s.	-.07 n.s.	-.16	-.12	-.17	-.21	-.33	-.21	-.42 (**)	.30 (**)	.61 (**)	.34	1
SÖS Fam		-.40 (**)	-.38 (**)	-.45 (**)	-.19 n.s.	-.32 (*)	-.41 (**)	-.44 (**)	-.05 n.s.	-.09	-.29 (*)	-.26	.40 (**)	.22	.41 (**)	.17
Anz Probl[1]		.42 (**)	.63 (**)	.57 (**)	.59 (**)	.65 (**)	.60 (**)	.68 (**)	.40 (**)	.53 (**)	.61 (**)	.67 (**)	-.22 n.s.	-.30 (*)	-.39 (**)	-.18 n.s.

Anmerkungen. ** Die Korrelation ist auf dem Niveau von .01 (2-seitig) signifikant, * auf dem Niveau von .05 signifikant

[1] Nicht parametrische Korrelationen Spearman's-Rho

Kr – Kriterium: Vorhandensein von Interaktionsstörungen (0- keine *(gut adaptierte Interaktion)* vs. 1- Interaktionsstörungen *(beeinträchtigte Interaktion)*)

Korrelation SÖS-Fam x Anzahl Probleme[1] r(Spearman's-Rho)= -.33 (*)

Im Folgenden sind die Variablen (Prädiktoren) und Variablenbezeichnungen (Abkürzungen) tabellarisch aufgelistet. Diese Abkürzungen findet man in den Tabellen 56 - 60 wieder.

Variablen	*Variablenbezeichnung*
Sozioökonomischer Status-Index der Familie	SÖS-Familie
Anzahl unterschiedlicher Probleme aus der Anamnese	Anzahl Probleme

Einschätzung der kindlichen Problemlage durch die Mutter:

Gesamtprobleme	CBCL Mama Gesamt
Internalisierende Störungen	CBCL Mama internal
Externalisierende Störungen	CBCL Mama external

Selbsteinschätzung des erlebten Stresses durch die Mutter:

Mütterlicher Stress Allgemein	PSI Mutter Stress Allgemein
Mütterlicher Stress im Kindbereich	PSI Mutter Stress Kind

Verfügbarkeit sozialer Unterstützung für die Mutter	PSI Mutter SozUnt
Einschätzung der Unterstützung bietenden Personen für die Mutter	Mama UnterstAnzahl

Einschätzung der kindlichen Problemlage durch den Vater:

Gesamtprobleme	CBCL Papa Gesamt
Internalisierende Störungen	CBCL Papa internal
Externalisierende Störungen	CBCL Papa external

Selbsteinschätzung des erlebten Stresses durch den Vater:

Väterlicher Stress Allgemein	PSI Vater Stress Allgemein
Väterlicher Stress im Kindbereich	PSI Vater Stress Kind
Verfügbarkeit sozialer Unterstützung für den Vater	PSI Vater SozUnt
Einschätzung der Unterstützung bietenden Personen für den Vater	Papa UnterstAnzahl

Mütterlicher Stress im Elternbereich	PSI Mutter Stress Eltern
Väterlicher Stress im Elternbereich	PSI Vater Stress Eltern
Psychische Belastung der Mutter	BSI Mama Belastung
Psychische Belastung des Vaters	BSI Papa Belastung
Partnerschaftsqualität der Mutter	PFB Mutter Partnerschaft
Partnerschaftsqualität des Vaters	PFB Vater Partnerschaft

Mit dem Kriterium korrelieren folgende Variablen:

- Sozioökonomischer Status der Familie (SÖS-Familie, r= -.40, p= .004): ein signifikanter negativer Zusammenhang bedeutet, dass in Familien mit höherem Familienstatus die Interaktionsstörungen seltener zu erwarten sind.
- Unterschiedliche psychische Probleme sowie Entwicklungsprobleme oder Verhaltens-, Beziehungsauffälligkeiten des Kindes aus der Anamnese („Anzahl Probleme", r= .42, p= .002): Ein signifikanter positiver Zusammenhang bedeutet, dass mit der höheren Anzahl unterschiedlicher Auffälligkeiten in der früheren Entwicklung des Kindes (durch die Eltern retrospektiv erhoben) die Interaktionsstörungen einhergehen.
- Wahrgenommene Problemlage von Kindern durch die Eltern („CBCL Mama Gesamt", r= .40, p= .004; "CBCL Papa Gesamt", r= .42, p= .002): Je problematischer die Eltern das kindliche Verhalten einschätzen, desto mehr Interaktionsstörungen zu erwarten sind. Wird der Gesamtwert in die Teilbereiche *internalisierende* und *externalisierende* Störungen gesplittet, haben die externalisierenden Störungen im Urteil von beiden Elternteilen stärkeren Einfluss auf die AV ("CBCL Mama external", r= .41, p= .002; "CBCL Papa external", r= .44, p= .001), während Vater "internal" r= .35, p= .011, und Mutter "internal" (r= .22) n. s. sind.
- Elterlicher Stress hängt mit den Interaktionsstörungen positiv zusammen („PSI Mutter Stress Allgemein", r= .29, p= .041 und "PSI Vater Stress Allgemein", r= .32, p= .021). Die Korrelationen sind aber relativ gering. Schaut man die Bereiche Stress-Elternbereich und -Kindbereich getrennt an, ergeben sich hochsignifikante Korrelationen mit dem Stress-Kinderbereich, nicht aber mit dem Elternbereich (keine signifikanten Gruppenunterschiede auf einzelnen Subskalen). Die Variablen "Stress-Kindbereich" wurden im Regressionsmodell berücksichtigt. Je höher interaktionsbezogene Belastungsaspekte (höhere Stresswerte) aus dem Verhalten des Kindes sind, desto wahrscheinlicher sind die Interaktionsstörungen ("PSI Mutter Stress Kind", r= .46, p= .001, "PSI Vater Stress Kind", r= .41, p= .003). Betrachtet man die Ebene der Subskalen, so resultiert der Stress im Kindbereich aus: 1) dem hyperaktiven Verhalten des Kindes, 2) seinen unzufriedenen Stimmungen und seiner Launenhaftigkeit (schwieriges Temperament) (für Väter tendenzielle Gruppenunterschiede), 3) Anforderungen, die mit der Erziehung, Betreuung und Versorgung des Kindes verbunden sind, 4) der Anpassungsfähigkeit (an bestimmte Situationen) des Kindes (inkl. emotionaler Überreaktionen). Nicht signifikant sind Gruppenunterschiede (für die Mütter und Vä-

ter) in der Akzeptierbarkeit bestimmter Merkmale und Verhaltenseigenschaften ihres Kindes sowie in einer (für die Eltern als unbefriedigend) wahrgenommenen Interaktion mit ihrem Kind.

- Die soziale Unterstützung hängt mit Interaktionsstörungen negativ zusammen, wobei ein hochsignifikanter Zusammenhang zwischen geringer Unterstützung des Vaters und Interaktionsstörungen besteht ("PSI Vater SozUnt", $r= -.54$, $p= .000$), während die Verbindung zwischen Unterstützung der Mutter und Interaktionsstörungen nur als Tendenz interpretiert werden kann ("PSI Mutter SozUnt", $r= -.27$, $p= .052$).
- Je geringer die Anzahl der Personen, von denen die Mütter und Väter Unterstützung bekommen können, desto häufiger sind Interaktionsstörungen anzutreffen ("Mama UnterstAnzahl", $r= -.42$, $p= .002$, "Papa UnterstAnzahl", $r= -.43$, $p= .002$).

Andere Variablen korrelieren mit der AV n.s.

Multikollinearität

Wird eine Voraussetzung der Multikollinearität überprüft, findet man statistisch signifikante Korrelationen zwischen den Prädiktoren. Alle statistisch signifikanten Korrelationen sind in Tabelle 56 zu finden.

Die meisten Variablen korrelieren signifikant untereinander, aus diesem Grund (bzw. wegen geringer Stichprobengröße) müsste man mit verzerrten Schätzungen und erhöhten Standardfehlern rechnen (vgl. Fromm, 2005). Die Variablen der Mütter und die der Väter korrelieren hochsignifikant miteinander: z.B. CBCL Wert der Mutter und des Vaters ($r= .74$, $p< .01$), mütterlicher Stress – Kindbereich mit dem väterlichen Stress – Kindbereich: $r= .72$, $p< .01$); soziale Unterstützung ($r= .61$, $p< .01$), Anzahl der unterstützenden Personen ($r= .34$, $p< .05$).

Ein Versuch, die Prädiktorvariablen faktorenanalytisch zu reduzieren, erbrachte keine Ergebnisse – es wurde nur eine Komponente extrahiert.

Weiterhin sind die Gruppenunterschiede (Interaktionsstörungen vs. keine Störungen) – mittels t-Test und Mann-Whitney-U-Test überprüft – in Tabelle 57 dargestellt.

Tabelle 57. Mittelwertvergleich des SÖS-Familie, der Anzahl unterschiedlicher Probleme in der Anamnese sowie der psychologischen/ familiären Variablen in den Gruppen *(„gut adaptierte Interaktionen"*, N=26, vs. *„beeinträchtigte Interaktionen & Interaktionsstörung"*, N=25): t-Test bzw. Mann-Whitney-U-Test. M – Mittelwert, SD – Standardabweichung; signifikante Unterschiede, p – Signifikanzniveau.

Variablen	Interaktion: gut adaptiert		Interaktion: beeinträchtigt			
	M	SD	M	SD	p	z
SÖS-Familie	17.04	(3.13)	14.08	(3.86)	.004	-2.76[1]
Anzahl Probleme	2.04	(2.27)	4.60	(3.24)	.002	-2.99[1]
CBCL Mama Gesamt	32.69	(21.12)	50.31	(20.62)	.004	
CBCL Papa Gesamt	26.16	(18.67)	43.84	(20.00)	.002	
CBCL Mama Internal	9.08	(7.25)	12.12	(6.66)	n.s.	
CBCL Papa Internal	6.35	(5.91)	11.22	(7.23)	.011	
CBCL Mama External	12.23	(7.48)	19.78	(9.34)	.002	
CBCL Papa External	9.58	(6.80)	16.94	(8.47)	.001	
BSI Mama Belastung	0.27	(0.28)	0.33	(0.26)	n.s.	-1.14[1]
BSI Papa Belastung	0.22	(0.21)	0.29	(0.34)	n.s.	-0.32[1]
PFB Mama Partnerschaft	64.98	(11.25)	60.84	(15.60)	n.s.	
PFB Papa Partnerschaft	65.42	(10.09)	61.73	(16.89)	n.s.	
PSI Mutter Stress Allgm	121.42	(30.78)	139.28	(30.01)	.041	
PSI Vater Stress Allgm	109.82	(23.48)	126.20	(25.50)	.021	
PSI Mutter Stress Kind	51.50	(15.64)	67.84	(16.65)	.001	
PSI Vater Stress Kind	50.28	(13.72)	62.80	(14.87)	.003	
PSI Mutter Stress Eltern	69.92	(17.58)	71.44	(20.79)	n.s.	
PSI Vater Stress Eltern	59.54	(12.80)	63.40	(15.58)	n.s.	
PSI Mama SozUnt	31.04	(5.55)	27.64	(6.61)	.052	
PSI Papa SozUnt	32.08	(4.72)	23.88	(8.05)	0	
PSI Mama UnterstAnzahl	6.65	(2.12)	4.72	(2.11)	.002	
PSI Papa UnterstAnzahl	7.42	(2.48)	4.96	(2.84)	.002	

Anmerkungen. Signifikante Gruppenunterschiede (t-Test): * p < .10, ** p < .05; *** p < .01; [1] auch Mann-Whitney-U-Test gerechnet
Variablenbezeichnung s. Seite 274.

Hochsignifikante (p< .01) und signifikante Ergebnisse (p< .05)

Im Folgenden werden zuerst hochsignifikante sowie signifikante Ergebnisse von Variablen, die als Prädiktoren gewählt werden, besprochen. Im Weiteren ist es auch interessant, die Zusammenhänge in Bezug auf Interaktionsstörungen zu betrachten, auch wenn keine Gruppenunterschiede bestehen.

1) Die Variable *„Anzahl Probleme"* (aus der Anamnese) korreliert signifikant (positiver Zusammenhang) mit den folgenden Variablen:

- Mit elterlichem Stress aus dem Kindbereich:
  „PSI Mutter Stress Kind" (r= .65) sowie
  „PSI Vater Stress Kind" (r= .77);
- Mit der aktuellen Wahrnehmung (Einschätzung) der kindlichen Problemlage durch die Mutter:
  „CBCL Mama Gesamt" r= .65 (mit den getrennten Werten: „CBCL Mama external" r= .60 und „internal" r= .59) sowie
  durch den Vater: „CBCL Papa Gesamt": r= .69 („CBCL Papa external" r= .68 und „internal" r= .65).

Das bedeutet, dass eine höhere Anzahl an retrospektiv erhobenen, unterschiedlichen Auffälligkeiten in der früheren Entwicklung des Kindes mit den aktuellen Verhaltensauffälligkeiten der Kinder sowie mit dem elterlichen Stress aus dem Interaktionsverhalten mit ihren Kindern einhergeht.

2) Elterlicher Stress im Kindbereich hängt statistisch signifikant positiv mit den wahrgenommenen Schwierigkeiten aus dem kindlichen Verhalten zusammen:

- „PSI Mutter Stress Kind" mit „CBCL Mama Gesamt" r= .86 (mit „CBCL Mama external" r= .84 und „internal" r= .63);
- „PSI Vater Stress Kind" mit „CBCL Papa Gesamt" r= .77 (mit „CBCL Papa external" r= .74 und „internal" r= .69).

Diese Korrelationen sind so hoch, dass der Zusammenhang näher betrachtet werden sollte. Es wurden einzelne Skalen beider Fragebögen – *CBCL 1½-5* und *PSI* – auf Itemebene verglichen. Wie aus Tabelle 58 ersichtlich, sind manche Subskalen so konstruiert, dass die Items fast übereinstimmen: So sind z.B. alle drei Items der PSI Subskala „Stimmung" sehr ähnlich formuliert wie drei Items der CBCL Subskala 1 – „Emotionale Reaktivität". Einige Items der PSI-Subskala „Anpassungsfähigkeit" beziehen sich auf die gleichen Verhaltensmerkmale wie zwei weitere Items der CBCL Subskala 1 – „Emotionale Reaktivität". Die verglichenen Items sind der internalisierenden Problematik zuzuordnen.

Tabelle 58. Vergleich von ausgewählten Items der Fragebögen *CBCL 1½-5* und *PSI*.

CBCL	PSI Stress KINDBEREICH
Emotionale Reaktivität (9 Items)	*Stimmung (3 Items)*
82. Zeigt plötzlich Stimmungs- oder Gefühlswechsel	7. Ich finde mein Kind sehr launisch und leicht erregbar.
79. Rasche Wechsel zwischen Traurigkeit und starker Freude	47. Mein Kind nörgelt und quengelt häufiger als andere.
97. Quengelt	56. Mir scheint, mein Kind quengelt fast immer.
	Anpassungsfähigkeit (6 Items)
	15. Mein Kind reagiert sehr heftig, wenn twas passiert, das es nicht mag.
21. Lässt sich durch jede Veränderung in den üblichen täglichen Abläufen durcheinanderbringen	17. Es fällt meinem Kind sehr schwer und es braucht sehr lange, sich an neue Dinge zu gewöhnen.
92. Lässt sich durch unbekannte Menschen oder Situationen aus der Fassung bringen	29. Mein Kind hat mehr Schwierigkeiten als andere Kinder, sich an Veränderungen im Tagesablauf oder in der häuslichen Umgebung anzupassen.
	30. Mein Kind gerät über die kleinsten Dinge leicht in Aufregung.
	43. Für mein Kind ist es ein Problem, bei einem Babysitter, bei Freunden oder Verwandten zu bleiben.
	60. Wenn mein Kind aufgeregt ist, ist es schwer zu beruhigen.
Aufmerksamkeitsprobleme (5 Items)	*Hyperaktivität/ Ablenkbarkeit (6 Items)*
59. Wechselt sehr schnell von einer Beschäftigung zur nächsten	1. Mein Kind beschäftigt sich häufig länger als 10 Minuten mit einem Spiel oder einem Spielzeug. (umgepolt)
5. Kann sich nicht konzentrieren, kann nicht lange aufpassen	42. Mein Kind ist häufig unkonzentriert und leicht ablenkbar.
6. Kann nicht stillsitzen, ist unruhig oder überaktiv	14. Mein Kind ist wesentlich aktiver als andere Kinder.
	16. Mein Kind hat mehr Schwierigkeiten *als* andere Kinder, sich zu konzentrieren und aufzupassen.
	27. Mein Kind ist anstrengend, weil es sehr aktiv ist.

Zu externalisierenden Störungen gehören Aufmerksamkeitsprobleme (CBCL Skala 6) oder Hyperaktivität/ Ablenkbarkeit (PSI Skala). Drei Items beider Fragebögen in diesem Bereich stimmen fast überein. Dieser Vergleich legt die Vermutung nahe, dass zum Teil dasselbe Konstrukt gemessen wird. Die hohen Korrelationen können damit als Validitätsüberprüfung dienen. Anderseits wurde im PSI versucht, mit Formulierungen mancher Items einen subjektiven elterlichen Eindruck zu erfassen (s. bereits besprochene Items, z.B. „... *als andere Kinder*"), während CBCL-Fragen so gestellt werden, dass kein Vergleich zum Verhalten anderer Kinder oder kein Empfinden der Eltern in Bezug auf dieses Verhaltensmerkmal erfragt wird. Die weiteren drei Subskalen des PSI-Kindbereichs erfassen Gefühle der Eltern, die aus Schwierigkeiten im Umgang mit ihren Kindern entstehen: Skala *„Akzeptierbarkeit"* (z.B. „Ich bin manchmal enttäuscht, wenn mein Kind nicht gerne mit mir schmust", Item 22); Skala *„Eltern-Kind-Interaktion/ Verstärkung für die Eltern"* („Manchmal habe ich das Gefühl, dass mein Kind mich nicht mag und nicht in meiner Nähe sein will", Item 31); Skala *„Anforderung"* („Mein Kind stellt mehr Anforderungen an mich als andere Kinder an ihre Eltern", Item 38, „Es ist schwerer, für mein Kind zu sorgen, als für die meisten anderen", Item 11).

Damit kann vermutet werden, dass mit dem PSI-Kindbereich die problematischen Verhaltensweisen der Kinder (wie Aufmerksamkeitsprobleme/ Hyperaktivität sowie emotionale Schwierigkeiten) bzw. der elterliche Stress, der durch den Umgang mit diesen Schwierigkeiten entsteht, erfasst werden. Die hohen Korrelationen mit CBCL-Werten (wobei anhand der CBCL mehr problematische Verhaltensweisen und Einzelsymptome des Kindes erfasst werden) kann wie folgt interpretiert werden: Die Probleme im kindlichen Verhalten hängen mit dem elterlichen Stress zusammen, der durch den Umgang mit diesen Schwierigkeiten entsteht; möglicherweise werden anhand der CBCL nicht nur kindliche Symptome gemessen, sondern auch elterlicher Stress reflektiert.

3) Die empfundene soziale Unterstützung durch jeden Elternteil (Verfügbarkeit sozialer – instrumenteller, emotionaler oder informativer – Unterstützung *„PSI Mutter/ Vater SozUnt"*) hängt erwartungsgemäß positiv mit der Anzahl der Personen, deren Unterstützung je Elternteil in Anspruch genommen werden kann, zusammen:

„PSI Mutter SozUnt" mit „Mama UnterstAnzahl" $r= .47$;
„PSI Vater SozUnt" mit „Papa UnterstAnzahl" $r= .61$.

(Als Beispiel: Es wird im PSI ein Item (3) so formuliert, dass direkte Unterstützung bei Betreuung des Kindes wiedergegeben wird: „Es gibt genügend Menschen in meinem Freundes- und Bekanntenkreis, die zeitweise die Betreuung meines Kindes übernehmen können"; auf der Skala „Anzahl unterstützender Personen" wird die Gesamtanzahl angegeben: Partner und andere Personen).

– Fehlende soziale Unterstützung hängt mit höherem Stress im Kindbereich zusammen:
   „PSI Mutter SozUnt" mit „PSI Mutter Stress Kind" r= -.40;
   „PSI Vater SozUnt" und „PSI Vater Stress Kind" r= -.47.
– Der Mangel an Verfügbarkeit von Unterstützung geht mit einer höheren Anzahl unterschiedlicher Auffälligkeiten des Kindes in der frühen Entwicklung („Anzahl Probleme") sowie mit den aktuell wahrgenommenen (durch beide Elternteile berichteten) Schwierigkeiten aus dem kindlichen Verhalten (CBCL-Werte) einher (Ergebnisse für beide Elternteile beinahe gleich):
   „PSI Mutter SozUnt" mit „Anzahl Probleme", r= -.36;
   „PSI Vater SozUnt" mit „Anzahl Probleme", r= -.37.
– „PSI Mutter SozUnt" und „CBCL Mama Gesamt" r= -.35 (p< .05) (mit den „external" r= -.35, p< .05, mit den „internal" n.s.),
– „PSI Vater SozUnt" mit „CBCL Papa Gesamt" r= -.30 (p< .05) (mit den „internal" r= -.35, p< .05; „external" r= -.23, p< .10).

4) So wie der Mangel an Verfügbarkeit von Unterstützung geht auch eine geringere Anzahl unterstützender Personen für die Eltern mit einer höheren Anzahl früher kindlichen Probleme und mit höherem elterlichen Stress der Eltern einher:

– „Mama UnterstAnzahl" mit „Anzahl Probleme", r= -.39; für die Väter ist der Zusammenhang n.s.).
– „Papa UnterstAnzahl" mit „PSI Vater Stress Kind", r= -.42; der Zusammenhang zwischen den mütterlichen Variablen ist geringer: „Mama UnterstAnzahl" und „PSI Mutter Stress Kind" r= -.28, p< .05.
– Zwischen der Anzahl unterstützender Personen und den aktuellen Verhaltensschwierigkeiten der Kinder besteht kaum ein Zusammenhang: nicht signifikant mit den CBCL-Werten des Vaters, nur tendenziell mit der "CBCL Mama external" r= -.27.

5) SÖS-Familie: Es besteht ein hochsignifikanter negativer Zusammenhang zwischen dem SÖS-Familie und den wahrgenommenen kindlichen Problemen durch beide Elternteile (für die Väter höher):

- „CBCL Mama Gesamt" r= -.38, („external" r= -.41, beides p< .01, während mit internalisierenden n.s. oder tendenziell, nicht-parametrisch);
- „CBCL Papa Gesamt" r= -,45, („external" r= -.44, beides p< .01, „internal" r= -.38, p< .05).

Diese Ergebnisse bedeuten, dass in den Familien aus niedrigeren sozialen Schichten psychische bzw. Verhaltensauffälligkeiten der Kleinkinder häufiger auftreten und auch mehr Probleme in der frühen Entwicklung der Kinder angegeben werden (r= -.33, p< .05).

Je niedriger der SÖS der Familie, desto höher ist der kinderbezogene Stress der Mütter (Korrelation nur mit mütterlichem Stress signifikant „PSI Mutter Stress Kind" r= -.29, p< .05; mit dem väterlichen Stress „PSI Vater Stress Kind" r= -.26 – tendenziell).

Es besteht ein positiver Zusammenhang zwischen dem SÖS-Familie und der Verfügbarkeit sozialer Unterstützung für die Mütter („PSI Mutter SozUnt" r= .40) sowie der Anzahl der für die Mütter Unterstützung bietenden Personen (r= .41). Die Mütter aus den Familien mit dem hohen sozioökonomischen Status, verfügen über mehr soziale Unterstützung und mehr unterstützende Personen. Für die Väter sind diese Zusammenhänge n.s.

Zusammenhänge zwischen jenen Variablen, die keinen Einfluss auf die Gruppenzugehörigkeit haben

In Bezug auf *psychische Belastung* schätzten sich beide Elternteile meist als unauffällig ein (Vergleich der T-Werte). Geringere Belastungen in verschiedenen Bereichen wurden trotzdem berichtet. Es ergaben sich nur geringe, nicht signifikante Gruppenunterschiede in Bezug auf die psychische Belastung. Ein signifikanter Unterschied findet sich in der Skala „Unsicher" (M-W U-Test z=-2,35, p= .02) und „Phobisch" (z=-2,56, p= .01) für die Mütter, keine Unterschiede für die Väter. Die psychische Belastung von Vater und Mutter zeigt einen signifikanten Zusammenhang („BSI Papa Belastung" mit „BSI Mama Belastung" r=.44, p< .01). Dagegen sind keine Zusammenhänge der psychischen Belastung beider Elternteile mit dem SÖS der Familie sowie mit der Anzahl unterschiedlicher Probleme aus der Anamnese zu beobachten (nur ein tendenzieller Zusammenhang mit der Belastung der Mutter Spearman's rho r= .27, p= .052). (Beide Variablen sind nicht normal verteilt, Pearson und nicht parametrische Spearman's rho-Korrelationen wurden verglichen.)

Psychische Belastung und Einschätzung der kindlichen Problemlage. Eine höhere psychische Belastung der Mutter – aber nicht des Vaters – geht mit den Auffälligkeiten der Kinder einher: eingeschätzt durch die Mütter (sign. Zusammenhänge) sowie eingeschätzt durch die Väter (tendenzielle Zusammenhänge):

- „BSI Mama Belastung" mit „CBCL Mama Gesamt" r= .37, p= .01 (oder „CBCL Mama internal" r= .46, p< .01; „external" r= .29, p< .05). Je höher die psychische Belastung der Mutter, desto höher schätzt der Vater das kindliche Verhalten als auffällig ein.
- „BSI Mama Belastung" mit „CBCL Papa Gesamt" Pearson r= .35, p= .01 (Spearman's rho n.s.);
  „CBCL Papa internal" Pearson r= .42, p< .01 (Spearman's rho r= .28, p= .052- tendentiell), „external" Pearson r= .32, p= .02 (Spearman's rho r= .24 p= .08 – tendenziell).
- Korrelationen „BSI Papa Belastung" mit allen CBCL-Werten n.s.

Psychische Belastung und Partnerschaftsbeziehung. Es besteht ein negativer Zusammenhang zwischen der psychischen Belastung der Mutter bzw. des Vaters und der Partnerschaftsqualität.

- „BSI Mama Belastung" mit „PFB Mutter Partnerschaft" r= -.27, p= .06 (Spearman's rho r= -.34, p= .01); sowie Belastung der Mutter mit der Partnerschaftszufriedenheit des Vaters r= -.33, p= .02.
- „BSI Vater" mit „PFB Vater Partnerschaft" r= -.42, p< .01; sowie Belastung des Vaters mit der Partnerschaftszufriedenheit der Mutter n.s.

Psychische Belastung und elterlicher Stress. Eine höhere psychische Belastung beider Elternteile ist mit erhöhtem Stress im Elternbereich (Belastungsaspekte des emotionalen Wohlbefindens der Eltern) assoziiert.

Elterlicher Stress resultiert aus *Persönlichen Einschränkungen* (die elterliche Rolle schränkt sie in ihrer persönlichen Freiheit und in ihrer persönlichen Lebensführung ein); *Zweifel an der elterlichen Kompetenz* (persönliche Unsicherheit in der Erziehung des Kindes), *Depression* (bzw. Mangel an notwendiger psychischer Energie zur Erziehung des Kindes), *Elterlicher Bindung* (Unsicherheit bei der Einschätzung der Gefühle und der Bedürfnisse des Kindes), *Gesund-heitlicher Beeinträchtigung*, *Sozialer Isolation* und *Beeinträchtigung der Part-nerschaft* (Spannungen in der Partnerschaft bzw. fehlende Unterstützung durch den Partner).

- „BSI Mama Belastung" mit "PSI Mutter Stress Eltern" r= .42, p< .01, auch mit dem Stress des Vaters r= .34, p= .01;
- „BSI Papa Belastung" mit "PSI Vater Stress Eltern" r= .30, p= .03, mit dem Stress der Mutter n.s. (Spearman's rho tendenziell: r= .26, p= .07).

Es besteht nur ein tendenzieller Zusammenhang zwischen der psychischen Be-lastung der Mutter und ihrem Stress im Kindbereich (r= .26, p= .07) sowie auch dem Stress des Vaters r= .32, p= .02 (Spearman's rho n.s.). Kein Zusammenhang besteht zwischen der psychischen Belastung des Vaters und dem väterlichen Stress im Kindbereich.

Psychische Belastung und soziale Unterstützung. Es besteht ein negativer Zu-sammenhang zwischen der psychischen Belastung der Mutter bzw. des Vaters und der Verfügbarkeit sozialer Unterstützung für die Mütter und Väter:

- „BSI Mama Belastung" mit „PSI Mutter SozUnt" r= -.32, p= .02 (Spe-arman's rho r= -.30, p= .03); bzw. „BSI Mama Belastung" mit „PSI Vater SozUnt" r= -.30, p= .03 (Spearman's rho n.s.);
- „BSI Papa Belastung" mit „PSI Vater SozUnt" r= -.43, p< .01 (Spearman's rho r= -.31 , p= .03); „BSI Papa Belastung" mit „PSI Mutter SozUnt" r= -.32, p= .02 (Spearman's rho r= -.31, p= .03);
- „BSI Papa Belastung" mit „Papa UnterstAnzahl" r= -.26, p= .06 (Spe-arman's rho p= .10).

Eine höhere Belastung wird mit geringer eingeschätzter Verfügbarkeit sozialer Unterstützung verbunden. Gleiches gilt für eine geringere Anzahl an Unterstüt-zung bietender Personen.

Beziehungsqualität in der Partnerschaft. Es besteht eine Übereinstimmung zwi-schen den Einschätzungen beider Elternteile: „PFB Mutter" und „PFB Vater" r= .55, p< .01. Es ergaben sich nur geringe Gruppenunterschiede in Bezug auf die Partnerschaftsqualität, die nicht signifikant sind (nur im „Streitverhalten" der Mutter ergibt sich ein tendenzieller Unterschied: M(keine IntSt)=5.23, SD=4.05;

M(IntSt)=8.24, SD=7.28, p= .07). Keine Zusammenhänge von Partnerschafts-qualität sind mit der Anzahl an Problemen in der Anamnese, mit dem Stress – Kindbereich, den CBCL-Werten gesamt und external, (jedoch „PFB Vater" mit „CBCL internal" der Mutter r= - .31, p=.03), dem „PFB Mutter" und tendenziell mit dem SÖS-Familie r=.26, p= .07 beobachtbar.

Mütterlicher Stress (aber kaum väterlicher) im elterlichen Funktionsbereich hängt negativ mit der Partnerschaftsqualität – durch beide Elternteile einge-schätzt – zusammen:

- „PFB Mutter Partnerschaft" mit "PSI Mutter Stress Eltern" r= -.37, p= .01;
- „PFB Mutter Partnerschaft" mit "PSI Vater Stress Eltern" n.s.
- „PFB Vater Partnerschaft" mit "PSI Vater Stress Eltern" r=-.26, p= .07;
- „PFB Vater Partnerschaft" mit "PSI Mutter Stress Eltern" r= -.42, p<.01.

Eine positiv eingeschätzte Partnerschaftsqualität geht mit ausreichender sozialer Unterstützung einher, die Zusammenhänge sind für beide Partner signifikant, wobei Korrelationen für soziale Unterstützung für den Vater höher sind:

- „PFB Mutter Partnerschaft" mit „PSI Mutter SozUnt" r= .49, p< .01;
  „PFB Mutter Partnerschaft" mit „PSI Vater SozUnt" r= .52, p< .01;
- „PFB Vater Partnerschaft" mit „PSI Vater SozUnt" r= .59, p< .01;
  „PFB Vater Partnerschaft" mit „PSI Mutter SozUnt" r= .33, p= .02;
- auch „PFB Vater" mit "Papa UnterstAnzahl" r= .24, p= .08 (Mutter n.s.).

Stress in elterlichen Funktionsbereichen (Belastungsaspekte des emotionalen Wohlbefindens bzw. der Kompetenzen der Eltern): nur geringe, nicht signifikan-te Gruppenunterschiede in Bezug auf psychische Belastung bzw. Stress im El-ternbereich sind zu beobachten, nur ein für die Väter signifikanter Unterschied in der Skala „Kompetenz" (M(keine Interaktionsstörungen)= 9.38, SD=3.49; M(Interaktionsstörungen)=12.64, SD=4.59; p= .006). Übereinstimmung von bei-den Elternteilen findet man bei: "PSI Mutter Stress Eltern" und "PSI Vater Stress Eltern" r= .54, p< .01. Die Stresswerte in beiden Funktionsbereichen – Kindbe-reich und Erwachsenenbereich – hängen positiv miteinander zusammen: für die Mütter: r= .44, p< .01, für die Väter: r= .49, p< .01.

Einschränkung des emotionalen Wohlbefindens und der elterlichen Kompe-tenzen wird negativ mit der Verfügbarkeit sozialer Unterstützung für Mutter und Vater assoziiert:

- "PSI Mutter Stress Eltern" mit "PSI Mutter SozUnt" r= -.47, p< .01;
  "PSI Mutter Stress Eltern" mit "PSI Vater SozUnt" r= -.47, p< .01;
- "PSI Vater Stress Eltern" mit "PSI Vater SozUnt" r= -.45, p< .01;
  "PSI Vater Stress Eltern" mit "PSI Mutter SozUnt" r= -.29, p= .04.

5.3.3.2   Ergebnisse zu Hypothese 3

Detaillierte Ergebnisse der multiplen binären logistischen Regressionen

In einem ersten Schritt wurde das Gewicht jeder einzelnen Variable (in den multiplen BLR) bestimmt, anschließend wurden die Berechnungen mit Variablenkombinationen durchgeführt. Die folgenden Variablen – Stress – Kindbereich und CBCL-Gesamtwert (oder beide Werte – internalisierende und externalisierende) – sowie die Anzahl unterschiedlicher Probleme aus der Anamnese konnten wegen hoher Interkorrelationen nicht gemeinsam analysiert werden. (Interkorrelationen zwischen diesen Variablen sind in Tabelle 56 dargestellt.)

Damit wurden die multiplen BLR mit folgenden Prädiktoren berechnet:

I. Einzelne *Variablen*: Sozioökonomischer Familienstatus; Unterschiedliche Probleme aus der Anamnese; je *mütterliche* und *väterliche Variablen:* Stress aus dem Kindbereich; Wahrnehmung der kindlichen Problemlage; Verfügbarkeit sozialer Unterstützung; Anzahl von unterstützenden Personen (nur für die Mutter);

II. Variablenkombinationen (getrennte Analysen für Mutter und Vater):

1) Mütterliche Variablen (blockweise):
- mütterlicher Stress im Kindbereich, sozioökonomischer Status der Familie und Anzahl der Unterstützung bietenden Personen für die Mütter;
- Wahrnehmung der kindlichen Problemlage durch die Mutter (Gesamtwert oder external), sozioökonomischer Status der Familie und Anzahl der Unterstützung bietenden Personen für die Mütter;
2) Väterliche Variablen (blockweise):
- väterlicher Stress im Kindbereich, sozioökonomischer Status der Familie und Verfügbarkeit sozialer Unterstützung,
- Wahrnehmung des Vaters in Bezug auf die kindliche Problemlage (Gesamtwert bzw. gesplittet externalisierende und internalisierende Störungen),

sozioökonomischer Status der Familie und Verfügbarkeit sozialer Unterstützung des Vaters;

3) Signifikante Variablen der Mutter und des Vaters (blockweise):
- SÖS der Familie, Anzahl unterschiedlicher Auffälligkeiten des Kindes aus der Anamnese, Anzahl der Unterstützung bietenden Personen für die Mütter und Verfügbarkeit sozialer Unterstützung für den Vater;
- SÖS der Familie und unterschiedliche Auffälligkeiten des Kindes aus der Anamnese.

Die Ergebnisse der BLR (Gruppengröße N=50, Ausreißerfamilie Nr. 15 entfernt) sind in den Tabellen 59 (mit den einzelnen Variablen) und 60 (mit den Variablenkombinationen) zusammengefasst. Die Variablen, die als Regressoren in die Berechnung eingegeben wurden, sind in der Spalte *Variablen in der Analyse* (nach Höhe des N-K R²) aufgelistet. Nagelkerkes R² (N-K R²) gibt Information über die Kraft der Regressionsgleichung bzw. die Stärke des Zusammenhangs (Logistic Regression, 2005*)*. Neben N-K R² stehen Signifikanz, Odds Ratio (Exp(B)) und Konfidenzintervall.

Tabelle 59. Ergebnisse der binären logistischen Regressionen: *einzelne Variablen als Prädiktoren*, N=50 (Ausreißerfamilie Nr. 15 entfernt).

Variablen in der Analyse Signifikante Variablen (Prädiktoren)		N-K R²	p	Odds Ratio	Konfidenzintervall	
Vater	CBCL Papa Gesamt	.42	.003	1.11	1.04	1.19
Vater	PSI Vater SozUnt	.39	.001	.82	.73	.92
Vater	CBCL Papa external	.36	.002	1.21	1.07	1.36
Mutter	PSI M Stress Kind	.35	.001	1.08	1.03	1.13
Familie[1]	Anzahl Probleme	.33	.002	1.61	1.19	2.18
Vater	CBCL Papa internal	.32	.004	1.29	1.08	1.53
Vater	PSI Vater Stress Kind	.31	.002	1.09	1.03	1.15
Mutter	CBCL Mama Gesamt	.29	.003	1.05	1.02	1.09
Mutter	CBCL Mama external	.29	.003	1.14	1.05	1.25
Familie[1]	SÖS-Familie	.25	.004	.76	.63	.92
Mutter	Mama UnterstAnzahl	.24	.004	.65	.48	.87
Vater	Papa UnterstAnzahl	.24	.005	.71	.56	.90
Mutter	PSI Mutter SozUnt	.15	.022	.88	.79	.98

Anmerkungen. [1] Die Variable wurde aus den Antworten beider Elternteile gebildet Variablenbezeichnung s. auch auf Seite 274.

Alle Variablen (mit unterschiedlicher Signifikanz und unterschiedlichem Gewicht) verändern die Wahrscheinlichkeit, der Gruppe „Interaktionsstörungen" anzugehören, wie folgt:

1) Die Wahrscheinlichkeit der Interaktionsstörung steigt mit der Erhöhung:

- der *Anzahl kindlicher Probleme in der Anamnese* (z.B. Schlafprobleme, übermäßige Aktivität, ausgeprägtes Trotzverhalten, Wutausbrüche) (Odds ratio 1.61, p= .002);
- *der eingeschätzten aktuellen kindlichen Problemlage* durch beide Elternteile (gesamt oder externalisierende Symptomatik wie: Aufmerksamkeitsprobleme, oppositionelles Verhalten; oder internalisierende Symptomatik durch den Vater): *Wahrnehmung der kindlichen Problemlage durch die Mutter* (CBCL-*Gesamtwert*: Odds Ratio 1.05, p= .003 oder *externalisierende Störungen*: Odds Ratio 1.14, p= .003); *durch den Vater* (CBCL-*Gesamtwert*: Odds Ratio 1.11, p= .003 oder *externalisierende Störungen*: Odds Ratio 1.21, p= .002, internalisierende Symptomatik: Odds Ratio 1.29, p= .004);
- des wahrgenommenen *mütterlichen* (Odds Ratio 1.08, p= .001) und *väterlichen* (Odds Ratio 1.09, p= .002) *Stresses im Kindbereich*. Dieser Punkt betrifft Schwierigkeiten, die aus der Beziehung mit dem Kind bzw. aus der Erziehung und aus erhöhten Anforderungen resultieren.

2) Die Wahrscheinlichkeit der Interaktionsstörung sinkt mit der Erhöhung:

- der ausreichend verfügbaren *sozialen Unterstützung für den Vater* (Odds Ratio 1/ .82, p=.001) und *für die Mutter* (geringer, Odds Ratio 1/ .88, p= .022). Dies betrifft die Übernahme der Betreuung des Kindes, emotionale und informative Unterstützung;
- der *Anzahl von Unterstützung bietenden Personen* für die Mutter (Odds Ratio 1/ .65, p= .004) und für den Vater (Odds Ratio 1/ .71, p= .005) (PartnerIn, Eltern, FreundInnen etc.);
- des *soziodemographischen Status der Familie* (SÖS-Familie) (Odds Ratio 1/ .76, p= .004).

Es wurde versucht, auch mit der vollständigen Gruppe (N=59 – auch alleinerziehende Mütter oder N=52 – alleinerziehender Vater inkludiert) die Berechnungen durchzuführen. Es wurden immer wieder einzelne Ausreißerfamilien erkannt;

das Modell wurde bei so einer geringen Anzahl von Fällen durch Ausreißer stark beeinflusst.
In Tabelle 60 sind die Ergebnisse der multiplen BLR mit den Variablenkombinationen zu finden. Nicht alle signifikanten Prädiktoren blieben in der Gleichung. Väterliche Variablen haben etwas höheren Einfluss auf die Vorhersage der Interaktionsstörungen als mütterliche.

Tabelle 60. Ergebnisse der binären logistischen Regressionen, *Variablenkombinationen als Prädiktoren*: mütterliche und väterliche Variablen getrennt sowie gemeinsam (im letzten Schritt), N=50.

Variablen in der Analyse Signifikante Variablen (Prädiktoren)		N-K R²	p	Odds Ratio	Konfidenzintervall	
Vater	PSI Vater SozUnt	.59	.003	.82	.72	.93
Vater	CBCL Papa external		.009	1.21	1.05	1.40
Familie[1]	SÖS-Familie	-	-			
Vater	PSI Vater SozUnt	.59	.005	.85	.75	.95
Vater	CBCL Papa Gesamt		.014	1.10	1.02	1.19
Familie[1]	SÖS-Familie	-	-			
Vater	PSI Vater SozUnt	.52	.003	.82	.72	.93
Familie[1]	SÖS-Familie		.013	.76	.61	.94
Vater	PSI Vater Stress Kind	-	-			
Vater	PSI Vater SozUnt	.52	.003	.82	.72	.93
Familie[1]	SÖS-Familie		.013	.76	.61	.94
Vater	CBCL Papa internal	-				
Mutter	PSI Mutter Stress Kind	.49	.002	1.08	1.03	1.14
Familie[1]	SÖS-Familie		.013	.76	.61	.94
Mutter	Mama UnterstAnzahl	-	-			
Mutter	CBCL Mama Gesamt	.48	.004	1.07	1.02	1.12
Mutter	Mama UnterstAnzahl		.006	.57	.38	.85
Familie[1]	SÖS-Familie	-	-			
Vater	PSI Vater SozUnt	.54	.004	.83	.74	.94
Familie[1]	Anzahl Probleme		.010	1.60	1.12	2.29
Familie[1]	SÖS-Familie	-				
Mutter	Mama UnterstAnzahl	-				
Familie[1]	Anzahl Probleme	.44	.010	1.54	1.11	2.14
Familie[1]	SÖS-Familie		.028	.80	.65	.98
Mutter	Mama UnterstAnzahl	-	-			

Anmerkungen. [1] Die Variable wurde aus den Antworten beider Elternteile gebildet
Variablenbezeichnung s. auch auf Seite 274.

Die *Verfügbarkeit sozialer* Unterstützung *für den Vater* trägt am besten zur Vorhersage der Interaktionsstörungen bei (p= .003, Odds Ratio 1/ .82, N-K R^2= .39). Die Vorhersage wird verbessert durch:

- die *Einschätzung der externalisierenden Symptomatik* (oder Gesamtsymptomatik) (p=.009, Odds Ratio 1.21, beide Variablen *N-K R^2* = .59);
- den *sozioökonomischen Status der Familie* (p= .013, Odds Ratio 1/ .76, beide *N-K R^2*= .52);
- die Anzahl unterschiedlicher Probleme aus der Anamnese (p= .01, Odds Ratio 1.60, beide N-K R^2 = .54).

Aus *mütterlichen Faktoren* sind folgende Variablenkombinationen signifikant:

- *Mütterlicher Stress im Kindbereich* (p= .002, Odds Ratio 1.08, *N-K R^2*= .35) mit dem *sozioökonomischen Status der Familie* (p= .013, Odds Ratio .76, beide *N-K R^2*= .49) oder
- die *Einschätzung der aktuellen kindlichen Problemlage* (Gesamtsymptomatik) (p= .004, Odds Ratio 1.07, *N-K R^2* = .29) mit der *Anzahl unterstützender Personen* (p= .006, Odds Ratio 1/ .57, beide Variablen *N-K R^2* = .48).

Variablen beider Elternteile: Unterschiedliche Probleme aus der Anamnese (Odds Ratio 1.54, p= .01) mit dem sozioökonomischen Familienstatus (1/ .80, p= .028).

Mittelwertvergleich zwischen drei Gruppen: ANOVA

Es wurde geprüft (mittels ANOVA Oneway, N=50), ob sich die drei Gruppen „gut adaptierte", „Risiko-" und „gestörte" Interaktionen in Bezug auf familiäre/ Umgebungsvariablen bzw. persönliche Variablen beider Elternteile unterscheiden. Es zeigten sich signifikante Haupteffekte (bis auf internalisierende Störungen durch Mutter eingeschätzt), die auf Gruppenunterschiede hinweisen. Nach der Korrektur des Signifikanzniveaus blieben Gruppenunterschiede signifikant (bis auf empfundene soziale Unterstützung der Mutter – n.s.). Die Ergebnisse sind in Tabelle 61 zusammengefasst (S. 292).

Aus dem Mittelwertvergleich (Post Hoc Test) ergaben sich keine statistisch signifikanten Unterschiede zwischen den Gruppen „Risiko" und „Interaktionsstörungen".

Die signifikanten Mittelwertunterschiede waren zwischen „gut adaptierten"
Interaktionen und „Interaktionsstörungen" am häufigsten zu finden (bis auf die
Variable *„Anzahl von unterstützenden Personen für die Mutter")*. Die Unterschiede blieben auch signifikant, nachdem das α-Niveau adjustiert wurde: Die
Gruppen „gut adaptierte Interaktionen" und „Interaktionsstörungen" unterschieden sich in Bezug auf den sozioökonomischen Status der Familie, auf die Anzahl
unterschiedlicher Probleme aus der Anamnese, auf die elterliche Wahrnehmung
der kindlichen Problemlage (*CBCL-Gesamtwert* oder *external)* durch mütterlichen Stress im Kindbereich (auch zwischen Gruppen „gut adaptierte Interaktionen" und „Risiko") sowie in Bezug auf die soziale Unterstützung des Vaters
(auch zwischen Gruppen „gut adaptierte Interaktionen" und „Risiko"). In Bezug
auf die Anzahl unterstützender Personen für Mutter sowie auf den väterlichen
Stress im Kindbereich gab es Unterschiede zwischen den Gruppen „gut adaptierte Interaktionen" und „Risiko".

Zusammenfassende Interpretation zu Hypothese 3

Von den familiären Variablen bzw. Umgebungsvariablen tragen die soziale Unterstützung des Vaters bzw. mütterlicher Stress im Kindbereich oder elterliche
Wahrnehmung der kindlichen Problemlage (CBCL-Gesamtwert) am besten zur
Vorhersage der Interaktionsstörungen bei. Die Vorhersage wird verbessert: durch
den CBCL-Wert (external) oder die Anzahl unterschiedlicher Probleme aus der
Anamnese oder die Anzahl unterstützender Personen für die Mutter. Der sozioökonomische Status der Familie hat eine moderierende Wirkung.

Drei Variablen (je Mütter und Väter) – *CBCL-Werte, Stress im Kindbereich*
sowie *Anzahl unterschiedlicher Probleme aus der Anamnese* – könnten potenziell ähnlichen Einfluss (hohe Interkorrelationen) auf die Gruppenzugehörigkeit
nehmen und ähnlich interpretiert werden. Mit der Erhöhung aller Werte ändert
sich (steigt) Odds Ratio für Interaktionsstörungen: D.h. eine Variable könnte
praktisch durch die andere ersetzt werden. Die höhere Anzahl der retrospektiv
erhobenen unterschiedlichen Auffälligkeiten in der frühen Entwicklung des Kindes zeigt einen direkten Zusammenhang mit den aktuell eingeschätzten Auffälligkeiten der Kinder durch die Eltern (CBCL) sowie mit dem elterlichen Stress
im Kindbereich bzw. mit der geringeren Verfügbarkeit sozialer Unterstützung für
den Vater und einer geringeren Anzahl von unterstützenden Personen für die
Mutter sowie mit dem niedrigeren SÖS der Familie (s. auch bivariate Korrelationen, Tab.56).

Tabelle 61. Gruppenunterschiede (*gut adaptierte Interaktionen* – N=25, *Risiko* – N=12 und *Interaktionsstörungen* – N=13) in Bezug auf familiäre/Umgebungs- bzw. persönliche Variablen beider Elternteile, ANOVA (oneway). M – Mittelwert, SD – Standardabweichung; p – Signifikanzniveau, adj p – Signifikanzniveau nach α-Korrektur. Gesamt – N=51.

Variablen	Gesamt		Mittelwertvergleich					
			Gut adaptiert (1)		Risiko (2)		Int. Störung (3)	
	M	SD	M	SD	M	SD	M	SD
Familiäre Variablen								
SÖS-Familie	15.70	(3.73)	17.32	(2.84)	15.00	(3.62)	13.23	(4.02)
Anzahl Probleme	3.16	(2.92)	1.72	(1.62)	4.00	(3.52)	5.15	(3.00)
Mütterliche Variablen								
CBCL Mama Gesamt	40.37	(21.66)	30.43	(18.09)	45.98	(23.77)	54.29	(17.22)
CBCL Mama Internal	10.26	(6.78)	8.40	(6.51)	12.23	(8.74)	12.01	(4.33)
CBCL Mama External	15.61	(8.99)	11.44	(6.44)	17.08	(9.82)	22.27	(8.49)
PSI Mutter Stress Kind	58.80	(17.43)	49.76	(13.15)	68.25	(18.96)	67.46	(14.99)
PSI Mama SozUnterstützung	29.66	(5.99)	31.68	(4.57)	28.92	(6.53)	26.46	(6.73)
Mama UnterstAnzahl	5.72	(2.33)	6.72	(2.13)	4.17	(1.64)	5.23	(2.42)
Väterliche Variablen								
CBCL Papa Gesamt	33.52	(19.15)	23.21	(11.26)	44.65	(19.51)	43.09	(21.22)
CBCL Papa Internal	8.33	(6.40)	5.44	(3.75)	12.26	(7.96)	10.27	(6.65)
CBCL Papa External	12.81	(8.09)	8.68	(5.14)	15.45	(8.29)	18.31	(8.74)
PSI Vater Stress Kind	55.69	(14.74)	48.58	(10.82)	63.58	(14.01)	62.08	(16.15)
PSI Papa SozUnterstütz	28.06	(7.78)	32.24	(4.74)	23.83	(7.67)	23.92	(8.70)
Papa UnterstAnzahl	6.22	(2.94)	7.48	(2.52)	4.58	(2.39)	5.31	(3.25)

Fortsetzung Tabelle 61. Gruppenunterschiede, ANOVA: *gut adaptierte Interaktionen* (1), *Risiko* (2) und *Interakt.Störungen* (3)

	Haupteffekte			Post Hoc Tests (Scheffé[1]) Vergleich zwischen Gruppen:					
				1-2		2-3		1-3	
	F	p	adj p	p	adj p	p	adj p	p	adj p
Familiäre Variablen									
SÖS-Familie	6.66	.0028	**	n.s.	n.s.	n.s.	n.s.	.004	**
Anzahl Probleme	8.58	.0007	***	.049	n.s.	n.s.	n.s.	.001	**
Mütterliche Variablen									
CBCL Mama Gesamt	7.16	.0019	**	.084	n.s.	n.s.	n.s.	.003	**
CBCL Mama Internal	1.95	n.s.	n.s.	n.s.	n.s.	n.s.	n.s.	n.s.	n.s.
CBCL Mama External	8.35	.0008	**	n.s.	n.s.	n.s.	n.s.	.001	**
PSI Mutter Stress Kind	8.90	.0005	***	.005	*	n.s.	*	.005	**
PSI Mama SozUnterstützung	3.75	.0308	n.s.	n.s.	n.s.	n.s.	n.s.	.035	n.s.
Mama UnterstAnzahl	6.42	.0034	**	.005	*	n.s.	*	n.s.	n.s.
Väterliche Variablen									
CBCL Papa Gesamt	9.92	.0003	***	.002	**	n.s.	**	.004	**
CBCL Papa Internal	6.65	.0029	**	.006	*	n.s.	*	.060	n.s.
CBCL Papa External	9.20	.0004	***	.030	n.s.	n.s.	n.s.	.001	**
PSI Vater Stress Kind	7.38	.0016	**	.008	*	n.s.	*	.016	n.s.
PSI Papa SozUnterstütz	9.80	.0003	***	.003	**	n.s.	**	.003	**
Papa UnterstAnzahl	5.68	.0062	*	.014	n.s.	n.s.	n.s.	.073	n.s.

Anmerkungen. Signifikanter Haupteffekt bzw. signifikante Unterschiede zwischen Gruppen: *gut adaptierte Interaktionen, Risiko und Interaktionsstörungen:* *p < .10, nach α-Adjustierung herabgesetzt auf p < .0071 (Tendenz); ** p < .05 – auf p < .0036; *** p < .01– auf p < .0007 (insgesamt 14 Vergleiche); [1] geringe Unterschiede zwischen Scheffe und Bonferroni

Der SÖS der Familie verbessert die Vorhersage. Die Zugehörigkeit der Familie zu höheren sozialen Schichten verringert die Wahrscheinlichkeit der Interaktionsproblematik (wobei Familien, die höheren Schichten zuzuordnen sind, in der vorliegenden Untersuchung überrepräsentiert sind). In den niedrigen sozialen Schichten zugeordneten Familien sind die psychischen bzw. Verhaltensauffälligkeiten der Kleinkinder und damit verbunden kinderbezogener Stress der Mütter wahrscheinlicher. Mütter aus höheren sozialen Schichten verfügen über mehr soziale Unterstützung und über eine höhere Anzahl unterstützender Personen. Die Verfügbarkeit sozialer Unterstützung des Vaters ist der stärkste Prädiktor für die Gruppenzugehörigkeit, unabhängig vom SÖS-Familie.

Der Vergleich von drei Gruppen – „gut adaptierte Interaktionen", „Risikogruppe" und „Interaktionsstörungen" – in Bezug auf familiäre/ Umgebungsvariablen bzw. persönliche Variablen beider Elternteile ergab signifikante Gruppeneffekte. Die Gruppe mit unauffälligem Interaktionsverhalten unterscheidet sich in Bezug auf alle Variablen (bis auf zwei Variablen der Mutter: *„internalisierende Störungen"* und *„empfundene Soziale Unterstützung"*) von den beiden Gruppen oder von einer der beiden Gruppen mit Interaktionsschwierigkeiten. Die Ausprägung der Interaktionsproblematik erscheint als nicht mehr bedeutend (keine statistisch signifikanten Unterschiede zwischen „Risikogruppe" und „Interaktionsstörungen").

Weder durch den elterlichen Stress (Belastungsaspekte des emotionalen Wohlbefindens der Eltern) noch durch die psychische Gesundheit der Eltern oder die Partnerschaftszufriedenheit, weder durch die Involvierung beider Elternteile in die Kinderbetreuung noch durch die Zufriedenheit mit dieser Involvierung können Interaktionsstörungen erklärt werden. *Soziodemographische Variablen* wie das Alter beider Elternteile und des Kindes, das Geschlecht des Kindes, die Dauer der Partnerschaft, die Kinderanzahl im Familienverband, die Stellung des Kindes in der Geschwisterreihe und die Betreuungsart des Kindes können die Interaktionsstörungen nicht erklären. Genauso nehmen unterschiedliche *Anamnesedaten* (psychische Auffälligkeiten der Geschwister, Schwangerschaftswunsch der Mutter und des Vaters, Dauer und Beschwerden (in) der Schwangerschaft, Geburtsgewicht, frühere Belastungen wie Krankheiten des Kindes) keinen Einfluss auf die Zugehörigkeit zu einem der Verhaltensmuster.

5.3.4 Häufigkeitsunterschiede zwischen UGr und KGr in Bezug auf die elterliche Wahrnehmung der kindlichen Problemlage (Hypothese 4)

In Kapitel 5.2.4.3 wurden statistisch hochsignifikante Gruppenunterschiede in der Gesamteinschätzung des kindlichen Verhaltens beschrieben. Beide Elternteile der UGr (Eltern, die einen hohen Leidensdruck haben und Hilfe suchen) beurteilten das Verhalten ihrer Kinder als wesentlich problematischer im Vergleich zur KGr (nicht behandelte Stichprobe). Der Summenscore der CBCL gibt aber keine Information über das Vorliegen einer Verhaltensstörung des Kindes. Eine Einschätzung, ob es sich bei einem bestimmten Kind um ein auffälliges Verhalten (bzw. um welche Ausprägung der Auffälligkeit) handelt, ist für die Untersuchung von Interesse. Hierzu werden der Gesamtwert sowie die Werte der übergeordneten Skalen mit den Normwerten (Achenbach & Rescorla, 2000) verglichen. T-Werte ab 64 weisen auf eine klinisch ausgeprägte Verhaltensstörung hin, während Werte zwischen 60 und 63 eine geringere Abweichungen vom alterstypischen Verhalten bedeuten und als *borderline* bezeichnet werden. In der KGr wäre auch ein gewisser Anteil an Verhaltensauffälligkeiten zu erwarten, auch wenn diese nicht diagnostiziert werden.

1) Anhand des *Chi-Quadrat* wurde überprüft, ob es Häufigkeitsunterschiede zwischen Familien aus der UGr und der KGr in Bezug auf die (aus der elterlichen Wahrnehmung der kindlichen Problemlage stammenden) CBCL-T-Werte (*klinisch auffällig* vs. *nicht auffällig*) gibt. Die Ausprägungen *borderline* und *klinisch* wurden (wegen seltenen Auftretens) zusammengefasst und die Häufigkeitsunterschiede mittels Chi-Quadrat berechnet (s. Tab. 62).

Tabelle 62. Häufigkeitsunterschiede zwischen UGr und KGr in Bezug auf elterliche Wahrnehmung der kindlichen Problemlage (CBCL-T-Wert *Gesamtprobleme: unauffällig (1)* vs. *borderline (2) & klinisch auffällig (3)*), N=51.

	N	Mutter				Vater			
		unauffällig	borderline & klinisch			unauffällig	borderline & klinisch		
		1	[2 & 3]	2	3	1	[2 & 3]	2	3
UGr	18	7 (38.9) *	11 (61.1)	3	8	11 (61.1)	7 (38.9)	1	6
KGr	33	27 (81.8)	6 (18.2)	3	3	31 (93.9)	2 (6.1)	1	1
Gesamt	51	34 (66.7)	17 (33.3)	6	11	42 (82.4)	9 (17.6)	2	7

*N (%)

Ein Häufigkeitsvergleich ergab signifikante Gruppenunterschiede in Bezug auf CBCL-T-Werte: Mutter: χ^2=9.66, df=1, p= .002; Vater: χ^2=8.64, df=1, p= .004. Wie erwartet resultiert eine Bewertung *klinisch auffällig* (aus dem Vergleich des CBCL-Gesamtscores mit den Normtabellen) für die Kinder der UGr häufiger als für jene Kinder aus der KGr, während in der Ausprägung *borderline* keine Gruppenunterschiede zu finden sind.

Für die Kinder der KGr erfolgte eine Beurteilung von Verhaltensauffälligkeiten nur aufgrund der elterlichen Einschätzung (CBCL). Aus der Einschätzung der Eltern der KGr ging erwartungsgemäß eine Bewertung des kindlichen Verhaltens als *unauffällig* am häufigsten hervor. Man findet aber in der KGr sowohl geringere Verhaltensabweichungen als auch klinisch ausgeprägte Verhaltensstörungen, was in Tabelle 62 gut zu sehen ist.

Ein Häufigkeitsvergleich ergab auch signifikante Gruppenunterschiede in Bezug auf CBCL-T-Werte *externalisierende Störungen* (s. Tab. 63): Mutter: χ^2=18.58, df=1, p= .000; Vater: χ^2=10.89, df=1, p= .001; bzw. tendenzielle – in Bezug auf CBCL-T-Werte *internalisierende Störungen* (s. Tab. 64): Mutter: χ^2=3.03, df=1, p= .082; Vater: χ^2=2.93, df=1, p= .087 (je eine Zelle nicht besetzt).

Tabelle 63. Häufigkeitsunterschiede zwischen UGr und KGr in Bezug auf elterliche Wahrnehmung der kindlichen Problemlage (CBCL-T-Wert *Externalisierende Störungen*: *unauffällig (1)* vs. *borderline (2)* & *klinisch auffällig (3)*), N=51.

	N	Mutter				Vater			
		unauffällig 1	borderline & klinisch [2 & 3]	*2*	*3*	unauffällig 1	borderline & klinisch [2 & 3]	*2*	*3*
UGr	18	7 (38.9)*	11(61.1)	*1*	*10*	10 (55.6)	8 (44.4)	*2*	*6*
KGr	33	31 (93.9)	2 (6.1)	*1*	*1*	31 (93.9)	2 (6.1)	*0*	*2*
Gesamt	51	38 (74.5)	13 (25.5)	*2*	*11*	41 (80.4)	10 (19.6)	*2*	*8*

* N (%)

Aus der Einschätzung aller Mütter resultierte (aus dem Normvergleich) ein generell häufiger als *auffällig* bezeichnetes Verhalten der Kinder im Vergleich zur Einschätzung der Väter (s. Tab. 62) (den Vergleich auf dem Niveau der Rohdaten s. Kap. 5.2.4.3). Dies betrifft insbesondere die Einschätzung der internalisierenden Auffälligkeiten in beiden Gruppen (UGr und KGr) (s. Tab. 64) sowie der externalisierenden Auffälligkeiten in der UGr (s. Tab. 63). Aus den Einschätzungen beider Elternteile der externalisierenden Auffälligkeiten resultierte fast ausschließlich (94 %) ein unauffälliges Verhalten der Kinder der KGr. Die Mütter der KGr tendierten jedoch dazu, internalisierende Auffälligkeiten ihrer Kinder eher zu tolerieren oder zu bagatellisieren (21 % schätzten das Verhalten als auffällig ein, suchten aber keine Hilfe), während die Väter das Verhalten überhaupt nicht als auffällig empfanden.

Tabelle 64. Häufigkeitsunterschiede zwischen UGr und KGr in Bezug auf elterliche Wahrnehmung der kindlichen Problemlage (CBCL-T-Wert *Internalisierende Störungen: unauffällig (1)* vs. *borderline (2) & klinisch auffällig (3)*), N=51.

	N	Mutter				Vater			
		unauffällig	borderline & klinisch			unauffällig	borderline & klinisch		
		1	[2 & 3]	2	3	1	[2 & 3]	2	3
UGr	18	10 (55.6)*	8 (44.4)	5	3	14 (77.8)	4 (22.2)	1	3
KGr	33	26 (78.8)	7 (21.2)	3	4	31 (93.9)	2 (6.1)	1	1
Gesamt	51	36 (70.6)	15 (29.4)	8	7	45 (88.2)	6 (11.8)	2	4

* N (%)

2) Außerdem wurde verglichen, ob der aus der Einschätzung des kindlichen Verhaltens durch die Eltern der PatientInnengruppe stammende CBCL-T-Wert mit der Feststellung der Fachleute der Kinderklinik als „klinisch auffällig" übereinstimmte (auf Zuordnung und Vergleich der internalisierenden bzw. externalisierenden Störungen wurde wegen sehr unterschiedlicher Diagnosen verzichtet).

Tabelle 65. Häufigkeitsvergleich – diagnostizierte Störungen auf der Kinderklinik vs. keine Diagnose – nach mütterlicher und väterlicher Einschätzung der kindlichen Problemlage (CBCL-T-Wert *Gesamtprobleme: unauffällig (1)* vs. *borderline (2) & klinisch auffällig (3)*), N=51.

	N	Mutter				Vater			
		unauffällig	borderline & klinisch			unauffällig	borderline & klinisch		
		1	[2 & 3]	2	3	1	[2 & 3]	2	3
DgnStörung	17	6 (35.3) *	11 (64.7)	3	8	10 (58.8)	7 (41.2)	1	6
keineDgn	34	28 (82.4)	6 (17.6)	3	3	32 (94.1)	2 (5.9)	1	1
Gesamt	51	34 (66.7)	17 (33.3)	6	11	42 (82.4)	9 (17.6)	2	7

*N (%)

Abkürzungen. DgnStörung – an der Kinderklinik diagnostizierte Störungen
keineDgn – keine Diagnose oder nicht an der Kinderklinik vorgestellt

Überraschend schätzten – wenn die CBCL-Gesamtscores mit den Normtabellen verglichen wurden – über ein Drittel der Mütter (N=6) und sogar 59 % (N=10) der Väter der PatientInnengruppe das Verhalten ihrer Kinder als *unauffällig* ein (s. Tab. 65). (Für ein Kind, N=51, (oder vier Kinder aus N=60) wurde keine Diagnose auf der Kinderklinik gegeben. Wenn ein Kind ohne Diagnose aus der UGr entfernt wird, ändern sich die Ergebnisse nicht.)

Es blieben die Fragen: Ist die CBCL für diese Altersgruppe ein valides Verfahren? Sind die Normen für die deutschsprachige Population (insbesondere für die Untergruppe der auffälligen Kinder) anwendbar? Aus welchem Grund suchten die Eltern der UGr Hilfe oder wurden an die Kinderklinik überwiesen? Wurden psychische Störungen oder Verhaltensstörungen auf der Kinderklinik überbewertet? Um Antworten auf diese Fragen zu finden, werden die bereits besprochenen Ergebnisse zu Hypothese 4 mit den Ergebnissen der Hypothesen 1 bis 3 in Beziehung gesetzt.

5.3.5 Zusammenfassender Vergleich der Ergebnisse der Hypothesen 1 bis 4

Aus den bereits vorliegenden Ergebnissen der Studie ließ sich eine weitere Annahme ableiten: Wenn die Familien der PatientInnengruppe, erstens, vermehrt durch ein gestörtes dyadisches Interaktionsverhalten auffallen (ca. 89 %, s. Ergebnis der Hypothese 2) und dennoch, zweitens, die Kinder bis zu 35 % (laut mütterlichem Urteil) oder 59 % (laut väterlichem Urteil) als *unauffällig* eingeschätzt werden (aus dem Vergleich des CBCL-Gesamtscores mit den Normwerten), wäre zu vermuten, dass diese Eltern a) das Verhalten ihrer Kinder signifikant häufiger als auffällig wahrnehmen als Eltern der KGr – jedoch nicht ausreichend für das Urteil *klinisch auffällig*, b) mit den Schwierigkeiten, das Verhalten ihrer Kinder zu steuern, konfrontiert sind, was sich in dem Interaktionsverhalten widerspiegelt, und c) deshalb Hilfe suchen.

Es wurde geprüft, ob sich die Familien, deren dyadisches Interaktionsverhalten als „gestört" eingeschätzt wurde, in der elterlichen Wahrnehmung der kindlichen Problemlage (CBCL-T-Werte als *klinisch auffällig*) von den Familien, die sich durch „gut adaptiertes" Interaktionsverhalten auszeichnen, unterscheiden. Es wurde erwartet, dass die Häufigkeit der Familien, deren Kinder anhand des CBCL-T-Wertes als *klinisch auffällig* bezeichnet wurden, in der Gruppe „Interaktionsstörungen" höher ist.

Die Berechnung des *Chi-Quadrates* ergab keine signifikanten Gruppenunterschiede („Interaktionsstörungen" vs. „gut adaptierte Interaktionen") im Bezug auf

298

Vorliegen eines Urteils *klinisch auffällig* (*borderline* und *klinisch auffällig* zusammengefasst). Bzw. auch in der Gruppe „Risiko & Interaktionsstörung" (wie bereits in den Familien mit dem „gut adaptierten" Interaktionsverhalten) wurde das kindliche Verhalten am häufigsten als *unauffällig* eingeschätzt (s. Tab. 66). D.h. die Interaktionsproblematik trat unabhängig davon auf, wie das kindliche Verhalten aufgrund der elterlichen Wahrnehmung (mit dem Normvergleich) eingeschätzt wurde. Durch die Wahrnehmung beider Elternteile wurde das Verhalten ihrer Kinder (der Gruppe „Interaktionsstörungen") gleich häufig als *klinisch auffällig* eingeschätzt, (als *borderline* häufiger durch die Mütter als durch die Väter).

In der Gruppe „gut adaptierte Interaktionen" wurde das Verhalten der Kinder überwiegend als *unauffällig* eingeschätzt. Ein Anteil der Einschätzungen als *abweichend (borderline)* oder *klinisch auffällig* (durch die Mütter häufiger) war auch in dieser Gruppe zu finden.

Tabelle 66. Häufigkeitsunterschiede zwischen Gruppen mit und ohne Interaktionsproblematik in Bezug auf elterliche Wahrnehmung der kindlichen Problemlage (Interaktionsproblematik x CBCL- T-Wert Gesamtprobleme: unauffällig, borderline & klinisch auffällig), N=51.

Interakt. Qualität	N	Mütter			Väter		
		unauf.	borderl.	klinisch	unauf.	borderl.	klinisch
Störung	25	16 (64.0)*	6 (24.0)	3 (12.0)	21 (84.0)	1 (4.0)	3 (12.0)
Adaptiert	26	20 (76.9)	2 (7.7)	4 (15.4)	24 (92.3)	1 (3.8)	1 (3.8)
Gesamt	51	36 (70.6)	8 (15.7)	7 (13.7)	45 (88.2)	2 (3.9)	4 (7.8)

* N (%)

Abkürzungen. Interaktionsqualität: *Störung* – Risiko & Interaktionsstörung;
Adaptiert – keine Interaktionsproblematik (gut adaptierte bis unausgewogene Interaktion)

Des Weiteren konnten folgende Ergebnisse in Zusammenhang gebracht werden:

- In der Gruppe *„Risiko & Interaktionsstörung"* gab es nach den Einschätzungen von 64 % der Mütter und von 84 % der Väter einen Anteil an Kindern, der als *unauffällig* (mit den Normtabellen verglichen) eingestuft wurde.
- Die Häufigkeit von Familien aus der *UGr* war im Cluster „Risiko & Interaktionsstörungen" signifikant höher (ca. 89 %) (Ergebnis der Hypothese 2).
- Überraschend schätzten – wenn der CBCL-Gesamtscore mit den Normtabellen verglichen wurde – über ein Drittel der Mütter und sogar 59 % der Väter der PatientInnengruppe das Verhalten ihrer Kinder als *unauffällig* ein) und suchten trotzdem Hilfe (Teilergebnis der Hypothese 4).

Daraus könnte man folgendermaßen schlussfolgern:

- Der CBCL-T-Gesamtwert (*unauffällig* vs. *klinisch auffällig*), der aus der elterlichen Wahrnehmung der kindlichen Problemlage stammt, stimmt mit der auf der Kinderklinik festgestellten Störung nicht immer überein. Auf der Kinderklinik wurden Störungen diagnostiziert, auch wenn sich ein Drittel der Kinder aus dem Vergleich mit den Normtabellen der CBCL als *unauffällig* erwies. Möglicherweise lassen sich manche diagnostizierten Störungen (wie z.B. Entwicklungsstörungen) nicht als psychische, emotionale oder Verhaltensauffälligkeiten definieren bzw. als solche erfassen.
- Die Interaktionsproblematik in der UGr steht mit der wahrgenommenen kindlichen Problemlage durch die Eltern in Zusammenhang (CBCL-Wert als Prädiktor füt Interaktionsstörungen), nicht jedoch damit, wie das kindliche Verhalten anhand der Normtabelle der CBCL eingeschätzt wird.
- Die Probleme und die Hilflosigkeit bzw. der Stress der Eltern, mit Verhaltensschwierigkeiten der Kinder umzugehen (auch wenn diese Schwierigkeiten für eine Beurteilung des kindlichen Verhaltens als *klinisch auffällig* nicht ausreichen), und damit verbundene Interaktionsauffälligkeiten sind bereits ein Grund, fachliche Hilfe zu suchen.

6 Zusammenfassende Interpretation und Diskussion der Ergebnisse

Dieses abschließende Kapitel dient der zusammenfassenden Interpretation der empirischen Ergebnisse der vorliegenden Studie und der Diskussion dieser Ergebnisse auf Basis der bisherigen (bereits angeführten und neueren) Forschungsbefunde. Die Arbeit befasste sich mit der Qualität der Eltern-Kind-Beziehung und -Interaktion in Zusammenhang mit den psychischen Auffälligkeiten bzw. Verhaltensauffälligkeiten der 2- bis 3½-jährigen Kinder und den kindlichen, elterlichen und familiären Faktoren. Als zentrale Variable wurden dyadische Eltern-Kind-Interaktionen erfasst. Diejenigen Familien, die wegen psychischen Auffälligkeiten oder Verhaltensauffälligkeiten ihrer Kleinkinder Hilfe bei Fachleuten suchten (unabhängig davon, ob diese Auffälligkeiten diagnostiziert wurden oder nicht), wurden der klinischen Untersuchungsgruppe (UGr) (PatientInnengruppe) zugeteilt. Bei der Kontrollgruppe (KGr) handelte es sich um Familien, in denen die Eltern bis zur Untersuchungszeit über keine Auffälligkeiten der Kinder berichteten. Die Familien wurden unabhängig von der ursprünglichen Gruppenzugehörigkeit anhand der Merkmale des dyadischen Interaktionsverhaltens clusteranalytisch vier Verhaltensmustern zugeordnet.

Neben der Erforschung der Mutter-Kind-Interaktion gilt das Interesse insbesondere der Vater-Kind-Interaktion, da die Rolle des Vaters im Zusammenhang mit Störungen der kindlichen Entwicklung nach bisheriger Kenntnis (vgl. Laucht, 2003) – im Vergleich zur Allgemeinpopulation – noch nicht ausreichend untersucht wurde.

Folgende *theoretische* Konstrukte wurden in der vorliegenden Arbeit berücksichtigt: das *„process model of the determinants of parenting"* von Belsky (1984); entwicklungspsycho-pathologische Modelle: *Passungskonzept* (Lerner & Kauffman, 1985; Thomas & Chess, 1977), *Transaktionsmodell* (Sameroff, 1995), *Entwicklung als Anpassung des Individuums* (z.B. Sroufe & Rutter, 1984); Darstellung der *Entwicklung der Interaktion* und der *Beziehung* von Stern (1977/2006; 1998) sowie *Entwicklung des Kindes im Beziehungssystem*. Die Eltern-Kind-Interaktion, insbesondere die Mutter-Kind-Interaktion, wird als häufigster Wirkmecha-nismus bei der Entstehung von Entwicklungspsychopathologie gesehen: Die Auswirkung der kumulierten Risiken wird durch die Qualität der frühen Interaktion vermittelt (Laucht et al., 2002). Darüber hinaus können psychische Störungen bzw. Verhaltensstörungen im Kleinkindalter nur im familiären bzw. interaktionellen Kontext diagnostiziert werden. Neben den anerkannten Klassifikationssystemen ICD-10 (Dilling et al., 2006) und DSM-IV-TR (Saß et al., 2003) steht auch ein multiaxiales Klassifikationssystem DC: 0-3 (Zero to Three, 1994; 2005) zur Verfügung. Auf der Achse II wird Beziehungsqualität eingeordnet, eine zusätzliche Skala erlaubt die Bestimmung des Ausprägungsgrades der vorliegenden Beziehungsqualität.

Mit Rücksicht auf diese Ansätze wurde in der vorliegenden Arbeit die Familie als System betrachtet, wobei dyadische Mutter-Kind- bzw. Vater-Kind-Interaktionen sowie die psychosoziale Entwicklung des Kindes im Vordergrund standen und untersucht wurden. *Ziel dieser Arbeit* war, Zusammenhänge zwischen psychischen Auffälligkeiten bzw. Verhaltensauffälligkeiten von Kleinkindern mit deren familiären Variablen zu überprüfen sowie zu testen, wie diese Zusammenhänge mit der Eltern-Kind-Interaktion in Verbindung stehen. Es wurde angenommen, dass sich die Qualität des dyadischen Interaktionsverhaltens durch kindliche bzw. familiäre Umgebungsvariablen vorhersagen ließe.

Im Folgenden werden die Befunde – jeweils im Gruppenvergleich – diskutiert. Es wurde davon ausgegangen, dass es sich bei den Kindern der UGr um psychische Störungen bzw. Verhaltensstörungen und/ oder Beziehungsstörungen handelte (die bis auf wenige Ausnahmen auf der Kinderklinik diagnostiziert wurden) und die Kinder der KGr eher ein unauffälliges Verhalten bzw. geringere Abweichungen bezüglich der psychosozialen Entwicklung (im Vergleich zur PatientInnengruppe) aufweisen würden. Ein gewisser Anteil an Störungen wäre allerdings auch in der KGr zu erwarten.

Bis auf wenige Ausnahmen (sozioökonomischer Status der Familie bzw. retrospektiv berichtete Anzahl kindlicher Probleme) wurden keine über beide Eltern gemittelten Werte verwendet, sondern die Analysen nach Geschlecht getrennt durchgeführt.

6.1 Beschreibende Ergebnisse

6.1.1 Stichprobe, soziodemographische Daten

Bei der gesamten Stichprobe (60 Familien, die Daten von Alleinerziehenden wurden neben 51 vollständigen Familien auch berücksichtigt) handelte es sich um eine (hoch)vorselektierte und eine anfallende Stichprobe. Die teilnehmenden Familien der KGr (N=37) wurden nach Alter und Geschlecht des Kindes der UGr (N=23) parallelisiert. Die Gruppen unterschieden sich nicht in Bezug auf Alter der Eltern, Familienstand, Dauer der Partnerschaft, Personenanzahl im Haushalt bzw. Kinderanzahl sowie Wohnverhältnisse. Die Stichprobe variierte jedoch nicht ausreichend bezüglich der soziodemographischen Angaben wie Familienwohnsitz (Stadt, Land), Schulbildung und Berufstätigkeit der Eltern sowie bezüglich der psychischen Belastung der Mütter und und Väter sowie der Partnerschaftsqualität. Es konnte nicht sichergestellt werden, dass alle sozialen Schichten in der Gesamtgruppe repräsentiert sind. Insbesondere in der KGr waren die höheren Gesellschaftsschichten städtischer Familien überrepräsentiert. Aus epidemiologischen Studien ist bekannt, dass es durch die Teilnahme der Motivierteren zu nicht normalen Schichtverteilungen kommt (Fegert, 1996). In diesem Zusammenhang konnte vermutet werden, dass es sich bei den teilnehmenden Familien um Personen handelte, die über eine gute psychische Gesundheit verfügten und die sowohl an der Forschung allgemein als auch an der kindlichen Entwicklung – meistens bei Eltern der KGr – interessiert waren oder die wegen Auffälligkeiten des Kindes den Kontakt zu PsychologInnen suchten (vgl. Cicchetti, 1999). Meiner Meinung nach betraf das Problem einer einseitigen Auswahl möglicherweise auch die Partnerschaftszufriedenheit: Beide Elternteile (insbesondere Väter) waren eher zur Teilnahme bereit, wenn sie ihre Partnerschaft als eine harmonische bezeichneten.

6.1.2 Kindliche Variablen

Die Wahrnehmung der Eltern über die kindliche Entwicklung wurde in zweierlei Weise erfasst: Es wurden die frühen Auffälligkeiten des Kindes retrospektiv erfragt, und die aktuelle Problemlage wurde durch Ausfüllen der CBCL 1½-5 eingeschätzt. Die Kinder der UGr wurden an der Ambulanz bzw. Station für Psychosomatik der Kinderklinik Graz untersucht.

Diagnostizierte Störungen. An der Kinderklinik Graz wurden am häufigsten die frühe Form der Hyperaktivitätsstörung, Schlafstörungen bzw. Entwicklungsstörungen festgestellt. Bei einem Kind (vgl. Gruppengröße N=51) oder 4 Kindern (N=60) wurde keine Störung diagnostiziert, es wurden jedoch beeinträchtigte Eltern-Kind-Interaktionen beobachtet. Konform mit Literaturdaten (z.B. Keren, Dollberg, Koster, Danino & Feldman, 2010; Möhler & Resch, 2004; Papoušek & Hofacker, 2004; Thomas, 1998) suchten die Eltern von Kleinkindern unter anderem wegen Schlafstörungen oder Verhaltensauffälligkeiten wie ADHS (als Frühform des kinderpsychiatrischen Syndroms) bzw. Entwicklungsverzögerungen oder Erziehungsschwierigkeiten fachliche Hilfe; die primären Diagnosen waren mit den Beziehungsdiagnosen kombiniert (vgl. Keren et al., 2001).

Frühe Belastungen in der Entwicklung des Kindes. Des Weiteren zeigten die Analysen der vorliegenden Studie, dass bis zu 80 % aller Eltern das frühe Verhalten oder die frühe Entwicklung ihrer Kinder (unabhängig von deren Geschlecht) als belastend empfanden und über durchschnittlich 2 bis 3 Problembereiche (überwiegend Schlafprobleme, ausgeprägtes Trotzverhalten, Ungehorsam sowie Wutausbrüche) der Kinder berichteten. Die Hälfte der Kinder aus der UGr war bereits wegen Verhaltens- oder Entwicklungsproblemen behandelt worden. Die Ergebnisse der Studie weisen überzeugend darauf hin, dass die Familien, die wegen Auffälligkeiten ihres Kleinkindes Hilfe suchten (UGr), bereits in der frühen Entwicklung des Kindes signifikant mehr unterschiedliche Schwierigkeiten (über 5) erlebten. Dieser Befund stützt die Ergebnisse der Münchner Studie: Bereits zwei Drittel der Kinder, die in der zweiten Hälfte des ersten Lebensjahres mit Schlafstörungen vorgestellt wurden (Hofacker & Papoušek, 1998), bzw. Kinder im Kindergartenalter, deren Eltern wegen externalisierender Verhaltensstörungen fachliche Hilfe suchten (Sarimski & Papoušek, 2000), wurden von ihren Eltern retrospektiv als irritierbare Säuglinge geschildert.

Der Befund spiegelt auch die in der Literatur wiederholt beschriebene Tatsache wider, dass die frühen kindlichen Probleme auch später in der Kindheit persistieren (z.B. Herrle et al., 1999; Lam et al., 2003; Sarimski & Papoušek, 2000; Wurmser, 2009) und eine hohe Komorbidität mit den anderen Störungen der Verhaltensregulation zeigen (z.B. Hofacker et al., 1996; Papoušek & Hofacker, 2004; Schieche et al., 2004).

Wahrnehmung der kindlichen Problemlage durch die Eltern. Beide Elternteile der an der Kinderklinik vorgestellten Kinder beurteilten das kindliche Verhalten im Vergleich zu den Eltern der KGr erwartungsgemäß als signifikant problematischer. Die Mütter schätzten ihre Kinder als insgesamt signifikant auffälliger ein als die Väter. Die eingeschätzte Problemlage war vom Geschlecht des Kindes unabhängig, was im Widerspruch z.B. zu Braune-Krickau, Stadelmann, Wyl, Perren, Bürgin und Klitzing (2005) steht, die über höhere Werte von Jungen berichten (bei 3-3½-Jährigen – also bei Kindern, die fast um 1 Jahr älter waren als jene der vorliegenden Studie).

6.1.3 Elterliche Variablen

Einige Fragen an die Eltern setzten ein hohes Maß an Bereitschaft voraus, einen Einblick in die familiäre Situation und in ihr persönliches Empfinden zuzulassen, da es nicht mehr um die Probleme des Kindes ging. Gewisse Personen waren durch manche sehr persönliche Fragen irritiert und äußerten die Absicht, die Fragen mit „nein" (wie es sozial erwünscht wäre) zu beantworten. Die Mehrheit der befragten Frauen und Männer – unabhängig von der Gruppenzugehörigkeit – stellte sich als psychisch unauffällig heraus (s. auch Diskussion zur Stichprobe, Kap. 6.1.1). Einerseits wäre dies in einer Nicht-PatientInnen-Population zu erwarten (Franke, 2000), andererseits stellt sich mir die Frage, ob das verwendete Screeningverfahren (Kurzform, BSI, Franke, 2000) diese Belastung ausreichend differenzierte. 6 Mütter (je 3 aus beiden Gruppen) und 2 Väter aus der UGr hatten in den letzten 6 Monaten vor Durchführung der vorliegenden Studie entweder eine psychologische, psychotherapeutische oder psychiatrische Behandlung in Anspruch genommen. Die Merkmale dieser Personen konnten bei einer kleinen Stichprobe die Ergebnisse der Untersuchung beeinflussen.

Beide Elternteile – unabhängig von der Gruppenzugehörigkeit – schätzten ihre Partnerschaft überwiegend und mit einer hohen Übereinstimmung als eher glücklich bis sehr glücklich ein und waren mit ihrer Partnerschaft zufrieden.

Selbsteinschätzung des erlebten Stresses und Verfügbarkeit von Unterstützung. Die Mütter der Gesamtstichprobe fühlten sich durchschnittlich mehr gestresst als die Väter. Beide Elternteile der UGr erlebten signifikant mehr Stress als die der KGr, wobei dieser Stress hauptsächlich aus den Verhaltensschwierigkeiten des Kindes bzw. aus den Anforderungen aus der Beziehung mit dem Kind oder aus Erziehungsschwierigkeiten resultierte. Außerdem war der Unterschied zwischen den Müttern und den Vätern in Bezug auf die Stressbelastung im *Kindbereich* nur in der UGr singnifikant. Beide Elternteile erlebten etwas mehr Stress mit ihren Töchtern als mit ihren Söhnen.

Die Ergebnisse können zum Teil mit den bereits vorliegenden Forschungsbefunden in Zusammenhang gebracht werden: Allgemein erleben viele Paare ihr Kind als eine Belastung (Werneck & Rollett, 1999) bzw. erfahren Stress im Zusammenhang mit Differenzen bezüglich Kindererziehung, Haushalt etc. (Laux &

Schütz, 1995). Das elterliche Stressniveau korreliert dabei mit dem Ausmass kindlicher Verhaltensprobleme (Podolski & Nigg, 2001).

Es überraschte mich, dass aus der Beziehung zum Partner/ zur Partnerin resultierender Stress (Stress Elternbereich) relativ hoch eingeschätzt wurde, da sich aus den bereits erwähnten Ergebnissen zur Partnerschaftsqualität Werte ergaben, die auf hohe Zufriedenheit hinweisen. Es wird berichtet (z.b. Wolf, 1987), dass unzufriedene Paare generell mehr Stress erleben.

Die Verfügbarkeit sozialer Unterstützung schätzten Männer und Frauen ähnlich ein. Die Mütter und Väter der auffälligen Kinder fühlten sich ungenügend von ihrer Umwelt unterstützt. Beinahe in allen Familien nahmen Männer und Frauen Unterstützung der Partnerin/ des Partners in Anspruch; geringer war die Unterstützung der eigenen Mutter oder von Freunden und Freundinnen. Es entspricht dem Ansatz von Cutrona (1996), dass der Partner/ die Partnerin im Falle von Problemsituationen als erste/r um Hilfe gefragt wird.

Beide Elternteile der KGr hatten signifikant mehr Personen in ihrer Umgebung, bei denen sie um Unterstützung bitten konnten, als die der PatientInnengruppe.

Die überwiegende Anzahl aller Mütter und Väter war – mit einer hohen Übereinstimmung – mit der Unterstützung des Partners/ der Partnerin zufrieden bzw. auch mit der Unterstützung anderer Personen allgemein zufrieden. Signifikant weniger zufrieden waren die Männer in der UGr.

Selbsteingeschätzte Involvierung in die Kinderpflege. Die in empirischen Studien wiederholt bestätigten Diskrepanzen zwischen der von Vätern und Müttern selbsteingeschätzten Zeit mit dem Kind (allgemein, für Pflege bzw. Spielen) (z.B. Cabrera et al., 2000; Kazura, 2000) konnten in dieser Studie auch aufgezeigt werden: Die Mütter verbrachten mehr Zeit mit ihren Kindern als die Väter, keine Frau fühlte sich jedoch extrem belastet. Diese Zahlen spiegeln die Tatsache wider, dass die Mütter in dieser Zeit großteils in Karenz waren. Der Befund, dass bereits 82 % (N=42) aller Väter am Wochenende über 7 Stunden mit ihren Kleinkindern verbrachten, kann im Einklag mit Mosheim et al. (2002) interpretiert werden, dass berufstätige Väter ihre geringere Verfügbarkeit während des Tages durch ihr hohes Engagement am Wochenende zu kompensieren versuchen. Keine Gruppenunterschiede gab es in Bezug auf die Zufriedenheit mit der Zeit, die die befragten Mütter und Väter mit ihren Kindern verbrachten.

Wie auch zu erwarten war, wurden viele Pflegetätigkeiten von den Müttern beider Gruppen alleine bzw. einzelne Pflegetätigkeiten gemeinsam mit dem Partner ausgeführt. Außerdem empfanden die Frauen seltener, dass ihre Partner in die Kinderpflege (nicht in die spielerischen Tätigkeiten) gleichermaßen involviert waren, während die Männer ihre Teilnahme an der Kinderpflege als häufiger einschätzen. Die Rolle des Vaters als Spielkameraden (Teilnahme an spielerischen Tätigkeiten und Freizeitaktivitäten wie Spazierengehen, Sport), über die in vielen Studien berichtet wurde (z.B. Kazura, 2000; Lamb, 1989; 2002), konnte in dieser Untersuchung bestätigt werden. Im Sinne von Parke und Stearns (1993) konnten gemeinsame Aktivitäten in Form von gemeinsamem Spielen oder gemeinsamen Unternehmungen zum Entstehen der emotionalen Beziehung zwischen Vater und Kind beitragen.

6.1.4 Dyadisches Interaktionsverhalten

Im Folgenden werden die Ergebnisse der Verhaltensbeobachtung diskutiert. Es muss berücksichtigt werden, dass aufgrund der α-Adjustierung (zahlreiche t-Tests und nicht-parametrische Tests) viele Ergebnisse als „nicht signifikant" interpretiert wurden (als Tendenz beschrieben), bei einem größeren Stichprobenumfang jedoch durchaus relevant wären.

Es konnten *Gruppenunterschiede in einzelnen Skalen* gezeigt werden. Alle InteraktionspartnerInnen der UGr zeichneten sich durch generell signifikant mehr *negative Verhaltensmerkmale* aus als die der KGr, dazu zählten: länger andauernde negative Stimmung, häufigere negative oder mangelnde Reaktionen auf das PartnerInnenverhalten. Beide Elternteile oder ein Elternteil der UGr fielen durch häufige restriktive und direktive sowie insgesamt unangemessene Steuerung bzw. durch negative Interaktionsstile (Unfähigkeit zur Interaktion, ausgeprägte Hektik, Affektverflachung, Rigidität) auf. Die Kinder der UGr zeichneten sich signifikant häufiger als die der KGr durch z.B. desorganisierte, unruhige Aktivität beiden Elternteilen gegenüber oder Verweigerung dem Vater gegenüber aus.

In Bezug auf *positives Interaktionsverhalten* gab es nur einzelne Gruppenunterschiede (häufiger in der KGr): bezüglich der positiven Reaktivität des Kindes (nur in den Mutter-Kind-Dyaden), der Angemessenheit des Steuerungsverhaltens, der Bereitschaft zur Interaktion (eher der Mutter) sowie der kognitiven Anregung (eher des Vaters) oder auch der Akzeptanz kindlicher Initiative (Gewährenlassen) beider Elternteile.

Es ergaben sich nur wenige *geschlechtsspezifische Unterschiede* in Bezug auf dyadische Verhaltensmerkmale. Ähnlich wie es die Ergebnisse von Campbell et al. (1991) zeigen, interagierten die *Mütter* geschlechtsspezifisch mit ihren – eher den *verhaltensauffälligen* – Kindern: nachteiliger ihren (eher auffälligen) Jungen gegenüber (weniger positiv reaktiv, unangemessener in ihrem Steuerungsverhalten, hektisch). Zum *väterlichen Verhalten* zeigte sich, im Einklang mit den Ergebnissen (zur Vater-Kind-Interaktion von 2-Jährigen) von Trautmann-Villalba, Laucht und Schmidt (2006), dass die Väter der Gesamtstichprobe mit ihren Söhnen in ähnlicher Weise interagierten wie mit ihren Töchtern.

Es wurde keine klare Tendenz erkannt, ob im Interaktionsverhalten der Jungen der Gesamtstichprobe häufigere Auffälligkeiten als im Verhalten der Mädchen gegenüber den Eltern zu beobachten waren und, ob die (auffälligen) Mädchen und Jungen gegenüber ihren Müttern und Vätern unterschiedlich agierten, während einige Forschungsergebnisse zeigen, dass Jungen verstärkt durch eine negative Symptomatik auffallen (z.B. Dinter-Jörg et al., 1997; Laucht, Esser & Schmidt, 1993; Trautmann-Villalba et al., 2001).

Darüber hinaus stützt das Ergebnis die bisherige Forschung, dass die Eltern-Kind-Interaktion durch das Geschlecht des Kindes mitbestimmt wird, bzw. dass Eltern (in der vorliegenden Studie nur Mütter) geschlechtsspezifisch mit ihren auffälligen Kindern umgehen (z.B. Grych & Clark, 1999), nur ungenügend. Die Forschungsergebnisse sind auch nicht einheitlich: Es wird über ausgeprägte bis unmerkliche Unterschiede im elterlichen Verhalten gegenüber Söhnen und Töchtern berichtet (z.B. im Säuglingsalter: Esser et al., 1993; im Alter von 2 Jahren: Dinter-Jörg et al., 1997; im Alter von 4-5 Jahren: Denham et al., 2000).

Die aus den Ergebnissen der *Faktorenanalysen* (FA) (mit Variablen der Skala Interaktions-stile) konstruierten Skalen bildeten dyadische Merkmale aller Interaktionspartner ab. Je zwei Faktoren für *Mutter und Vater* waren untereinander vergleichbar und wurden somit beschrieben: Faktor 1 – negative Affektivität dem Kind gegenüber bzw. negativer emotionaler Hintergrund der Interaktion (z.B. inadäquater Affekt, emotionales Distanziertsein, Mangel an Empathie dem Kind gegenüber, unfähig zum gemeinsamen interaktiven Spiel); Faktor 2 – negatives oder unangemessenes Interaktionsverhalten (z.B. Rigidität, Kampf, Hektik). Der dritte Faktor bildete eine anmutende depressive Stimmung der Mutter (depressiv, Affektverflachung, plötzliche Gedankenänderung) ab; oder spiegelte ein inkonsequentes Interaktionsverhalten des Vaters wider (von Rigidität und Kampf bis zu Hilflosigkeit).

Die *Interaktionsstile des Kindes* beschrieben ein ungünstiges Interaktionsverhalten des Kindes der Mutter und dem Vater (oder nur einem Elternteil) gegenüber. Faktor 1 schloss zahlreiche negative Verhaltensmerkmale ein (z.B. Verweigerung jeglicher Interaktion, trotzig und frech, aktiver Widerstand, destruktiv), die als Symptome zum Syndrombild *Oppositionelles Verhalten* zusammengefasst werden könnten. Faktor 2 beschrieb hauptsächlich ein dominantes und ungeduldiges Kind. Faktor 3 fasste jene Verhaltensweisen (wie Konzentrationsmangel, unruhige auffällige Aktivität, desorganisiert) zusammen, die (bedingt) zum Syndrombild der *Aufmerksamkeits- und Hyperaktivitätsstörung* passen. Es zeigten sich (bis auf zwei Ausnahmen) in den Skalen hochsignifikante Gruppenunterschiede (UGr vs. KGr). Die ungünstigen Interaktionsstile in den Dyaden hingen hoch positiv zusammen: D.h. beide Elternteile verhielten sich oft negativ dem Kind gegenüber und die Verhaltenstendenzen des Kindes waren zur Mutter und zum Vater ähnlich. Dieses Ergebnis, vergleichbar mit dem von Barnett, Deng, Mills-Koonce, Willoughby und Cox (2008), spricht dafür, dass sich negative dyadische Verhaltensmuster in der Interaktion etablieren und sich möglicherweise auf die andere Eltern-Kind-Dyade in der Familie ausbreiten.

Extremgruppenvergleich bzw. weitere Variablenreduktion. In drei Schritten konnten die Variablen aller Skalen weiter reduziert werden: 1) Bilden von zwei Extremgruppen (unauffällige Interaktionen vs. problematische Interaktionen), 2) Berechnen einer *explorativen binären logistischen Regression* (BLR) mit diesen Gruppen zur Auswahl der besten Prädiktorvariablen sowie 3) Faktorenanalyse zweiter Ordnung.

Anhand des vorhandenen psychosozialen Risikos, durch die von den Eltern berichteten Verhaltens- bzw. Entwicklungsprobleme des Kindes bzw. durch die Schwierigkeiten im Interaktionsverhalten wurden die *Grenzgruppen – „gut adaptierte Eltern-Kind-Interaktion"* (N=11) vs. *„gestörte Eltern-Kind-Interaktion"* (N=7) – gebildet. Während sich in der Grenzgruppe ohne Interaktionsprobleme ausschließlich Familien aus der KGr befanden, wurden der Grenzgruppe *„Interaktionsstörungen"* neben Familien aus der UGr auch Familien der KGr zugewiesen. D.h. die ursprüngliche Gruppenzuteilung konnte nur eingeschränkt etwas über das Vorhandensein von Interaktionsproblemen aussagen, Beziehungsstörungen wurden auch in der nicht-klinischen Gruppe ermittelt. Anhand der Ergebnisse der *explorativen binären logistischen Regression* wurden die (hauptsächlich negativen) Verhaltensmerkmale identifiziert, die eine ausgeglichene von einer extrem gestörten Interaktion unterscheiden (unter *explorativ* wird verstanden, dass das Verfahren für die Auswahl der besten Prädiktorvariablen – Verhaltensdimensionen, die zwei Extremgruppen vollständig voneinander trennen – eingesetzt wurde). Die Merkmale der erwachsenen Interaktionspartner (vor allem restriktive und unangemessene Steuerung, negative Gestimmtheit, negative Reaktivität, Rigidität, Hilflosigkeit, inadequater Affekt) und insbesondere jene der Mutter, die zur Grenzgruppenzugehörigkeit beitrugen, waren zahlreicher als die der Kinder (z.B. negative Gestimmtheit, negative Reaktivität, Verweigerung, desorganisiertes Verhalten).

Das Ergebnis spricht für die Annahme, dass die negativen dyadischen Interaktionsmerkmale aller Interaktionspartner mit den Interaktionsstörungen verbunden sind. Diese Feststellung kann (jedoch eingeschränkt aufgrund des unterschiedlichen Studiendesigns) mit den Forschungsergebnissen von z.B. Laucht et al. (1993) und Braune-Krickau et al. (2005) verglichen werden. Je geringer z.b. die eingeschätzten Fähigkeiten der Eltern zur Unterstützung der Spielfähigkeit des Kindes waren, desto stärker ausgeprägt war das (insbesondere externalisierende) Problemverhalten der 3-3½ Jahre alten Kinder (Laucht et al., 1993); das elterliche Interaktionsverhalten verbesserte das Modell zur Erklärung des Ausmaßes des kindlichen Problemverhaltens (Braune-Krickau et al., 2005). Die in der BLR identifizierten Verhaltensmerkmale wurden in den multiplen *Faktorenanalysen* (FA) *zweiter Ordnung* weiter reduziert und vier Summenskalen gebildet, wobei nicht die gleiche Anzahl an Verhaltensvariablen aller InteraktionspartnerInnen zusammengefasst wurden. Die Verhaltensweisen waren voneinander nicht unabhängig.

Eine einzige Skala fasste ausschließlich positive Verhaltensmerkmale der Mutter zusammen: *Skala 4* beschrieb ihre positive Gestimmtheit und positive Verhaltensmerkmale dem Kind gegenüber (z.B. Reaktivität, supportive Steuerung, sich vom Kind im Spiel führen lassen). Die anderen drei Skalen fassten negative Verhaltensmerkmale zusammen, wobei der erste Faktor ausschließlich für die Mutter-Kind-Dyade zutraf, während der zweite Faktor neben väterlichen Variablen auch eine Variable des Kindes – die die kindlichen Verhaltensmerkmale gegenüber Vater und Mutter (aus der FA erster Ordnung) zusammenfasste – beinhaltete.

Skala 1 schloss negative Affektivität *der Mutter* (inadäquater Affekt und negative Gestimmtheit) und ihre unangemessenen Verhaltensstrategien (negative Interaktionsstile und negative Reaktivität bzw. unangemessenes Steuerungsverhalten wie Restriktivität und Unangemessenheit der Steuerung) ein. Die Verhaltensmerkmale *des Kindes* waren zum mütterlichen Verhalten komplementär: Das Kind war der Mutter gegenüber negativ gestimmt und reagierte auf ihre Interaktionsvorschläge negativ. *Skala 2* fasste negative unangemessene Verhaltensstrategien (restriktive bzw. fehlende supportive Steuerung sowie Unangemessenheit der Steuerung, inkonsequentes Verhalten) und negative Gestimmtheit *des Vaters* zusammen. *Das Kind* zeichnete sich in der Interaktion mit dem Vater – sowie mit der Mutter – als verweigernd, destruktiv und desorganisiert aus. *Skala 3* spiegelte die gegenseitige mangelnde Reaktivität aller Interaktionspartner wider. Die direktive Steuerung des Vaters gewann in diesem Zusammenhang eher eine negative Bedeutung (die Kinder ignorierten die ausgeprägte Direktivität des Vaters), während in den Mannheimer Beobachtungsskalen Direktivität weder als positives noch als negatives Interaktionsmerkmal gilt. *Direktive Steuerung* trat auch in der Grenzgruppe *Interaktionsstörungen* signifikant häufiger auf als in der Grenzgruppe *unauffällige Interaktionen*, bzw. in der PatientInnengruppe häufiger als in der KGr. Daraus lässt sich im Vergleich mit der Forschungsliteratur feststellen, dass der Einfluss elterlicher Direktivität (als Bestreben der Eltern, das Tempo, den Inhalt und/oder die Art des kindlichen Verhaltens zu bestimmen) auf die kindliche Entwicklung nicht eindeutig interpretiert werden kann (z.B. Baird et al., 1992). Es ist nicht auszuschließen, dass es sich bei den Ergebnissen der vorliegenden Studie bereits mehr um Kontrolle als um Struktur oder Unterstützung (vgl. Claussen & Crittenden, 2000) handelte.

6.2 Einordnung der Ergebnisse der Hypothesenprüfung

6.2.1 Vergleich von Verhaltensclustern

Bilden und Vergleich von Verhaltensclustern. Die Mutter-Kind- sowie Vater-Kind-Dyaden ließen sich anhand der Dimensionen des dyadischen Interaktionsverhaltens (hauptsächlich Skalenwerte aus der FA zweiter Ordnung) in vier Verhaltenscluster einteilen. Wie erwartet *(Hypothese 1)*, bildeten diese Verhaltenscluster die Qualität der dyadischen Interaktionen von „gut adaptiert" (90) bis „gestört" (30), die in Anlehnung an die *Parent-Infant Relationship Global Assess-ment Scale* (PIR-GAS, Zero to Three, 1994; Hofacker et al., 1996) interpretiert wurde, ab. Inhaltlich gesehen bilden die beiden ersten Cluster generell unauffällige Interaktionen ab (Dyaden nicht belastet). Während das dyadische Interaktionsverhalten der Familien des Clusters 4 „gestört" als klinisch ausgeprägte *Interaktionsstörung* beurteilt wird, lässt sich das Interaktionsverhalten des Clusters 3 als *Risiko für das Entwickeln einer Interaktionsstörung* interpretieren. Es muss jedoch berücksichtigt werden, dass anhand der Kriterien aus der PIR-GAS eine Beziehungsdiagnose erst dann möglich ist, wenn eine Dyade massiv, dauerhaft und schädigend belastet wird (unter Skalenwert 40). Es wurde dabei nur die Bewertung *gestört* (Skalenwert 30) interpretiert, wobei die Dauer der Belastung nur bedingt berücksichtigt werden konnte. Die zwei letzten Bewertungen der PIR-GAS – *schwer gestört* (20) sowie *massiv und extrem beeinträchtigt* (10) – wurden in der vorliegenden Studie nicht einbezogen. (Die erste Bewertung (20) bezieht sich auf einen erheblichen Anteil beeinträchtigter täglicher Interaktionen, die in der Untersuchung nicht beobachtet wurden, die zweite (10) auf

311

Vernachlässigung bzw. Misshandlung, was in der Untersuchung ebenfalls nicht beurteilt wurde.)

Alle Interaktionspartner in Cluster 1 – *gut adaptierte* bzw. *ausgeglichene* Interaktion (N=12) – zeichneten sich durch stets positives Interaktionsverhalten (bis auf einzelne negative Merkmale, die als situations- oder (zustands-) zufallsbedingt interpretiert werden) aus. Die Interaktion in der nächsten Gruppe, Cluster 2 – *etwas unausgewogen* – (N=17), verlief noch zufriedenstellend, trotz beobachteter kurzfristiger negativer Verhaltensmerkmale (z.B. eines/einer Interaktionspartners/-partnerin, die mit Stress in Zusammenhang stehen) schienen die Dyaden nicht belastet zu sein. Es kann interpretiert werden, dass ein angemesseneres Verhalten eines Elternteils im Umgang mit dem Kind kompensatorisch in der Familie wirkte. Das dritte Verhaltensmuster (Cluster 3, N=14) fasste die zunehmend negativen Verhaltensmerkmale zusammen und bildete das Verhalten aller Interaktionspartner als *stark aus dem Gleichgewicht* ab, wobei noch vermutet werden konnte, dass einige positive Verhaltensweisen in manchen Familien als kompensatorische Kraft wirkten. Cluster 4 (N=17) – *gestört* – fasste überwiegend gegenseitig negative Verhaltensweisen und negative Affektivität zusammen. Das Verhalten aller Interaktionspartner innerhalb der Gruppe war sehr heterogen. Beide Elternteile konnten das auffällige Verhalten des Kindes (z.B. desorganisierte unruhige Aktivität) nicht steuern. Es wird hier davon ausgegangen, dass die Mutter-Kind- bzw. Vater-Kind-Interaktionen bereits Resultat einer negativen Qualität der gesamten Eltern-Kind-Beziehung sind – die negativen dyadischen Verhaltensmuster werden generalisiert. Dieses Ergebnis bestätigt die Reziprozität im elterlichen und kindlichen Interaktionsverhalten bzw. die wechselseitigen Zusammenhänge von kindlichen Störungszeichen und einer Beeinträchtigung der Eltern-Kind-Beziehung (vgl. Anders, 1989).

Des Weiteren ergaben sich statistisch hochsignifikante Häufigkeitsunterschiede zwischen Familien aus der KGr und UGr in ihrer Zugehörigkeit zu den zwei Clustern: *"gut adaptierte & etwas unausgewogene Interaktionen"* vs. *"Risiko für Interaktionsstörungen bzw. Interaktionsstörungen" (Hypothese 2)*. Wie erwartet, stammten jene Familien, die sich durch „gut adaptierte" dyadische Interaktionen auszeichneten, ausschließlich aus der KGr, im zweiten Cluster „etwas unausgewogene Interaktionen" befanden sich bereits einzelne Familien aus der UGr, und die Häufigkeit der Familien aus der PatientInnengruppe (UGr) war im letzten Cluster („Interaktionsstörungen") am höchsten, während sich nur geringe Häufigkeitsunterschiede im dritten Cluster „Risiko" ergaben. Das ist ein Hinweis darauf, dass psychische Störungen bzw. Verhaltensstörungen der Kleinkinder unabhängig von der primären Diagnose des Kindes (vgl. Keren et al., 2001; Keren et al., 2010) mit der Beeinträchtigung der Eltern-Kind-

Interaktion zusammenhängen. Andererseits besteht auch bei den Familien der nicht-klinischen Population ein Risiko für das Entwickeln einer Interaktionsstörung oder aber es manifestieren sich bereits Interaktionsstörungen.

Die in dieser Untersuchung gefundenen Gruppenunterschiede sind konsistent mit den Befunden aus klinischen und nicht-klinischen Stichproben (Dollberg, Feldman & Keren, 2010; Dollberg, Feldman, Keren & Guedeney, 2006, Keren et al., 2001; Keren et al., 2010): Z.B. zeichneten sich Mutter-Kind-Dyaden der klinischen Gruppe durch ungünstigere Interaktionsmerkmale als die der nicht-klinischen Gruppe aus (Keren et al., 2010). Das Ergebnis, dass Probleme der frühen Verhaltensregulation (z.b. Schlafstörungen, emotionale Auffälligkeiten bzw. Verhaltensauffälligkeiten) im Kleinkindalter mit Beeinträchtigungen der Eltern-Kind-Interaktion (überwiegend disharmonische Interaktion) zusammenhängen, stützt die bisherige Forschung (z.b. Dinter-Jörg et al., 1997; Holtmann et al., 2004; Polowczyk et al., 2000; Trautmann-Villalba et al., 2001).

Vorhersage der Interaktionsstörungen. Anhand der Ergebnisse der durchgeführten multiplen binären logistischen Regressionen (Kriterium – zwei Gruppen, die die Interaktionsqualität „gut adaptiert und ausgeglichen & etwas unausgewogen" vs. „stark aus dem Gleichgewicht & gestört" abbilden) wurde die folgende Annahme *(Hypothese 3)* zum Teil bestätigt: *Die soziale Unterstützung des Vaters* sowie *der mütterliche Stress aus der Beziehung mit dem Kind* bzw. *die aktuelle Wahrnehmung der kindlichen Probleme durch beide Elternteile* tragen am besten zur Vorhersage der Zugehörigkeit zu einem der zwei Verhaltensmuster bei. Die Vorhersage der Interaktionsstörungen wurde durch *die Anzahl unterstützender Personen für die Mutter* oder durch die retrospektiv berichtete *Anzahl unterschiedlicher Probleme* der Kinder bzw. den *SÖS-Familie* verbessert. Drei Variablen (je Mutter und Vater) – *CBCL-Werte* (aktuelle Verhaltensauffälligkeiten der Kinder), *Stress im Kindbereich* sowie *Anzahl unterschiedlicher Probleme aus der Anamnese* – konnten potenziell ähnlichen Einfluss (hohe Interkorrelationen) auf die Gruppenzugehörigkeit (Interaktionsstörungen) nehmen und ähnlich interpretiert werden, eine Variable könnte praktisch durch eine der beiden anderen ersetzt werden.

Zusammenfassend können die Ergebnisse der Mutter bzw. des Vaters (mit Rücksicht auf die des anderen Elternteils) folgendermaßen interpretiert werden: Die durch beide Elternteile wahrgenommenen aktuellen Probleme der Kinder waren mit den Interaktionsstörungen verbunden. Durch das auffällige Verhalten der Kinder vergrößerten sich die Chancen der Interaktionsstörungen. Die Verfügbarkeit sozialer Unterstützung für den Vaters besaß eine (relativ) hohe prädiktive Bedeutung (im Vergleich zu anderen väterlichen und mütterlichen bzw. gemeinsamen Variablen beider Elternteile); außerdem wurde die Vorhersage durch die Wahrnehmung der kindlichen Problemlage verbessert – je auffälliger die Väter das kindliche Verhalten einschätzten, desto wahrscheinlicher waren Interaktionsstörungen. Wenn die Väter (von auffälligen Kindern) über ausreichend soziale Unterstützung verfügten, verringerten sich die Chancen der Interaktionsstörung. Die Art der Unterstützung wurde nicht genauer geprüft: Es konnte sich dabei um eine *instrumentelle* (wie Übernahme der Betreuung des Kindes) oder *emotionale* Unterstützung durch die Partnerin, FreundInnen bzw. Verwandte oder um *informative* Unterstützung (Ratschläge über die Erziehung oder über die persönliche Entlastung) handeln. Unerwartet blieb väterlicher Stress im Kindbereich in Kombination mit anderen Variablen ohne prädiktive Bedeutung. Dafür trug jedoch mütterlicher Stress im Kindbereich gleichermaßen wie die mütterliche Wahrnehmung der kindlichen (eher der externalisierenden) Probleme zur Vorhersage der Interaktionsstörungen bei. Dabei ergab sich der Stress der Mutter aus Anforderungen, die z.B. mit der Erziehung und Betreuung des Kindes verbunden waren, aus seinem hyperaktiven Verhalten, (geringer) seiner Anpassungsfähigkeit. Man könnte interpretieren, dass das auffällige kindliche Verhalten weniger Stress für die Väter als für die Mütter bereitete, außerdem bezeichneten die Väter das Verhalten ihrer Kinder als weniger auffällig als die Mütter. Wenn die Mütter bei einer höheren Anzahl von Personen um Unterstützung bitten konnten, sanken die Chancen für Interaktionsstörungen. Es ergab sich auch aus den bivariaten Korrelationen, dass die mangelnde soziale Unterstützung sowie eine geringe Anzahl unterstützender Personen für die Eltern mit höherem Stress der Eltern im Kindbereich, mit einer höheren Anzahl unterschiedlicher Auffälligkeiten des Kindes in der frühen Entwicklung sowie mit den aktuell von beiden Elternteilen berichteten Schwierigkeiten aus dem kindlichen Verhalten (CBCL-Werte) zusammenhingen.

Das Argument, dass vor allem Mütter von auffälligen Kindern dem erhöhten Stress ausgesetzt sind, wird durch andere Forschungsergebnisse gestützt (z.B. Gabriel & Bodenmann, 2006 b). Nach Belsky et al. (1995) hängt mütterlicher Stress stärker als väterlicher mit dem Ausmaß der verfügbaren sozialen Unterstützung (insb. Übernahme der Kinderbetreuung) zusammen.

Ein relativ hoher Effekt der Variable „Anzahl retrospektiv berichteter früher Probleme in der Entwicklung" kann möglicherweise wie folgt erklärt werden:

1) Die Ergebnisse reflektieren die Tatsache, dass die nicht behandelten frühen kindlichen Probleme weiterhin persistieren, was bereits in zahlreichen Literaturquellen beschrieben wurde (Herrle et al., 1999; Lam et al., 2003; Sarimski & Papoušek, 2000; Wurmser, 2009); und dass sie somit die Eltern-Kind-

Beziehung belasten (vgl. z.B. Dinter-Jörg et al., 1997; Holtmann et al., 2004), wobei sich diese Belastung auf die Regulationsfähigkeit von 2- bis 3-jährigen Kindern auswirkt und zu späteren Problemen in der kognitiven bzw. psychosozialen Entwicklung im Kleinkindalter und Grundschulalter führt (NICHD, 2004).

2) Je mehr Funktionsbereiche in der frühen Entwicklung des Kindes als problematisch erlebt werden, desto höher ist die Beziehungsbelastung (Hofacker et al., 1996). Bei andauernden Regulationsstörungen, die auf andere Interaktionskontexte übergreifen, erhöht sich das Risiko für eine Entwicklungspsychopathologie (Holtmann et al., 2004; Papoušek, 2004).

3) Die Wahrnehmung und Einstellungen der Eltern (z.B. als dysfunktionaler Zuschreibungsstil), dass das kindliche Verhalten unangemessen sei oder den elterlichen Erwartungen nicht entspreche, beeinflussen die Eltern-Kind-Beziehung negativ und fördern darüber hinaus das Aufrechterhalten des schwierigen Verhaltens (Belsky, 2002; Dornes, 1998).

4) Die Eltern, die sich durch ein aktuelles Problemverhalten ihrer Kinder sehr belastet fühlen, tendieren eher dazu, das kindliche Verhalten als auffälliger einzuschätzen sowie auch retrospektiv mehr Belastungen in der frühen Entwicklung zu beschreiben, als es möglicherweise der Fall ist (Tendenz zur Aggravation von Problemen, vgl. Döpfner, 2002; Döpfner, Lehmkuhl, Heubrock & Petermann, 2000; Gabriel & Bodenmann, 2006 c).

Es konnte der Zusammenhang des niedrigen *sozioökonomischen Status* der Familie und der kindlichen Entwicklung innerhalb der ersten drei Lebensjahre nachgewiesen werden (z.B. Jöckel at al, 1997; Laucht et al., 2000a; Winkler, 1998; Zeanah et al., 1997). Die Zugehörigkeit der Familie zu höheren Gesellschaftsschichten verringert die Wahrscheinlichkeit der Interaktionsproblematik. In den Familien aus niedrigen sozialen Schichten sind die (retrospektiv bzw. aktuell berichteten) psychischen Auffälligkeiten bzw. Verhaltensauffälligkeiten der Kleinkinder und damit verbundener kinderbezogener Stress der Mutter wahrscheinlicher, wie auch aus den bivariaten Korrelationen zu sehen ist. Mütter aus höheren sozialen Schichten verfügen über mehr soziale Unterstützung (möglicherweise auch über bessere Copingstrategien) und über eine höhere Anzahl unterstützender Personen. Die Verfügbarkeit sozialer Unterstützung des Vaters ist der stärkste Prädiktor für die Gruppenzugehörigkeit, unabhängig vom SÖS-Familie.

Im Widerspruch zu bereits bestehenden Forschungsergebnissen konnten in der vorliegenden Studie die Interaktionsstörungen weder durch den elterlichen Stress (Belastungsaspekte des emotionalen Wohlbefindens der Eltern) noch durch die psychische Gesundheit der Eltern oder die Partnerschaftszufriedenheit, noch durch die Involvierung beider Elternteile in die Kinderbetreuung und die Zufriedenheit mit dieser Involvierung, noch durch andere soziodemographische Variablen und Anamnesedaten erklärt werden. Zwischen den Variablen, die keinen Einfluss auf die Zugehörigkeit zu einem der Verhaltensmuster nahmen, waren auch interessante signifikante (bivariate) Zusammenhänge (für Mütter etwas mehr) zu finden. Z.B. hing eine höhere psychische Belastung der Mutter mit den nicht nur durch die Mütter sondern auch durch die Väter eingeschätzten Auffälligkeiten der Kinder zusammen. Der Anteil psychisch belasteter Personen bzw. unzufriedener Partnerschaften in der Stichprobe der vorliegenden Dissertation war aber zu gering, um diese Zusammenhänge interpretieren zu können.

6.2.2 Gruppenunterschiede (UGr vs. KGr) in Bezug auf die CBCL-T-Werte

1) Aus dem Häufigkeitsvergleich zwischen den Eltern, die einen hohen Leidensdruck hatten und Hilfe suchten, und jenen aus der nicht behandelten Stichprobe ergaben sich in Bezug auf die CBCL-T-Werte (*klinisch auffällig* vs. *borderline & nicht auffällig*) signifikante Gruppen-unterschiede *(Hypothese 4)*. Erwartungsgemäß resultierte eine Bewertung *klinisch auffällig* (aus dem Vergleich des CBCL-Gesamtscores mit den Normtabellen) für die Kinder der UGr häufiger als für jene Kinder der KGr, während in der Ausprägung *borderline* keine Gruppenunterschiede zu finden waren. Es fiel auf, dass mütterliche und väterliche Sichtweisen (Einschätzungen) teilweise auseinander lagen.

Aus der Einschätzung der Eltern der KGr (für diese Kinder erfolgte die Beurteilung von Verhaltensauffälligkeiten nur aufgrund der elterlichen Einschätzung) ging erwartungsgemäß eine Bewertung des kindlichen Verhaltens als *unauffällig* am häufigsten hervor. Es wurden aber in dieser Gruppe sowohl geringe Verhaltensabweichungen als auch klinisch ausgeprägte Verhaltensstörungen gefunden (18 % aus der mütterlichen Einschätzung und 6 % aus der väterlichen). Dieses Ergebnis (jedoch nur in Bezug auf die mütterliche Einschätzung) lässt sich gut mit den Prävalenzraten aus internationalen epidemiologischen Studien vergleichen (eine Prävalenz von ca. 12 bis 19 % bei Kleinkindern, Achenbach, 1992; Achenbach & Rescorla, 2000; Egger & Angold, 2006; Kuschel, 2001; Laucht, 2002); diese Prävalenzraten schwanken je nach verwendeten Diagnosekriterien und Alter des Kindes. Bei der Unterscheidung des Ausprägungsgrades wird von 7 % deutlich bis ausgeprägt auffälligen und 15 % leicht auffälligen dreijährigen Kindern berichtet (Fegert, 1996; Richman, Stevenson & Graham, 1975). In der vorliegenden Studie war dies aus der mütterlichen Einschätzung für je 9 % der Kinder der Fall. Während in der Literatur üblicherweise signifikante

Geschlechtsunterschiede beschrieben werden (bei den Jungen häufigere Symptomatik bereits im Kleinkindalter), ließ sich diese Tendenz in der vorliegenden Studie nicht bestätigen. Es waren Differenzen zwischen beiden Beurteilern – Mütter vs. Väter – erkennbar. Aus der Einschätzung aller Mütter resultierte (aus dem Normvergleich) ein generell häufiger als *auffällig* bezeichnetes Verhalten der Kinder als aus der Einschätzung der Väter. Es wird davon ausgegangen, dass die Mütter mehr Zeit mit ihren Kindern verbrachten und dadurch das kindliche Verhalten besser beurteilen konnten. Die Mütter der KGr tendierten jedoch dazu, internalisierende Auffälligkeiten ihrer Kinder eher zu tolerieren (suchten keine Hilfe), während die Väter das Verhalten überhaupt nicht als auffällig empfanden.

2) Ein überraschendes und schwer interpretierbares Ergebnis war in der PatientInnengruppe zu finden. Der CBCL-T-Wert (*unauffällig* vs. *borderline & klinisch auffällig*), der aus der elterlichen Wahrnehmung der kindlichen Problemlage stammte, stimmte mit der auf der Kinderklinik festgestellten Störung nur gering überein. Auf der Kinderklinik wurden fast durchwegs Störungen diagnostiziert, auch wenn sich mehr als ein Drittel (N=6) (durch die Wahrnehmung der Mütter) und sogar 59 % (N=10) (durch die Wahrnehmung der Väter) der Kinder aus dem Vergleich mit den Normtabellen der CBCL als *unauffällig* erwies(en). Im Gegensatz zu dem Ergebnis der vorliegenden Studie wird in der Literatur beschrieben, dass die Elterneinschätzungen häufig negativer sind und eine hohe Diskrepanz zwischen dem Elternurteil und dem Urteil von Drittpersonen (z.B. KlinikerInnen) besteht, da infolge der stressreichen Interaktionen bzw. einer ungünstigeren emotionalen Befindlichkeit der Eltern oder einer Häufung von Erziehungskonflikten negative Verzerrungen entstehen (vgl. Gabriel & Bodenmann, 2006c; Döpfner, 2002).

Einerseits könnte vermutet werden, dass, im Vergleich mit der Studie von Keren und KollegInnen (2010) (in der nur für 58 % der Kinder im Alter von 6-42 Monaten der klinischen Gruppe primäre Diagnosen – am häufigsten Fütter-, Schlaf-, Regulationsstörungen – gestellt wurden), psychische Störungen oder Verhaltensstörungen auf der Kinderklinik überbewertet wurden. Möglicherweise lassen sich manche diagnostizierten Störungen (wie z.B. Entwicklungsstörungen) nicht als psychische, emotionale oder Verhaltensauffälligkeiten erfassen.

Andererseits stellte sich die Frage nach der Notwendigkeit der Normierung der deutschen CBCL. Jedoch waren die Ergebnisse der KGr mit den Befunden der Populationsstudien vergleichbar; außerdem ergaben sich in Bezug auf den CBCL-Gesamtscore statistisch hochsignifikante Gruppenunterschiede (UGr vs. KGr). Die Ergebnisse der vorliegenden Studie sprechen dafür, dass die deutschen Normen zumindest für eine Untergruppe der auffälligen Kinder sinnvoll sind. Zur Anwendbarkeit der Instrumente und zur Normierung der deutschen Version lief ein Projekt der Forschungsgruppe CBCL (2010). Die amerikanische Normierung wurde bis zur Durchführung dieses Projekts als Orientierung für den deutschen Sprachraum empfohlen (Elting, 2003) (kulturvergleichende Analysen zeigten keine bedeutsamen Unterschiede in den Skalenmittelwerten der CBCL und verwandter Instrumente mit der amerikanischen Originalstichprobe (Achenbach & Rescorla, 2000; Forschungsgruppe CBCL, 2010), jedoch wurde bereits anhand der Ergebnisse des Teilprojekts ein Vorschlag für eine Deutsche Skalenbildung erwogen (Forschungsgruppe CBCL, 2010; Plück & Döpfner, 2011).

Des Weiteren wollte ich auch Antwort auf folgende Frage (die ich bereits zu Beginn meiner Arbeit gestellt hatte) finden: Aus welchem Grund suchten die Eltern Hilfe (insbesondere, wenn die Kinder sich als unauffällig herausstellten)? Um die Erklärungsmöglichkeiten zu überprüfen, wurden die vorliegenden Ergebnisse der Studie zueinander in Beziehung gesetzt. So versuche ich folgendermaßen – es kann jedoch spekulativ sein – zu interpretieren, dass die Eltern eher bereit sind Hilfe zu suchen, wenn:

- die Interaktionsstörung (unabhängig von der Ausprägung) bereits vorhanden ist. Die Eltern haben Schwierigkeiten, mit den (eher externalisierenden) Verhaltensauffälligkeiten der Kinder oder mit den altersentsprechenden Herausforderungen umzugehen (auch wenn diese Auffälligkeiten für eine Beurteilung *klinisch auffällig* nicht ausreichen);
- die frühen (retrospektiv angegebenen) Auffälligkeiten (die die Interaktionsstörungen vorhersagen können) persistieren bzw. eine signifikant höhere Anzahl solcher Auffälligkeiten zu sehen ist;
- diese Problematik mit hohem elterlichen (insbesondere mütterlichen) Stress im Umgang mit dem Kind, mit der mangelnden sozialen Unterstützung (insbesondere für den Vater) und der geringeren Anzahl an unterstützenden Personen (für die Mutter) einhergeht.

Anderseits war ein Anteil der Einschätzungen als abweichend oder klinisch auffällig durch die Eltern (durch die Mütter häufiger) auch im Cluster „gut adaptierte Interaktionen" zu finden. Es kann interpretiert werden, dass die Eltern (ein Elternteil oder beide) über ausreichende Ressourcen verfügten und mit den Auffälligkeiten der Kinder gut umgehen konnten bzw. die Eltern-Kind-Interaktion durch das auffällige Verhalten der Kinder generell nicht beeinträchtigt wurde.

6.2.3 Zusammenfassende Interpretation der Ergebnisse

Zusammenhängender Vergleich der Ergebnisse. In der vorliegenden Studie konnten Interak-tionsmerkmale und dyadische Verhaltensmuster identifiziert werden, die ein gut adaptiertes Interaktionsverhalten von Interaktionsstörungen unterscheiden und unmittelbar mit der psychosozialen Entwicklung des Kindes zusammenhängen. Die im Gruppen- (UGr vs. KGr) bzw. Grenzgruppenvergleich identifizierten Interaktionsmerkmale sind mit den in der Forschungsliteratur beschriebenen spezifischen Verhaltensmerkmalen von Eltern (unanemes-senes und restriktives Steuerungsverhalten, negative Reaktivität, abwertendes Verhalten dem Kind gegenüber, Ungeduld, mangelnde Hilfestellung, mangelnde kognitive Anregung und Unterstützung, Rigidität; überwiegend mehr Befunde für Mutterverhalten) und ihren Kindern (negative Gestimmtheit, negative Reaktivität, verstärkt aggressives, provokatives, oppositionelles, destruktives und trotziges Verhalten) sehr gut vergleichbar (z.B. Baird et al., 1992; Claussen & Crittenden, 2000; Danforth, Barkley & Stokes, 1991; De Wolff & Ijzendoorn, 1997; Dinter-Jörg et al., 1997; Polowczyk et al., 2000; Trautmann-Villalba et al., 2001; 2003; zur Rigidität s. auch Hollenstein, Granic, Stoolmiller & Snyder, 2004).

Die in der Literatur (z.B. bei Denham et al., 2000) aufgezeichneten Aspekte des elterlichen Verhaltens mit auffälligen Kindern – negative Emotionen und aversives Verhalten – ließen sich bestätigen. Im mütterlichen sowie im väterlichen Interaktionsverhalten waren zwei Merkmalsgruppen, welche durch eine gestörte Interaktion mit dem Kind ausgezeichnet waren, erkennbar: einerseits *negative Verhaltensstrategien* (wie unangemessene bzw. restriktive Steuerung, negative und mangelnde Reaktivität bzw. negative Interaktionsstile, z.B. Rigidität, Tadel und Kampf), anderseits *negative Affektivität* (negative Gestimmtheit sowie z.B. inadäquater Affekt, emotionale Distanziertheit, Desinteresse). Im kindlichen Verhalten ließ sich eine ähnliche Tendenz erkennen: *auffälliges Verhalten* (z.B. desorganisierte Aktivität, auffällige Konzentration, Interaktionsverweigerung, negative Reaktivität) und *negative Stimmung.* Außerdem konnte konform mit den Forschungsergebnissen (z.B. Dinter-Jörg et al., 1997; Keren et al., 2001; Trautmann-Villalba et al., 2001) eine negative Wechselseitigkeit im Interaktionsgeschehen von Müttern und Vätern mit ihren Kindern nachgewiesen werden.

Es konnte damit die regulierende Funktion der Emotionen in der Interaktion bestätigt (vgl. Schölmerich, 2003) und die Übertragung von affektiven Zuständen in Beziehungen erklärt werden (Cummings et al., 1981). Gering modulierte eigene negative Emotionen der Eltern gehen mit ihrem ungünstigen Interaktionsverhalten einher, die Schwierigkeiten der Kinder verschärfen sich dadurch; hierbei sind externalisierende Störungen selbst mit starken negativen Emotionen und Schwierigkeiten, diese Emotionen zu regulieren, verbunden (vgl. Denham et al., 2000). Die Betreuungsperson, die mit ihrer eigenen Negativität nicht umgehen kann, ist nicht in der Lage, die Entwicklung der Emotionsregulation des Kleinkindes bzw. der interaktionellen Kompetenz zu unterstützen (vgl. Schölmerich, 2003). Die Merkmale des Kindes (z.B. Reaktivität, geringe Frustrationstoleranz, vgl. Schölmerich, 2003) oder andererseits gewisse Eigenschaften der Eltern (wie eine geringe Sensitivität sowie Erschöpfbarkeit seitens der Mutter, vgl. Papoušek & Papoušek, 1987; Stern, 1995/1998) führen zur Fehlregulation.

Die Erkenntnis, dass zur Vorhersage der Interaktionsstörungen die Merkmale des Kindes (die von den Eltern berichtete Anzahl der frühen bzw. aktuellen Verhaltensauffälligkeiten) bzw. der Eltern (insbesondere mütterlicher Stress bzw. mangelnde Ressourcen beider Elternteile) und der Familie als Ganzes (sozioökonomischer Status) beitragen, unterstützt die Risikoforschung bzw. Forschung zur Eltern-Kind-Beziehung. Während die Entwicklung isolierter Störungen, insbesondere bei ausreichenden Ressourcen von Kind und/ oder Eltern, insgesamt weniger wahrscheinlich ist, sind die Säuglinge mit multiplen Regulationsstörungen und hoher elterlicher Belastung einem erhöhten Risiko ausgesetzt (vgl. Papoušek, 2004).

Die Untersuchungsergebnisse bestätigen den in zahlreichen Studien ermittelten Zusammenhang zwischen der Qualität der Eltern-Kind-Beziehung und der psychosozialen Entwicklung des Kindes (unauffällige Entwicklung vs. Regulationsstörungen oder Verhaltensauffälligkeiten), und dies sowohl für die Beziehung des Kindes mit beiden Elternteilen. Die Analyse der väterlichen Seite im Zusammenhang mit psychischen Fehlentwicklungen des Kindes leistet somit einen wesentlichen Beitrag in der Kleinkindforschung (vgl. Laucht, 2003).

Die Befunde können anhand der Teilmodelle der Entwicklungspsychopathologie (vgl. Niebank et al., 2000; Petermann et al., 1998) – jedoch wegen Verwendung des Querschnittdesigns eingeschränkt – interpretiert werden, wobei ein *Transaktionsmodell* von Sameroff (1995) dafür möglicherweise am geeignetsten erscheint (vgl. Zeanah et al. 1997).

In der vorliegenden Arbeit wurde *Reziprozität* des Verhaltens beider InteraktionspartnerInnen in der Interaktion nachgewiesen: Eine wichtige Rolle von Prozessen wechselseitiger Beeinflussung (reziproke und transaktionale Mechanismen, Sameroff, 1995) wird bestätigt. Im Sinne von Patterson (1982) lernen beide Personen durch einen Prozess wechselseitiger negativer Verstärkung in der Interaktion das Verhalten des anderen gegenseitig zu erzwingen. Es kann angenommen werden, dass bestehende Regulations- bzw. Verhaltensprobleme des Kindes unangemessenes elterliches Verhalten verstärken und/oder provozieren (vgl. Hagekull et al., 1997; Hofacker et al., 1996) und elterliche Unzufriedenheit,

Verunsicherung oder Hilflosigkeit als Reaktion auf ein zunehmend „problematisches" Kind zu sehen ist (vgl. Sameroff, 1995). Es besteht jedoch keine Übereinstimmung in der Forschung, ob unterschiedliche kindliche Charakteristika unterschiedliches Elternverhalten evozieren: Z.B. ist ein „schwieriges" Temperament nur dann mit negativen mütterlichen Reaktionen verbunden, wenn es mit Persönlichkeitsproblemen oder hohem Stressempfinden der Mutter kombiniert ist (z.B. Belsky, Hsieh & Crnic, 1998). Der Zusammenhang von hohem mütterlichem Stress im Umgang mit einem verhaltensauffälligen Kind wurde in der vorliegenden Studie nachgewiesen.

Werden die Untersuchungsergebnisse aus der Perspektive *Entwicklung als Anpassung des Individuums* betrachtet, kann aufgezeigt werden, dass die nicht gelösten Entwicklungsthematiken im ersten bzw. zweiten Lebensjahr mit geringen Kompetenzen oder mit einer Fehlanpassung im Kleinkindalter einhergehen (vgl. Sroufe & Rutter, 1984). Dafür sprechen die von den Eltern retrospektiv berichteten frühen Schwierigkeiten (Schlafprobleme, ausgeprägtes Trotzverhalten, Wutausbrüche) des Kindes, die mit aktuellen kindlichen Problemen im Alter von 2 bis 3½ Lebensjahre verknüpft sind. Gerade im Kleinkindalter verlangt eine wachsende Unabhängigkeit des Kindes (erweitertes Verhaltensrepertoire, Sprache, symbolisches Denken) die Fähigkeit der Eltern, ein Gleichgewicht zwischen der Unterstützung der kindlichen Autonomie und dem Setzen von Grenzen zu finden, um eine optimale kindliche Entwicklung in der nächsten Altersstufe zu unterstützen (vgl. Dinter-Jörg et al., 1997; Keller, 1998).

Des Weiteren kann auch erklärt werden, dass bestimmte Merkmale des vulnerablen Kindes (durch frühe Auffälligkeiten erfasst) die Wahrscheinlichkeit einer Beziehungsstörung bzw. einer negativen Entwicklung erhöhen. Eine Interpretation der Ergebnisse in diesem Sinne stützt das „Passungsmodell" von Lerner und Kauffman (1985). Es konnte in der vorliegenden Studie bereits aufgezeigt werden: Während die hochbelasteten Eltern das schwierige Verhalten des Kindes nicht steuern konnten und diese „Passungsschwierigkeiten" in der Interaktionsstörung erkennbar waren, konnte sich das als auffällig (durch die Mutter oder durch beide Elternteile) eingeschätzte Kind in einer positiven Umwelt (als gute Eltern-Kind-Beziehung) möglicherweise besser entwickeln. Wenn ein Elternteil oder beide Elternteile mit dem auffälligen Verhalten des Kindes gut umgehen konnte(n), blieb die Eltern-Kind-Interaktion unbeeinträchtigt. Ähnlich fanden sich Belege für die „Pufferwirkung" protektiver Merkmale der frühen Mutter-Kind-Interaktion (positives Mutterverhalten) in der Risikoforschung (Laucht et al. 1998a, b).

Aus der Perspektive *des gesamten Familien- (Beziehungs-)systems* betrachtet, weist der Befund der vorliegenden Studie darauf hin, dass, konform mit dem

Ergebnis von Barnett und KollegInnen (2008), Kinder wahrscheinlich das gleiche Niveau von negativem mütterlichem und väterlichem Verhalten in der Interaktion mit beiden Elternteilen erleben bzw. dass, konsistent mit dem Ergebnis von Feldman und Masalha (2010), negative Emotionalität des Kindes eine Auswirkung auf Negativität der Eltern hat. Nach Barnett et al. (2008) stehen negatives Verhalten von Müttern und Vätern mit ihren Kindern in gegenseitiger Abhängigkeit; negative Emotionen und negatives Verhalten eines Elternteiles in einer Eltern-Kind-Dyade werden direkt auf die andere Eltern-Kind-Dyade (anderes Elternteil) übertragen *(spill-over-Effekt)* – unabhängig von der Partnerschaftsqualität.

Barnett et al. (2008) zeigten darüber hinaus, dass positive Emotionen und Interaktionen nicht in allen Familien von einer Beziehung auf die andere übertragen werden: Sensitives Elternverhalten in den Mutter-Kind- und Vater-Kind-Dyaden stand nur in Zusammenhang mit positiv empfundener Partnerschaftsqualität in gegenseitiger Abhängigkeit. In der vorliegenden Studie kann dieser Zusammenhang vermutet, jedoch aufgrund der mangelnden Variation der Partnerschaftsqualität nicht überprüft werden. Der Befund spricht aber dafür, dass positives Interaktionsverhalten beider Elternteile mit der optimalen Interaktionsqualität sowie mit einer günstigen kindlichen Entwicklung zusammenhängt. In der Forschung konnte eine ähnliche Tendenz gezeigt werden: 2- bis 3-jährige Kinder (aus Familien mit Mutter und Vater), die von beiden Elternteilen oder zumindest von einem Elternteil unterstützendes Verhalten erlebten, schnitten bezüglich ihrer kognitiven Entwicklung besser ab als Kinder, die keinen supportiven Elternteil erlebten (Ryan, Martin & Brooks-Gunn, 2006). Nach Mezulis, Hyde und Clark (2004) hatten diejenigen Kinder, die negatives Verhalten beider Elternteile erlebten, im Vergleich zur erlebten Negativität durch einen Elternteil, ein höheres Entwicklungsrisiko, bzw. wirkte sensitive positive Interaktion mit einem Elternteil, wenn das Verhalten des anderen Elternteils beeinträchtigt war, als protektiver Faktor für das Kind. Dieser Schlussfolgerung widerspricht der bereits angeführte Befund von Barnett et al. (2008): Die Wahrscheinlichkeit, dass das Kind *negatives Verhalten beider Elternteile* erlebt, ist groß und jene, dass ein Elternteil die negative Auswirkung des anderen für das Kind puffern kann, eher gering.

Genau dies war in der vorliegenden Studie in den Familien mit gestörten Interaktionsmustern und mit verhaltensauffälligen Kindern der Fall. Diese nicht optimalen interaktiven dyadischen Muster werden als Repräsentationen – als verinnerlichte Erfahrungseinheiten einer „Beziehungs-Geschichte" oder als "Schemata des Zusammenseins mit einem Anderen" – internalisiert (im Sinne von Stern, 1977/2006; 1995/1998; vgl. auch Sroufe & Fleeson, 1988) und auf die

Beziehungen in den anderen Dyaden (oder auf die gesamte Familie) ausgebreitet (vgl. Keren et al., 2010). Nach Gloger-Tippelt (2000) entwickeln sich Erwartungen bezüglich zukünftiger Beziehungen auch außerhalb der Familie und Beziehungserfahrungen werden weitergetragen.

Im Sinne von Stern (1977/2006; 1995/1998) kann auch erklärt werden, dass die Interaktionen und Beziehungen im Kleinkindalter noch immer asymmetrisch sind (auch wenn in der vorliegenden Studie gezeigt werden konnte, dass die Merkmale des Kindes ähnlich wie die der erwachsenen Interaktionspartner zu Interaktionsqualität beitragen), weil das Kleinkind noch immer überwiegend mit seinen Eltern (mehr Zeit mit der Mutter) interagiert, und die Eltern für die Steuerung der Kommunikation mit der Außenwelt zuständig bleiben. Die negativen Einflüsse aus der nächsten Umgebung (z.B. Belastung der Eltern) oder aus der Außenwelt (z.B. mangelnde soziale Unterstützung, ökonomische Faktoren) werden durch das Kleinkind als Mikroereignisse – z.B. identifizierte negative Interaktionsmerkmale – in der Interaktion wahrgenommen und ermöglichen eine – hochwahrscheinlich negative – Reaktion des Kindes.

Vergleich zwischen mütterlichen und väterlichen Variablen. Auch wenn ein ähnlicher Zusammenhang zwischen EKI und psychosozialer Entwicklung des Kindes für beide Elternteile bestätigt wurde, können einige *Unterschiede* im mütterlichen und väterlichen Verhalten erfasst und folgendermaßen interpretiert werden: Die Mütter der Gesamtstichprobe hatten traditionelle Rollenmuster übernommen bzw. sich mit der Mutterrolle identifiziert (vgl. auch Gabriel & Bodenmann, 2006 c); dafür spricht ein hohes mütterliches Engagement in der Kinderpflege bzw. ihre Zufriedenheit damit. Die Väter waren dahingegen hauptsächlich in spielerische Aktivitäten – und dies eher am Wochenende – involviert.

Das als auffällig empfundene kindliche Verhalten war mehr mit dem mütterlichen als mit dem väterlichen Stress, resultierend aus Erziehungs- bzw. Beziehungsschwierigkeiten mit dem – insbesondere auffälligen – Kind, assoziiert (z.B. mütterlicher Stress wird als stärkster Umwelteinfluss auf das Wohlbefinden des Kindes betrachtet, Crnic & Acevedo, 1995). Mütterlicher Stress trug zur Vorhersage der Interaktionsstörungen bei. Konsistent mit den Literaturdaten (Zfg. Keren et al., 2010: Die Frauen unter Stress zeigen negative Empfindungen und Wahrnehmung gegenüber bzw. negative Interaktionen mit ihren Kindern sowie in anderen engen Beziehungen) war die allgemein höhere psychische Belastung der Mutter mit den durch die Mütter sowie auch durch die Väter eingeschätzten Auffälligkeiten der Kinder assoziiert. Gabriel und Bodenmann (2006 b) z.B. konnten empirisch nachweisen, dass die Mütter mit einem verhaltensauffälligen Kind im Vergleich zu den Eltern der unauffälligen Kindern ein signifikant höheres Stressniveau im Familienalltag (Kindererziehung, Haushalt) aufweisen; der Schweregrad von kindlichen Verhaltensauffälligkeiten erhöht sich in erster Linie gleichförmig mit dem Ausmaß an Stress in der familiären Interaktion und Beziehungsgestaltung. Vergleichbar wurde in der Studie von Mulsow et al. (2002) berichtet, dass allgemeine soziale Unterstützung als ein stärkerer Prädiktor für Stress der Mutter (im Vergleich Partnerschaftsbeziehungen) gesehen wird und ein schwieriges Temperament des Kindes (zwischen dem 24. und 36. Monat) mütterlichen Stress vorhersagen kann.

Der Befund über eine höhere empfundene Belastung der Mutter im Vergleich zum Vater in Familien mit (insbesondere auffälligen) Kleinkindern unterstützt die Annahme der geschlechtsspezifischen Rollenverteilung: Nach Patterson (1980) sind in traditionellen Familien die Mütter für die Haus- bzw. Kinderpflege verantwortlich. Dabei sind beide Elternteile in Probleme mit dem Umgang mit den (Vorschul-)Kindern involviert. In Familien mit einem auffälligen Kind sind Mütter (als „nicht wahrgenommene Opfer") – eher als Väter – einer Häufung von aversiven Verhaltensweisen ausgesetzt und erleben die aggressiven Verhaltensweisen von Problemkinder viel direkter (dies gilt sogar für unauffällige Vorschulalterkinder, deren aversive Verhaltensweisen im Alltag gegebenenfalls auch eher die Mütter erfahren) (vgl. auch Denham et al., 2000). Vergleichbar wird bei Belsky et al. (1995) ein Teil der Zeit, die Mütter (mehr Zeit als Väter) mit ihren Kindern verbringen, mit dem „elterlichen Ärger" assoziiert. Die häufigeren negativen dyadischen Merkmale in der Mutter-Kind-Interaktion im Vergleich zur Vater-Kind-Interaktion konnten jedoch nicht statistisch belegt werden.

Es wird auch die Frage gestellt, ob das ungünstigere Urteil über das kindliche Verhalten durch die Mutter – im Vergleich zu jenem des Vaters – durch mütterliche Sensitivität erklärt werden könnte: Barnett et al. (2008) zeigen beispielsweise ein signifikant höheres Niveau an sensitivem Verhalten der Mütter im Umgang mit dem Kind im Vergleich zu den Vätern auf; des Weiteren zeigen gemäß Lohaus et al. (1998) als hoch sensitiv eingestufte Mütter eine erhöhte Aufmerksamkeit bzw. eine niedrige Problemwahrnehmungsschwelle für kindbezogene Problemlagen. Diese These konnte in der vorliegenden Studie nicht überprüft werden, auch wenn positive gegenseitige Verhaltensmerkmale (supportives bzw. angemessenes Steuerungsverhalten) eher in den Mutter-Kind- als in den Vater-Kind-Dyaden zu finden waren.

Die Forschungsergebnisse bezüglich der Zusammenhänge zwischen Störungen der kindlichen Entwicklung und der Qualität der Mutter-Kind- bzw. Vater-Kind-Beziehung sind nicht einheitlich: Einerseits sind diese Zusammenhänge in den verschiedenen Dyaden annähernd vergleichbar – Väter und Mütter nehmen in sehr ähnlicher Weise Einfluss auf die Entwicklung ihrer Kinder (Zfg. Lamb, 1997; Laucht, 2003); anderseits steht das Verhalten der Mutter im Umgang mit ihrem Kind in einem engeren Zusammenhang mit aggressiven Verhaltensproblemen als das Verhalten des Vaters (Überblick Laucht, 2003); des Weiteren spielen Väter besonders beim Auftreten von externalisierenden Störungen (Laucht, 2003) oder internalisierenden Störungen (Trautmann-Villalba et al., 2006) eine eigenständige Rolle unabhängig von dem mütterlichen Verhalten.

6.3 Kritik, methodische Einschränkungen und weiterführende Fragestellungen

Die in der Untersuchung aufgezeigten Zusammenhänge zwischen der Qualität der Eltern-Kind-Beziehung und dem kindlichen Problemverhalten ließen sich – trotz methodischer Schwächen bzw. Einschränkungen – mit den Ergebnissen bisheriger empirischer Studien gut vergleichen. Diese Einschränkungen werden im Folgenden diskutiert.

Aufgrund des vorliegenden Querschnittdesigns, inklusive einer retrospektiven Erfassung, sind keine Aussagen bezüglich der Kausalität möglich (*Designproblem*). Es ist anzunehmen, dass sich sämtliche Variablen in einem gewissen Ausmaß reziprok beeinflussen. Ungeklärt bleibt, ob es sich bei den beschriebenen Interaktionsstörungen um eine Folge oder eher um eine Ursache von kindlichen psychischen Auffälligkeiten und Verhaltensauffälligkeiten handelt. Mittels Längsschnittuntersuchung könnten Wirkungsrichtungen bestimmt werden.

Eine weitere Einschränkung liegt bezüglich der *Generalisierbarkeit* der Studienbefunde vor. Die *Gruppenbildungsfaktoren* (vgl. Cicchetti, 1999) begrenzen die Möglichkeit, die Befunde auf andere Gruppen anzuwenden, da sie überwiegend für die höheren Gesellschaftsschichten (Mittel- bzw. Oberschicht) zutreffen. Ferner ist die endgültige Stichprobengröße ziemlich klein bzw. die Anzahl an Variablen im Vergleich zur *Gruppengröße* sehr hoch. Aufgrund der kleinen Stichprobengröße sind die Stabilität der Faktoren und daher die Generalisierbarkeit der gefundenen Faktorenstruktur nicht gesichert. Für die Berechnung der binären logistischen Regression gilt die vorhandene Gruppengröße als absolute Untergrenze (vgl. Fromm, 2005).

Eine sehr hohe Anzahl an Variablen stellt eine weitere Einschränkung dar. Als *methodische Schwäche* wird das Verwenden der multiplen t-Tests bzw. der entsprechenden nicht-parametrischen Verfahren zur Beschreibung der Stichprobe gesehen. Um den α-Fehler zu reduzieren, wurde das Signifikanzniveau adjustiert.

Dies konnte dazu beitragen, dass die Gruppenunterschiede in Bezug auf psychologische Variablen (Daten auf dem Subskalenniveau) sowie auf das Interaktionsverhalten nicht ausreichend erfasst werden (β-Fehler).

Des Weiteren erscheint die Auswahl der Clusteranalyse mit vier Skalenwerten (aus der Faktorenanalyse zweiter Ordnung) – als Eingangsvariablen – für das Bilden der dyadischen Verhaltensmuster als nicht weniger problematisch: Die Komplexität des Interaktionsverhaltens in den Mutter-Kind- und Vater-Kind-Dyaden ließ sich nicht einfach beschreiben. Die hohe Anzahl an Verhaltensvariablen wurde faktorenanalytisch reduziert, was unvermeidlich zu Datenverlust und darüber hinaus auch zu Verzerrungen bei der Einteilung der Familien zu diesen Verhaltensmustern führte.

Zukünftige weiterführende Längsschnittstudien an größeren und repräsentativen Stichproben bzw. die Auswahl der entsprechenden statistischen Verfahren wären sicherlich von Interesse.

Es muss bei der Interpretation der Befunde die *Informationsquelle* und der *Zeitpunkt der Untersuchung* berücksichtigt werden. Bezüglich der Erhebung ist kritisch anzumerken, dass die Daten der Familien der UGr nicht ausschließlich zum Ersttermin bzw. nicht vor der Behandlung des Kindes erhoben werden konnten. Des Weiteren beruhen die erhobenen Variablen – abgesehen vom Interaktionsverhalten – auf der Einschätzung der Eltern (insbesondere in der KGr). Allein dadurch könnten sich statistisch signifikante Zusammenhänge, die nicht unbedingt objektiv sind, zeigen (vgl. Braune-Krickau et al., 2005; Laucht, 2003) bzw. könnten gewisse Ergebnisse infolge einer ungünstigen emotionalen Befindlichkeit und infolge von Stress der Eltern negativen Verzerrungen unterliegen (s. z.B. Döpfner, 2002). Im Falle der Kinder der UGr konnte die Einschätzung der Verhaltensstörung zum Teil durch KlinikerInnen objektiviert werden, es wurde jedoch kein einheitliches klinisch-diagnostisches Vorgehen verwendet. Außerdem ist die UGr in Bezug auf die festgestellten Störungen sehr heterogen, auch wenn die festgelegten Auswahlkriterien streng gehalten wurden. Darüber hinaus lassen sich manche Auffälligkeiten (z.B. Entwicklungsverzögerung) nicht als psychische, emotionale oder Verhaltensauffälligkeiten erfassen (vgl. CBCL).

In zukünftigen Studien wären standardisierte klinische Interviews bzw. ein einheitliches Klassifikationssystem und ein einheitlicher Erhebungszeitpunkt wünschenswert.

Ferner muss die Problematik der *Verhaltensbeobachtung und -erfassung* angesprochen werden. Als besonderer Kritikpunkt wird gesehen, dass alle Videos überwiegend von der Studienautorin selbst ausgewertet wurden, was möglicherweise zu *Beurteilungsfehlern* führen könnte. Um solche Fehler möglichst zu reduzieren, wurde eine Zwischenzeit von ca. 6 bis 12 Monaten zwischen Untersuchung und Auswertung des Interaktionsverhaltens einzelner Familien eingehalten bzw. auch die Interrater-Reliabilität überprüft. Allerdings sollte in Untersuchungen, die Verhaltensbeobachtung umfassen, eine unabhängige Verhaltenskodierung gewährleistet werden.

Der Einsatz einer globalen Ratingskala (anstatt einer mikroanalytischen Kodierung) in der vorliegenden Studie könnte den enormen Aufwand für die Auswertung reduzieren.

Die vorliegende Studie legte nahe, durch die gewählte standardisierte *Spielsituation* eine Möglichkeit zu bieten, um die entwicklungsrelevanten Aspekte des elterlichen und kindlichen Verhaltens zu erfassen (vgl. Braune-Krickau et al., 2005; Leyendecker et al., 1997; Trautmann-Villalba et al., 2003). Möglicherweise könnten in einer aufgabeorientierten Situation oder in einer Stresssituation andere Qualitäten des elterlichen Interaktionsverhaltens sichtbar werden bzw. Zusammenhänge dieser Qualitäten mit z.B. der psychischen Befindlichkeit der Eltern gezeigt werden (s. z.B. Mahoney et al., 1996).

Eine weitere methodische Schwäche betrifft die *Auswahl einzelner Messverfahren*, vor allem der BSI (als Screeningverfahren, Franke, 2000). Es stellt sich die Frage, ob anhand der BSI die psychischen Belastungen der Eltern ausreichend differenziert wurden. Außerdem konnten sich psychische Belastungen einzelner ProbandInnen in ihrem Verhalten auswirken, waren aber statistisch nicht nachzuweisen. Eine Möglichkeit für weiterführende Studien wäre, eine homogene Stichprobe aus unbehandelten erwachsenen Personen zu bilden.

Eine weitere Überlegung betrifft die Erhebung der Persönlichkeitsmerkmale der Eltern, da im Vergleich zur psychischen Gesundheit die Persönlichkeitsmerkmale der Eltern eine größere Auswirkung auf die Beziehung zu den Kindern zeigte (Belsky & Barends, 2002) bzw. die Persönlichkeit der Mutter als Prädiktor für mütterlichen Stress in den ersten drei Lebensjahren des Kindes blieb (Mulsow et al., 2002). Des Weiteren wäre es sinnvoll, neben den Merkmalen des beobachtbaren Interaktionsverhaltens auch Charakteristika des elterlichen Erziehungsverhaltens (vgl. Denham et al., 2000), die Einstellungen der Eltern bzw. Temperamentmerkmale (psychobiologische Voraussetzungen) des Kindes zu erheben.

Kritisch ist anzumerken, dass sich die Untersuchung auf das Testen einzelner Zusammenhänge aus dem Modell von Belsky (1984) oder einzelner Risiken beschränkte. Eine Überprüfung des Gesamtmodells wäre zu komplex und im Rahmen dieser Studie nicht möglich. Daher blieben die anderen familieninternen bzw. -externen Stressquellen (tägliche Widrigkeiten, Stress aus dem Berufsleben etc.) bzw. Stressbewältigungskompetenzen der Eltern nicht erfasst. Es erscheint für nachfolgende Studien als sinnvoll, multiple Stressquellen bzw. Bewältigungsstrategien (wie persönliches oder dyadisches Coping) und Ressourcen der Eltern bei der Bewältigung gemeinsamer sowie individueller Stressereignisse im Zusammenhang mit kindlichem Verhalten (vgl. Gabriel & Bodenmann, 2006a, b, c) zu berücksichtigen.

Die Ergebnisse der neueren Studien – z.B. zur Feststellung der gegenseitigen Abhängigkeit im elterlichen Verhalten (Barnett et al., 2008) bzw. der Merkmale gut funktionierender Familien (Feldman, 2007; Keren et al., 2010) – implizieren die Notwendigkeit, das gesamte Familensystem zu untersuchen. Bei größeren Studien würde es sich lohnen, ein Mehrebenenmodell – Personen-, Eltern-Kind- und Familienebene – in Bezug auf Entstehung und Verlauf von Beziehungsstörungen bzw. Verhaltensstörungen der Kinder zu testen. Darüber hinaus ist es sehr wünschenswert, sich nicht nur auf die Auffälligkeiten, sondern auch auf die Stärken auf der jeweiligen Ebene zu konzentrieren (z.b. auf den Aspekt der sozialen Kompetenzen des Kindes, vgl. Braune-Krickau et al., 2005; auf proaktives Verhalten der Eltern, vgl. Denham et al., 2000; auf die Übertragung der positiven Emotionalität in Dyaden, Barnett et al., 2008) bzw. diese aufgezeigten Stärken in weiterer Folge in ein ressourcenorientiertes Therapiekonzept zu integrieren (vgl. Petermann & Schmidt, 2006).

6.4 Implikationen für die klinische Praxis

In Anbetracht des bestehenden Wissens über den Zusammenhang zwischen Störungen der psychosozialen Entwicklung des Kleinkindes und der Qualität der Eltern-Kind-Beziehung, in das sich die Ergebnisse der vorliegenden Dissertation gut integrieren lassen, erscheint es als äußerst notwendig, folgende Entscheidungen bei der Diagnostik von kindlichen Störungen und beim Therapieprozess zu treffen: standardisierte Verfahren zur Beurteilung der Eltern-Kind-Beziehung einzusetzen und idealerweise beide Elternteile in den Therapieprozess einzubeziehen sowie dabei – wie die Ergebnisse der vorliegenden Studie belegen – den elterlichen Stress sowie Kompetenzen und Ressourcen der Eltern bzw. potenzielle Unterstützungsquellen zu berücksichtigen und Entlastungsmöglichkeiten zu überlegen (vgl. z.B. Hofacker et al., 2007; Ziegler et al., 2004). Auch wenn nur ein Elternteil für die Therapie gewonnen werden kann, sollten positive dyadische Interaktionen zwischen Elternteil und Kind aufgebaut werden. Damit können die nicht optimalen interaktiven Muster (negative Emotionen bzw. aversives Verhalten), die ungünstigen "Schemata des Zusammenseins" (Stern, 1977/2006; 1995/1998) und deren Ausbreitung auf die anderen Dyaden bzw. auf Beziehungen außerhalb der Familie (vgl. Gloger-Tippelt, 2000; Gloger-Tippelt

& Reichle, 2007) unterbunden werden: Gerade im Kleinkindalter entwickeln sich relevante Basisfunktionen (z.B. kognitive und emotionale Perspektivenübernahme), die die Voraussetzung für die zunehmenden Beziehungen des Kindes außerhalb der Familie bilden (vgl. Braune-Krickau et al., 2005) und somit ein bedeutender Baustein für die erfolgreiche psychosoziale Entwicklung auf der nächsten Stufe sind.

Literatur

Abelin, E. (1971). The Role of the Father in the Separation-Individuation Process. In J.B. McDevitt & C.F. Settlage (Eds.), *Separation-Individuation* (pp. 229-252). New York: International Universities Press.

Abelin, E. (1975). Some further observations and comments on the earliest role of the father. *International Journal of Psycho-Analysis, 56*, 293-302

Abidin, R.R. (1995). *Parenting Stress Index – Professional Manual* (3. ed.). Odessa, Fl.: Psychological Assessment Resources.

Achenbach, T.M. (1990). Conceptualization of development psychopathology. In M. Lewis & S.M. Miller (Eds.), *Handbook of developmental psychopathology* (pp. 3-14). New York: Plenum Press.

Achenbach, T.M. (1992). *Manual for the Child Behavior Checklist/2-3 and 1992 profile.* Burlington, VT: University of Vermont, Department of Psychiatry.

Achenbach, T.M. & Rescorla, L.A. (2000). *Manual for the ASEBA Preschool Forms and Profiles. An integrated system of multi-informant assessment.* Burlington, VT: University of Vermont, Department of Psychiatry. ASEBA, Child Behavior Checklist/ 1 ½ -5. 21.03.2002. http://www.aseba.org/products/cbcl1-5.htm

Ainsworth, M.D.S. (1969). Object relations, dependency, and attachment: a theoretical review of the infant-mother relationship. *Child Development, 40* (4), 969-1025.

Ainsworth, M. (1979). Infant-mother attachment. *American psychologist, 34*, 932-937.

Ainsworth, M. (2003). Feinfühligkeit versus Unfeinfühligkeit gegenüber den Mittteilungen des Babys. Zusammenspiel versus Beeinträchtigung. Annahme versus Zurückweisung des Kindes. In K.E. Grossmann & K. Grossmann (Hrsg.), *Bindung und menschliche Entwicklung. John Bowlby, Mary Ainsworth und die Grundlagen der Bindungstheorie und Forschung* (S. 414-440). Stuttgart: Klett-Cotta,

Ainsworth, M., Bell, S.M. & Stayton, D.J. (1974). Infant-mother attachment and social development: 'Socialisation' as a product of reciprocal responsiveness to signals. In M.P.M Richards (Ed.), *The integration of a child into a social world* (pp. 99-136). London: Cambridge University Press.

Ainsworth, M., Blehar, M.C., Waters, E. & Wall, S. (1978). *Patterns of Attachment: A psychological study of the strange situation.* Hillsdale, NJ: Erlbaum.

Ainsworth, M. & Wittig, B.A. (1969). Attachment and exploratory behavior of one-year-olds in a Strange Situation. In B.M. Foss (Ed.), *Determinants of infant behavior* (Vol. IV, pp. 111-136). London: Methuen.

Aldous, J. (1996). Family careers. Developmental change in families. New York: Wiley.

Amato, P.R. & Rivera, F. (1999). Paternal involvement and children's behavior problems. *Journal of Marriage and the Family, 61*, 375-384.

Anders, T.F. (1989). Clinical Syndromes, relationship disturbances, and their assessment. In A.J. Sameroff & R.N. Emde (Eds.), *Relationship disturbances in early childhood – a developmental approach* (pp. 125-144). New York: Basic Books.

Arbeitsgruppe Deutsche Child Behavior Checklist. (1993). *Elternfragebogen über das Verhalten von Kleinkindern (CBCL/2-3).* Köln: Arbeitsgruppe Kinder-, Jugend- und Familiendiagnostik (KJFD).

Arbeitsgruppe Deutsche Child Behavior Checklist. (2000). *Elternfragebogen für Klein- und Vor-schulkinder (CBCL/ 1½-5)*. Köln: Arbeitsgruppe Kinder-, Jugend- und Familiendiagnostik (KJFD).

Aschersleben, G. & Henning, A. (2008). Mutter-Kind-Interaktion und sozial-kognitive Entwicklung. *Magazin Forschung (Universität des Saarlandes), 1*, 20-23.

Asendorpf, J.B. (1994). The mallability of behavioral inhibition: a study of individual developmental functions. *Developmental Psychology, 30*, 912-919.

Baird, S.M., Haas, M.L., McCormick, K. & Turner, K.D. (1992). Approaching an objective system for observation and measurement: Infant-parent social interaction code. *Topics in Early Child-hood Special Education, 12*, 544-571.

Bakel, H.J.A. van & Riksen-Walraven, J.M. (2002). Parenting and Development of One-Year-Olds: Links with Parental, Contextual, and Child Characteristics. *Child Development, 73* (1), 256–273.

Baltes-Götzt, B. (2004). *Logistische Regressionsanalyse mit SPSS*. Universitäts-Rechenzentrum Trier. 19.03.2006. http://www.boku.ac.at/hfa/lehre/VU_HM_Papers/Baltes-Goetz_2004_logReg. pdf

Barnett, A.M., Deng, M., Mills-Koonce, W.R., Willoughby, M. & Cox, M. (2008). Interdependence of Parenting of Mothers and Fathers of Infants. *Journal of Family Psychology, 22* (3), 561–573.

Barth, R. (1998). Psychotherapie und Beratung im Säuglings- und Kleinkindalter. In K. von Klitzing (Hrsg.), *Psychotherapie in der frühen Kindheit* (S. 72-87). Göttingen: Vandenhoeck & Ruprecht.

Barth, R. (2004). „Gespenster im Schlafzimmer". Psychodynamische Aspekte in der Behandlung von Schlafstörungen. In M. Papoušek, M. Schieche & H. Wurmser, (Hrsg.), Regulationsstörungen der frühen Kindheit. Frühe Risiken und Hilfen im Entwicklungskontext der Eltern-Kind-Beziehungen (S. 249 - 261). Bern: Huber.

Barrows, P. (1999). Fathers in parent-infant psychotherapy. *Infant Mental Health Journal, 20* (3), 333-345.

Bates, J.E. (1980). The concept of temperament. *Merrill-Palmer Quarterly, 26*, 299-319.

Bates, J.E., Pettit, G.S., Dodge, K.A. & Ridge, B. (1998). The interaction of temperamental re-sistance to control and restrictive parenting in the development of externalizing behavior. *Devel-opment Psychology, 34*, 982-995.

Bavelas, J.B. & Segal, L. (1982). Family systems theory: background and implications. *Journal of Communication, 32*, 99-107.

Beitel, A.H. & Parke, R.D. (1998). Paternal involvement in infancy: The role of maternal and pater-nal attitudes. *Journal of Family Psychology, 12*, 268-288.

Belsky, J. (1984). The determinants of parenting: A process model. *Child Development, 55*, 83-96.

Belsky, J. (1993). Etiology of child maltreatment: A developmental-ecological analysis. *Psychologi-cal Bulletin, 114*, 413–434.

Belsky, J. (1996). Parent, infant, and social-contextual antecedents of father-son attachment security. *Developmental Psychology, 32*, 905-913.

Belsky, J. (1997). Theory testing, effect-size evaluation and differential susceptibility to rearing in-fluence: The case of mothering and attachment. *Child Development, 68*, 598-600.

Belsky, J. (2002). Quantity Counts: Amount of Child Care and Children's Socioemotional Develop-ment. *Journal of Developmental and Behavioral Pediatrics, 23*, 167-170.

Belsky, J. & Stratton, P. (2002). An Ecological Analysis of the Etiology of Child Maltreatment. In K. Browne, H. Hanks, P. Stratton & C. Hamilton (Eds.), *Early Prediction And Prevention Of Child Abuse: A Handbook* (pp. 95-110). Chichester, UK: Wiley.

Belsky, J. (2005). Social-Contextual Determinants of Parenting. *Encyclopedia on Early Childhood Development*. 19.11.2009. http://www.child-encyclopedia.com/en-ca/parenting-skills/according-to-experts/belsky.html

Belsky, J. & Barends, N. (2002). Personality and parenting. In M.H. Bornstein (Ed.), *Being and becoming a parent*. (Handbook of parenting, Vol. 3., 2. ed., pp. 415-438). Mahwah, NJ: Lawrence Erlbaum.

Belsky, J., Crnic, K., & Woodworth, S. (1995). Personality and parenting: Exploring the mediating role of transient mood and daily hassles. *Journal of Personality, 63,* 905–929.

Belsky, J., Hsieh, K.-H., & Crnic, K. (1998). Mothering, fathering and infant negativity as antecedents of boys' externalizing problems and inhibition at age 3: Differential susceptibility to rearing experience? *Development and Psychopathology, 10,* 301-319

Belsky, J., Putnam, S. & Crnic, K. (1996). Coparenting, Parenting and Early Emotional Development. *New Directions in Child Development, 74,* 45-56.

Belsky, J. & Rovine, M. (1990). Patterns of marital change across the transition to parenthood: Pregnancy to three year postpartum. *Journal of Marriage and the Family, 52,* 5-19.

Belsky, J., Steinberg, L. & Draper, P. (1991). Childhood experience, interpersonal development, and reproductive strategy: An evolutionary theory of socialization. *Child Development, 62,* 647-670.

Belsky, J., Taylor, D. & Rovine, M. (1984). The Pennsylvania Infant and Family Development Project II: the Development of Reciprocal Interaction in the Mother-Infant Dyad. *Child Development, 55,* 718-722.

Belsky, J. & Volling, B. (1987). Mothering, fathering, and marital interaction in the family triad during early infancy: Exploring family systems' processes. In P. Berman & F. Pederson (Eds.), *Men's transition to parenthood: Longitudinal studies of early family experience* (pp. 37-63). Hillsdale, NJ: Lawrence Erlbaum.

Belsky, J., Youngblade, L., Rovine, M. & Volling, B. (1991). Patterns of marital change and parent-child interaction. *Journal of Marriage and the Family, 53,* 487-498.

Bernstein, V.J., Hans, S.L. & Percansky, C. (1992). *Parent-child observation guide (PCOG).* (Available from Victor J. Bernstein, Department of Psychiatry, Box 411, University of Chicago, Chicago, IL 60637)

Berry, J. O. & Jones, W. H. (1995). The Parental Stress Scale: Initial psychometric evidence. *Journal of Social and Personal Relationships, 12,* 463–472.

Bérubé, R.L. & Achenbach, T.M. (2000). *The Bibliography of Published Studies Using ASEBA Instruments*: 2000 edition. Burlington, VT: University of Vermont, Department of Psychiatry.

Bion, W.R. (1963). *Elements of Psycho-Analysis.* London: Heinemann. (Bion, W.R. (1992) Elemente der Psychoanalyse. Frankfurt am Main: Suhrkamp.)

Biringen, Z., Robinson, J.L. & Emde, R.N. (1998). *The Emotional Availability scales* (3. ed.). Fort Collins: Department of Human Development and Family Studies. Colorado State University.

Bischof, N. (1993). Untersuchungen zur Systemanalyse der sozialen Motivation I: Die Regulation der sozialen Distanz – Von der Feldtheorie zur Systemtheorie. *Zeitschrift für Psychologie, 201,* 5-43.

Bischof-Köhler, D. (1998). Zusammenhänge zwischen kognitiver, motivationaler und emotionaler Entwicklung in der frühen Kindheit und im Vorschulalter. In H. Keller (Hrsg.), *Lehrbuch Entwicklungspsychologie* (S. 319-376). Bern: Huber.

Block, J. H., & Block, J. (1980). The role of ego-control and ego-resiliency in the organization of behavior. In W.A. Collins (Ed.), *The Minnesota Symposia on Child Psychology* (Vol. 13, pp. 39–101). Hillsdale, NJ: Erlbaum.

Bodenmann, G. (1993). *Erfassung und Bedeutung von Partnerschaftszufriedenheit: eine Vergleichsuntersuchung* (Forschungsbericht Nr. 94). Universität Freiburg/Schweiz, Psychologisches Institut.

Bodenmann, G. (2000). *Stress und Coping bei Paaren.* Göttingen: Hogrefe.

Bodenmann, G. (2002). Die Bedeutung von Stress für die Familienentwicklung. In B. Rollett & H. Werneck (Hrsg.), *Klinische Entwicklungspsychologie der Familie* (S. 243 – 265). Göttingen: Hogrefe.

Bodenmann, G. (2003). Der Zusammenhang zwischen Partnerschaftsproblemen und Störungen bei Kindern und Jugendlichen. In C. Kaufmann & F. Ziegler (Hrsg.), *Kindeswohl. Eine interdisziplinäre Sicht* (S. 119- 125). Zürich: Rüegger.

Boom, D.C. van den & Hoeksma, J.B. (1994). The effect of infant irritability on mother-infant interaction: A growth-curve analysis. *Development Psychology, 30*, 581-590.

Bortz, J. (1993). Statistik für Sozialwissenschaftler. (4., vollständig überarbeitete Aufl.). Berlin: Springer.

Bortz, J. & Döring, N. (2005). *Forschungsmethoden und Evaluation für Human- und Sozialwissenschaftler* (3. überarbeitete Aufl.). Heidelberg: Springer Medizin Verlag.

Bortz, J. & Lienert, G.A. (1998). Kurzgefasste Statistik für die klinische Forschung. Berlin: Springer.

Bowlby, J. (1969). *Attachment and loss, Vol. 1: Attachment*. New York: Basic Books. (Bowlby, J. (1975): Bindung. München: Kindler.)

Bowlby, J. (1973). *Attachment and loss, Vol. 2: Separation: Anxiety and Anger*. New York: Basic Books. (Bowlby, J. (1976): Trennung. München: Kindler.)

Bowlby, J. (1980). *Attachment and loss, Vol. 3: Loss, sadness and depression*. New York: Basic Books. (Bowlby, J. (1983). *Verlust*. München: Kindler.)

Bowlby, J. (1988). *A Secure Base: Clinical Applications of Attachment Theory*. London: Routledge.

Bowlby, J. (1995). Bindung: Historische Wurzeln, theoretische Konzepte und klinische Relevanz. In: G. Spangler & P. Zimmermann (Hrsg.), *Die Bindungstheorie. Grundlagen, Forschung und Anwendung* (S. 17 – 26, gekürzte Version des Vortrags, 1988). Stuttgart: Klett-Kotta.

Bradbury, T.N. & Fincham, F.D. (1991). A contextual model for advancing the study of marital interaction. In G.J.O. Fletcher & F.D. Fincham (Eds.), *Cognition in close relationships* (pp. 127-147). Hillsdale, NJ: Erlbaum.

Brähler, E. & Brähler, C. (Hrsg.) (1993). *Paardiagnostik mit dem Gießen-Test: Handbuch*. Bern: Huber.

Braune-Krickau, K., Stadelmann, S., Wyl, A. von, Perren, S., Bürgin, D., & Klitzing, K. von (2005). Elterliche psychische Belastung, konflikthafte Paarbeziehung und Verhaltensregulation dreijähriger Kinder. *Kindheit und Entwicklung, 14(3), 181-190*.

Bretherton, I. (1984). Representing the social world in symbolic play: Reality and fantasy. In: I. Bretherton (Eds.), *Symbolic Play: The Development of Social Understandings* (pp. 1 – 41). New York: Academic Press.

Bretherton, I. (1992). The Origins of Attachment Theory: John Bowlby and Mary Ainsworth. *Developmental Psychology, 28(5)*, 759-775.

Broderick, C.B. (1993). *Understanding family process*. Newbury Park, CA: Sage.

Bronfenbrenner, U. (1981). *Die Ökologie der menschlichen Entwicklung*. Stuttgart: Klett-Cotta.

Bühler, Ch. & Hetzer, H. (1928). Das erste Verständnis für Ausdruck im ersten Lebensjahr. *Zeitschrift für Psychologie, 107*, 50-61.

Burrous, C.E. (2004). Stability and change in maternal sensitivity between 6 and 2 ½ years: Developmental history of care and control, depression, and anger. Unpublished doctoral dissertation, University of Vermont, Burlington.

Buss, A. & Plomin, R. (1984). *Temperament: Early developing personality traits*. Hillsdale, NJ: Erlbaum.

Cabrera, N.J., Tamis-LeMonda, C.S., Bradley, R.H., Hofferth, S. & Lamb, M.E. (2000). Fatherhood in the Twenty-First Century. *Child Development*, 71 (1), 127-136.

Campbell, S.B. (1995). Behavior problems in preschool children: A review of recent research. *Journal of Child Psychology and Psychiatry, 36*, 113-149.

Campbell, S.B., March, C.L., Pierce, E.W., Ewing, L.J. & Szumowski, E.K. (1991). Hard-to-manage preschool boys: Family context and the stability of externalizing behavior. *Journal of Abnormal Child Psychology, 19,* 301-315.

Campos, J., Barrett, K., Lamb, M., Goldsmith, H. & Stenberg, C. (1983). Socioemotional development. In M. Haith & J. Campos (Eds.), *Infancy and developmental psychobiology. Vol. II. Handbook of child psychology* (pp. 783–915). New York: Wiley.

Caplan, M. (1993). Inhibitory influences in development: The case of prosocial behavior. In D. F. Hay & A. Arnold (Eds.), *Precursors and causes in development and psychopathology* (pp. 169–198). New York: Wiley.

Caspi, A. (2000). The child is the father of the man: Personality continuities from childhood to adulthood. *Journal of Personality and Social Psychology, 78,* 158-172.

Caspi, A. & Silva, P.A. (1995). Temperamental qualities at age three predict personality traits in young adulthood: Longitudinal evidence from a birth cohort. *Child Development, 66,* 486-498.

Chatoor, I., Getson, P., Menvielle, E., Brasseaux, C., O'Donnel, R., Rivera, Y. & Mrazek, D. (1997). A feeding scale for research and clinical practice to assess mother-infant interactions in the first three years of life. *Infant Mental Health Journal, 18 (1),* 76-91.

Chatoor, I., Menvielle, D., Getson, P., & O'Donnell, R. (1986). *Observational scale for mother-infant interaction during play (M-I/TPS).* (Available from Children's Hospital, National Medical Center, 111 Michigan Ave. NW, Washington, DC 20010-2970)

Chatoor, I., Menvielle, D., Getson, P., & O'Donnell, R. (1988). *Observational scale for mother-infant interaction during feeding (M-I/TFS), manual.* (Available from Children's Hospital, National Medical Center, 111 Michigan Ave. NW, Washington, DC 20010-2970)

Chatoor, I., Schaefer, S., Dickson, L. & Eagan, J. (1984). Non-organic failure-to-thrive: A developmental perspective. *Pediatric Annals,* 13:829-843.

Christensen, A. (1987). Detection of conflict patterns in couples. In K. Hahlweg & M.J. Goldstein (Eds.), *Understanding major mental disorder: The contribution of family interaction research* (pp. 250-265). New York: Family Process Press.

Cicchetti, D. (1999). Entwicklungspsychopathologie: Historische Grundlagen, konzeptuelle und methodischen Fragen, Implikationen für Prävention und Intervention. In R. Oerter, C. von Hagen, G. Röper & G. Noam (Hrsg.), *Klinische Entwicklungspsychologie* (S. 11-44). Weinheim: Psychologie Verlags Union.

Cicchetti, D. & Cohen, D. J. (1995). *Developmental Psychopathology.* New York: Wiley.

Cicchetti, D. & Schneider-Rosen, K. (1986). An organizational approach to childhood depression. In M. Rutter, C. Izard & P. Read (Eds.), *Depression in young people, clinical and developmental perspectives* (pp. 71–134). New York: Guilford.

Cicchetti, D., Toth, S.L. & Bush, M. (1988). Developmental psychopathology and incompetence in childhood: Suggestions for intervention. In B. Lahey & A. Kazdin (Eds.), *Advances in clinical child psychology* (pp. 1-71). New York: Plenum Press.

Cierpka, M. (2008). Das Drei-Ebenen-Modell in der Familiendiagnostik. In M. Cierpka (Hrsg.), *Handbuch der Familiendiagnostik* (3., aktualisierte und ergänzte Aufl.) (S. 25-41). Heidelberg: Springer Medizin Verlag.

Clark, R. (1985). *Parent-child early relational assessment (PCERA), manual.* (Available from Department of Psychiatry, University of Wisconsin Medical School, 600 Highland Ave., Madison, WI 53792)

Clark, G. & Seifer, R. (1983). Facilitating mother-infant communication: A treatment model for high-risk and developmentally-delayed infants. *Infant MentalHealth Journal, 4,* 67-82.

Clark, G. & Seifer, R. (1986). *Parent-infant interaction scale (P-II)* (Available from Ronald Seifer, Institute for the Study of Developmental Disabilities, University of Illinois at Chicago, 1640 West Roosevelt Road, Chicago, IL 60680)

Clausen, A.H & Crittenden, P.M. (2000). Maternal Sensitivity. In P.M. Crittenden & A.H. Claussen (Hrsg.), *The organization of attachment relationships: Maturation, culture and context* (pp.115-122). New York: Cambridge University Press

Cohen, R.S. & Weissman, S.H. (1984). "The Parenting Alliance." In R.S. Cohen, B.J. Cohler & S.H. Weissman (Eds.), *Parenthood: A Psychodynamic Perspective* (pp. 33-49). New York: Guilford.

Cohn, J.F. & Tronick, E.Z. (1989). Specifity of infant's response to mothers' affective behavior. *Journal of the American Academy of Child and Adolescent Psychiatry, 28*, 242-248.

Coiro, M.J. & Emery, R.E. (1998). Do marriage problems affect fathering more than mothering? A quantitative and qualitative review. *Clinical Child & Family Psychology Review, 1*, 230-240.

Coolbear, J. & Benoit, D. (1999). Failure to thrive: Risk for clinical disturbance of attachment? *Infant Mental Health Journal, 20*, 87-104.

Conover, W.J. (1999). *Practical Nonparametric Statistics* (3. ed.). John-Wiley & Sons.

Corboz-Warnery, A., Fivaz-Depeursinge, E., Bettens, Ch. & Favez, N. (1993). Systemic analysis of father-mother-baby interaction: The Lausanne Triadic Play. *Infant Mental Health Journal, 14*, 298-316.

Cowan, C.P. & Cowan, P.A. (2000). When partners become parents: The big life change for couples. Mahwah, NJ: Erlbaum.

Cox, M. J., & Paley, B. (1997). Families as systems. *Annual Review of Psychology, 48*, 243–267.

Cox, A.D., Puckering, C., Pound, A. & Mills, M. (1987). The impact of maternal depression in young children. *Journal of Child Psychology and Psychiatry, 28*, 917–928.

Crittenden, P.M. (1985). Maltreated infants: Vulnerability and resilience. *Journal of Child Psychology and Psychiatry, 26*, 85-96.

Crittenden, P.M. (1992). Children's strategies for coping with adverse home environments: an interpretation using attachment theory. *Child Abuse & Neglect, 16*, 329-343.

Crittenden, P.M. (1999). *The CARE Index Manual.* Unveröffentlichtes Manuskript. Miami/FL: Family Relations Institute.

Crittenden, P.M. (2005a). *CARE-Index Toddlers Coding Manual.* Unpublished manuscript, Miami, FL: Family Relations Institute.

Crittenden, P.M. (2005b). Der CARE-Index als Hilfsmittel für Früherkennung, Intervention und Forschung. *Frühförderung interdisziplinär, 24* (3), S.99-106.

Crittenden, P.M. (2007). *CARE-Index, Infants (birth – 15 months): Coding Manual.* Miami: Family Relation Institute.

Crnic, K., & Acevedo, M. (1995). Everyday stresses and parenting. In M.H. Bornstein (Ed.), *Handbook of parenting* (pp. 277–297). Mahwah, NJ: Lawrence Erlbaum.

Crnic, K. & Low, C. (2002). Everyday stresses and parenting. In M.H. Bornstein (Ed.), *Handbook of parenting* (Vol. 5, pp. 243-267). Mahwah, NJ: Lawrence Erlbaum.

Cummings, E.M. (1994). Marital conflict and children's functioning. *Social Development, 3*, 16-36.

Cummings, E.M., & Davies, P.T. (2002). Effects of marital discord on children: Recent advances and emerging themes in process-oriented research. *Journal of Child Psychology and Psychiatry, 43*, 31-63.

Cummings, E.M., Zahn-Waxler, C. & Radke-Yarrow, M. (1981). Young children's responses to expressions of anger and affection by others in the family. *Child Development, 52*, 1274-1282.

Cutrona, C.E. (1996). Social support in couples. Marriage as a resource in times of stress. Thousand Oaks, CA: Sage.

Danforth, J.S., Barkley, R.A. & Stokes, T.F. (1991). Observations of interactions between parents and their hyperactive children: Research and clinical implications. *Clinical Psychology Review, 11,* 703–727.

DeGangi, G.A., Breinbauer, C., Roosevelt, J.D., Porges, S. & Greespan, S. (2000). Prediction of childhood problems at three years in children experiencing disorders of regulation during infancy. *Infant Mental Health Journal, 21* (3), 156-175.

De Luccie, M.F. (1994). Mothers as gatekeepers: A model of maternal mediators of father involvement. *The Journal of Genetic Psychology, 156* (1), 115-131.

Demo, D.H. & Cox, M.J. (2000). Families with Young Children: A Review of Research in the 1990s. *Journal of the Marriage and the Family, 62,* 876-895.

Deneke, Ch. & Lüders, B. (2003). Besonderheiten der Interaktion zwischen psychisch kranken Eltern und ihren kleinen Kindern. *Praxis der Kinderpsychologie und Kinderpsychiatrie, 52,* 3, 172-181.

Denham, S.A., Workman, E., Cole, P.M., Weissbrod, C., Kendziora, K.T. & Zahn-Wachsler, C. (2000). Prediction of externalizing behavior problems from early to middle childhood: The role of parental socialization and emotion expression. *Development and Psychopathology, 12,* 23–45.

Derogatis, L.R. (1993). Brief Symptom Inventory (BSI), administration, scoring, and procedures manual (3. ed.). Mineapolis: National Computer Services.

Deutsche Gesellschaft für Sozialpädiatrie und Jugendmedizin (DGSPJ) e.V. (2007). Leitlinie Störung der frühen Eltern-Kind-Interaktion. 25.10.2009.
http://www.dgspj.de/index.php?option=com_content&view=article&id=60&Itemid=105

De Wolff, M.S. & Ijzendoorn, M.H. van (1997). Sensitivity and attachment: A meta-analysis on parental antecedents of infant attachment. *Child Development, 68,* 571-591.

Dilling, H., Mombour, W., Schmidt, M.H. & Schulte-Markwort, E. (Hrsg). (2006). Internationale Klassifikation psychischer Störungen – ICD-10, Kapitel V (F) Diagnostische Kriterien für Forschung und Praxis (4. Aufl.). Bern: Huber.

Dinter-Jörg, M., Polowczyk, M., Herrle, J., Esser, G., Laucht, M. & Schmidt, M.H. (1997). Mannheimer Beobachtungsskalen zur Analyse der Mutter-Kind-Interaktion im Kleinkindalter. *Zeitschrift für Kinder- und Jugendpsychiatrie, 25,* 207-217.

Dix, T. (1991). The affective organization of parenting: Adaptive and maladaptative processes. *Psychological Bulletin, 110,* 3–25.

Dodge, K. A., Pettit, G. S. & Bates, J. E. (1994). Socialization mediators of the relation between socioeconomic status and child conduct problems. *Child Development, 65,* 649–665.

Doherty, W.J., Kouneski, E.F. & Erickson, M.F. (1998). Responsible fathering: An overview and conceptual framework. *Journal of Marriage & the Family, 60,* 277-292.

Dollberg, D., Feldman, R. & M. Keren (2010). Maternal representations, child psychiatric status, and mother–child relationship in clinic-referred and non-referred infants. *European Journal of Child and Adolescent Psychiatry, 19,* 25–36

Dollberg, D., Feldman, R., Keren, M. & Guedeney, A. (2006). Sustained withdrawal behaviour in clinic referred and nonreferred infants. *Infant Mental Health Journal, 27*(3), 292-309.

Döpfner, M. (2002). Hyperkinetische Störungen. In F. Petermann (Hrsg.), *Lehrbuch der klinischen Kinderpsychologie und –psychotherapie* (5. korr. Aufl.) (S. 151-186). Göttingen: Hogrefe.

Döpfner, M. (2008). Klassifikation und Epidemiologie psychischer Störungen. In F. Petermann (Hrsg.), *Lehrbuch der Klinischen Kinderpsychologie* (6., vollständig überarbeitete Aufl.) (S. 29-48). Göttingen: Hogrefe.

Döpfner, M. & Lehmkul, G. (1997). Von der kategorialen zu dimensionalen Diagnostik. *Praxis der Kinderspsychologie und Kinderpsychiatrie, 46,* 519-547.

Döpfner, M., Lehmkul, G., Heubrock, D. & Petermann, F. (2000). *Diagnostik psychischer Störungen im Kindes- und Jugendalter.* Göttingen: Hogrefe.

337

Dornes, M. (1998). *Der kompetente Säugling*. Frankfurt/Main: Fischer.

Duggal, S., Carlson, E., Sroufe, A. & Egeland, B. (2001). Depressive symptomatology in childhood and adolescence. *Developmental Psychopathology, 13,* 143-164.

Dunitz, M. & Scheer, P. (1997). Interaktionsdiagnostik. In: Keller, H. (Hrsg.), *Handbuch der Kleinkindforschung* (S. 643-658). Bern: Huber,

Dunitz-Scheer, M. & Scheer, P.J. (Übers.) (1999). Diagnostische Klassifikation: 0-3: seelische Gesundheit und entwicklungsbedingte Störungen bei Säuglingen und Kleinkindern. Wien: Springer.

Dunst, C.J., Storck, A. & Snyder, J. (2006). Identification of infant and toddler social-emotional disorders using the DC: 0-3 Diagnostic Classification System. *TRACE Cornerstones, 2, 1-21.*

Egger, H.L. & Angold, A. (2006). Common emotional and behavioral disorders in preschool children: Presentation, nosology, and epidemiology. *Journal of Child Psychology and Psychiatry, 47,* 313-337.

Elting, Ph. (2003). *Überprüfung der psychometrischen Parameter von CBCL 11/2-5 und C-TRF an einer deutschen Stichprobe.* Frankfurt am Main. Dissertation aus dem Zentrum der Psychiatrie der Johann Wolfgang Goethe-Universitätsklinik. 25.09.2009. http://deposit.ddb.de/cgi-bin/dokserv?idn=972529713&dok_var=d1&dok_ext=pdf&filename=972529713.pdf

Emde, R.N. (1980). Emotional availability: A reciprocal reward system for infants and parents with implications for prevention of psychosocial disorders. In P.M. Taylor (Ed.), *Parent-infant relationships* (pp. 87-115). Orlando, FL: Grune & Stratton.

Engfer, A. & Schneewind, K. (1982). Causes and Consequences of Harsh Parental Punishment: An Empirical Investigation in a Representative Sample of 570 German Families. *Child Abuse & Neglect, 6*(2), 129-139.

Engl, J. (1997). *Determinanten der Ehequalität.* München: Institut für Forschung und Ausbildung in Kommunikationstherapie e.V.

Ereky, K. (2002). Präodipale Triangulierung: Zur psychoanalytischen Diskussion um die Frage des Entstehens der frühen familiären Dreiecksbeziehungen. In L. Winterhager-Schmid, A. Eggert-Schmid Noerr, & W. Datler (Hrsg.), Das selbständige Kind *(Jahrbuch für psychoanalytische Pädagogik 12,* S. 151-178). Gießen: Psychosozial-Verlag.

Esser, G., Blanz, B., Geisel, B. & Laucht, M. (1989). Mannheimer Elterninterview. – Strukturiertes Interview zur Erfassung von kinderpsychiatrischen Auffälligkeiten. Weinheim: Beltz.

Esser, G., Dinter, R., Jörg, M., Rose, F., Villalba, P., Laucht, M. & Schmidt, M.H. (1993). Bedeutung und Determinanten der frühen Mutter-Kind-Beziehung. *Zeitschrift für psychosomatische Medizin, 39, 246-264.*

Esser, G. & Scheven, A. (1989). *Mannheimer Beurteilungsskala zur Erfassung der Mutter-Kind-Interaktion im Säuglingsalter (MBS-MKI-S).* Unveröffentlichtes Manual. Mannheim: Zentralinstitut für Seelische Gesundheit.

Esser, G., Scheven, A., Petrova, A., Laucht, M. & Schmidt, M.H. (1989). Mannheimer Beurteilungsskala zur Erfassung der Mutter-Kind-Interaktion im Säuglingsalter. *Zeitschrift für Kinder- und Jugendpsychiatrie, 17, 185-193.*

Evangelista, N. & McLellan, M.J. (2004). The Zero to Three Diagnostic System: A Framework for Considering Emotional and Behavioral Problems in Young Children. *School Psychology Review, 33* (1), 159-173

Eye, A.v. & Kreppner, K. (1989). Family systems and family development: The selection of analytical units. In K. Kreppner & R.M. Lerner (Eds.), *Family systems and life-span development* (pp. 247-269). Hillsdale, NJ: Erlbaum.

Fahrenberg, J., Hampel, R. & Selg, H. (1994). Das Freiburger Persönlichkeitsinventar FPI. Revidierte Fassung FPI-R und teilweise geänderte Fassung FPI-A1 (6. revidierte Aufl.). Göttingen. Hogrefe.

338

Faßnacht, G. (1995). *Systematische Verhaltensbeobachtung* (2. völlig neubearbeitete Aufl.). München: Ernst Reinhardt.

Fegert, J. (1996). Verhaltensdimensionen und Verhaltensprobleme bei zweieinhalbjährigen Kindern. *Praxis der Kinderpsychologie und Kinderpsychiatrie, 45,* 83 - 94.

Fegert, J., Schulz, J., Bergmann, R., Tacke, U., Bergmann, K. & Wahn, U. (1997). Schlafverhalten in den ersten drei Lebensjahren. *Praxis der Kinderpsychologie und Kinderpsychiatrie, 46,* 69-91.

Feldman, R. (2000). Parents' convergence on sharing and marital satisfaction, father involvement, and parent-child relationship at the transition to parenthood. *Infant Mental Health Journal, 21,* 176-191.

Feldman, R. (2007). Maternal versus child risk and the development of parent-child and family relationships in five high risk populations. *Development and Psychopathology, 19,* 293–312.

Feldmann, H. & Feldmann, M. (1975). The family life cycle: some suggestions for recycling. *Journal of Marriage and the Family, 37,* 277-283.

Feldman, R. & Greenbaum, C.W. (1997). Affect regulation and Synchrony in Mother-Infant Play as Precursors to the Development of Symbolic Competence. *Infant Mental Health Journal, 18,* 4-23.

Feldman, R., & Masalha, S. (2010). Parent-child and triadic antecedents of children's social competence: Cultural specificity, shared process. *Developmental Psychology, 46,* 455–467.

Field, T.M. (1980). Interactions of preterm and term infants with their lower- and middle-class teenage and adult mothers. In T.M. Field, S. Goldberg, D. Stren & A.M. Sostek (Eds.), *High risk infants and children: Adult and peer interactions* (pp. 113-132). New York: Academic Press.

Field, T.M. (1984). Early interactions between infants and their postpartum depressed mothers. *Infant Behavior and Development, 7,* 517-522.

Field, T. (1992). Infants of depressed mothers. *Development and Psychopathology, 4,* 49-66.

Field, T., Healy, B., Goldstein, S. & Guthertz, M. (1990). Behavior state matching and synchrony in mother-infant interactions of nondepressed versus depressed dyads. *Developmental Psychology, 26,* 7–14.

Fincham, F.D. (1998). Child Development and Marital Relations. *Child Development, 69,* 543-574.

Fitzgerald, H.E., Mann, T. & Barrat, M. (1999). Fathers and Infants. *Infant Mental Health Journal, 20* (3), 213-221.

Fisseni, H. (2004). *Lehrbuch der psychologischen Diagnostik. Mit Hinweisen zur Intervention* (3. überarbeitete und erweiterte Aufl.). Göttingen: Hogrefe.

Fonagy, P., Gergely, G., Jurist, E.L. & Target, M. (2002). *Affect regulation, mentalization, and the development of the self.* New York: Other Press.

Ford, D.L. & Lerner, R.M. (1992). *Developmental systems theory: An integrative approach.* Newbury Park, CA: Sage.

Forschungsgruppe CBCL (2010). Teilprojekt CBCL-2: Reliabilität und Validität des Elternfragebogens für Klein- und Vorschulkinder (CBCL 1½ – 5). *Evaluation der Child Behavior Checklist und ihrer Derivate.* AKiP Uniklinik Köln. 10.12.2010.
http://www.akip.de/cms/media/forschung/fg_cbcl-3.pdf Januar 09.01.2012.
http://www.akip.de/cms/media/pdf/forschung/fg_cbcl-4-ok_ohne_link.pdf

Fraiberg, S., Adelson, E. & Shapiro, V. (1975). Ghosts in the nursery: A psychoanalytic approach to the problems of impaired infant-mother relationships. *Journal of the American Academy of Child Psychiatry, 14,* 387-422.

Franke, H. (2000). Brief Symptom Inventory von L.R. Derogatis (Kurzform der SCL-90-R).Manual. Götingen: Beltz Test.

Franke, G.H., Mähner, N., Reimer, N., Spangemacher, B. & Esser, J. (2000). Erste Überprüfung des Essener Fragebogens zur Krankheitsverarbeitung (EFK) an sehbeeinträchtigten Patienten. *Zeitschrift für Differentielle und Diagnostische Psychologie, 21* (2), 166-172.

Fromm, S. (2005). Binäre logistische Regressionsanalyse. Eine Einführung für Sozialwissenschaftler mit SPSS für Windows. In G. Schulze & L. Akremi (Hrsg.), *Bamberger Beiträge zur empirischen Sozialforschung* (Nr. 11). 15.09.2006. http://www.uni-bamberg.de/ fileadmin/uni/fakultaeten/ sowi lehrstuehle/empirische_sozialforschung/pdf/bambergerbeitraege/ Log-Reg-BBES.pdf

Fthenakis, W.E. (1988). *Väter* (2 Bände.). München: Deutscher Taschenbuchverlag.

Fthenakis, W.E. & Minsel, B. (2002). Die Rolle des Vaters in der Familie. *Schriftenreihe des Bundesministeriums für Familie, Senioren, Frauen und Jugend* (Band 213). Stuttgart: W. Kohlhammer.

Gabriel, B. & Bodenmann, G. (2006a). Elterliche Kompetenzen und Erziehungskonflikte. Eine ressourcenorientierte Betrachtung familiärer Negativdynamiken. *Kindheit und Entwicklung, 15,* 9-18.

Gabriel, B. & Bodenmann, G. (2006b). Stress und Coping bei Paaren mit einem verhaltensauffälligen Kind. *Zeitschrift für Klinische Psychologie und Psychotherapie, 35,* 59-64.

Gabriel, B. & Bodenmann, G. (2006c). Befinden, Partnerschafts- und Elternzufriedenheit bei Eltern im Zusammenhang mit kindlichem Verhalten. *Psychologie in Erziehung und Unterricht, 53,* 123-225.

Garmezy, N. (1983). Stressors of Childhood. In: N. Garmezy, & M. Rutter (Eds.), *Stress, coping and development in children* (pp. 43-84). McGraw Hill, New York.

Gehring, T.M. (2000). Methoden der Familiendiagnostik: Systemische Ansätze für die Konzeptualisierung von Familieninterventionen. In K.A. Schneewind (Hrsg.), *Familienpsychologie im Aufwind. Brückenschläge zwischen Forschung und Praxis* (S. 127-142). Göttingen: Hogrefe

Gloger-Tippelt, G. (2000). Familienbeziehungen und Bindungstheorie. In K.A. Schneewind (Hrsg.), *Familienpsychologie in Aufwind. Brückenschläge zwischen Forschung und Praxis* (S. 49-63). Göttingen: Hogrefe.

Gloger-Tippelt, G. & Reichle, B. (2007). Beziehungsorientierte Diagnostik und Intervention im Kindesalter – Einführung in das Themenheft. *Praxis der Kinderpsychologie und Kinderpsychiatrie, 56,* 395-409.

Goldberg, S. (1977). Social competency in infancy: A model of parent-infant interaction. *Merill Palmer Quarterly, 23,* 163-177.

Goldberg, W., Clarke-Stewart, K.A., Rice, J.A. & Dellis, E. (2002). Emotional energy as an explanatory construct for fathers' engagement with their infants. *Parenting: Science and Practice, 2,* 379-408.

Gottman, J.M., Katz, L.F. & Hooven, C. (1997). *Meta-emotion: How families communicate emotionally.* Mahwah, NJ: Lawrence Erlbaum.

Gray, J.A. (1982). The neuropsychology of anxiety: An inquiry into the function of the septohippocampal system. New York: Oxford University Press.

Greenberg, M.T., Kusche, C.A. & Speltz, M. (1991). Emotional regulation, self-control and Psychopathology: The role of relationships in early childhood. In D. Cicchetti & S. Toth (Eds.), *Rochester Symposium on Developmental Psychopathology* (Vol. 2, pp. 21-56). New York: Cambridge University Press.

Greve, W. & Wentura, D. (1997). *Wissenschaftliche Beobachtung. Eine Einführung* (2. Aufl.). Weinheim: Psychologie Verlags Union.

Grimm, K. (2006). *Evaluation des Kompetenztrainings für Eltern sozial auffälliger Kinder (KES).* Unveröffentlichte Dissertation, Universität Köln. 10.12.2009. kups.ub.uni-koeln.de/1917/1/ Dissertation_Katrin_Grimm.pdf

Grolnick, W.S., Bridges, L.J. & Connel, J.P. (1996). Emotion regulation in two-year olds: Strategies and emotional expression in four contexts. *Child Development, 67,* 928-941.

Grossmann, K. (1984). *Zweijährige Kinder im Zusammenspiel mit ihren Müttern, Vätern, einer fremden Erwachsenen und in einer Überraschungssituation: Beobachtungen aus bindungs- und kompetenztheoretischer Sicht.* Unveröffentlichte Dissertation, Universität Regensburg.

Grossmann, K., Grossmann, K.E., Spangler, G., Suess, G. & Unzner, L. (1985). Maternal sensitivity and newborns' orientation responses as related to quality of attachment in northern Germany. In I. Bretherton & E. Waters (Eds.), Growing points in attachment theory and research. *Monographs of the Society for Research in Child Development, 50,* (1-2, 209), 233-256.

Grossmann, K., Grossmann, K.E., Fremmer-Bombik, E., Kindler, H., Scheurer-Englisch, H., Winter, M. & Zimmermann, P. (2002). Väter und ihre Kinder - Die "andere" Bindung und ihre längsschnittliche Bedeutung für die Bindungsentwicklung, das Selbstvertrauen und die soziale Entwicklung des Kindes. In K. Steinhardt, W. Datler & J. Gstach (Hrsg.), *Die Bedeutung des Vaters in der frühen Kindheit* (S. 43-72). Gießen: Psychosozial.

Grossmann, K.E. (1977a). Skalen zur Erfassung mütterlichen Verhaltens von Mary D.S. Ainsworth. In K.E. Grossmann (Hrsg.), *Entwicklung der Lernfähigkeit in der sozialen Umwelt* (S. 96-107). München: Kindler.

Grossmann, K.E. (1977b). Frühe Entwicklung der Lernfähigkeit in der Sozialen Umwelt. In K.E. Grossmann (Hrsg.), *Entwicklung der Lernfähigkeit in der sozialen Umwelt* (S. 145-183). München: Kindler.

Grossmann, K.E. (1983). Die Entwicklung von Beziehungsmustern in der frühen Kindheit (The development of relationship patterns in early childhood). In G. Lüer (Hrsg.), *Bericht über den 33. Kongress der Deutschen Gesellschaft für Psychologie in Mainz* (S. 543 – 550). Göttingen: Hogrefe.

Grossmann, K.E. (2008). Theoretische und historische Perspektiven der Bindungsforschung. In L. Ahnert (Hrsg.), *Frühe Bindung. Entstehung und Entwicklung* (2., aktualisierte Aufl., S. 21-41). München: Reinhardt.

Grossmann, K.E. & Grossmann, K. (1991). Attachment quality as an organizer of emotional and behavioral responses in a longitudinal perspective. In C. M. Parkes, J. Stevenson-Hinde & P. Marris (Eds.), Attachment across the life cycle (pp. 93-114). London/New York: Tavistock/ Routledge.

Grossmann, K.E. & Grossmann, K. (1994). Bindungstheoretische Grundlagen psychologisch sicherer und unsicherer Entwicklung. *GWG Zeitschrift der Gesellschaft für wissenschaftliche Gesprächspsychotherapie, 96,* 26-41.

Grossmann, K. & Grossmann, K. E. (2004). *Bindungen. Das Gefüge psychischer Sicherheit* (3. Aufl.). Stuttgart: Klett-Cotta.

Grych, J.H. & Clark, R. (1999). Maternal Employment and Development of the Father-Infant Relationship in the First Year. *Developmental Psychology, 35* (4), 893-903.

Grych, J. H. & Fincham, F. D. (1990). Marital conflict and children's adjustment: A cognitive- contextual framework. *Psychological Bulletin, 108,* 267-290.

Hagekull, B., Bohlin, G. & Rydell, A.M. (1997). Maternal sensitivity, infant temperament and the development of early feeding problems. *Infant Mental Health Journal,* 18, 92-106.

Hahlweg, K. (1986). Partnerschaftliche Interaktion. Empirische Untersuchungen zur Analyse und Modifikation von Beziehungsstörungen. München: Röttger.

Hahlweg, K. (1996). Fragebogen zur Partnerschaftsdiagnostik (FPD). Partnerschaftsfragebogen PFB, Problemliste PL und Fragebogen zur Lebensgeschichte und Partnerschaft FLP. (Testmappe mit Handanweisung, Fragebogen PFB, Fragebogen FLP, Problemlisten I und II). Göttingen: Hogrefe.

Hahlweg, K., Klann N. & Hank, G. (1992). Zur Erfassung der Ehequalität: Ein Vergleich der "Dyadic Adjustment Scale" (DAS) und des "Partnerschaftsfragebogens" (PFB). *Diagnostica, 38* (4), 312-327.

Halford, W.K., Kelly, A. & Markman, H.J (1997). The concept of healthy marriage. In W.K. Halford & H.J. Markman (Eds.), *Clinical handbook of marriage and couples intervention* (pp. 3-12). New York: Willey.

Hank, G., Hahlweg, K. &Klann, N. (1990). Diagnostische Verfahren für Berater. Materialien zur Diagnostik und Therapie in Ehe-, Familien- und Lebensberatung. Weinheim: Beltz.

Havighurst, R. J. (1972). Developmental Tasks and Education. McKay.

Hedervari, E. (1995). *Bindung und Trennung*. Wiesbaden: Deutscher Universitätsverlag.

Heinicke, C.M. (1984). Impact of pre-birth parent personality and marital functioning on family development: A framework and suggestions for further study. *Developmental Psychology, 20,* 1044-1053.

Herpertz-Dahlmann, B. & Remschmidt, H. (2000). Störungen der Kind-Umwelt-Interaktion und ihre Auswirkungen auf den Entwicklungsverlauf. In F. Petermann, K. Niebank & H. Scheithauer (Hrsg.), *Risiken in der frühkindlichen Entwicklung* (S. 223-240). Göttingen: Hogrefe.

Herrle, J., Laucht, M., Esser, G., Dinter-Jörg, M. & Schmidt, M.H. (1999). Dysphorische Säuglinge: Frühe Mutter-Kind-Interaktion und Entwicklung bis zum Vorschulalter. *Kindheit und Entwicklung,* 8 (1), 15-22.

Hinde, R. (1993). Auf dem Wege zu einer Wissenschaft zwischenmenschlicher Beziehungen. In A.E. Auhagen & M.v. Salisch (Hrsg.), *Zwischenmenschliche Beziehungen* (S. 7-36). Göttingen: Hogrefe.

Hinz, A., Stöbel-Richter, Y. & Brähler, E. (2001). Der Partnerschaftsfragebogen (PFB): Normierung und soziodemographische Einflussgrößen auf die Partnerschaftsqualität. *Diagnostica, 47* (3), 132-141.

Hofacker, N., von, Jacubeit, T., Malinovski, M. & Papoušek, M. (1996). Diagnostik von Beeinträchtigungen der Mutter-Kind-Beziehung bei frühkindlichen Störungen der Verhaltensregulation. *Kindheit und Entwicklung,* 5, 160-167.

Hofacker, N., von & Papoušek, M. (1998). Disorders of excessive crying, feeding and sleeping: The Munich Interdisciplinary Research and Intervention Program. *Infant Mental Health Journal,* 19, 180-201.

Hofacker, N., von, Papoušek, M. & Wurmser, H. (2004). Fütter- und Gedeihstörungen im Säuglings- und Kleinkindalter. In M. Papoušek, M. Schieche, & H. Wurmser, (Hrsg.), *Regulationsstörungen der frühen Kindheit. Frühe Risiken und Hilfen im Entwicklungskontext der Eltern-Kind-Beziehungen* (S. 171 - 199). Bern: Huber.

Hofacker, N., von, Lehmkuhl, U., Resch, F., Papoušek, M., Barth, R. & Jacubeit, T. (2007). Regulationsstörungen im Säuglings- und Kleinkindalter (0-3 Jahre). In Deutsche Gesellschaft für Kinder- und Jugendpsychiatrie, Psychosomatik und Psychotherapie (Hrsg.), *Leitlinien zur Diagnostik und Therapie psychischer Störungen im Säuglings-, Kindes- und Jugendalter* (3. überarbeitete und erweiterte Aufl.). Köln: Deutscher Ärzteverlag.

Hofer, M. (1992). Familienbeziehungen in der Entwicklung. In M. Hofer, E. Klein-Allermann & P. Noack (Hrsg.), *Familienbeziehungen. Eltern und Kinder in der Entwicklung* (S. 3-26). Göttingen: Hogrefe.

Hollenstein, T., Granic, I., Stoolmiller, M. & Snyder, J. (2004). Rigidity in Parent-Child Interactions and the Development of Externalizing and Internalizing Behavior in Early Childhood. *Journal of Abnormal Child Psychology, 32 (6),*595–607.

Holtmann, M., Becker, K., Laucht, M. & Schmidt, M.H. (2004). Verlauf frühkindlichen Regulationsprobleme – wer braucht frühe Interventionen? In U. Lehmkuhl & G. Lehmkuhl (Hrsg.), *Frühe psychische Störungen und ihre Behandlung* (S. 153-162). Göttingen: Vandenhoeck & Ruprecht.

Innocenti, M.S., Huh, K. & Boyce, G. C. (1992). Families of children with disabilities: Normative data and other considerations on parenting stress. *Topics in Early Childhood Special Education, 12*(3), 403–427.

Isabella, R.A., Belsky, J. & Eye, A. van (1989). The origins of infant-mother attachment: An examination of interactional synchrony during the infant's first year. *Developmental Psychology, 25, 12-21.*

Izard, C.E. & Harris, P. (1995). Emotional development and developmental psychopathology. In D. Cicchetti & D.J. Cohen (Eds.), *Developmental psychopathology* (Vol. 1, pp. 467-503). New York: Willey.

Jöckel, K.H., Babitsch, B., Bellach, B.-M., Bloomfield, K., Hoffmeyer-Zlotnik, J., Winkler, J. & Wolf, C. (1997). *Messung und Quantifizierung soziographischer Merkmale in epidemiologischen Studien.* 18.11.2004. www.rki.de/gesund/epidem/kap1EMD1.pdf

Jörg, M., Dinter, R., Rose, F., Villalba-Yantorno, P., Esser, G., Schmidt, M.H. & Laucht, M. (1994). Kategoriesystem zur Mikroanalyse der frühen Mutter-Kind-Interaktion. *Zeitschrift für Kinder- und Jugendpsychiatrie, 22, 97-106.*

Jungbauer, J. (2009). *Familienpsychologie kompakt.* Weinheim: Beltz, PVU_

Kagan, J., Snidman, R., Zentner, M.R. & Peterson, E. (1999). Infant temperament and anxious symptoms in school age children. *Development and Psychopathology, 11,* 209.224.

Karney, R.B. & Bradbury, T.N. (1995). The longitudinal course of marital quality and stability: A review of theory, method, and research. *Psychological Bulletin, 118,* 3-34.

Katz, L.F. & Gottman J.M. (1993). Patterns of marital conflict predict children's internalizing and externalizing behavior. *Developmental Psychology, 29,* 940-950.

Katz, L.F. & Woodin, E.M. (2002). Hostility, Hostile Detachment, and Conflict Engagement in Marriages: Effects on Child and Family Functioning. *Child Development, 73,* 636–652.

Kazura, K. (2000). Fathers' Qualitative and Quantitative Involvement: An Investigation of Attachment, Play, and Social Interactions. *The Journal of Men's Studies, 9* (1), 41-57.

Keller, H. (1998). Die Rolle der Eltern für die Interaktionsregulation in der frühen Kindheit. *Vierteljahresschrift für Heilpädagogik und Nachbargebiete, 1,* 1-11.

Keller, H. (Hrsg.) (1998). *Lehrbuch Entwicklungspsychologie.* Bern: Huber.

Keller, H. & Chasiotis, A. (1991). Die Rolle des Vaters für die frühe Entwicklung des Kindes. *Psychosozial, II* (46), 67-75.

Keller, H., Gauda, G. & Miranda, D. (1980). *Beobachtung, Beschreibung und Interpretation von Eltern-Kind-Interaktionen im ersten Lebensjahr.* Bericht Nr. 80-9, Institut für Psychologie, Technische Hochschule, Darmstadt.

Keller, H. & Gauda, G. (1987). Eye-contact in the first month of life and its developmental consequences. In. H. Rauh & H.C. Steinhausen (Eds.), *Psychobiology and early development* (pp. 129-143). Amsterdam: Elsevier.

Keller, H., Lohaus, A., Völker, S., Cappenberg, M. & Chasiotis, A. (1999). Temporal contingency as an independent component of parenting behavior. *Child Development, 70,* 474-485.

Keller, H., Lohaus, A., Künsemüller, P., Abels, M., Völker, S., Jensen, H. et al. (2004). The bioculture of parenting. Evidence from five cultural communities. *Parenting: Science and Practice, 4,* 25-50.

Keller, H. & Schölmerich, A. (1987). Infant vocalizations and parental reactions during the first four months of life. *Developmental Psychology, 23* (1), 62-67.

Keren, M., Dollberg, D., Koster, T., Danino, K. & Feldman, R. (2010). Family Functioning and Interactive Patterns in the Context of Infant Psychopathology. *Journal of Family Psychology, 24,* (5), 597–604.

Keren, M., Feldman, R. & Tyano, S. (2001). Diagnoses and Interactive Patterns of Infants Referred to a Community-Based Infant Mental Health Clinic. *Journal of the American Academy of Child and Adolescent Psychiatry, 40* (1), 27-35.

Kindler, H., Grossmann, K. & Zimmermann, P. (2002). Vater-Kind-Bindung und Väter als Bindungspersonen. In H.Walter (Hrsg.), *Männer als Väter* (S.685-742). Gießen: Psychosozial.

Kindler, H. & Grossmann, K. (2008). Vater-Kind-Bindung und die Rollen von Vätern in den ersten Lebensjahren ihrer Kinder. In L. Ahnert (Hrsg). *Frühe Bindung. Entstehung und Entwicklung* (2., aktualisierte Aufl.) (S. 240-255), München: Reinhardt.

Klann, N., Hahlweg, K. & Heinrichs, N. (2003). Diagnostische Verfahren für die Beratung. Materialien zur Diagnostik und Therapie in Ehe-, Familien- und Lebensberatung (2., vollständig überarbeitete Aufl.). Göttingen: Hogrefe.

Klitzing, K. von. (1998). Die Bedeutung des Vaters für die frühe Entwicklung. In K. von Klitzing (Hrsg.), *Psychotherapie in der frühen Kindheit* (S. 119-131). Göttingen: Vandenhoeck & Ruprecht.

Klitzing, K. von (Hrsg.). (1998). Psychotherapie in der frühen Kindheit. Göttingen: Vandenhoeck & Ruprecht.

Klitzing, K. von (1999). Die Bedeutung der Säuglingsforschung für die Operationalisierte Psychodynamische Diagnostik während der ersten Lebensjahre. *Praxis der Kinderpsychologie und Kinderpsychiatrie, 48*, 564-470.

Klitzing, K. von. (2002). Jenseits des Bindungsprinzips. In Steinhardt, K., Datler, W. & Gstach, J. (Hrsg.), *Die Bedeutung des Vaters in der frühen Kindheit* (S. 87-99). Gießen: Psychosozial.

Kölch, M. & Schmid, M. (2008). Elterliche Belastung und Einstellung zur Jugendhilfe bei psychisch kranken Eltern. *Praxis der Kinderpsychologie und Kinderpsychiatrie, 57,* 774–788.

Kraemer, H.C., Kazdin, A.E., Offord, D.R., Kessler, R.C., Jensen, P.S. & Kupfer, D.J. (1997). Coming to terms with the terms of risk. *Archives of General Psychiatry, 54*, 337-343.

Kreppner, K. (2000). Entwicklung von Eltern-Kind Beziehungen: Normative Aspekte im Rahmen der Familienentwicklung. In K.A. Schneewind (Hrsg.), *Familienpsychologie im Aufwind. Brückenschläge zwischen Forschung und Praxis* (S. 174-195). Göttingen: Hogrefe.

Krishnakumar, A., & Buehler, C. (2000). Interparental conflict and parenting behaviors: A meta-analytic review. *Family Relations, 49,* 25–44.

Kröger, C., Hahlweg, K., Braukhaus, C., Fehm-Wolfsdorf, G., Groth, T. & Christensen, A. (2000). *Fragebogen zur Erfassung partnerschaftlicher Kommunikationsmuster,* (FPK): Reliabilität und Validität. *Diagnostica, 46,* 189-198.

Künster, A.K. (2007). *Validierung eines Interaktionsbeobachtungsverfahrens zur Erfassung mütterlicher Feinfühligkeit bei Kindern im Kindergartenalter.* Unveröffentlichte Dissertation. Universität Ulm. 15.05.2010. http://vts.uni-ulm.de/doc.asp?id=6310

Kusch, M. (1995). Normale und abweichende Entwicklung im Säuglingsalter. *Kindheit und Entwicklung, 4,* 7-14.

Kuschel, A. (2001). *Psychische Auffälligkeiten bei Braunschweiger Kindergartenkinder.* Unveröffentlichte Dissertation, TU Braunschweig.

Lam, P., Hiscock, H. & Wake, M. (2003). Outcomes of infant sleep problems: a longitudinal study of sleep, behavior, and maternal well-being. *Pediatrics, 111,* 203–207.

Lamb, M.E. (1989). Fatherhood and father-child relationships: Five years of research. In S.H. Cath, A. Gurwitt & L. Gunsberg (Eds.), *Fathers and their families* (pp. 11-26). Hillsdale, NJ: Erlbaum.

Lamb, M.E. (1997). Fathers and child development: an introductory overview and guide. In M.E. Lamb (Ed.), *The Role of the Father in Child Development* (3. ed.) (pp. 1–18). New York: Wiley.

Lamb, M.E. (2000). The effects of quality of care on child development. *Applied Developmental Science, 4,* 112-115.

Lamb, M.E. (2002). Infant-father attachments and their impact on child development. In C. S. Tamis-LeMonda & N. Cabrera (Eds.), *Handbook of father involvement: Multidisciplinary perspectives* (pp. 93-118). Mahwah, NJ: Erlbaum.

Lamb, M.E., Pleck, J.H., Charnov, E. & Levine, J.A. (1985). Paternal behavior in humans. *American Psychologist, 25,* 883-894.

Lampert, T., Schenk, L. & Stolzenberg, H. (2002). Konzeptualisierung und Operationalisierung sozialer Ungleichheit im Kinder- und Jugendgesundheitssurvey. *Gesundheitswesen, 64* (Sonderheft 1), 48-52.

Largo, R. (1999). *Kinderjahre.* München: Piper.

Largo, R. & Benz-Castellano, C. (2004). Die ganz normalen Krisen – Fit und Misfit im Kleinkindesalter. In M. Papoušek, M. Schieche, & H. Wurmser (Hrsg.), *Regulationsstörungen der frühen Kindheit. Frühe Risiken und Hilfen im Entwicklungskontext der Eltern-Kind-Beziehungen* (S. 17-30). Bern: Huber.

Laucht, M. (2002). Störungen des Kleinkind- und Vorschulalters. In G. Esser (Hrsg.), *Lehrbuch der klinischen Psychologie und Psychotherapie des Kindes- und Jugendalters* (S.108-118). Stuttgart: Thieme.

Laucht, M. (2003). Die Rolle der Väter in der Entwicklungspsychopathologie. *Zeitschrift für Klinische Psychologie und Psychotherapie, 32* (3), 235-242.

Laucht, M. (2008). Störungen des Kleinkind- und Vorschulalters. In G. Esser (Hrsg.), *Lehrbuch der Klinischen Psychologie und Psychotherapie bei Kindern und Jugendlichen* (3. aktualisierte und erweiterte Aufl., S.126-142). Stuttgart: Thieme.

Laucht, M., Esser, G. & Schmidt, M.H. (1993). Psychische Auffälligkeiten im Kleinkind- und Vorschulalter. *Kindheit und Entwicklung, 2,* 134-149.

Laucht, M., Esser, G., & Schmidt, M.H. (1997). Wovor schützen die Schutzfaktoren? Anmerkungen zu einem populären Konzept der modernen Gesundheitsforschung. *Zeitschrift für Entwicklungspsychologie und Pädagogische Psychologie, 29,* 260-270.

Laucht, M., Esser, G. & Schmidt, M.H. (1998a). Risiko- und Schutzfaktoren der frühkindlichen Entwicklung: Empirische Befunde. *Zeitschrift für Kinder- und Jugendpsychiatrie, 26,* 6-20.

Laucht M, Esser G, Schmidt MH (1998b). Frühe Mutter-Kind-Beziehung: Risiko- und Schutzfaktor für die Entwicklung von Kindern mit organischen und psychosozialen Belastungen. *Vierteljahresschrift für Heilpädagogik und ihre Nachbargebiete, 66,* 381-391

Laucht, M., Esser, G. & Schmidt, M.H. (2000a). Längsschnittforschung zur Entwicklungsepidemiologie psychischer Störungen: Zielsetzung, Konzeption und zentrale Ergebnisse der Mannheimer Risikokinderstudie. *Zeitschrift für Klinische Psychologie und Psychotherapie, 29,* 246-262.

Laucht, M., Esser, G., & Schmidt, M.H. (2000b). Entwicklung von Risikokindern im Schulalter: Die langfristigen Folgen frühkindlicher Belastungen. *Zeitschrift für Entwicklungspsychologie und Pädagogische Psychologie, 32* (2), 59-69.

Laucht, M., Esser, G. & Schmidt, M.H. (2002). Heterogene Entwicklung von Kindern postpartal depressiver Mütter. *Zeitschrift für klinische Psychologie und Psychotherapie, 32* (2), 127-134.

Laucht, M., Esser, G., Schmidt, M.H., Ihle, W., Marcus, A., Stöhr, R.-M. & Weindrich, D. (1996). Viereinhalb Jahre danach: Mannheimer Risikokinder im Vorschulalter. *Zeitschrift für Kinder- und Jugendpsychiatrie, 24,* 67-81.

Laux, L. & Schütz, A. (1995). Stressbewältigung und Wohlbefinden in der Familie. Studie im Auftrag des Bundesministeriums für Familie und Senioren. Bamberg: Fakultät für Pädagogik, Philosophie und Psychologie der Universität.

Lebovici, S. (1988). Fantasmatic interactions and intergenerational transmission. *Infant Mental Health Journal, 9,* 10 – 19.

345

Lerner, R.M. (1996). Relative plasticity, integration, temporality, and diversity in human development: A developmental contextual perspective about theory, process, and method. *Developmental Psychology, 32*, 781-786.

Lerner, R.M. & Kauffman, M.B. (1985). The concept of development in contextualism. *Developmental Review, 5*, 309-333.

Lerner, J.V. & Lerner, R.M. (1986). *Temperament and social interaction in infancy and children.* San Francisco: Josey-Bass.

Lester, B.M., Boukydis, C.F.Z., Garcia-Coll, C.T., Hole, W. & Peucker, M. (1992). Infantile colic: Acoustic cry characteristics, maternal perception of cry, and temperament. *Infant Behavior and Development, 15*, 15–26.

Levy-Schiff, R. (1994). Individual and contextual correlates of marital change across the transition to parnethood. *Developmental Psychology, 30*, 591-601.

Leyendecker, B., Lamb, M.E. & Schölmerich, A. (1997). Studying mother-infant interaction: The effects of context and length of observation in two subcultural groups. *Infant Behavior and Development, 20*, 325–337.

Lindahl, K. M. & Malik, N. M. (1999). Observations of marital conflict and power: Relations with parenting in the triad. *Journal of Marriage and the Family, 61*, 320-330.

Lindberg, L., Bohlin, G. & Hagekull, B. (1991). Early feeding problems in a normal population. *International Journal of Eating Disorders, 10*, 395-405.

Lindberg, L., Bohlin, G., Hagekull, B. & Palmerus, K. (1996). Interactions between mothers and infants showing food refusal. *Infant Mental Health Journal, 17*, 334-347.

Locke, H.J. & Wallace, K.M. (1959). Short-term marital adjustment and prediction tests: Their reliability and validity. *Marriage and Family Living, 21*, 251-255.

Logistic Regression (2005). 2005.03.17. http://faculty.chass.ncsu.edu/garson/PA765/logistic.htm

Lohaus, A., Ball, J. & Lissmann, I. (2008). Frühe Eltern-Kind-Interaktion. In L. Ahnert (Hrsg.), *Frühe Bindung. Entstehung und Entwicklung* (2., aktualisierte Aufl., S. 147-161). München: Reinhardt.

Lohaus, A. Völker, S., Keller, H., Cappenberg, M. & Chasiotis, A. (1998). Wahrgenommene kindliche Problemlage und mütterliche Interaktionsqualität: eine längsschnittliche Zusammenhangsanalyse. *Zeitschrift für Entwicklungspsychologie und Pädagogische Psychologie, 30* (3), 111-117.

Lyons-Ruth, K. (1998). Attachment und Psychopathology. *Infant Mental Health Journal, 19*, 451-453.

Lyons-Ruth, K., Melnick, S. & Bronfman, E. (2002). Desorganisierte Kinder und ihre Mütter. Modelle feindselig-hilfloser Beziehungen. In K.H. Brisch, K.E. Grossmann, K. Grossmann & L. Köhler (Hrsg.), *Bindung und seelische Entwicklungswege. Grundlagen, Prävention und klinische Praxis* (S. 249-276). Stuttgart: Klett-Cotta.

MacDonald, K.B. (1992). Warmth as a developmental construct: An evolutionary analysis. *Child Development, 63*, 753-773.

Mahler, M. (1985). *Studien über die drei ersten Lebensjahre.* Stuttgart: Klett-Cotta.

Mahler, M.S., Pine, F. & Bergman, A. (1980). *Die psychische Geburt des Menschen.* Frankfurt: Fischer. (Original erschienen 1975, The Psychological Birth of the Human Infant. New York: Basic Books.

Mahoney, G. (1992). *Maternal behavior rating scale (MBRS)* (rev. ed.). (Available from Family Child Learning Center, 90 W. Overdale Dr., Tallmadge, OH 44278)

Mahoney, G., Powell, A. & Finger, I. (1986). The maternal behavior rating scale. *Topics in Early Childhood Special Education, 6*(2), 44-56.

Mahoney, G., Spiker, D. & Boyce, G. (1996). Clinical Assessments of Parent-Child Interaction: Are Professionals Ready To Implement This Practice? *Topics in Early Childhood Special Education, 16*, 26, 26-50.

Main, M. (1995). Desorganisation im Bindungsverhalten. In G. Spangler & P. Zimmermann (Hrsg.), *Die Bindungstheorie. Grundlagen, Forschung und Anwendung* (S. 120-139). Stuttgart: Clett-Cotta.

Main, M. & Solomon, J. (1986). Discovery of an insecuree-disorganized/disoriented attachment pattern. In T.B. Brazelton & M. Yogman (Eds.), *Affective development in infancy* (pp. 94-124). Norwood, NJ: Ablex.

Mandler, J.M. (1983). Representation. In J.H. Flavell & E.M. Markman (Eds.), *Cognitive Development* (Vol. 3. Handbook of Child Psychology, pp. 420 – 494). New York: Wiley.

Mangold, P.T. (2003). *INTERACT Observing behavior* – computergestütztes Verfahren. Mangold Software & Consulting. 25.04.2003. http://www.mangold-international.com/de/software.html

Mannheimer Beobachtungsskalen (T2-T4) (2003). *Skalen zur Kodierung der Vater-Kind-Interaktion im Kindesalter (T2-T4)*. Projekt „Vater-Kind-Beziehung" (Schm. 464) Anlage 6 zum Vorsetzungsantrag vom 7.1. 2003. Unveröffentlichtes Manual zur Schulung. Zentralinstitut für seelische Gesundheit, Mannheim.

Mannheimer Beobachtungsskalen (T2-T3) (2003). *T2: im Überblick: Skalen der Mutter-Kind-Interaktion im Kleinkindalter; Interaktionsauffälligkeit der Mutter – T3*. Unveröffentlichtes Manual zur Schulung. Zentralinstitut für seelische Gesundheit, Mannheim.

Margolin, G. (1998). Effects of domestic violence on children. In P.K. Trickett & C.J. Schellengach (Eds.), *Violence against children in the family and community* (pp. 57-102). Washington, DC: American Psychological Association.

Markman, H.J. & Notarius, C.I. (1987). Coding marital and family interaction. In T. Jacob (Ed.), *Family interaction and psychopathology. Theories, methods, and findings* (pp. 329-389). New York: Plenum.

Mash, E.J. & Johnston, C. (1990). Determinants of parenting stress, illustrations from families of hyperactive children and families of physically abused children. *Journal of Clinical Child Psychology, 19*, 313–328.

McBride, B.A., Schoppe, S.J. & Rane, T.R. (2002). Child characteristics, parenting stress, and parental involvement: Fathers versus mothers. *Journal of Marriage and the Family, 64* (4), 998-1011.

Metzger, H.-G. (2002). Zwischen Dyade und Triade. Neue Horizonte und traditionelle Rollen für den Vater. In K. Steinhardt, W. Datler & J. Gstach (Hrsg.), *Die Bedeutung des Vaters in der frühen Kindheit* (S. 29-42). Gießen: Psychosozial.

Mezulis, A. H., Hyde, J. S., & Clark, R. (2004). Father involvement moderates the effect of maternal depression during a child's infancy on child behavior problems at kindergarten. *Journal of Family Psychology, 18*(4), 575–588.

Minde, K., Popiel, K., Leos, N., Falkner, S., Parker, K. & Handley-Derry, M. (1993). The evaluation and treatment of sleep disturbances in young children. *Journal of Child Psychology and Psychiatry, 34*, 521-533.

Minuchin, S. (1997). *Familie und Familientherapie* (10. Aufl.). Freiburg: Lambertus.

Minuchin, S. (1985). Families and individual development: Provocations from the field of family therapy. *Child Development, 56*, 289-302.

Miranda, D. (1983). *Beobachtung, Beschreibung und Interpretation von Eltern-Kind-Interaktionen im ersten Lebensjahr. C. Skalen zur Beurteilung „Angemessenes Elternverhalten"*. Revidierte Fassung. Bericht des Instituts für Psychologie, Technische Hochschule Darmstadt.

Möhler, E. & Resch, F. (2004). Regulationsstörungen im zweiten und dritten Lebensjahr. In U. Lehmkuhl & G. Lehmkuhl (Hrsg.), *Frühe psychische Störungen und ihre Behandlung* (S. 179-194). Göttingen: Vandenhoeck & Ruprecht.

Morell, J. (1999). The role of maternal cognitions in infant sleep problems as assessed by a new instrument, the Maternal Cognitions about Sleep Questionnaire. *Journal of Child Psychology and Psychiatry, 40,* 247-258.

Mosheim, R, Steiner, H.J., Hotter, A., Kemmper, G., Biebl, W. & Richter, R. (2002). Können das Väter überhaupt? Eine Studie zur Vater-Kind-Beziehung in der väterlichen Karenzzeit. In Steinhardt, K., Datler, W. & Gstach, J. (Hrsg.), *Die Bedeutung des Vaters in der frühen Kindheit* (S. 73-86). Gießen: Psychosozial.

Mulsow, M., Caldera, Y.M., Pursley, M., Reifman, A. & Huston, A.C. (2002). Multilevel Factors Influencing Maternal Stress during the First Three Years. *Journal of Marriage and Family, 64,* 944–956.

Munson, L.J. & Odom, S.L. (1996). Review of Rating Scales that Measure Parent-Infant Interaction. *Topics in Early Childhood Special Education, 16,* 3, 1-25.

Neidhardt, F. (1970). Strukturbedingungen und Probleme familiärer Sozialisation. In G. Lüschen & E. Lupri (Hrsg.), *Soziologie der Familie* (S. 144-168). Opladen: Westdeutscher Verlag.

NICHD (National Institute for Child Health and Development). Early Child Care Research Network. (1999). Child care and mother– child interaction in the first 3 years of life. *Developmental Psychology, 35,* 1399–1413.

NICHD. Early Child Care Research Network. (2002). Early child care and children's development prior to school entry: Results from the NICHD Study of Early Child Care. *American Educational Research Journal, 39* (1), 133-164.

NICHD. Early Child Care Research Network (NICHD. (2004). Fathers' and mothers' parenting behavior and beliefs as predictors of children's social adjustment in the transition to school. *Journal of Family Psychology, 18*(4), 628–638.

Niebank, K., Petermann, F. & Scheithauer, H. (2000). Grundzüge der Entwicklungspsychopathologie. In: Petermann, F., Niebank, K. & Scheithauer, H. (Hrsg.), *Risiken in der frühkindlichen Entwicklung* (S.42-64). Göttingen: Hogrefe.

Noldus Information Technology. (2002). *The Observer.* Netherlands, Wageningen. 20.01.2004. http://www.noldus.com/

Notaro, P.C. & Volling, B.L. (1999). Parental responsiveness and infant-parent attachment: a replication study with fathers and mothers. *Infant Behaviour and Development, 22* (3), 345-352.

Oberklaid, F., Sanson, A., Pedlow, R. & Prior, M. (1993). Predicting preschool behavior problems from temperament and other variables in infancy. *Pediatrics, 91,* 113-120.

Oepen, G., Wiefel, A., Wollenweber, S. & Lehmkuhl, U. (2001). *Skalen zur Emotionalen Verfügbarkeit.* Deutsche Übersetzung der Emotional Availability Scales. Unveröffentlichtes Manuskript. Berlin.

Oerter, R., Hagen, C. von, Röper, G. & Noam, G. (Hrsg.), (1999). *Klinische Entwicklungspsychologie.* Weinheim: Psychologie Verlags Union.

Palkovitz, R. (1997). Reconstructing "involvement": Expanding conceptualizations of men's caring. In A.J. Hawkins & D.C. Dollahite (Eds.), *Generative fathering: Beyond deficit perspectives* (pp. 201-216). Thousand Oaks, CA: Sage Publications.

Papoušek, H. & Papoušek, M. (1979). Early ontogeny of human social interaction. In M.v. Cranach, K. Foppa, W. Lepenies & D. Ploog (Eds.), *Human Ethology* (pp. 456-489). Cambridge: Cambridge University Press.

Papoušek, H. & Papoušek, M. (1982). Die Rolle der sozialen Interaktionen in der psychischen Entwicklung und Pathogenese von Entwicklungsstörungen im Säuglingsalter. In G. Nissen (Hrsg.), *Psychiatrie des Säuglings- und frühen Kindesalter*. Wien: Huber.

Papoušek, H. & Papoušek, M. (1987). Intuitive parenting: a dialectic counterpart to the infant's integrative competence. In J.D. Osofsky (Ed.), *Handbook of infant development* (2. ed., pp. 669-720). New York: Wiley.

Papoušek, H. & Papoušek, M. (2002). Intuitive parenting. In M.H. Bornstein (Ed.), *Handbook of parenting* (Vol. 2, Biology and ecology of parenting, 2. Ed.) (pp. 183-203). Mahwah, NJ: Lawrence Erlbaum.

Papoušek, M. (1996). Die intuitive elterliche Kompetenz in der vorsprachlichen Kommunikation als Ansatz zur Diagnostik von präverbalen Kommunikations- und Beziehungsstörungen. *Kindheit und Entwicklung*, **5**, 140-146.

Papoušek, M. (1999). Regulationsstörungen der frühen Kindheit: Entstehungsbedingungen im Kontext der Eltern-Kind-Beziehungen. In R. Oerter, C. von Hagen, G. Röper & G. Noam (Hrsg.), Klinische Entwicklungspsychologie (S. 148-169). Beltz: Psychologie Verlags Union.

Papoušek M. (2002). Störungen des Säuglingsalters. In G. Esser (Hrsg.), *Lehrbuch der Klinischen Psychologie und Psychotherapie des Kindes- und Jugendalters* (pp. 80-101). Stuttgart: Thieme.

Papoušek, M. (2004). Regulationsstörungen der frühen Kindheit: Klinische Evidenz für ein neues diagnostisches Konzept. In M. Papoušek, M. Schieche, & H. Wurmser, (Hrsg.), *Regulationsstörungen der frühen Kindheit. Frühe Risiken und Hilfen im Entwicklungskontext der Eltern-Kind-Beziehungen* (S. 77 - 110). Bern: Huber.

Papoušek, M. (2009a). Persistierendes Schreien. Schreiprobleme im Entwicklungskontext von Eltern-Kind-Kommunikation und –Beziehung. *Monatsschrift Kinderheilkunde, 157*, 6, 558-566.

Papoušek, M. (2009b). Diagnostik bei frühkindlichen Regulationsstörungen. In D. Irblich & G. Renner (Hrsg.), *Diagnostik in der Klinischen Kinderpsychologie. Die ersten sieben Lebensjahre* (S. 290-300). Göttingen: Hogrefe.

Papoušek, M. & Hofacker, N. von (1995). Persistent crying and parenting: Search for a butterfly in a dynamic system. *Early Development and Parenting, 4*, 209-224.

Papoušek, M. & Hofacker, N. von (2004). Klammern, Trotzen, Toben – Störungen der emotionalen Verhaltensregulation des späten Säuglingsalters und Kleinkindalters. In M. Papoušek, M. Schieche, & H. Wurmser, (Hrsg.), *Regulationsstörungen der frühen Kindheit. Frühe Risiken und Hilfen im Entwicklungskontext der Eltern-Kind-Beziehungen* (S. 201 - 232). Bern: Huber.

Papoušek, M. & Papoušek, H. (1997). Stimmliche Kommunikation im Säuglingsalter als Wegbereiter der Sprachentwicklung. In H.Keller (Hrsg.), *Handbuch der Kleinkindforschung* (2. vollständig überarbeitete Aufl., S. 535-562). Bern: Huber.

Papoušek, M., Schieche, M. & Wurmser, H. (2008). *Regulationsstörungen der frühen Kindheit* (2. Aufl.). Bern: Huber.

Parke, R.D. (1996). *Fatherhood.* Cambridge, MA: Harward University Press.

Parke, R.D. & Stearns, P.N. (1993). Fathers and child rearing. In G.H. Elder, J. Model & R.D. Parke (Eds.), *Children in time and place* (pp. 147–170). New York: Cambridge University Press.

Patterson, G.R. (1982). *Coercive family process.* Eugene: Castilia.

Patterson, G.R. (1980). Mothers: The Unacknowledged Victims. *Monographs of the Society for Research in Child Development, 45* (5), 1-64. 23.03.2012. http://www.jstor.org/stable/1165841

Pedlow, R., Sanson, A., Prior, M. & Oberklaid, F. (1993). Stability of maternal reported temperament from infancy to 8 years. *Developmental Psychology, 29*, 998-1007.

Pellegrini, D.S. (1990). Psychosocial Risk and protective Factors in Childhood. *Developmental and Behavioral Pediatrics, 11*, 201-209.

349

Perrez, M., Berger, R. & Wilhelm, P. (1998). Die Erfassung von Belastungserleben und Belastungsverarbeitung in der Familie: Self-Monitoring als neuer Ansatz. *Psychologie in Erziehung und Unterricht, 45*, 19-35.

Petermann, F. (2008). Grundbegriffe und Konzepte der Klinischen Kinderpsychologie. In F. Petermann (Hrsg.), *Lehrbuch der Klinischen Kinderpsychologie* (6., vollständig überarbeitete Aufl.) (S. 13-28). Göttingen: Hogrefe.

Petermann, F., Kusch., M. & Niebank., K. (1998). *Entwicklungspsychopathologie.* Weinheim: Psychologie Verlags Union.

Petermann, F. & Schmidt, M.H. (2006). Ressourcen – ein Grundbegriff der Entwicklungspsychologie und Entwicklungspsychopathologie? *Kindheit und Entwicklung, 15 (2)*, 118-127.

Petzold, M. (1994). Der Vater im Übergang zur Elternschaft. *Psychosozial, IV (58)*, 61 - 73.

Petzold, M. (2002). Definition der Familie aus psychologischer Sicht. In B. Rollett & H. Werneck (Hrsg.), *Klinische Entwicklungspsychologie der Familie* (S. 22- 31). Göttingen: Hogrefe

Phares, V. (1996). Fathers and developmental psychopathology. New York: Wiley.

Piaget, J. (1974). Der Aufbau der Wirklichkeit beim Kinde. Stuttgart: Klett-Cotta. (Original erschienen 1937. La construction du réel chez l'enfant.)

Pleck, J. (1997). Paternal involvement: Levels, sources, and consequences. *The role of the father in child development* (3. ed., pp. 66-103). Hoboken, NJ US: John Wiley & Sons Inc.

Plomin, R. & Daniels, D. (1984). The interaction between temperament and environment: Methodological considerations. *Merrill-Palmer Quarterly, 30*, 149-162.

Plück, J. & Döpfner, M. (2011). CBCL/ 1½-5, Elternfragebogen für Klein- und Vorschulkinder. In C. Barkmann, M. Schulte-Markwort & E. Brähler (Hrsg.), *Klinisch-psychiatrische Ratingskalen für das Kindes- und Jugendalter* (S. 90-94). Göttingen: Hogrefe.

Podolski, C. & Nigg, J. (2001). Parent Stress and Coping in Relation to Child ADHD Severity and Associated Child Disruptive Behaviour Problems. *Journal of Clinical Child Psychology, 30*, 503–13.

Polowczyk, M., Trautmann-Villalba, P., Dinter-Jörg, M., Gerhold, M., Laucht, M., Schmidt, M.H. & Esser, G. (2000). Auffällige Mutter-Kind-Interaktion im Vorschulalter bei Kindern mit hyperkinetischen und Sozialverhaltensauffälligkeiten. *Zeitschrift für Klinische Psychologie und Psychotherapie, 29* (4), 293-304.

Premack, D. & Woodruff, G. (1978). Does the chimpanzee have a theory of mind? *The Behavioral and Brain Sciences, 1*, 515-526.

Rauh, H., Simó, S. & Ziegenhain, U. (1998). Mother-infant interaction in the first year of life: Comparison of two situations and two systems of analysis. *Poster presented at the XVth Biennial ISSBD Meeting, Bern*, 1.-4.7.1998

Remschmidt, H. & Mattejat, F. (1994). *Kinder psychotischer Eltern.* Göttingen: Hogrefe.

Remschmidt, H., Schmidt, M.H. & Poustka, F. (Hrsg.) (2006). *Multiaxiales Klassifikationsschema für psychische Störungen des Kindes- und Jugendalters nach ICD-10 der WHO* (5., vollständig überarbeitete Aufl.). Bern: Huber.

Resch, F. (2004). Entwicklungspsychopathologie der frühen Kindheit im interdisziplinären Spannungsfeld. In M. Papoušek, M. Schieche & H. Wurmser (Hrsg.), *Regulationsstörungen der frühen Kindheit. Frühe Risiken und Hilfen im Entwicklungskontext der Eltern-Kind-Beziehungen* (S. 31 - 47). Bern: Huber.

Reynaldo, J. & Santos, A. (1999). Cronbach's Alpha: A Tool for Assessing the Reliability of Scales. *Journal of Extension, 37* (2). 27.09.2005. http://www.joe.org/joe/1999april/tt3.html

Richman, N., Stevenson, J.E. & Graham, P.J. (1975). Prevalence of behaviour problems in 3-year-old children: An epidemiological study in a London borough. *Journal of Child Psychology and Psychiatry, 16*, 277-287.

Ritterfeld, U. (1997). Beschreibung als Diagnose?! Zur Analyse von Eltern-Kind-Interaktionen. Journal für Psychologie, 5 (1), 77-85. 09.03.2012.
http://www.ssoar.info/ssoar/files/2008/1029/jour197_jfp_1997_8_artikel.pdf

Ritterfeld, U. & Franke, U. (1994). Die Heidelberger Marschak-Interaktionsmethode zur diagnostischen Beurteilung der dyadischen Interaktion mit Vorschulkindern. Stuttgart: Fischer.

Rollett, B. (2000). Diskussion zu Kurt Kreppners „Entwicklung von Eltern-Kind-Beziehungen". In K.A. Schneewind (Hrsg.), Familienpsychologie im Aufwind. Brückenschläge zwischen Forschung und Praxis (S. 196-202). Göttingen: Hogrefe.

Rollett, B. & Werneck, H. (1994). Veränderungen in der Partnerschaft beim Übergang zur Elternschaft. In H. Janig (Hrsg.), Psychologische Forschung in Österreich. Bericht über die 1. Wissenschaftliche Tagung der Österreichischen Gesellschaft für Psychologie (S. 183-186). Klagenfurt: Universitätsverlag Carinthia

Rothbart, M.K. & Bates, J.E. (1998). Temperament. In N. Eisenberg (Hrsg.), Handbook of child psychology (Vol. 3, 5. ed., pp. 105-176). New York: Wiley.

Rothbart, M.K., Derryberry, D. & Posner, M.I. (1994). A psychobiological approach to the development of temperament. In J.E. Bates & T.D. Wachs (Eds.), Temperament: Individual differences at the interface of biology and behavior (pp. 83-116). Washington, DC: American Psychological Association.

Rutter, M. (1988). Studies of psychosocial Risk: The power of longitudinal date. Cambridge University Press, Cambridge.

Rutter, M. (1990). Psychosocial resilience and protective mechanisms. In J. Rolf, A.S. Masten, D. Cicchetti, K.H. Nuechterlein & S. Weintraub (Eds.), Risk and protective factors in the development of psychopathology (pp. 181-214). New York: Cambridge University Press.

Rutter, M. & Quinton, D. (1977). Psychiatric disorder-ecological factors and concepts of causation: In M. McGurk (Ed.), Ecological factors in human development (pp. 173-187). Amsterdam: North-Holland.

Ryan, R. M., Martin, A. & Brooks-Gunn, J. (2006). Is one parent good enough? Patterns of mother and father parenting and child cognitive outcomes at 24 and 36 months. Parenting: Science and Practice, 6, 211–228.

Sameroff, A.J. (1995). General systems theories and developmental psychopathology. In D.Cicchetti & D.J.Cohen (Eds.), Developmental psychopathology (Vol. 1. Theories and methods) (pp. 659-695). New York: Wiley.

Sarimski, K. (1993a). Belastung von Müttern behinderter Kleinkinder. Frühförderung interdisziplinär, 12, 156–164.

Sarimski, K. (1993b). Aufrechterhaltung von Schlafstörungen im frühen Kindesalter: Entwicklungspsychopathologisches Modell und Pilot-Studie. Praxis der Kinderpsychologie und Kinderpsychiatrie, 42, 2-8.

Sarimski, K. & Papoušek, M. (2000). Eltern-Kind-Beziehung und die Entwicklung von Regulationsstörungen. In: Petermann, F., Niebank, K. & Scheithauer, H. (Hrsg.), Risiken in der frühkindlichen Entwicklung (S.200-222). Göttingen: Hogrefe.

Saß, H., Wittchen, H.U. & Zaudig, M. (Hrsg.) (2003). Diagnostisches und Statistisches Manual Psychischer Störungen – Textrevision (DSM-IV-TR). Göttingen: Hogrefe.

Scheithauer, H. & Petermann, F. (1999). Zur Wirkungsweise von Risiko- Schutzfaktoren in der Entwicklung von Kindern und Jugendlichen. Kindheit und Entwicklung, 8 (1), 3-14.

Scheithauer, H., Petermann, F. & Niebank, K. (2000). Frühkindliche Entwicklung und Entwicklungsrisiken. In: Petermann, F., Niebank, K. & Scheithauer, H. (Hrsg.), Risiken in der frühkindlichen Entwicklung (S.17-38). Göttingen: Hogrefe.

Schieche, M., Rupprecht, C. & Papoušek, M. (2004). Schlafstörungen: Aktuelle Ergebnisse und klinische Erfahrungen. In M. Papoušek, M. Schieche & H. Wurmser (Hrsg.), *Regulationsstörungen der frühen Kindheit. Frühe Risiken und Hilfen im Entwicklungskontext der Eltern-Kind-Beziehungen* (S. 145-170). Bern: Huber.

Schneewind, K.A. (1999). *Familienpsychologie*. Stuttgart: Kohlhammer.

Schneewind, K.A. (2010). *Familienpsychologie* (3. Aufl.). Stuttgart: Kohlhammer.

Schneewind, K.A., Beckmann, M., Hecht-Jackl, A. (1985). *Das Familiendiagnostische Testsystem (FDTS): Konzeption und Überblick* (Forschungsberichte aus dem Institutsbereich Persönlichkeitspsychologie und Psychodiagnostik Bericht 1). München: Institut für Psychologie.

Schneewind, K.A. & Weiß, J. (1999). Der Fragebogen Gesundheit und Stress (GuS). Testmanual. Bern: Huber.

Schölmerich, A. (2003). Emotionale Reaktivität und Regulation in der frühen Kindheit. In H. Keller (Hrsg.), *Handbuch der Kleinkindforschung* (3. überarbeitete & erweiterte Aufl., S. 611-648). Bern: Huber.

Schölmerich, A. & Weßels, H. (1998). Beobachtungsmethoden und Auswertungsverfahren in der Entwicklungspsychologie. In H. Keller (Hrsg.), *Lehrbuch der Entwicklungspsychologie* (S. 243-251). Bern: Huber.

Schölmerich, A., Mackowiak, K. & Lengning, A. (2003). Methoden der Verhaltensbeobachtung. In H. Keller (Hrsg.), *Handbuch der Kleinkindforschung* (3. überarbeitete & erweiterte Aufl., S. 611-648). Bern: Huber.

Scholz, O. B. (1978). *Diagnostik in Ehe- und Partnerschaftskrisen*. München: Urban und Schwarzenberg.

Schon, L. (2002). Sehnsucht nach dem Vater ... Die Bedeutung des Vaters und der Vaterlosigkeit in den ersten drei Lebensjahren. In K. Steinhardt, W. Datler & J. Gstach (Hrsg.), *Die Bedeutung des Vaters in der frühen Kindheit* (S. 15-28). Gießen: Psychosozial.

Seifer, R., Schiller, M., Sameroff, A.J., Resnick, S. & Riordan, K. (1996). Attachment, maternal sensitivity and infant temperament during the first year of life. *Developmental Psychology, 32,* 12-25.

Seiffge-Krenke, I. (2001). Väter und Söhne, Väter und Töchter. *Forum Psychoanalyse, 17,* 1, 51-63.

Simo, S., Rauh, H. & Ziegenhain, U. (2000). Mutter-Kind-Interaktion im Verlaufe der ersten 18 Lebensmonate und Bindungssicherheit am Ende des 2. Lebensjahres. *Psychologie in Erziehung und Unterricht, 47,* 118-141.

Skovgaard, A.M., Houmann, T., Landorph, S.L. & Christiansen, E. (2004). Assessment and classification of psychopathology in epidemiological research of children 0-3 years of age. A review of the literature. *European Child and Adolescent Psychiatry, 13,* 337-346.

Smith, P.B. & Pederson, D.R. (1988). Maternal sensitivity and patterns of infant-mother attachment. *Child Development, 59,* 1097-1101.

Sodian, B. (1995). Entwicklung bereichsspezifischen Wissens. In R. Oerter & L. Montada (Hrsg.), *Entwicklungspsychologie* (S.622-653). Weinheim: Beltz.

Spanier, G.B. (1976). Measuring dyadic adjustment: New scales for assessing the quality of marriage and similar dyads. *Journal of Marriage and the Family, 38,* 15-28.

Sroufe, L. A. (1989). Pathways to adaptation and maladaptation: Psychopathology as developmental deviation. In D. Cicchetti (Ed.), *Rochester symposium on development psychopathology* (Vol. 1, pp. 13–40).

Sroufe, L.A. (1997). Psychopathology as an outcome of development. *Development and Psychopathology, 9,* 251-268.

Sroufe, L.A. & Fleeson, J. (1988). The coherence of family relationships. In R.A. Hinde & J. Stevenson-Hinde (Eds.), *Relationships within families. Mutual influences* (pp. 27-47). Oxford: Clarendon Press.

Sroufe, L.A. & Rutter, M. (1984). The Domain of Development psychopathology. *Child development*, 55, 17-29.

Stasch, M., Cierpka, M. & Thomas, V. (2009). Familien- und Interaktionsdiagnostik. In D. Irblich & G. Renner (Hrsg.), *Diagnostik in der Klinischen Kinderpsychologie. Die ersten sieben Lebensjahre* (S. 369-382). Göttingen: Hogrefe.

Statistik Austria. (1992a). *Gliederung der Ö-ISCO* [WWW Dokument]. 05.06.2005. http://www.statistik.at/kdb/downloads/pdf/OE_ISCO_DE_CTI_20062311_000000.

Statistik Austria. (1992b). *Beschreibungen und Erläuterungen Ö-ISCO* [WWW Dokument]. 05.06.2005. http://www.statistik.at/kdb/downloads/pdf/OE_ISCO_DE_COE_20062311_000000...

Steinhardt, K., Datler, W. & Gstach, J. (2002). Der lange Weg des Vaters in die Kleinkindforschung. Zur Einführung in den vorliegenden Band. In K. Steinhardt, W. Datler & J. Gstach (Hrsg.), *Die Bedeutung des Vaters in der frühen Kindheit* (S. 7-14). Gießen: Psychosozial.

Stern, D.N. (1985). The interpersonal world of the infant: A view from psychoanalysis and developmental psychology. New York: Basic Books.

Stern, D.N. (1989). The representation of relational patterns: Some developmental considerations. In A. Sameroff & R.N. Emde (Eds.). *Relationship disorders*. New York: Basic Books.

Stern, D.N. (1995). *The Motherhood Constellation*. New York: Basic Books. (Stern, D.N. (1998). Die Mutterschaftskonstellation. Stuttgart: Klett-Cotta.)

Stern, D.N. (2006). *Mutter und Kind. Die erste Beziehung*. (5. Aufl.). Stuttgart: Klett-Cotta. (Original erschienen 1977. The first Relationship: Infant and Mother.)

Stoleru, S., Nottelmann, E., Belmont, B. & Ronsaville, D. (1997). Sleep problems in children of affectively ill mothers. *Journal of Child Psychology and Psychiatry, 38*, 831-841.

Tamis-LeMonda, C.S. & Cabrera, N. (1999). Perspectives on father involvement: Research and social policy. *Social Policy Report, 13*(2), 1 – 26.

Terman, L. M., Butterwieser, P., Ferguson, L. W., Johnson, W. B. & Wilson, D. P. (1938). *Psychological factors in marital happiness*. New York: McGraw-Hill.

Thomas, J.M. (1998). Summary of the practice parameters for the psychiatric assessment of infants and toddlers (0-36 months). *Journal of the American Academy of Child an Adolescent Psychiatry, 37*(1), 127-32.

Thomas, A. & Chess, S. (1977). *Temperament and development*. New York: Brunner/Mazel.

Thomas, A., Chess, S. & Birch, H.G. (1968). *Temperament and behaviour disorders in children*. New York: New York University Press.

Thompson, R.A. (1990). Emotion and self-regulation. In R.A. Thompson (Ed.), *Socioemotional development*. (Nebraska Symposium on Motivation, Vol. 36, pp. 367-467). Lincoln: University of Nebraska Press.

Trautmann-Villalba, P., Gerhold, M., Polowczyk, M., Dinter-Jörg, M., Laucht, M., Esser, G. & Schmidt, M.H. (2001). Mutter-Kind-Interaktion und externalisierende Störungen bei Kindern im Grundschulalter. *Zeitschrift für Kinder- und Jugendpsychiatrie und Psychotherapie, 29*, 263-273.

Trautmann-Villalba, P., Laucht, M. & Schmidt, M.H. (2003). Interaktion zwischen Kleinkindern und ihren Vätern. *Monatsschrift Kinderheilkunde, 151* (6), 613-620.

Trautmann-Villalba, P., Laucht, M. & Schmidt, M.H. (2006). Väterliche Negativität in der Interaktion mit 2-Jährigen als Prädiktor internalisierender Verhaltensprobleme von Mädchen und Jungen im Grundschulalter. *Praxis der Kinderpsychologie- und Kinderpsychiatrie, 55*, 1-12.

Trautner, M.H. (1992). *Lehrbuch der Entwicklungspsychologie. Band 1: Grundlagen und Methoden* (2. überarbeitete und ergänzte Auflage). Göttingen: Hogrefe.

Trevarthen, C. (1977). Descriptive analysis of infant communicative behavior. In H.R. Schaffer (Ed.), *Studies in mother-infant interaction* (pp. 227-270). New York: Academic Press.

Trilk, C. (2001). Retest-Untersuchung zur psychoszialen Anpassung von Müttern behinderter Kinder. Unveröffentliche Diplomarbeit, Universität Dortmund.

Tronick, E.Z., Als, H., Adamson, L., Wise, S. & Brazelton, T.B. (1978). The infant's response to entrapment between contradictory messages in face-to-face interaction. *Journal of Child Psychiatry, 17,* 1-13.

Tröster, H. (1999a). *Parenting Stress Index (Kurzform).* Unveröffentlichtes Manuskript, Dortmund.

Tröster, H. (1999b). Anforderungen und Belastungen von Müttern mit anfallskranken Kindern. *Zeitschrift für Medizinische Psychologie, 2,* 53-64.

Tröster, H., Bersch, M., Ruppert, S., & Boenigk, H. E. (2000). Determinanten der Belastung von Müttern mit anfallskranken Kindern. *Kindheit und Entwicklung, 9*(1), S. 50-61.

Trudewind, C., Unzner, L. & Schneider, K. (1997). Die Entwicklung der Leistungsmotivation. In H. Keller (Hrsg.), *Handbuch der Kleinkindforschung* (2. überarb. Aufl., S. 587-622). Bern: Huber.

Volling, B.L. & Belsky, J. (1992). Infant, father, and marital antecedents of infant-father attachment security in dual-earner and single-earner families. *International Journal of Behavioral Development, 15,* 83 – 100.

Voss, H.G. (1989). Entwicklungspsychologische Familienforschung und Generationenfolge. In H. Keller (Hrsg.), *Handbuch der Kleinkindforschung* (S. 207-228). Neuwied: Luchterhand.

Wallace, P.M. & Gotlib, I.H. (1990). Marital adjustment during the transition to parenthood: Stability and predictors of change. *Journal of Marriage and the Family, 52,* 21–29.

Wallbott, H.G. (2001). Die Beobachtung des nonverbalen Verhaltens. In R.D. Stieglitz, U. Baumann & H.J. Freyberge (Hrsg.), *Psychodiagnostik in klinischer Psychologie, Psychiatrie, Psychotherapie* (118-130). Stuttgart: Thieme.

Waters, E., Kondo-Ikemura, K., Posada, G. & Richters, J.E. (1990). Learning to love: Mechanisms and milestones. In M.R. Gunnar & L.A. Sroufe (Eds.), *Self processes in development* (pp. 217-255). Hillsdale, NJ: Erlbaum.

Watzlawick, P., Weakland, H.H. & Fisch, R. (2001). *Lösungen* (6. Aufl.). Bern: Huber.

Weiss, R. L. & Perry, B. A. (1983). The spouse observation checklist (SOC): Development and clinical applications. In E.E. Filsinger (Ed.), *Marriage and family assessment: A sourcebook for family therapy* (pp. 65–84). Beverly Hills, CA: Sage.

Werneck, H. (1998). Übergang zur Vaterschaft. Auf der Suche nach den "Neuen Vätern". Wien: Springer.

Werneck, H. & Rollett, B. (1999). Die Wiener Längsschnittstudie "Familienentwicklung im Lebenslauf (FIL)" - Ausgewählte Befunde und Implikationen. In B. Reichle & H. Werneck (Hrsg.), *Übergang zur Elternschaft. Aktuelle Studien zur Bewältigung eines unterschätzten Lebensereignisses* (S. 109-126). Stuttgart: Enke.

Werner, E.E. & Smith, R.S. (1982). *Vulnerable but invincible: A study of resilient children.* New York: McGraw-Hill.

Wessel, M.A., Cobb, J.C., Jackson, E.B., Haris, G.S. & Detwiller, A.C. (1954). Paroxysmal fussing in infancy, sometimes called "colic". *Pediatrics,* 14, 421-434.

White, J. (1991). Dynamics of family development: A theory of family development. New York: Guilford Press.

Wiefel, A., Oepen, G., Wollenweber, S., Lenz, K., Eggers, Ch. & Lehmkuhl, U. (2004). Psychiatrie der frühen Kindheit. In U. Lehmkuhl & G. Lehmkuhl (Hrsg.), *Frühe psychische Störungen und ihre Behandlung* (S. 163-178). Göttingen: Vandenhoeck & Ruprecht.

Winkler, J. (1998). Die Messung des sozialen Status mit Hilfe eines Index in den Gesundheitssurveys der DHP. *RKI-Schriften, 1,* Robert Koch Institut, 69-74.

Winkler, J., Stolzenberg, H. (1999). Der Sozialschichtindex im Bundes-Gesundheitssurvey. *Gesundheitswesen, 61* (Sonderheft 2), 178-183.

354

Winnicott, D.W. (1957). Mother and Child: A Primer of the First Relationship. New York: Bacic Books.

Wolf, W. (1987). *Alltagsbelastungen und Partnerschaft.* Bern: Huber; Fribourg: Universitätsverlag.

Wolke, D. (1999). Interventionen bei Regulationsstörungen. In R. Oerter, C. von Hagen, G. Röper & G. Noam (Hrsg.), *Klinische Entwicklungspsychologie* (S. 351-380). Weinheim: Beltz Psychologie Verlags Union.

Wolke, D. (2000). Fütterungsprobleme bei Säuglingen und Kleinkindern. *Verhaltenstherapie,* 10, 76-87.

Wolke, D. (2008). Von Null bis Drei: Entwicklungsrisiken und Entwicklungsabweichungen. In F. Petermann (Hrsg.), *Lehrbuch der Klinischen Kinderpsychologie* (6., vollständig überarbeitete Aufl.) (S. 65-80). Göttingen: Hogrefe.

Wurmser, H. (2007). Einfluss der pränatalen Stressbelastung der Mutter auf die kindliche Verhaltensregulation im ersten Lebenshalbjahr. In K.-H. Brisch & T. Hellbrügge (Hrsg.). *Die Anfänge der Eltern-Kind-Bindung* (S. 129-156). Stuttgart: Klett-Cotta.

Wurmser, H. (2009). Schrei-, Schlaf- und Fütterstörung. Prävalenz, Persistenz, Prädiktoren und Langzeitprognose. *Monatsschrift Kinderheilkunde.* 157 (6), 574-579.

Wurmser H., Papoušek M., Hofacker N. von et al. (2004). Exzessives Schreien im Säuglingsalter. In M. Papoušek, M. Schieche & H. Wurmser (Hrsg.), *Langzeitrisiken persistierenden exzessiven Säuglingsschreiens* (S. 311–338). Bern: Huber.

Wüthrich, C., Mattejat, F. & Remschmidt, H. (1997). Kinder depressiver Eltern. *Kindheit und Entwicklung, 6,* 141-146.

Zahn-Waxler, C., Iannotti, R. J., Cummings, E. M., & Denham, S. A. (1990). Antecedents of problems behaviors in children of depressed mothers. *Development and Psychopathology, 2,* 271–291.

Zeanah, C.H. (Ed.). (1993). *Handbook of infant mental health.* New York: Guilford Press.

Zeanah, C.H., Boris, N.W. & Lrrieu, J.A. (1997). Infant development and developmental risk: a review of the past 10 years. *Journal of the American Academy of Child and Adolescent Psychiatry, 36* (2), 165-178.

Zentner, M.R. (2000). Das Temperament als Risikofaktor in der frühkindlichen Entwicklung. In F. Petermann, K. Niebank & H. Scheithauer (Hrsg.), *Risiken in der frühkindlichen Entwicklung* (S. 257-281). Göttingen: Hogrefe.

Zero to Three (1994). Diagnostic Classification of mental health and developmental disorders of infancy and early childhood (DC: 0-3). Washington, DC: Zero to Three Press.

Zero to Three (2005). Diagnostic Classification of mental health and developmental disorders of infancy and early childhood (revised edition (DC: 0-3R). Washington, DC: Zero to Three Press.

Ziegler, M., Wollwerth de Chuquisengo, R. & Papoušek, M. (2004). Exzessives Schreien im frühen Säuglingsalter. In M. Papoušek, M. Schieche, & H. Wurmser (Hrsg.), *Regulationsstörungen der frühen Kindheit. Frühe Risiken und Hilfen im Entwicklungskontext der Eltern-Kind-Beziehungen* (S. 111-143). Bern: Huber.

Zimmermann, P. (2001). (Reaktive) Bindungsstörung im Kindesalter. In G. W Lauth, U. Brack, & F. Linderkamp (Hrsg.), *Praxishandbuch Verhaltenstherapie bei Kindern und Jugendlichen* (S. 113-123). Weinheim: Psychologie Verlags Union.

Yoder, P. (1987). Relationship between degree of infant handicapt and clarity of infant cues. *American Journal of Mental Deficiency, 91,* 639-641.

Yogmann, M.W., Kindlon, D. & Earls, F. (1995). Father involvement and cognitive/behavioral outcomes of preterm infants. *Journal of the American Academy of Child and Adolescent Psychiatry, 34,* 58-66.

Youngblade, L. & Belsky, J. (1992). Parent-child antecedents of 5-year-olds' close friendships: A longitudinal analysis. *Developmental Psychology, 28*(4), 700-713.

355